高等职业教育“十二五”规划教材

Qiche Diangong Dianzi

汽车电工电子

主　编　李　明　周春荣
副主编　徐静航　曹　秘
主　审　张　华

人民交通出版社

内容提要

本书为高等职业教育“十二五”规划教材。本书基于学习情境设计，以任务作驱动，以项目为载体，将理论知识与实践操作进行一体化的教学设计，体现了工学结合的本质特征，主要内容包括基础电路、用电执行器、稳压电路、信号采集、信号处理、电子控制与数据转换、数据存储、汽车电控单元与局域网，共8个项目。

本书主要供高职高专院校汽车运用技术、汽车电子技术、汽车检测与维修技术等专业教学使用。

图书在版编目（CIP）数据

汽车电工电子 / 李明 . 周春荣主编 . -- 北京 : 人民交通出版社，2012.7

高等职业教育“十二五”规划教材

ISBN 978-7-114-09635-8

Ⅰ. ①汽… Ⅱ. ①李… ②周… Ⅲ. ①汽车－电工技术－高等职业教育－教材②汽车－电子技术－高等职业教育－教材 Ⅳ. ① U463.6

中国版本图书馆 CIP 数据核字（2012）第 016650 号

高等职业教育“十二五”规划教材

书　　名：汽车电工电子
著 作 者：李　明　周春荣
责任编辑：张　强
出版发行：人民交通出版社
地　　址：（100011）北京市朝阳区安定门外外馆斜街3号
网　　址：http：//www.ccpress.com.cn
销售电话：（010）59757969，59757973
总 经 销：人民交通出版社发行部
经　　销：各地新华书店
印　　刷：北京交通印务实业公司
开　　本：787 × 1092　1/16
印　　张：16.75
字　　数：387千
版　　次：2012年 7月　第 1 版
印　　次：2012年 7月　第 1 次印刷
书　　号：ISBN 978-7-114-09635-8
印　　数：0001-3000册
定　　价：39.00元

编委会

BIANWEIHUI

前言

QIANYAN

为落实《国家中长期教育改革和发展规划纲要（2010—2020年）》精神，深化职业教育教学改革，积极推进课程改革和教材建设，2010年10月，全国十几所高职院校的汽车专业的骨干教师及相关汽车企业专家齐聚武汉，参加了由人民交通出版社组织的高等职业教育“十二五”规划教材编写会议，在会上成立了编写委员会，策划启动了本套教材，希望为高职高专院校汽车专业建设尽一点绵薄之力。

本套教材从编写到审校，都是由职业院校汽车专业的教师与相关企业的技术人员一起合作完成的，真正实现了学校和企业的紧密结合。教材基于学习情境设计，以任务作驱动，以项目为载体，将理论知识与实践操作进行一体化的教学设计，体现了工学结合的本质特征——“学习的内容是工作，通过工作实现学习”，突出学生的综合职业能力培养。本套教材的编写，打破了传统教材的章节体例，以具有代表性的工作任务为一个相对完整的学习过程，围绕工作任务聚焦知识和技能，体现行动导向的教学观，提升学生学习的主动性和成就感。

《汽车电工电子》是本套教材中的一本。本书以任务为切入点，引领相关理论知识，以大量的彩色图片诠释了基础电路、用电执行器、稳压电源、信号的采集、信号的放大、电子控制与数据转换、数据的存储、汽车电控单元与局域网等原理与检查方法，真正做到了汽车电工与电子的理论知识与生产实践的紧密结合，体现了理论源于实践再应用于实践的转化过程。

本书在内容的组织上既考虑电工电子基础知识和技能的学习，又考虑与汽车类专业后续课程的衔接。教材图文并茂，内容结构上循序渐进，语言文字精炼、简洁。有的任务附有相关的拓展知识与应用，这些内容除拓宽电工电子方面的知识，也能满足不同教学要求。

参加本书编写工作的有：吉林交通职业技术学院的徐静航（编写项目5中的任务1～任务8）、王强（编写项目4中的任务1～任务4）、李虹（编写项目3）、韩伟（编写项目6中的任务1～任务4）、陈计（编写项目6中的任务5、任务6）、刘磊（编写项目6中的任务7、任务8）、王桂荣（编写项目5中的任务9）、曲晓红（编写项目4中的任务5）、吉林省吉刚汽车贸易集团技术总监李明（编写概述及项目1）、重庆交通职业学院周春荣（编写项目7、项目8）、长春市新太学校曹秘（编写项目2），全书由吉林省汽车工业贸易集团李明、重庆交通职业学院周春荣担任主编，吉林交通职业技术学院徐静航、长春市新太学校曹秘担任副主编，长春职业技术学院汽车分院张华教授担任主审。

吉林交通职业技术学院的刘锐教授对本书的编写思路及任务设置给予了悉心的指导，在此表示衷心的感谢。

限于编者经历和水平，教材内容难免有疏漏和不当之处，希望各高职院校在使用本教材时，及时提出意见和建议，以便再版时补充完善。

编委会

2011年8月

目录

MULU

概　　述

随着电子技术在汽车上广泛应用，汽车运行控制因素逐渐由人为控制转变为电子控制，使汽车运行控制更加精准，现代汽车已成为智能电控装置。本书作为高职高专汽车专业基础课程，目的是为学习汽车电子控制系统打基础。因此，教材采用项目引领、任务驱动教学的方式，紧紧围绕汽车电控系统所需的电子技术，诠释了电子技术在现代汽车上的应用。一是电工技术基础，主要介绍汽车电控系统中的执行器的构造和工作原理；二是模拟电子技术基础，主要介绍汽车电控系统传感器模拟信号的采集、处理以及电源稳压；三是数字电子技术基础，主要介绍电控系统信号转换、数据的传输、存储、运算和控制；四是单片机和局域网，主要介绍汽车电控单元的控制过程以及汽车局域网相关理论知识。

如图 0-0-1 所示，汽车电子控系统主要由传感器、控制器（ECU）、执行器和局域网四部分组成。

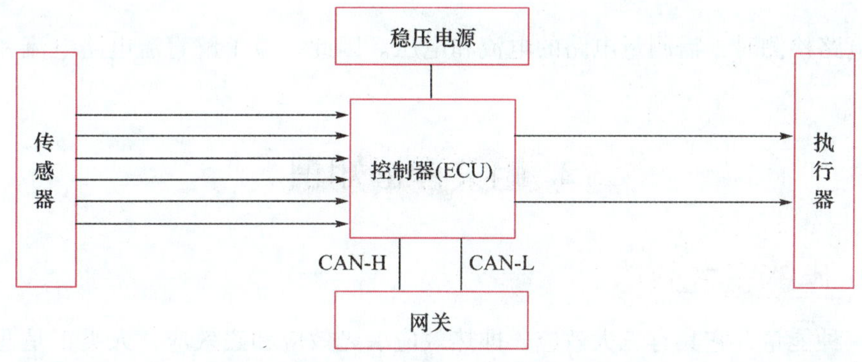

图 0-0-1　汽车电控系统框图

（1）传感器：又叫“转换器”，是将汽车运行的非电量参数（如压力、温度、速度、时间、位置和开关量等）转变为电量，输送给汽车控制器（ECU）。

（2）控制器（ECU）：ECU 的功用是收集、存储和处理各种传感器的输入信号，根据汽车工作的要求，进行控制决策的运算，并输出相应的控制信号，驱动执行器完成各种控制指令。它是电控网络的智能化神经中枢，具有多项控制功能。

（3）执行器：执行器是根据汽车不同的工况要求，在电脑所发出指令驱动下，将电量变为非电量去完成控制任务。执行元件多为电磁开关、电磁阀、加热器、点火器、电动机等。

（4）局域网：将汽车上大量控制单元（电脑）通过网络联系起来，实现信息适时共享。

项目1 基础电路

汽车电器和电控系统是基础电路在汽车上的具体应用，通过基础电路基本定律、分析方法、检测仪器使用以及汽车电路特点的学习。为学习汽车电器和电控系统打下良好基础。

任务1 直流电路电流、电压、电阻的测量

1. 任务引入

直流电路检测时，需测量电路的电流和电压。因此，应了解直流电路电流和电压的测量方法。

2. 相关理论知识

2.1 电的三大效应

电是一种能量，它具有三大效应，即热效应、光效应和磁效应。人类正是通过电的三大效应在利用电能。图1-1-1为利用电的三大效应工作的汽车电器部件。

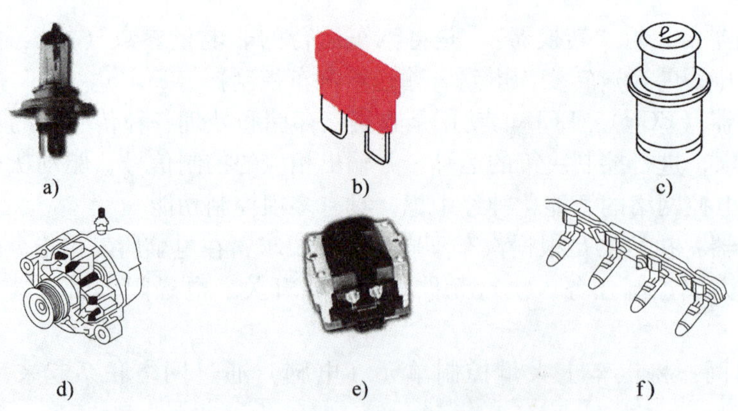

图1-1-1 利用电的三大效应工作汽车电器部件
a)灯泡；b)熔断器；c)点烟器；d)发电机；e)点火器；f)喷油器

（1）热效应：当电流经过电阻时，电阻会产生热，这就是电的热效应。例如，电暖器、电热毯以及汽车上的点烟器、熔断器等都是利用这一原理工作的。

(2) 光效应：当电流经过电阻或某些半导体时，就会发光，这就是电的光效应。例如，生活照明以及汽车上的照明灯和信号灯等都是利用这一原理工作的。

(3) 磁效应：当电流通过导体线圈时，导体线圈周围空间会产生电磁场，这就是电的磁效应。例如，发电机、电动机以及汽车上的点火线圈、喷油器、继电器等都是利用这一原理工作的。

2.2 电路

电路是电流或电信号流通的路径，是为了实现某种功能由电工设备或电路元件按一定方式组合而成，实现电能的传输、分配与转换或信号的传递与处理。简单的电路一般都是由电源、负载、连接导线、控制和保护装置等四部分按照一定方式连接起来的闭合回路。实际应用中电路是多种多样的，但就汽车电路功能而言可分为两类。其一是进行能量传输、分配与转换的汽车电力系统电路，其二是实现信息的传送和处理的汽车控制系统电路。

2.2.1 电力系统电路

电子系统电路是指实现能量的转换、传送与分配的电路。如图 1-1-2 所示，它一般是由电源、中间环节和负载（用电装置）组成。

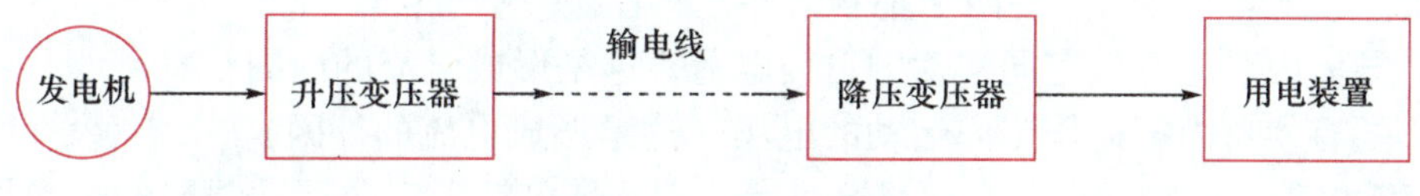

图 1-1-2 电力系统电路

(1) 电源：电源是电路中电能的提供者，是将其他形式能量转化成电能的装置。

(2) 中间环节：中间环节具有传递、分配和控制电能的作用，包括中央集线盒、熔断器、开关、继电器等。

(3) 负载：负载即用电装置，其作用是将电源供给的电能转换为其他形式的能量。包括汽车车灯（灯泡将电能转换为光能和热能）等。

2.2.2 信号的传送和处理电路

信号的传送和处理电路是指实现信号的传送、处理和执行的电路，如图 1-1-3 所示：

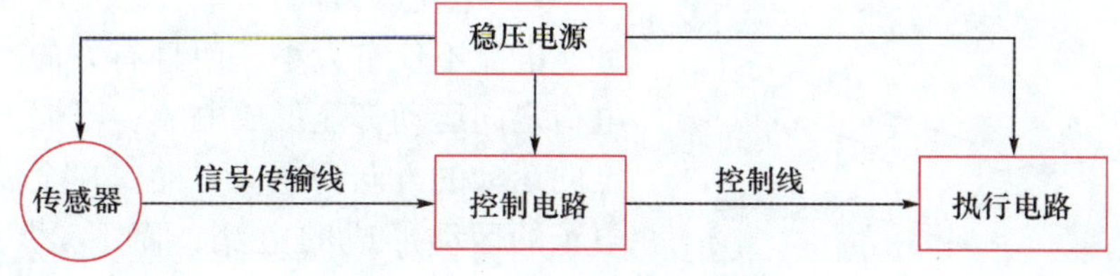

图 1-1-3 汽车电控系统电路

(1) 稳压电源：作用是将普通电源经过整流稳压后输出，为信号电路、控制电路和执行电路提供能源，如稳压电源。

（2）信号电路：用于产生和传输电信号的电路，如汽车各种传感器电信号的产生和传输电路。

（3）控制电路：对信号进行放大、滤波、整形、A/D 转换、存储及控制等，如汽车各种电控单元（电脑 ECU）。

（4）执行电路：实现能量转换的电路。执行电路可将电能转换为机械能、热能或光能等。如汽车电控系统中的电磁阀、点火线圈、喷油器等。

电路根据供电形式不同又分交流电路和直流电路。含有交流电源的电路叫交流电路，含有直流电源的电路叫直流电路。

2.3 电路中的基本物理量

电路的基本物理量包括电流、电压、电位、电功和电功率。

☞ 2.3.1 电流

电荷在电路中有规则的定向运动形成电流。不同的导电材料中，可以自由运动的电荷不同。在金属导体中，大量带负电荷的自由电子在外电场作用下，逆着电场方向运动，形成电流。在某些电解液或气体中，电流则是正离子或负离子在外电场作用下定向运动形成的。因此，形成电流必须具备两个基本条件，两者缺一不可：

（1）导体内要有可做定向移动的自由电荷，这是形成电流的内因；

（2）要有使自由电荷作定向运动的电场（这是形成电流的外因）。

电流不仅是一种物理现象，而且又是一个表示带电粒子定向运动强弱的物理量。实验结果证明，单位时间内通过导体横截面的电荷越多，流过导体的电流越强；反之，电流就越弱。电流的符号为 I，其数值等于单位时间 t（s）内通过导体横截面的电荷量 q，即

$$I=\frac{q}{t}$$

1）电流的单位

在国际单位制中，电流的基本单位是安培（简称安），符号为 A，如果在 1 秒（s）时间内通过导体横截面的电量是 1 库仑（C），则导体中的电流时 1 安培（A）。

常用的电流单位还有千安（kA）、毫安（mA）和微安（μA）等，它们的换算关系如下：$1\text{kA}=10^3\text{A}=10^6\text{mA}=10^9\mu\text{A}$。

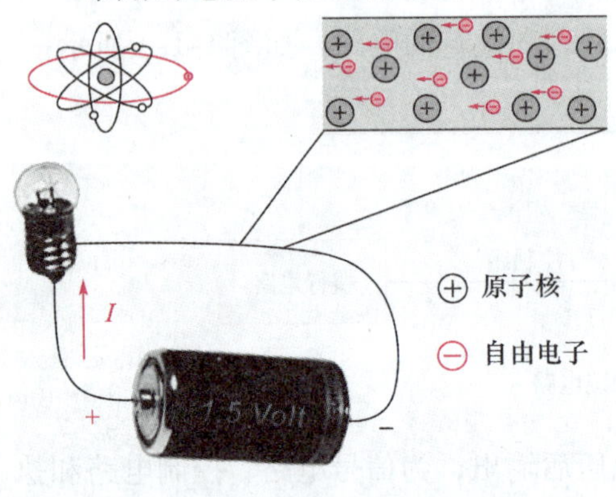

图 1-1-4　电流方向

2）电流的方向

电流不仅有大小，而且有方向。正、负两种电荷定向运动都能形成电流。习惯上规定正电荷定向运动的方向为电流方向。在金属导体中，是电子的运动形成的电流，而不是原子核（带正电）移动。如图 1-1-4 所示，在导体两端施加电压时，电子便从负极流向正极。通常将正电荷移动的方向规定为电流正方向，实际电流方向是电子的运动方向。

电流的方向是实际存在的，但具体分析电路时，往往很难判断某段电路中电流的实际方向。因此，在分析电路前，可以任意假设一个电流的参考方向（不一定是电流的实际方向）；参考方向一经选定，电流就成为一个代数量，有正、负之分。若计算电流结果为正值，表明设定的参考方向与实际方向相同；若计算的电流结果为负值，表明设定的参考方向与实际方向相反。

3）直流电流和交流电流

电流有直流电流和交流电流之分。如图1-1-5所示，电流方向不随时间的变化而变化称为直流电流，用大写字母 I 表示；大小和方向都不随时间的变化而变化的电流叫稳恒直流电流，大小随时间做周期性变化但方向不随时间变化的电流叫脉动直流电流。电流的大小和方向都随时间做周期性变化称为交流电流，用小写字母 i 表示。

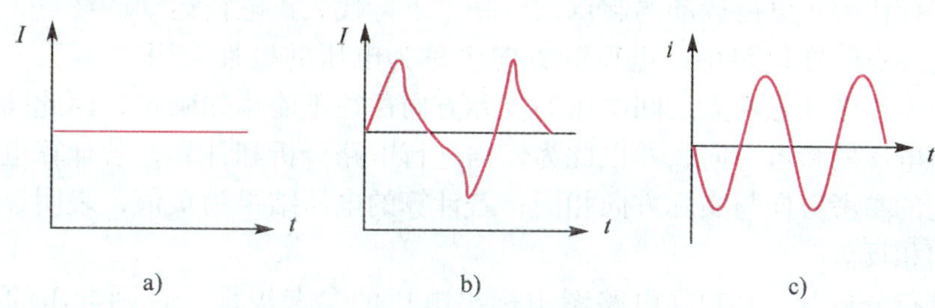

图1-1-5 各种电流时间关系曲线

a)稳恒直流电流；b)脉动直流电流；c)交流电流

☞ 2.3.2 电压

通常情况下，导体中的电荷运动是杂乱无章的，不能形成电流，要使导体中形成电流，导体两端必须有电场力作用。

在图1-1-6中，A、B 是两个电极，A 带正电、B 带负电，这样在 A 和 B 之间产生电场，方向由 A 指向 B。如果用导线将 A 和 B 两极通过灯泡连接起来，灯泡会点光，这说明灯丝中有电流通过。那么电流是如何形成的呢？原来，在电场力的作用下，正电荷从 A 经过连接导线流向 B 形成电流，这说明电场力对电荷做了功。为了衡量电场力做功的大小，则引入电压这一物理量。

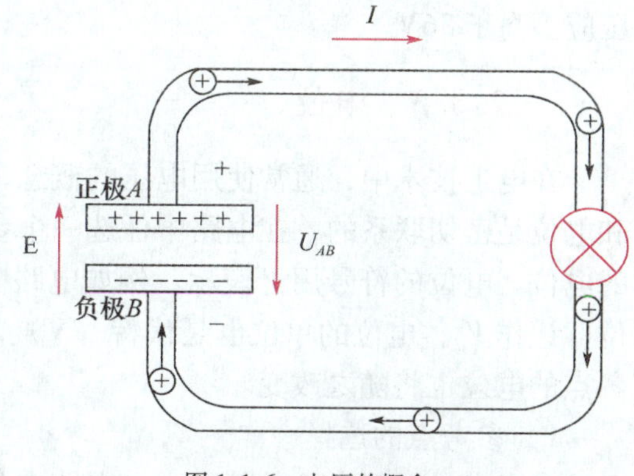

图1-1-6 电压的概念

所谓电压，即单位正电荷从 A 点移动到 B 点电场力所做的功，记作

$$U_{AB}=\frac{W_{AB}}{q}$$

式中：W_{AB}——电场力由 A 点移动电荷到 B 点所做的功，单位为焦耳（J）；

q——由 A 点移动到 B 点的电荷量，单位为库仑（C）；

U_{AB}——A、B 两点间的电压。

1）电压的单位

在国际单位制中，电压的单位是伏特（简称伏），符号为 V，如果将 1 库仑（C）正电荷从 A 点移动到 B 点，电场力所做的功为 1 焦耳（J），则 A 和 B 两点的电压为 1 伏特（V）。

常用电压单位还有千伏（kV）、毫伏（mV）和微伏（μV）。它们的换算关系如下：

$$1\mathrm{kV} = 10^3\mathrm{V} = 10^6\mathrm{mV} = 10^9\mu\mathrm{V}$$

2）电压的方向

电压不仅有大小，而且有方向。电压是对电路中的两点而言的，因而用双下标表示，其中前一个下标代表正电荷运动的起点，后一个下标代表正电荷运动的终点，电压的方向则由起点指向终点。在电路中，电压的方向也称为电压的极性，用“+”、“-”表示。与电流一样，电路中任意两点之间电压的实际方向往往不能预先确定，因此同样可以任意设定该段电路电压的参考方向，并以此为依据进行电路分析和计算，若计算电压结果为正值，表明设定的参考方向与实际方向相同；若计算的电压结果为负值，表明设定的参考方向与实际方向相反。

对电路进行分析时，必须在电路图中标出电压的参考极性，否则电压的正负毫无意义。今后除非特别说明，电路图中所标电压极性都是指参考极性。

3）交变电压和直流电压

电压的大小和极性可能随时间变动，也可能不变。大小和极性随时间而变的电压称为交变电压，用小写字母 u 表示；大小和极性不随时间而变的电压称为直流电压，用大写字母 U 表示。

4）电压常识

汽车蓄电池输出电压通常为 12.6V，发电机输出电压通常为 13.8V。对人体安全的电压应不高于 36V。

☞ 2.3.3　电位

在电工技术中，通常使用电压的概念，而在电子电路中，通常要用电位的概念。电压和电位是密切联系的，在电路中任选一个参考点，电路中某一点到参考点的电压就叫该点的电位。电位的符号用 V 表示，例如电路中某点 a 和参考点 o 间的电压 U_{ao} 称为 a 点的电位，记作 V_a，电位的单位也是伏特（V）。电位值是相对的，参考点选取的不同，电路中各点的电位也将随之改变。

1）参考点的选择

参考点是计算电位的基准点，电路中各点电位都是针对这个基准点而言的。通常规定参考点的电位为零，因此参考点又称零电位点，用搭铁符号“⊥”表示。零电位点（参考点）的选择是任意的，一般在电子电路中常选择多元件的汇集处，而且常常是电源的一个极作为参考点；在汽车电路中，通常用汽车车身和发动机等金属体作为公用线，并与电源负极连接，视其为电路中的参考零点，也就是常说的“搭铁”。

2）电压与电位的关系

由电位的定义可知，电位实际是电压，只不过电压是指任意两点之间，而电位则是指某一点和固定的参考点之间，电路中任意两点之间的电压即为此两点之间的电位差，如 a、b 之间的电压可记作 $U_{ab}=-U_{ba}=V_a-V_b$

3）分析计算

如图1-1-7中 a、b 两点的电位和电压，并说明电位与电压的关系。

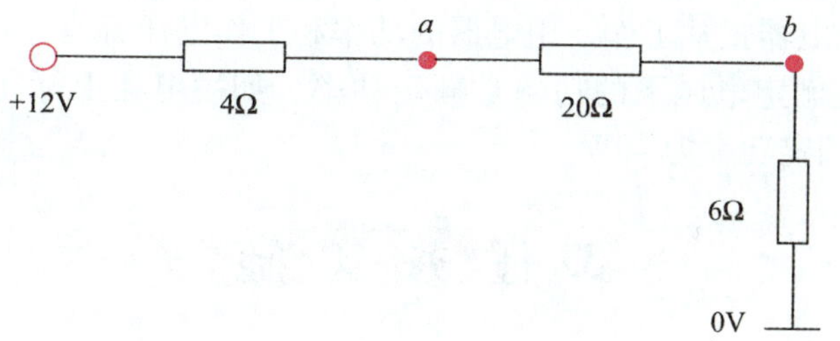

图1-1-7 电位分析电路图

☞ 2.3.4 电功

电功就是电流在单位时间所做的功，它是电路分析中的一个重要物理量。当导体两端加上电压时，导体内就建立了电场，电场力在推动自由电子定向运动过程中要做工，假设导体两端的电压为 U，通过导体横截面的电荷为 q，根据电压的定义可得出电场力对电荷量 q（C）所做的功，即电路所消耗的电能为

$$W=Uq$$

由于

$$q=It$$

带入上式得

$$W=UIt$$

这说明在一段电路中，电场力使电荷通过导体所做的功 W 与加在这段电路两端的电压 U 和通过的电流 I 以及通电时间 t 成正比。

电路消耗电能转化为其他形式能量的过程，就是电流做工的过程，如：电流通过白炽灯泡发光，电能转换为光能；电流通过电炉会发热，电能转换为热能等。

在国际单位制中，电功的单位是焦耳（J），在实际应用中电功的另一个常用单位是千瓦小时（kW·h），也就是通常所说的多少度（“电字”），即有：

$$1\text{ 度}=1\text{kW}\cdot\text{h}=3.6\times10^6\text{J}$$

☞ 2.3.5 电功率

电功率是衡量电能转换为其他形式能量快慢的物理量，即等于单位时间内电流所做的功，用字母 P 表示

$$P=\frac{W}{t}$$

由于 $W=UIt$，带入上式

$$P = UI$$

电功率在国际单位制中的单位是瓦特（W），若电流在1秒（s）内所做的功为焦耳（J），则电功率就是1瓦特（W）。常用的电功率单位还有千瓦（kW）。

1千瓦（kW）=1000瓦特（W）

要注意电功和电功率的区别。电功是指一段时间内电流所做的功，或者说一段时间内负载所消耗的电能；电功率是指单位时间内电流所做的功，或者说是指单位时间内负载消耗的电能。为保证用电器正常工作，用电器的功率和工作电压都有一定规定，叫做额定电功率和额定电压。在额定电压下的功率是额定功率。如用电器上标注：220V 40W，表示额定电压为220V，额定功率为40W。

3. 任务实施

3.1 准备工作

使用的仪器设备及元件包括：2kΩ、1kΩ、10kΩ、20kΩ电阻，12V直流电源，开关，面包板、跳线，数字万用表。

3.2 操作流程

（1）在面包板或电路板上制作如图1-1-8所示的直流电路。

（2）按下万用表电源开关，观察液晶显示是否正常，有否电池缺电标志出现，若有则要先更换电池。

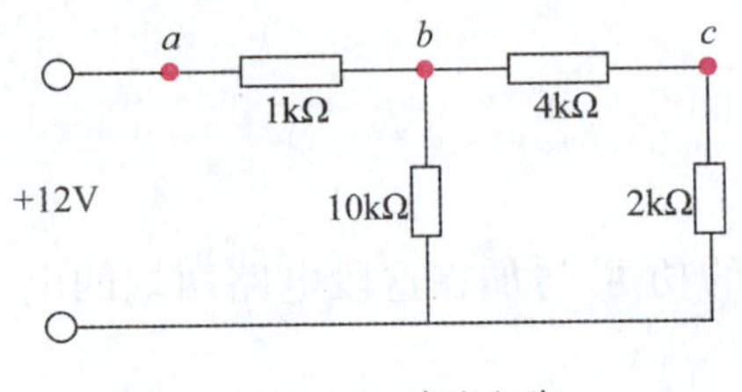

图1-1-8 直流电路

（3）电流的测量：

根据测量电流的大小选择适当的电流测量量程和红表笔的插入孔，测量电流时，将万用表串联在被测电路中（直流电路注意极性）。当无法估计要测量的电流大小时，先用最大的量程来测量，然后再逐渐减小量程来精确测量。测量流过1kΩ、10kΩ和2kΩ电阻的电流。

（4）电压的测量：

红表笔插入“V/Ω”插孔中，根据电压的大小选择适当的电压测量量程，测量电压时，将万用表与被测电路并联（直流电路注意极性）。测量1kΩ、10kΩ和2kΩ电阻两端的电压。

3.3 操作提示

数字万用表功能量程开关如图1-1-9所示，使用万用表时应注意：

（1）测量电流时切忌过载。根据测量电流的大小来选择表笔插孔。当测量电流$I<200\text{mA}$时，红表笔应插入电流插孔；当测量电流$200\text{mA}<I<10\text{A}$时，红表笔应插入10A电流插孔。

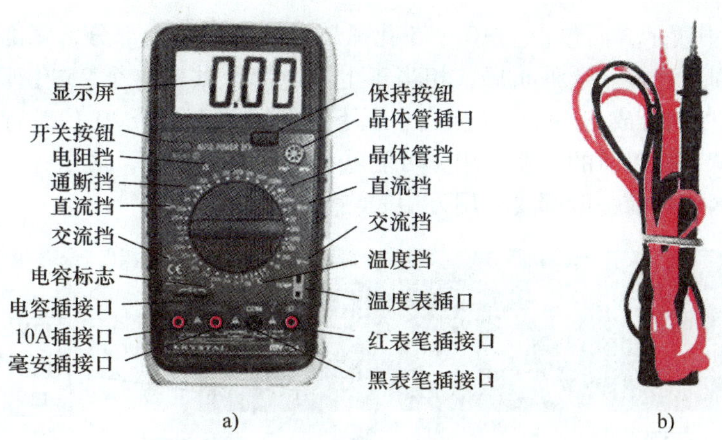

a)　　　　　　　　b)

图 1-1-9　数字万用表

a）万用表；b）表笔

（2）当测量交流电压、直流电压、电阻、二极管导通电压和短路检测时，红表笔应插入“V/Ω”插孔。

（3）搭铁公共端“COM”插孔，黑表笔始终插入此搭铁插孔中。

（4）注意正确选择量程及红表笔插孔。对未知量进行测量时，应首先把量程调到最大，然后从大向小调，直到合适为此。若显示“1”，表示过载，应加大量程。

（5）不测量时，应随手关断电源。

（6）改变量程时，表笔应与被测点断开。

（7）不允许用电阻挡和电流挡测电压。

4. 拓展知识

4.1　面包板结构

面包板即万能电路实验板，可反复使用，寿命在 10 万次以上。常用的电子元件可直接插入，可大大减少导线的数量，使用非常方便。面包板是实验室中用于搭试电路的重要工具，熟练掌握面包板的使用方法是提高实验效率、减少实验故障出现机会的基础。

面包板的结构如图 1-1-10 所示，由上电源区、元器件区、电源区组成。三部分由一块铝板固定结合在一起（注意，铝板仅仅是为了提高机械强度）。

1）元器件区

元器件区是由若干个 5 孔“孤岛”组成，孤岛在内部是一个铜条，保证 5 个孔之间是相通的。每个孔内是一个有弹性的导电片，当元器件的管脚插入孔内，就和孤岛有了电路连接。注意，当频繁插拔或者将较粗的管脚硬插入孔内，可能会造成导电片失去弹性，此时，即便元器件管脚插入孔内，也可能没有与孤岛连接，这就会形成开路故障。

2）电源区

如图 1-1-10 中所示，面包板上 10 个 5 孔孤岛被划分成两个部分，每部分内部是连接的，两个部分之间不连接。这种布局，相当于上下电源区共由 8 个 25 孔孤岛组成。还有一种是将 10 个孤岛划分成 3、4、3，相当于上下电源区共由 4 个 20 孔孤岛，8 个 15 孔孤岛组成。若不注意，按以前的习惯使用，可能就会出问题。因此，对于一个没有使用过的面包板，在电源区使用前一般都要先用万用表测量一下。

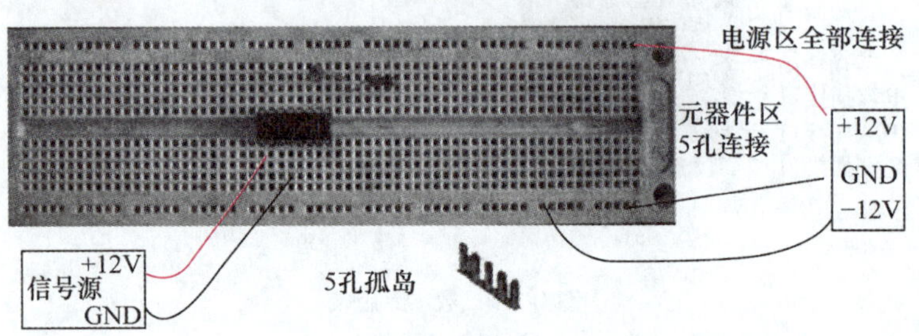

图 1-1-10　面包板结构示意图

4.2　面包板布线的几个基本原则

（1）连接点越少越好。

每增加一个连接点，实际上就人为地增加故障概率。面包板孔内不通、导线松动、导线内部断裂等都是常见故障。

（2）尽量避免形成“立交桥”。

所谓的“立交桥”就是元器件或者导线骑跨在其他元器件或者导线上。初学者最容易出现这样的问题。这样做，一方面会给后期更换元器件带来麻烦，另一方面，在出现故障时，零乱的导线令人难于下手。

（3）尽量牢靠。

有两种现象需要注意：第一，集成电路很容易松动，因此，对于运放等集成电路，需要用力下压，一旦不牢靠，需要更换位置。第二，有些元器件管脚太细，要注意轻轻拨动一下，如果发现不牢靠，需要更换位置。

（4）方便测试。

5 孔孤岛一般不要占满，至少留出一个孔，用于测试。

（5）布局尽量紧凑，信号流向尽量合理。

（6）布局尽量与原理图近似。

这样有助于同学们在查找故障时，尽快找到元器件位置。

（7）电源区使用尽量清晰。

在搭接电路之前，要先将电源区划分成正电源、地、负电源 3 个区域，并用导线完成连接。这样做，可以避免在使用电源时，出现一些疏忽的故障。

4.3　在面包板上搭接电路

在面包板上搭接如图 1-1-11 所示的电路。

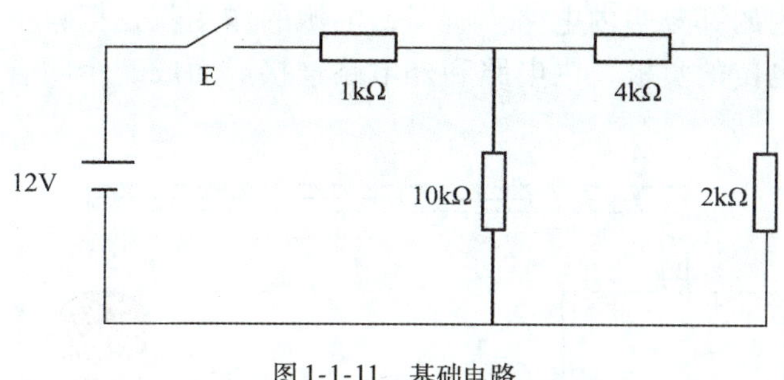

图1-1-11 基础电路

任务2 电阻器的检测

1. 任务引入

在电路故障诊断时，需要检测电路中的基本元件电阻器。因此，需了解电路中基本元件电阻器的检测方法。

2. 相关理论知识

2.1 电路中的基本元件

电路中的基本元件包括电源器（简称电源）、电阻器（简称电阻）、电容器（简称电容）和电感器（简称电感）。它们分别通过提供电能、消耗电能，储存电能来发挥各自的作用。

2.2 电源

1）电源

当电流通过用电器（电灯、电磁炉、电机等）时，用电器将电能转换成所需要的其他形式的能。为了能够向用电器连续不断地提供电能，需要一种可以把非电能转换成电能的装置，这种装置称为电源。常用的电源有电池和发电机。发电机是将机械能转化为电能的装置；蓄电池是将化学能转化为电能的装置。

每个电源都有两个电极，电位高的极为正极，电位低的极为负极。如图1-2-1所示，为了使电路中能维持一定的电流，电源内部必须有一个非电场力（发电机是依靠电磁力），持续不断地把自由电子从电源的正极（高点位处）移送到负极（低点位处），以保持两极具有一定的电位差，被称为电源的端电压，简称电源电压。电源中外力移送电荷的过程就是电源将其他形式的能量转换为电能的过程。在电路中，电源意外的部分叫外电路，电源以内的部分叫内电路。所以，电源的作用就是把自由电子由高电位的正极经内电路送到低电位的负极，内电路和外电路连接成而成一个闭合电路，外电路就有了电流。

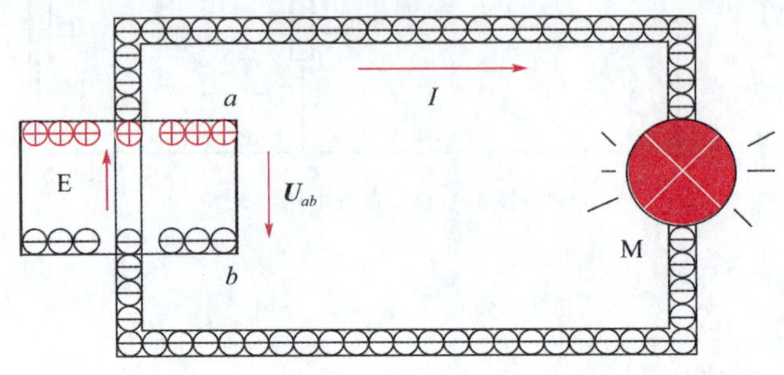

图 1-2-1　电源电路

2）电源的电动势

为了表示电源将非电能转换成电能的能力，引入电动势这个物理量。即电源力将单位负电荷从电源正极移到负极所做的功，用符号 E 表示。

$$E=\frac{W}{q}$$

电动势的单位也是伏特（V）。若外力将 1 库仑（C）负电荷从电源的正极移到负极所做的功是 1 焦耳（J），则电源电动势等于 1 伏特（V）。

电动势不仅有大小而且有方向，电动势在数值上等于电源电极两端的电位差，方向规定为电源力推动负电荷运动的反方向，所以电动势与电压的实际方向相反。电源电动势的大小只取决于电源本身的性质，不同的电源具有不同电动势。如干电池的电动势为1.5V，而蓄电池则是2V。

3）电动势与电压的区别

（1）电动势与电压具有不同的物理意义。电动势表示非电场力（外力）做功的能力，而电压则表示电场力做功的能力。

（2）对于一个电源来说，既有电动势又有电压。但电动势仅存在于电源内部，而电压不仅存在于电源内部，而且也存在于电源外部。电源电动势在数值上等于电源两端的开路电压。

（3）电动势与电压的方向相反。电动势是低电位指向高电位，即电位升高的方向；而电压是从高电位指向低电位，即电压降的方向。

2.3　电阻器

自然界中的各种物质，按其导电性能可分为导体、绝缘体、半导体三类。其中导电性能良好的叫导体，导体内部有大量的自由电荷；导电性能极差的叫绝缘体，绝缘体中，几乎没有自由电荷存在；导电性能介于导体和绝缘体之间的物质叫半导体。

金属导体中有大量自由电子，因而具有导电能力。但这些自由电子在受电场力作用作定向移动时，不仅要克服原子核的束缚，还会相互碰撞或与原子碰撞，这些碰撞与束缚阻碍了自由电子的定向运动，即表现为导体对电流的阻碍作用，被称为电阻，具有一定电阻值的元件称为电阻器。电阻用字母 R 来表示，单位为欧姆（简称欧），符号为 Ω。常用的电阻单位还有千欧（kΩ）和兆欧（MΩ），它们之间的换算关系如下：

$$1\text{M}\Omega = 10^3\text{k}\Omega = 10^6\Omega$$

任何物体都有电阻，实验证明，在一定温度下，截面均匀导体的电阻（R）与导体的长度（L）以及电阻率（ρ）成正比，与导体的横截面积（S）成反比，即

$$R = \rho \frac{L}{S}$$

电阻率只与导体材料的性质和所处温度有关，一般金属导体温度升高时，电阻率也会增大（称为正温度系数电阻）；但有些半导体材料温度升高时，电阻率反而减小（称为正温度系数电阻）；此外，某些稀有材料在低温（接近绝对零度）时，电阻率为0，这种现象叫超导现象。

电阻器是具有一定阻值的电子元件，通称电阻。常用电阻分为固定电阻和可调电阻。固定电阻包括碳膜电阻（四环精度较差）、金属膜电阻（五环精度高）、线绕电阻和贴片电阻（体积小、精度高、高频性能好），固定电阻和符号如图 1-2-2 所示；可调电阻又称电位器，阻值在规定范围内可以调整。固定电阻、可调电阻和符号如图 1-2-3 所示。

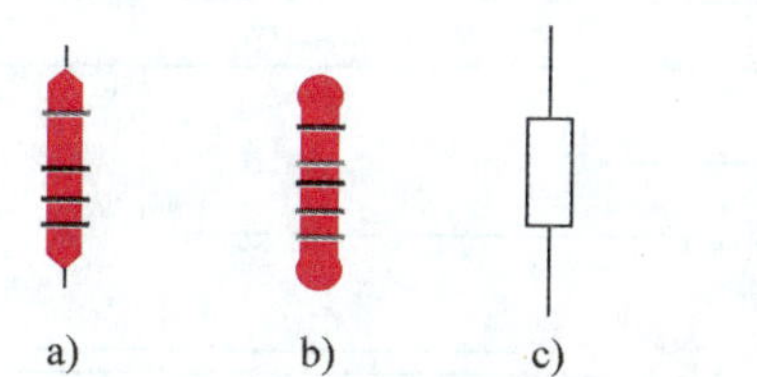

图 1-2-2 固定电阻和符号

a)碳膜电阻;b)金属膜电阻;c)符号

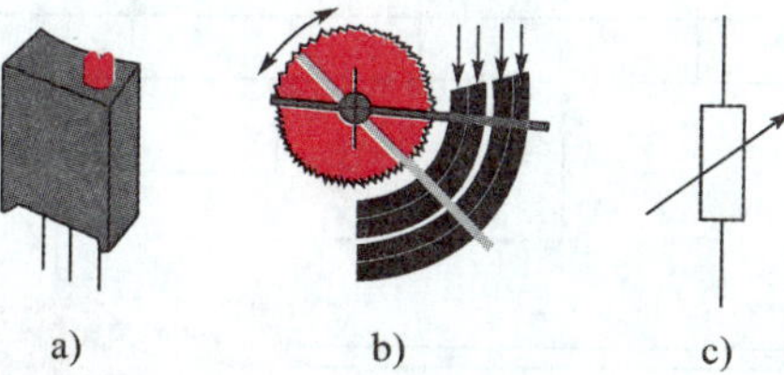

图 1-2-3 可调电阻和符号

a)电位计;b)滑动变阻器;c)符号

☞ 2.3.1 固定电阻阻值的标注方法

1）直接标注法

①直接用数字与单位标注在电阻上，如 R450Ω，这种方法主要用于阻值较大的电阻器。

②常用的贴片电阻阻值误差精度有 ±1% 和 ±5% 两种。±5% 精度的电阻用 3 位数来表示，前面两位是有效数字，第三位数表示有多少个零，基本单位是 Ω，例如标注 512 就是 5100Ω；±1% 精度的电阻常用 4 位数来表示，前三位表示有效数字，第四位表示有多少个零，例如标注 4531 就是 4530Ω。

2）色标法

对于碳膜和金属膜电阻分别用 4 环与 5 环色环标注阻值，数值的读取方法、颜色与数值的对应关系，如图 1-2-4 所示。

☞ 2.3.2 电阻额定功率

电阻的额定功率是指电阻在一定条件下（压力、温度等）长期连续工作能够允许承受

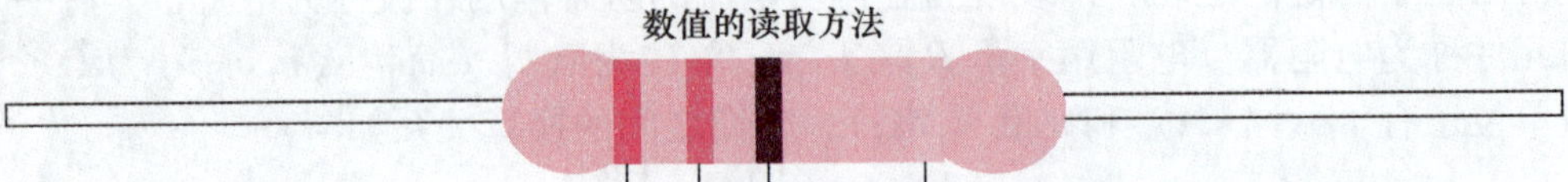

数值的读取方法

颜色	每一段	第二段	第三段	乘数	误差	
黑色	0	0	0	1		
棕色	1	1	1	10	±1%	F
红色	2	2	2	100	±2%	G
橙色	3	3	3	1k		
黄色	4	4	4	10k		
绿色	5	5	5	100k	±0.5%	D
蓝色	6	6	6	1M	±0.25%	C
紫色	7	7	7	10M	±0.10%	B
灰色	8	8	8		±0.05%	A
白色	9	9	9			
金色				0.1	±5%	J
				0.01	±10%	K
无					±20%	M

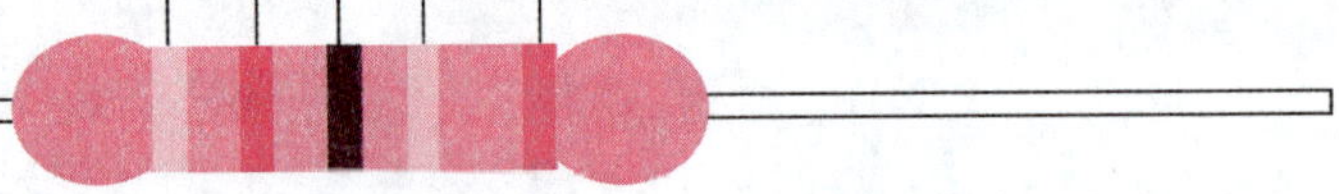

图 1-2-4 色环电阻的色标含义

的最大功率，如，1/8W、1/4W、1/2W、1W 等。在选择电阻时，一定要注意电阻功率，否则会由于电阻承受能力不是导致电阻损坏，甚至可能导致设备其他元器件的损坏。在实际应用中可以用功率大的同阻值电阻替代小功率电阻。

3. 任务实施

3.1 准备工作

使用的仪器设备及元件包括：数字式万用表，20Ω、100Ω、1kΩ、2kΩ、10kΩ 电阻。

3.2 操作流程

电阻的测量操作流程为：

（1）红表笔插入“V/Ω”插孔中；

（2）根据电阻的大小选择适当的电阻测量量程；

（3）红、黑两表笔分别接触电阻两端，观察读数即可；

（4）短路检测（电阻为零），将功能量程开关转到“·)))”位置，两表笔分别测试电路中的两个点，若有短路，则蜂鸣器会响。

3.3 操作提示

（1）万用表选择不同电阻挡，测量不同电阻阻值；

（2）测量在路电阻时（在电路板上的电阻），应先把电路的电源关断，以免引起读数抖动；

（3）禁止用电阻挡测量电流或电压（特别是交流220V电压），否则容易损坏万用表。

任务3 电容器的检测

1. 任务引入

在电路故障诊断时，需要检测电路中的基本元件电容器。因此，需了解电路中基本元件电容器的检测方法。

2. 相关理论知识

2.1 电容器

储存电荷的元件称为电容器，文字符号为C，是电路的基本元件之一，在电工和电子技术中有很重要的应用。

任何两个彼此绝缘且相隔很近的导体（包括导线）间都构成一个电容器。组成电容器的两个导体称为极板，中间的绝缘材料称为电介质，其结构示意图和符号如图1-3-1所示。

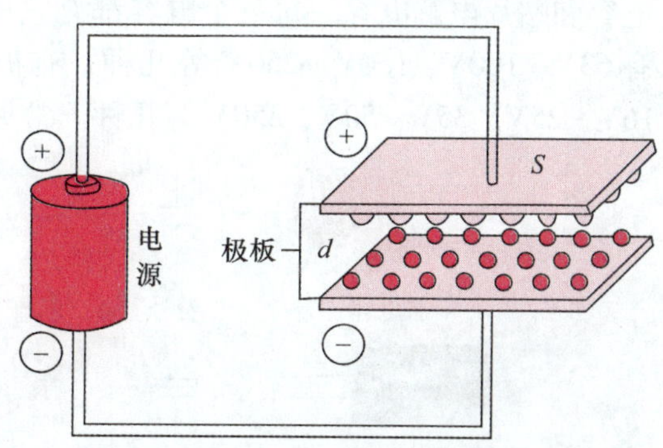

图1-3-1 电容器的结构示意图

当把电容的两极分别于直流电源的正负极相接后，与电源正极相接的极板上的电子被电源正极吸引使极板带正电荷，电容器另一个极板会从电源负极获得等量的负电荷，从而使电容器存储电荷。这种使电容器存储电荷的过程叫充电。充电后，电容器两极板总是带等量异种电荷，两极板之间形成电场，具有电场能。电容器将电能转换为电场能储存在电容中，当电压增大时，电场能增大，电容元件从电源取用电能；当电压减小时，电场能减小，电容元件向电源放还能量，如图 1-2-4 所示。

2.2 电容

电容也称电容量，是表征电容器容纳电荷本领的物理量。平板电容器是一种最常见的电容器。我们知道，电阻是导体固有的特性，其大小仅由导体本身因素（$R=\rho L/S$）决定，同样，电容是电容器的固有特性，其大小也由电容器的结构决定。实验表明，平板电容器的电容与两极板正对面积 S 成正比，与两极板间的距离 d 成反比，而且还与极板间的电介质性质有关，即

$$C=\varepsilon\frac{S}{d}$$

式中：ε——极板间介质介电常数，不同介质数值不同；

S——电容极板面积；

d——两极板间的距离。

由上式可知，若电容器两极板正对面积 S 或极板间的距离 d 发生变化，电容也将变化，据此可制作成可变电容器。

☞ 2.2.1 电容单位

电容的单位是法拉（简称法），符号是 F，常用的电容单位还有微法（μF）和皮法（pF）等，换算关系是：

$$1\text{F}=10^{6}\mu\text{F}=10^{12}\text{pF}$$

☞ 2.2.2 电容的分类

电容按照其容量是否可变，分为固定电容和可变电容；按照有无极性一般分为有极性电容和无极性电容。无极性电容有钽电容、瓷片介质电容、贴片电容；有极性电容有电解电容和贴片电解电容。每一个电容都有它的耐压值。一般无极电容的标称耐压值比较高，有 63V、100V、160V、250V 等几种；有极电容的耐压相对比较低，有 4V、6.3V、10V、16V、25V、35V、50V、250V 等几种。常见电容器和符号如图 1-3-2 所示。

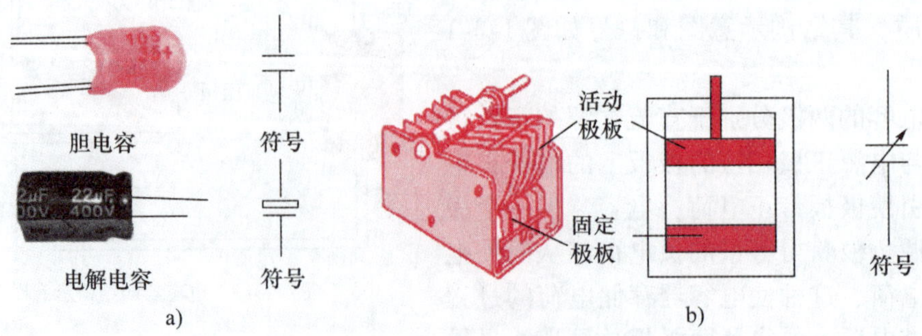

图 1-3-2　电容的分类

a) 固定电容及符号；b) 可调电容及符号

2.3 电容的充放电现象

电容器是一种储能元件，具有储存和释放电能的作用，在电路中表现为电容器的充、放电现象。下面先通过试验观察和分析电容器在充、放电过程中的规律，以加深对容器基本特性的了解和认识。

在图1-3-3所示的电路中，先把开关E与触点1接通，可以看到，LED灯开始最亮，然后逐渐变暗，最后熄灭；同时电流表 A_1 上的读数也由开始最大逐渐变小，直至为零，而电压表V的读数则由开始时的零逐渐变大，最后达到电源电压 U_s。接下来，将开关E与触电2接通，可以看到，LED灯开始最亮，然后逐渐变暗，最后熄灭；同时电流表 A_2 上的读数也由开始最大逐渐变小，直至为零，而电压表V的读数则由开始时的最大逐渐变小，最变为零。

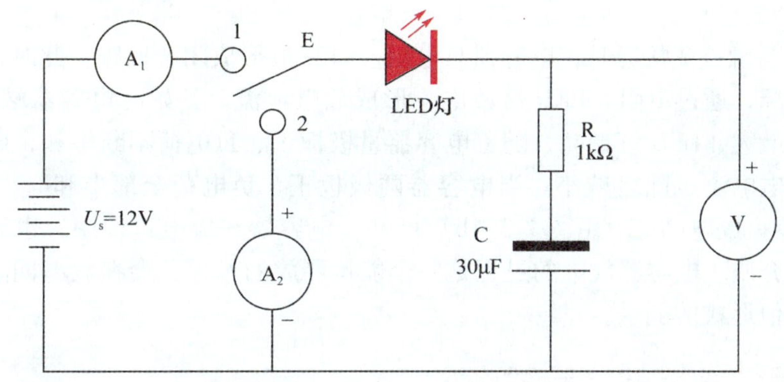

图1-3-3 电容器充、放电试验电路

1）电容器充电

当把电容器的两个极板与直流电源的正、负极相接后，在直流电压的作用下，电容器极板 *A* 上的电子被电源正极吸引，经导线和电源再移到电容器极板 *B*，形成充电电流。所以在充电过程中并没有电子直接通过电容器内部的电介质，而是电子由电容器的正极板→电阻→LED灯→电源正极→电源负极→电容器负极板作定向运动，形成的电流如图1-3-4a）所示。

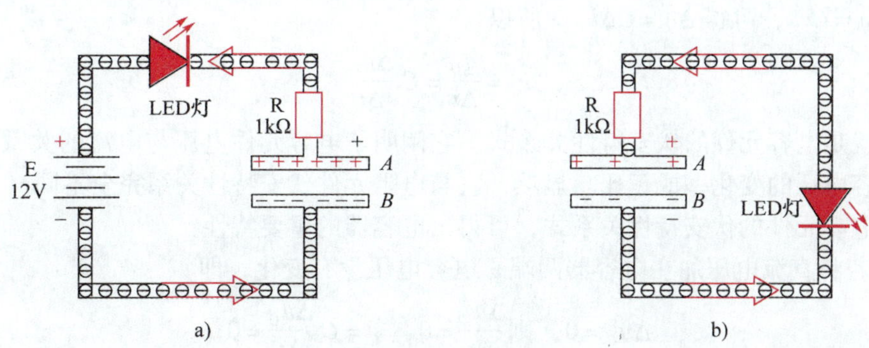

图1-3-4 电容器充放电示意图

a）电容器充电；b）电容器放电

当开关E刚与触电1闭合的瞬间，由于电容器A极板上没有电荷，电位为零，与电源正极之间电压最大（等于 U_s），所以开始时充电电流最大，LED灯最亮；随着电容器两极板储存电荷量增多，其端电压也随之升高，正如我们所看到的电压表读数逐渐增大，此时，电容器与电源之间电压随之逐渐减小，所以充电电流也越来越小。当电容器端电压上升到 $U_c = U_s$ 时，电容器A、B极板与电源正、负极分别等电位，电流为零，充电结束。如果此时把直流电源和电容器断开，电容器上便储存了电荷。当电容器两端的电压一定时，电容器的容量越大，它所储存的电荷量也越大。可见电容器的电容量是一个衡量电容器储存电荷能力的参数。电容器储存电荷量为 $q = CU_s$。

正负电荷就会集聚在电容器的两个电极板上，在两个极板间形成电压。随着电容器两极板上电荷的不断增加，电容器上的电压也由小逐渐增大，直到等于直流电源电压时，电路中便不会有电流流过，充电过程就停止了。

2）电容器放电

当开关E与触点2接通时，电容器与电阻、LED灯形成闭合回路。此时，充电后的电容器相当于电源，通过电阻、LED灯放电，形成放电电流。开始时电容器端电压为最大，所以放电电流最大，LED灯最亮，随着电容器量极板正、负电荷不断中和，电容器端电压逐渐减小，放电电流也随之减小。当电容器两极板正、负电荷全部中和时，端电压 $U_c = 0$，电流也为零，放电结束。由图1-3-4b）可知，电容器在放电过程中，也没有电荷通过电容器内部电介质。电容器放电的过程是一个能量释放的过程，会在放电回路中做功，把电能转换成其他形式的能量。

2.4 电容元件的伏安特性

电容器在充、放电过程中，极板上的电荷 q、电容电压 u_C 和电流 i_C 都随时间变化，而且每个时刻多有不同量值。下面，我们来研究它们的变化规律。

设在极短的时间 Δt 内，极板上电荷的变化量为 Δq，有电流的定义式可得，电路中电容电流 i_C 为：

$$i_C = \frac{\Delta q}{\Delta t}$$

又因 $q = Cu_C$，可得 $\Delta q = C\Delta u_C$，所以

$$i_C = \frac{\Delta q}{\Delta t} = C\frac{\Delta u_C}{\Delta t}$$

上式就是电容元件的伏安特性关系式。它阐明了电容元件电压与电流的关系，即电容电流与电容电压的变化率成正比。显然，它与电阻元件伏安特性关系完全不同。

根据电容元件的伏安特性关系式，可得出电容器的重要特性：

（1）若将直流电压加在电容器两端，电容电压没有变化，即

$$\Delta u_C = 0，则\frac{\Delta u_C}{\Delta t} = 0，i_C = C\frac{\Delta u_C}{\Delta t} = 0$$

所以电容器具有隔直流作用。在直流电路中电容相当于断路。

（2）若将交变电压加在电容器两端，则电路中有交变的充、放电电流通过，即电容器

具有通交流作用。电容器的“通交流（高频）、隔直流（低频）”的特性，使它在整流和滤波电路中得到广泛应用。

2.5 电容器中的电场能量

电容器最基本的功能就是储存电荷。

电容器充电时，两极板上的电荷 q 逐渐增多，端电压 u_C 也成正比地逐渐增大，$q=Cu_C$，两极板上的正、负电荷就在电介质中建立电场，如图1-3-5所示。电场是具有能量的，所以，电容器充电时从电源吸取电能，储存在电容器的电场中。电容器放电时，极板上的电荷不断减少，电压不断降低，电场不断减弱，把充电时储存的电场能量释放出来，转化为灯泡的热能和光能。从能量转化的角度看，电容器的充、放电过程，实质是电容器吸收、释放电能的过程，是电容器与外部能量交换的过程。在此过程中，电容器本身基本不消耗能量，所以说，电容器是一种储能元件。电阻元件则不同，电流通过电阻时要做功，把电能转化为热能，这种能量的转化是不可逆的，所以电阻是一种耗能元件。它们在电路中作用是不同的。

实验证明：电容器中电场能量的大小与电容成正比，与电容器两端电压二次方成正比。在一定电压下，电容越大，储存能量越多，所以电容又是电容器储能能力的标志。

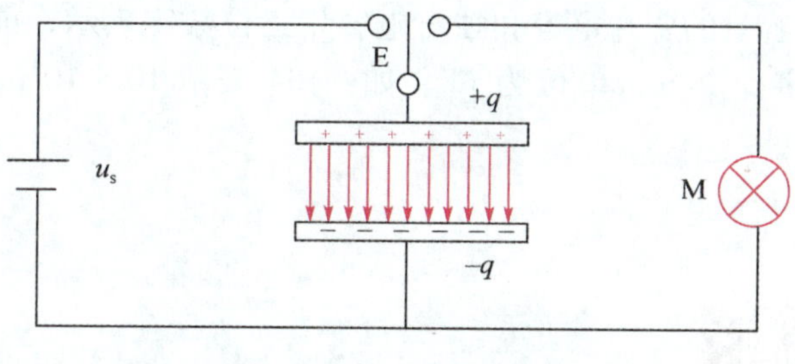

图1-3-5 电容器中的电场

3. 任务实施

3.1 准备工作

使用的仪器设备及元件包括：数字式万用表和指针式万用表、30μF电容。

3.2 操作流程

（1）将数字万用表置于200kΩ挡（检测大容量电容器时）或20MΩ挡（检测小容量电容器时）。

（2）将表笔接在电容器的两个引脚上，应当看到万用表指示数值迅速变大（电容器充电，电压升高），当达到最大值“1”时（充电结束），将两只表笔反接，此时，万用表指示数值应从负值迅速变为无穷大“1”（电容器放电，反向充电）。

（3）若万用表指示始终为无穷大“1”，表明电容器断路；若万用表指示始终为零

"0"，表明电容器击穿短路。

3.3 操作提示

检测电容时，应先将电容放电，以免发生点击。

4. 拓 展 知 识

4.1 有极性电容极性的标识

有极电容上面有标志的灰块为负极，在 PCB 上电容位置上有两个半圆，涂颜色的半圆对应的引脚为负极，也有用引脚长短来区别正负极长脚为正，短脚为负。

4.2 电容的标注方法

电容的标注方法分为：直标法、色标法和数标法。

（1）直标法：体积容量大的电解电容其容量和耐压值，在电容上直接标明，如 10μF/16V，100μF/25V。

（2）数标法：小容量的瓷片电容和独石电容用三位数字表示，前两位表示有效数字，第三位数字是 10 的多少次方，单位为 pF。如：104 表示 10×10^4pF = 0.1μF，334 表示 33×10^4pF = 0.33μF。

任务 4 电感器的检测

1. 任 务 引 入

在电路故障诊断时，需要检测电路中的基本元件电感器。因此，需了解电路中基本元件电感器的检测方法。

2. 相关理论知识

2.1 电感器

用导线绕制而成的线圈就是一个电感器，也称电感线圈或电感元件，用字母 L 表示。电流通过电感线圈时产生磁场，磁场具有能量，所以电感器与电容器一样，也是一种储能元件。电感分为空心线圈和铁芯线圈两种，其图形符号如图 1-4-1 所示。

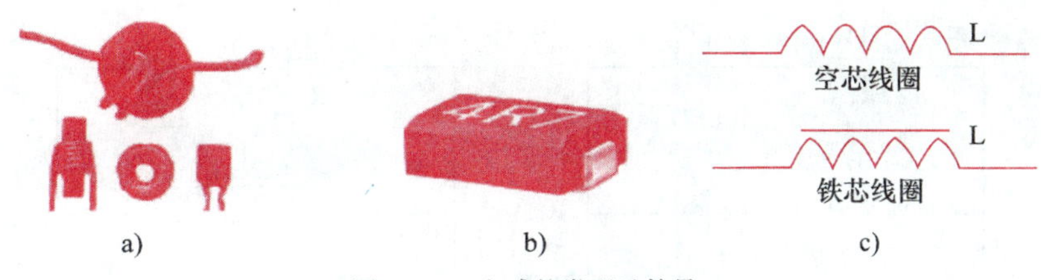

图 1-4-1 电感的类型及符号

a)线圈电感；b)贴片磁珠电感；c)电感符号

2.2 电感

电感也称电感量，是表示线圈本身固有特性，由载流导体周围形成的磁场产生。如图 1-4-2 所示，当电流 I 通过有 N 匝的线圈时，每匝线圈中产生的磁通量为 Φ，则 N 匝线圈的磁通量为 $N\Phi$，磁通量 Φ 的方向可有电流 I 的方向根据通电螺线管的安培定则（右手定则）确定。

通过导体的电流产生与电流成比例的磁通量。一个电流的变化产生一个磁通量的变化，与此同时也产生一个电动势以“反抗”这种电流的变化。即：

$$L = N\frac{\Phi}{I}$$

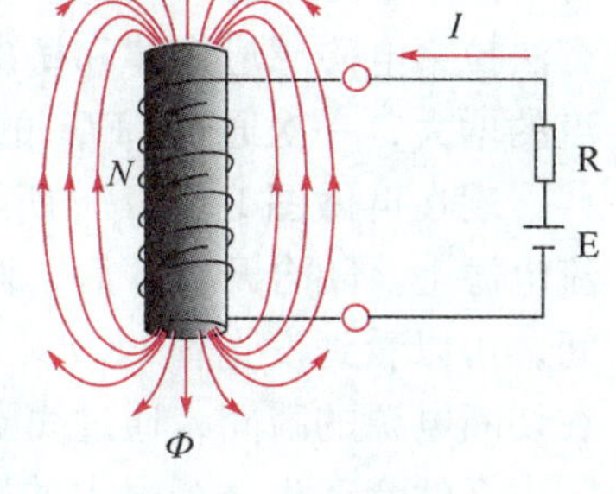

图 1-4-2 电感线圈

电感的作用是阻碍电流的变化，但是这种作用与电阻阻碍电流流通作用是有区别的。电阻阻碍电流流通作用是以消耗电能为其标志，而电感阻碍电流的变化则纯粹是不让电流变化。当电流增加时，电感阻碍电流的增加，当电流减小时，电感阻碍电流的减小。电感将电能转换为磁场能储存在线圈中，当电流增大时，磁场能增大，电感元件从电源取用电能；当电流减小时，磁场能减小，电感元件向电源放还能量。

☞ 2.2.1 电感单位

电感的单位是亨利（简称亨），用 H 表示。常用单位还有毫亨（mH）、微亨（μH），且有：$1\text{H} = 10^3\text{mH} = 10^6\mu\text{H}$

☞ 2.2.2 电感类型

电感元件是一个被动电子元件，电子电路运用其电感属性，电感元件有许多种形式。通过较小电流，仅充当滤波作用的小电感也称磁珠。通过较大电流，作为电磁铁使用的电感也称线圈。配合铁磁性材料，安装在变压器、电动机和发电机中使用的大电感也称绕组。

2.3 自感现象和自感电动势

下面通过实验来分析、研究电感元件的自感现象。

在图 1-4-3a）所示的电路中，LED_1 和 LED_2 是两个相同的发光管，L 是电感很大的线圈，调节变阻器 R 使它的阻值等于线圈的阻值，调节变阻器 R_1 使 LED_1 和 LED_2 都能正常发光。

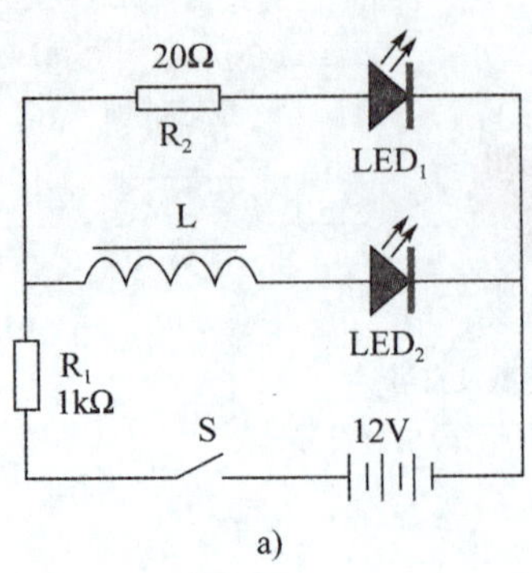

a)

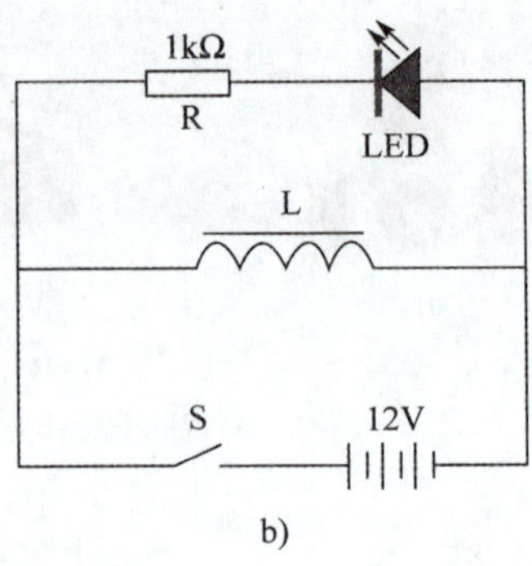

b)

图 1-4-3　自感实验电路圈

闭合开关 S 瞬间，可以观察到与变阻器 R 串联的 LED_1 立即正常发光，而与电感 L 串联的 LED_2 却是逐渐亮起来，要经过一段时间才能打到同样的亮度。这说明，在开关 S 闭合瞬间，通过电感 L 与 LED_2 支路的电流有零开始增大，使穿过线圈的磁通量也随之增大，有法拉第电磁感应定律和楞次定律可知，这是线圈中必然会产生感应电动势阻碍线圈中电流的增大，一次通过 LED_2 的电流只能逐渐增大，LED_2 亮度随之逐渐增强。

现在再做图 1-4-3b）所示的实验，把发光管 LED 和电阻较小的线圈 L 并联后接到直流电源上。闭合开关 S 后，调节变阻器 R 使发光管 LED 正常发光。当把开关 S 断开的瞬间，可以看到发光管 LED 并不立即熄灭，而是突然发出耀眼的强光后才熄灭。这是一位在切断电源的瞬间，通过线圈的电流突然减小，穿过线圈的磁通量也很快减小，所以在线圈中必然会产生一个很大的感应电动势来阻碍线圈中电流的减小。这时，线圈 L 与 LED 组成闭合电路，产生感应电动势的线圈相当于电源，在电路中就会产生较大的感应电流，因此 LED 不但不立即熄灭，反而会产生短暂的强光。

通过上述两个实验的观察与分析可以看出，当通过导体的电流发生变化时，穿过导体的磁通量也发生变化，导体两端就会产生感应电动势，这个电动势总是阻碍导体中原来电流的变化。这种由于导体本身的电流变化而引起的电磁感应现象叫自感现象。在自感现象中产生的感应电动势交自感电动势。

2.4　电感元件的伏安特性

自感现象是电磁感应中的一种特殊现象，自感电动势可由法拉第电磁感应定律推得。因为

$$e_L = -N\frac{\Delta\Phi}{\Delta t} = -\psi\frac{\Delta\psi}{\Delta t} = -\frac{\psi_2 - \psi_1}{\Delta t}$$

而 $\psi = LI$，带入上式得

$$e_L = -\frac{\psi_2 - \psi_1}{\Delta t} = -\frac{LI_2 - LI_1}{\Delta t}$$

$$e_L = -L\frac{\Delta i}{\Delta t}$$

式中：Δi——线圈个电流的变化量（A）；

B12

Δt——线圈中电流变化 Δi 时所用的时间（s）；

$\frac{\Delta i}{\Delta t}$——电流变化率；

L——线圈电感（H）；

e_L——线圈的自感电动势（V）。

上式表明，自感电动势的大小与线圈中电流的变化率和电感 L 成正比。若线圈中电流恒定，则 $e_L=-L\frac{\Delta i}{\Delta t}=0$，即线圈中通过直流电时不会产生自感现象。

式中的负号表明，自感电动势方向总是阻碍线圈中原电流的变化。当线圈中电流增大时，自感电动势及其产生的感应电流方向都与线圈中原电流方向相反；当线圈中电流减小时，自感电动势及其产生的感应电流方向都与线圈中原电流方向相同。

在电路分析中，主要研究电感元件的端电压 u_L 与电流 i_L 的关系。在如图 1-4-4 所示的电路中，由于线圈电阻一般很小，可忽略不计，由 KVL 可得：

$$u_L+e_L\approx 0$$

电感元件的端电压大小近似等于自感电动势，所以

$$u_L\approx -e_L=L\frac{\Delta i}{\Delta t}$$

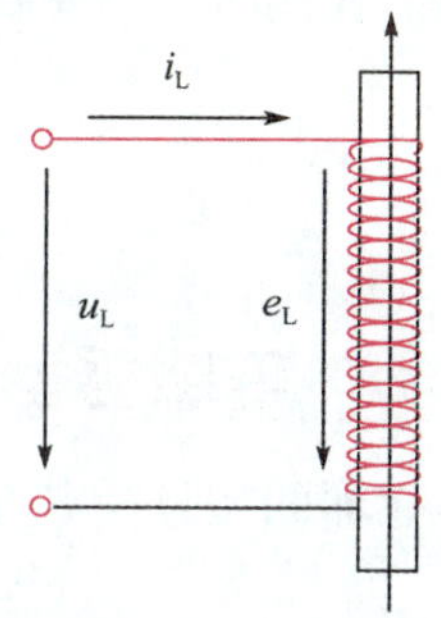

图 1-4-4　各参量的正方向

上式即为电感元件的伏安关系式，它表明：电感元件的端电压与线圈中电流的变化率成正比，还与线圈电感有关。若电感线圈中通过的是直流电，则 $u_L\approx -e_L=L\frac{\Delta i}{\Delta t}$，即电感线圈对直流电相当于短路。

2.5　电感线圈中的磁场能量

因此，磁场和电场一样都具有能量。当电流通过导体时，导体周围就建有磁场，将电能转化为磁场能，储存在电感元件内部；反之，变化的磁场通过电磁感应可以在导体中产生感应电流，将磁场能量释放出来，转化为电能。在图 1-4-3b）试验中，当开关 S 断开瞬间，LED 会发出短暂的强光，就是储存在电感线圈中的磁场能量转化为电能，瞬间释放出来产生的。

磁场能量与电场能量有不少相似的特点，在电路中它们可以相互转化。实验证明：电感线圈的磁场能量与线圈所通过的电流平方和线圈电感的乘积成正比。当线圈中通有电流时，线圈中就要储存磁场能，通过线圈的电流越大，线圈中储存的磁场能就越多。在通有相同电流的线圈中，电感越大的线圈，储存的能量越多。从能量的角度看，线圈的电感 L 表征了它储存磁场能量的能力。

3. 任务实施

3.1　准备工作

使用的仪器设备及元件包括：可调直流电源，数字式万用表和指针式万用表，20Ω、

1kΩ 固定电阻、20kΩ 可调电阻，绕线式电感线圈。

3.2 操作流程

（1）将数字万用表拨到 kΩ 挡。

（2）将表笔接在电感器的两个引脚上，应当看到万用表指示数值由某一数值迅速变为零“0”。

（3）若万用表指示始终为无穷大“1”，说明电感器断路。

（4）若万用表指示始终为零“0”，说明电感器短路。

3.3 操作提示

电感检测时，不要长时间测量，否则会使万用表电池过度放电。

4. 拓展知识

4.1 电感器型号命名方法

电感器的型号命名方法见表 1-4-1。

电感器型号命名方法 表 1-4-1

第一部分：主称		第二部分：电感量			第三部分：误差范围	
字母	含义	数字与字母	数字	含义	字母	含义
L 或 PL	电感	2R2	2.2	2.2μH	J	±5%
		100	10	10μH		
		101	100	100μH	K	±10%
		102	1000	1mH	M	±20%

如：L101K 表示为误差为 ±10%、100mH 的电感。

4.2 电感、电容电路特点

1）电感线圈可以阻止突变电流

当电流突然增大或减小时起到抑制作用，电感因感抗抑制电流增加，因而电流滞后于电压。根据电感线圈中的电流不能突变的原理：电感两端电压发生变化了，但电流变化缓慢，就表现为电感中的电流滞后电感两端电压变化。电感中的能量是以磁场形式存在的，是电流形成的。

2）电容可以阻止突变电压

其原理和电感一样。电容的容抗抑制电压增加，因而电压滞后于电流。根据电容器两极板间中的电压不能突变的原理：电容两端电流发生了快速变化，但电容两端电压变化缓慢，就表现为电容中的电流超前电容两端电压变化。电容中的能量是以电场形式存在的，是电压形成的。

事实上，上述特点就是能量不能突变的原理，如果能量突变功率就会无穷大了，这是不可能的；电感和电容都是储能元件，它们并不耗能，只是把相位改变而已。

1. 任务引入

汽车电路是直流电路在汽车上的应用，但又有其特殊性。因此，需了解汽车电路的特点。

2. 相关理论知识

2.1 直流电路的4种基本工作状态

2.1.1 额定工作状态

在图1-5-1所示的电路中，如果开关闭合，电源则向负载 R_L 提供电流，负载 R_L 处于额定工作状态，这时电路有如下特征：

$$I=\frac{U_L}{R_L}$$

$$U_L=IR_L$$

$$P_L=IU_L$$

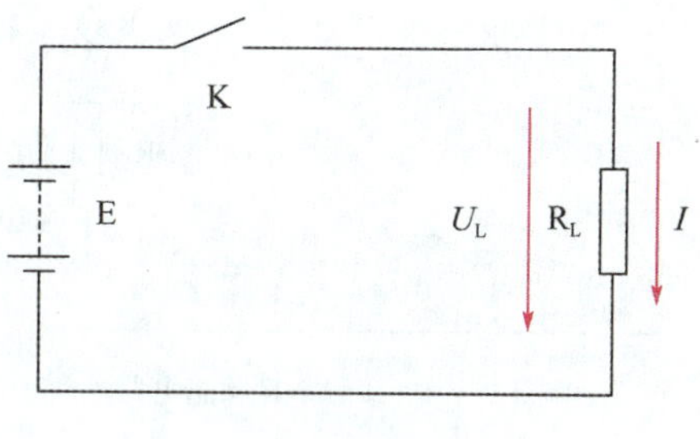

图1-5-1 额定工作状态电路

2.1.2 断路状态

图1-5-2所示的电路为开关断开或连接导线折断时的开路状态，这种状态也称为空载状态。电路处在空载状态时，外电路的电阻可视为无穷大。因此电路具有下列特征：

$I=0$：负载电路没有电流。

$U_L=E$：负载电压等于电源端电压（开路电压）。

$P_L=0$：负载功率为零，电源对外不做功。

2.1.3 短路状态

图1-5-3所示的电路中，电源的两输出端线因绝缘损坏或操作不当而导致两端线相接触，电源被直接短路，这就叫短路状态。当电源被短路时，外电路的电阻可视为零，这时电路具有如下特征：

$I=\dfrac{E}{R_0}$时：短路电流很大，式中的 R_0 为电源内阻。

$U_L=0$ 时：负载没有电压。

$P_L=0$ 时：电源能量全部被内阻和线路消耗掉。

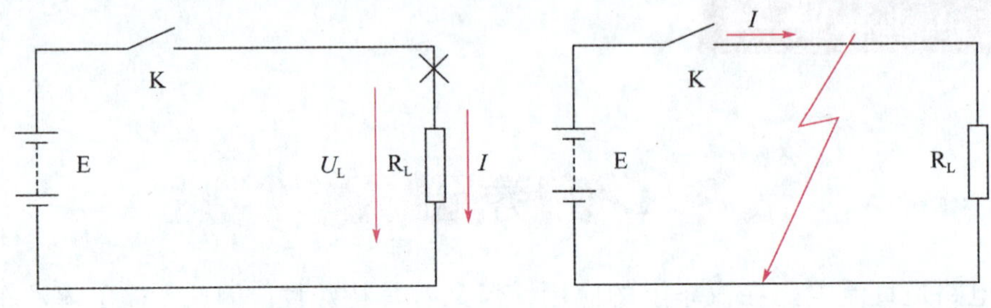

图 1-5-2　断路状态电路　　图 1-5-3　短路状态电路

2.1.4　不良状态

在图 1-5-4 所示的电路中，电路开关、导线、用电器接触不良，会产生接触电阻。这时电路具有如下特征：

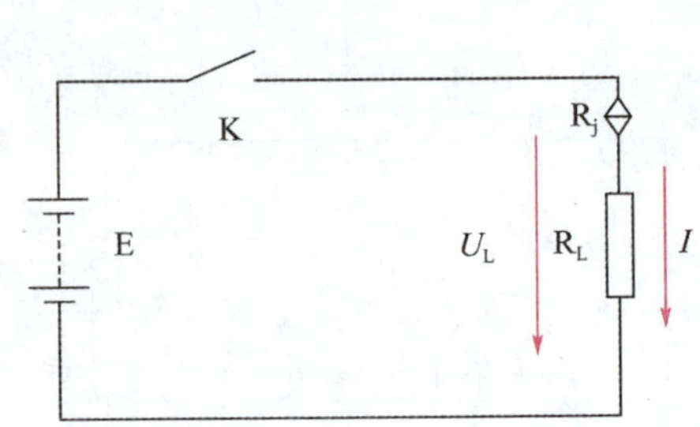

图 1-5-4　接触不良状态电路

$I=\dfrac{E}{R_0+R_L+R_j}$时：电流减小

$U_L=IR_L$ 时：分压降低

$P=IU_L$ 时：负载功率减小

式中：R_j——接触电阻。接触电阻过大，会造成接触点烧蚀。

接触电阻过大，会影响用电器正常工作。一般电路导线或搭铁电阻不能超过 1Ω。在汽车电路检测中，经常检测连接导线（包括连接器）电阻和导线搭铁电阻，都不能超过 1Ω。

2.2　直流电阻电路

2.2.1　电阻的串联

电阻的串联是指各电阻一个接一个地顺序相连，如图 1-5-5 所示。其作用是：串联分压，调节电压。

（1）各电阻中流过的电流相同等于总电流：

$$I=I_1=I_2=I_3$$

（2）电路总电阻（等效电阻）等于各电阻之和：

$$R=R_1+R_2+R_3$$

（3）总电压等于各电阻两端电压之和：

$$U=U_1+U_2+U_3$$

（4）串联电阻上电压的分配与电阻成正比：

$$U_1 = \frac{R_1}{R_1 + R_2 + R_3}U$$

$$U_2 = \frac{R_2}{R_1 + R_2 + R_3}U$$

$$U_3 = \frac{R_3}{R_1 + R_2 + R_3}U$$

☞ 2.2.2 电阻的并联

电阻的并联是指各电阻并列连接在两个公共的结点之间，如图1-5-6。其作用是：并联分流，调节电流。

（1）各电阻两端的电压相同，且等于电源电压：

$$U = U_1 = U_2$$

（2）等效电阻的倒数等于各电阻倒数之和：

$$\frac{1}{R} = \frac{1}{R_1} + \frac{1}{R_2}$$

（3）总电流等于各之路电流之和：

$$I = I_1 + I_2$$

（4）并联电阻上电流的分配与电阻成反比：

$$I_1 = \frac{R_2}{R_1 + R_2}I$$

$$I_2 = \frac{R_1}{R_1 + R_2}I$$

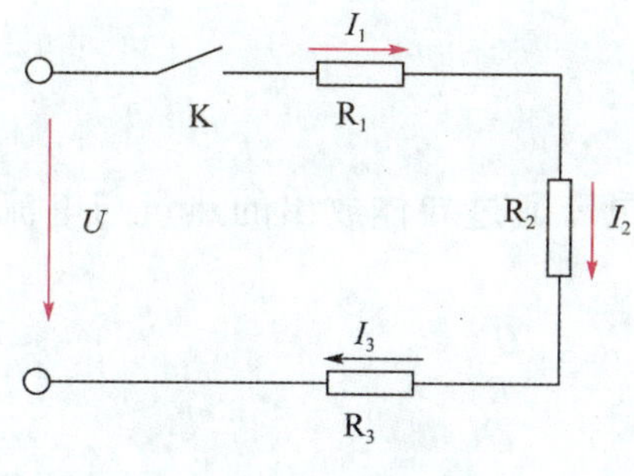

图1-5-5 电阻串联

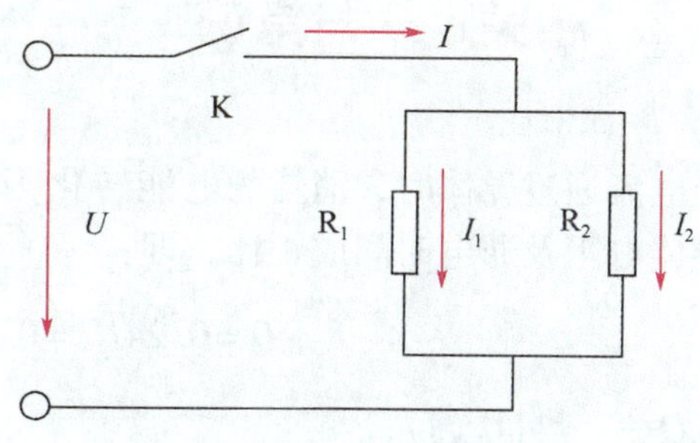

图1-5-6 电阻并联

☞ 2.2.3 电阻的混联电路

混联电路就是既有电阻并联又有电阻串联的直流电路；它既能起到分压又能限流，可以调节不同支路与电阻的电压和电流。

☞ 2.2.4 支路电流法

（1）基尔霍夫电流定律（KCL定律）：在任一瞬间，流入任一结点的电流等于流出该

结点的电流。即

$$\sum I_{入}=\sum I_{出} \quad 或 \quad \sum I=0$$

在如图1-5-7所示的电路中，对于结点a：

$I_1+I_2=I_3$ 或 $I_1+I_2-I_3=0$

（2）基尔霍夫电流定律（KCL）反映了电路中任一结点处各支路电流间相互制约的关系。其特点是：电荷守恒，电流具有连续性。

☞ 2.2.5 节点电压法

基尔霍夫电压定律（KVL定律）：对于电路中的任一回路，在任一瞬间，沿回路的各支路电压的代数和为零。即：$\sum U=0$，如图1-5-8所示。

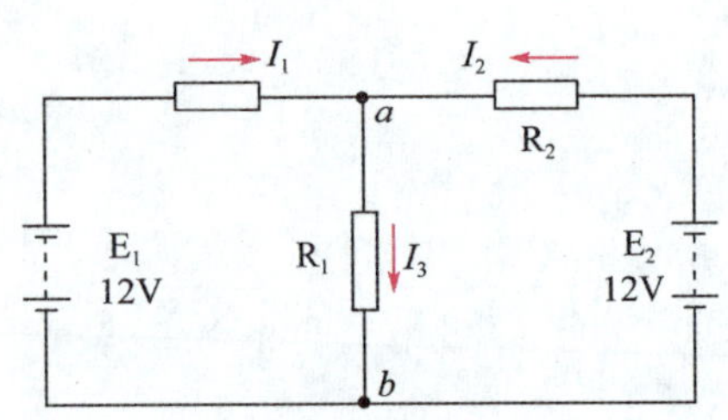

图1-5-7 支路电流法混联电路

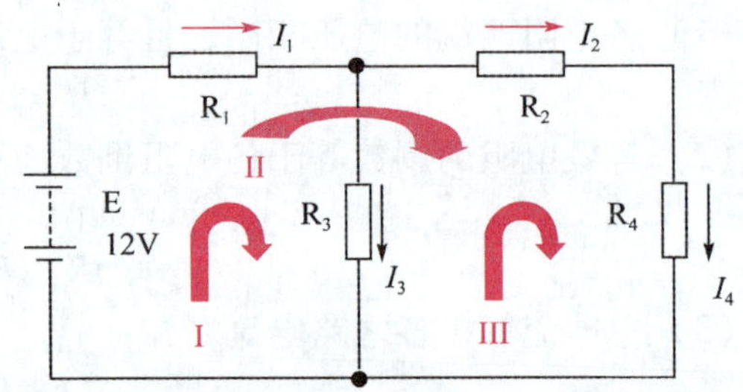

图1-5-8 结点电压法混联电路

回路Ⅰ：$U_1+U_3-E=I_1R_1+I_3R_3-E=0$

回路Ⅱ：$U_1+U_2+U_4-E=I_1R_1+I_2R_2+I_4R_4-E=0$

回路Ⅲ：$U_2+U_4-U_3=I_2R_2+I_4R_4-I_3R_3=0$

2.3 相关定律与常识

1）焦耳定律

当电流通过导体时，消耗的电能转化为内能，电流通过导体放出的热量与电流的平方、导体电阻及通电时间成正比，即：

$$Q=0.24IU=0.24I^2Rt=0.24\frac{U^2}{R}t$$

式中：Q——热量（J）；

t——时间（s）。

对于纯电阻的用电器，电能全部转化为热能 $W=Q$；对非纯电阻用电器，只是部分电能转化为热能，即 $W>Q$。

2）常识

度是能量单位，对应的单位是焦耳，而瓦特是功率单位。1度等于功率为1kW的用电器工作1h所消耗的电能，即1度=1kWh。如果有1台功率为1kW的热水器，它工作一小时所消耗的电能是1度。

3. 任务实施

3.1 准备工作

本任务实施仅使用汽车电路实物图。

3.2 操作流程

对于如图1-5-9所示的电路，分析电路的特点如下：

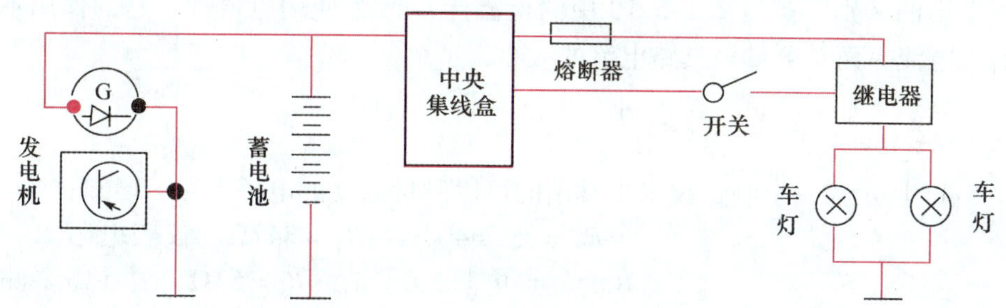

图1-5-9 汽车照明电路

(1) 直流：汽车用电器多采用直流12V电源供电（电控系统为5V供电）。

(2) 单线：为了节省导线，利用车身作为回路导线，只有供电线。

(3) 并联：汽车所有用电器均采用并联方式供电和工作。

(4) 负极搭铁：电源和用电器的负极直接与车身连接，称为负极搭铁。

3.3 操作提示

汽车电路采用直流、单线、并联，负极搭铁。

4. 拓展知识

4.1 惠斯登电桥电路

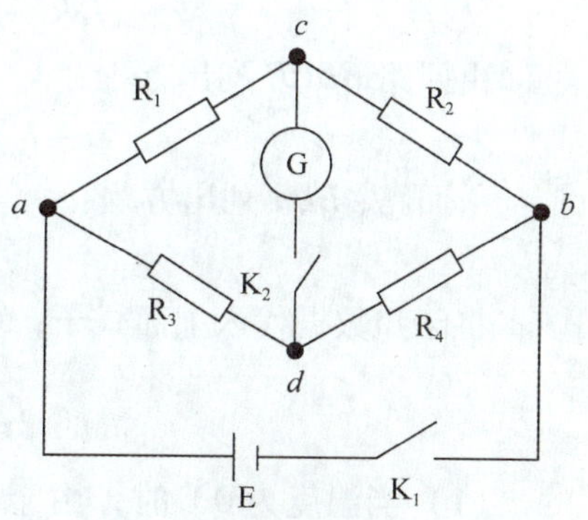

图1-5-10 惠斯登电桥电路

图1-5-10是用比较法测量电阻的电路，又叫单臂电桥。电阻R_1、R_2、R_3、R_4为4个桥臂的电阻，惠斯登电敏电流计（也称为检流计）就如同在c、d两点间架设的一道桥。

电桥有两种应用方式：平衡方式和不平衡方式。

1) 电桥平衡的必要条件

调节R_3、R_4的比值，使电流计中电流为零，这时电桥处于平衡状态，c、d两点的电位相等（$U_c = U_d$，

即 $U_{cd}=0$），c、d 之间无电流，$I_g=0$，可以得到：

$$\frac{R_1}{R_2}=\frac{R_3}{R_4} \quad 或 \quad R_1R_4=R_2R_3$$

2）电桥平衡时测量电阻

若选用三个（R_1、R_2、R_3的数值）很精确的定值电阻，再采用高灵敏度的检流计组成上面的电桥电路，调节电桥使其处于平衡状态，这样就可测得另外一个桥臂 R_4的电阻。

即通过 $R_4=R_2R_3/R_1$，可求出 R_4。

3）电桥的不平衡

电桥不平衡是指 c、d 中有电流通过。这时，也可以测量电阻，但它与电桥平衡时测电阻有原则上的区别，是将图 1-5-10 中的检流计 G 改为使用电流计，它的作用不是检测该支路有无电流，而是测量该支路电流的大小。

4.2 惠斯登电桥的应用

图 1-5-11 所示为一个测量技术中常用的可以测量温度的电桥电路。已知：$E=4\text{V}$，$R_1=R_3=R_4=400\Omega$，$R_2=347\Omega$，仪表电阻 $R_g=600\Omega$。R_t为铜热电阻，0℃时，$R_t=53\Omega$，放在需要测量温度的地方，用导线把它接到电桥的一个桥臂中。试求出温度为 0℃、100℃时，仪表中通过的电流 I_g及其两端电压 U_g。

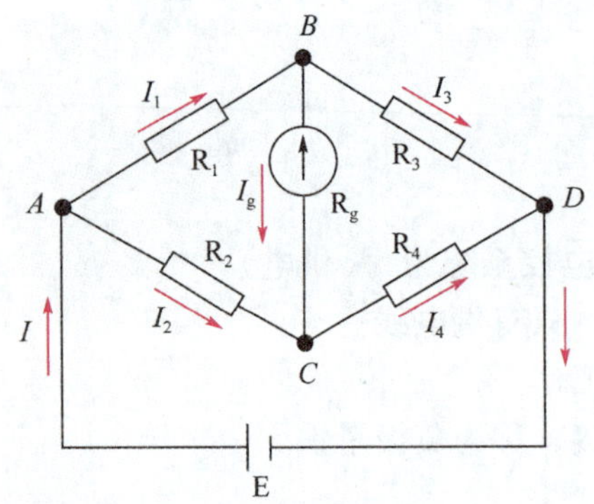

图 1-5-11　温度测量电桥电路

由图 1-5-11 电路可知：电路共有 6 条支路，若用支路电流法解题，需要列 6 个方程。但实际上由基尔霍夫电流定律可得：

$$I_2=I-I_1 \quad I_3=I_1-I_g \quad I_4=I-I_1+I_g$$

这样就把支路未知电流的数目由 6 个简化为 3 个。即，只要将 I、I_1、I_g 三个电流求出来，就可以将 I_2、I_3、I_4 求出。

根据基尔霍夫电压定律列方程如下：

由回路 $ABCA$ 列出方程：

$$I_1R_1+I_gR_g-(I-I_1)(R_2+R_t)=0$$

由回路 $BDCB$ 列出方程：

$$(I_1-I_g)R_3-(I-I_1+I_g)R_4-I_gR_g=0$$

由回路 $ABDA$ 列出方程：

$$I_1R_1+(I_1-I_g)R_3=E$$

将已知数据代入上面式子，可求出

$$I_g=\frac{2(R_2+R_t)-800}{320000+1200(R_2+R_t)}$$

（1）当温度为 0℃时，由于 $(R_2+R_t)=R_3=R_1=R_4=400\Omega$，满足电桥平衡条件，此时 $I_g=0$，$U_g=0$。

（2）当温度为100℃时，$R_2+R_t=422\Omega$，不满足电桥平衡条件，$I_g\neq0$，代入上面方程式得：$I_g=0.053\text{mA}$，$U_g=I_gR_g=31.8\text{mV}$

当其中一个桥臂温度变化时会引起电阻变化、电桥不平衡、I_g变化从而引起U_g变化。若将B、C作为输出端，这样，对应一个温度，就会有一个对应的输出电压U_g。反过来，通过仪表所指出的不同的电压值，就可以知道I_g，可以求出R_t，从而可测出与此相对应的温度值。

任务6 用示波器检测50Hz、12V正弦交流电电压波形

1. 任务引入

在交流电路检测中，经常用示波器检测交流电波形和参数。因此，需了解示波器的使用。

2. 相关理论知识

2.1 交流电

前面介绍了许多直流电的概念和规律，然而，在现代工农业生产和日常生活中，人们所用的电大部分是交流电。如图1-6-1所示，人们把大小和方向均随时间作周期性变化的电动势、电压和电流，统称为交流电。

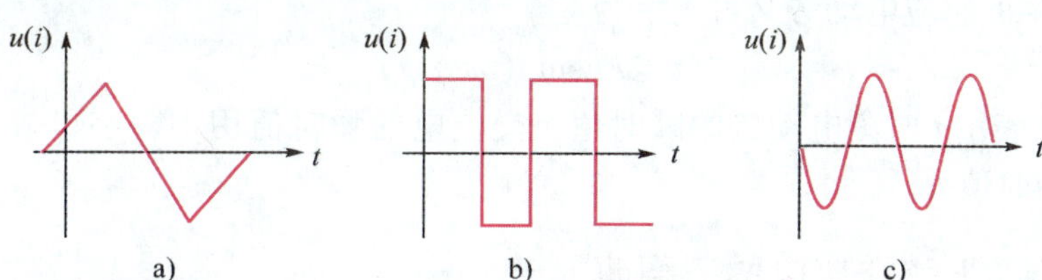

图1-6-1 交流电波形

a)三角波；b)矩形波；c)正弦波

2.2 正弦交流电

2.2.1 正弦交流电的产生

法拉第发现电磁感应现象使人类利用磁生电的梦想得以实现。发电机就是利用电磁感应原理制成的。正弦交流电是由交流发电机产生的。

最简单的交流发电机模型如图 1-6-2 所示。线圈 $abcd$ 在均匀磁场中绕固定转轴匀速转动，线圈的两根引线焊接在随线圈一起转动的两个铜滑环上，通过电刷与电流表连接。通过观察发现，线圈每转动一周，电流表指针就会左右摆动一次。这表明，转动的线圈里产生了感应电流，并且感应电流的大小和方向都随时间做周期性的变化，也就是说线圈中有交流电产生。

图 1-6-3 所示为线圈截面图。线圈 $abcd$ 以角速度 ω 沿逆时针方向匀速旋转，当线圈旋转到线圈平面与磁力线垂直位置时，线圈 ab 边和 cd 边的线速度方向都与磁力线平行，导线不切割磁力线，所以线圈中没有感应电流产生。通常，把线圈平面与磁力线垂直的位置叫做中性面。设线圈在转动的起始时刻（$t=0$），线圈平面与中性面的夹角为 ψ，t 秒后线圈转过角度 ωt，则 t 秒时刻线圈平面与中性面夹角为 $\omega t+\psi$，从图中可以看出线圈 ab、cd 边的旋转线速度 v 与磁力线的夹角也为 $\omega t+\psi$。设 ab 边、cd 边长度为 l，磁感应强度为 B，则线圈两边产生的感应电动势 $e_{ab}=e_{cd}=Blv\sin(\omega t+\psi)$。由于两个电动势是串联的，所以在 t 时刻整个线圈的电动势 e 为

$$e=2Blv\sin(\omega t+\psi)$$

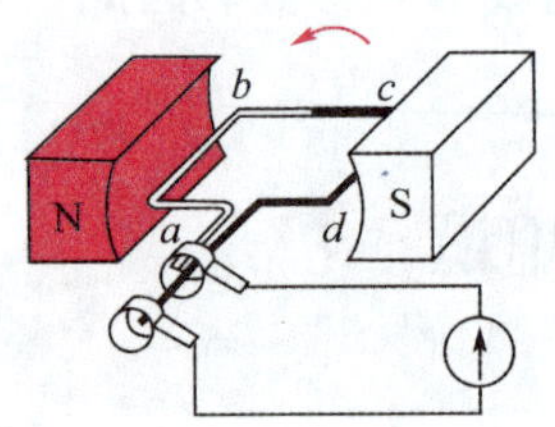

图 1-6-2 交流发电机模型

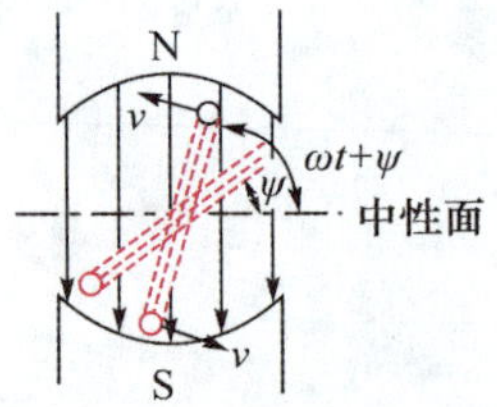

图 1-6-3 线圈截面图

当线圈平面转到与磁力线平行位置时，ab 和 cd 边都垂直切割磁力线。显然，此时线圈中产生的感应电动势最大，用 E_m 表示。若有 N 匝，面积为 S，则 $E_m=2NBlv=NB\omega S$。因此，线圈产生的感应电动势又可表示为

$$e=E_m\sin(\omega t+\psi)$$

上式中，e 表示 t 时刻电动势的瞬时值。交流电的瞬时值用小写字母表示，如电流瞬时值 i，电压瞬时值 u。

☞ 2.2.2 正弦交流电的三要素

1）最大值

大小和方向均随时间按正弦规律变化的电压或电流称为正弦交流电。正弦交流电瞬时值表达式为

$$e=E_m\sin(\omega t+\psi)$$
$$i=I_m\sin(\omega t+\psi)$$
$$u=U_m\sin(\omega t+\psi)$$

式中，在正弦符号前面的 E_m、U_m、I_m 称为这些正弦量的最大值，它是交流电瞬时值中所能达到的最大值。如图 1-5-2 所示，从正弦交流电的波形图可知，交流电完成一次周

期性变化时，正、负最大值各出现一次。

2）初相位

在交流电解析式中，正弦符号后边的相当于角度的量（$\omega t+\psi$），称为交流电的相位，又称相角。它是一个随时间而变化的量，不仅决定交流电瞬时值的大小和方向，还可以用来比较交流电的变化步调。

计时开始时刻，即 $t=0$ 时的相位 ψ 叫初相位，它反映了交流电起始时刻的状态。正弦量初相位不同，初始值就不同，达到最大值和某一特定值所需时间也不同。

①初相位 $\psi=0$ 的波形图，如图 1-6-4a）所示；

②初相位 $\psi>0$ 的波形与图 1-6-4a）相比，仅在于纵轴向右平移了一个 ψ 角度，如图 1-6-4b）所示；

③初相位 $\psi<0$ 的波形与图 1-6-4a）相比，仅在于纵轴向左平移了一个 ψ 角度，如图 1-6-4c）所示。

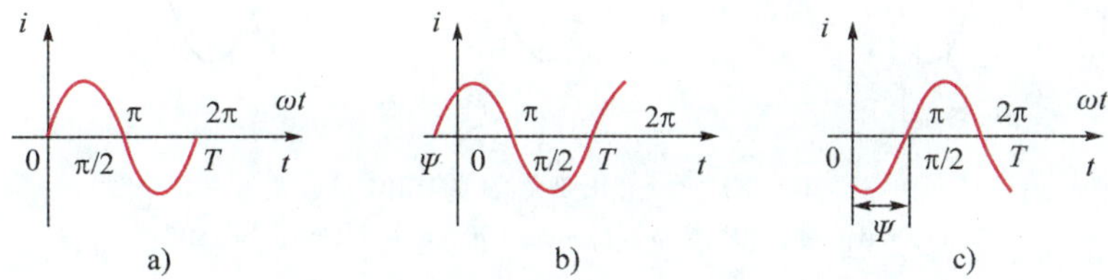

图 1-6-4 初相位不同的几种正弦波

a) $\psi=0$；b) $\psi>0$；c) $\psi<0$

3）周期、频率和角频率

角频率是描述正弦交流电变化快慢的物理量。我们把交流电每秒钟内经历的弧度数称为角频率，用 ω 表示，单位为弧度/秒（rad/s）。

在工程上，常用周期和频率来表示交流电变化的快慢。交流电完成一次周期性变化所需的时间，叫做交流电的周期，用字母 T 表示，单位是秒（s）。交流电在 1 秒钟内完成周期性变化次数，称为交流电的频率，用字母 f 表示，单位是赫兹（Hz）（简称赫）。

根据定义，周期和频率互为倒数，即

$$T=\frac{1}{f} \quad 或 \quad f=\frac{1}{T}$$

因为交流电完成一次周期性变化所对应的电角度为 2π，所用时间为 T，所以角频率 ω 与周期 T 和频率 f 的关系是

$$\omega=\frac{2\pi}{T}=2\pi f$$

以上三个公式是从不同的角度反映的同一个现象，即正弦量随时间变化的快慢程度。

任何一个正弦量的最大值、角频率和初相位确定后，就可以写出它的解析式，计算出这个正弦量任一时刻的瞬时值。因此，最大值、角频率和初相位称为正弦交流电的三要素。

☞ 2.2.3 正弦交流电的相位差

两同频率的正弦量之间的初相位之差。即

$$\varphi = (\omega t+\psi_1) - (\omega t+\psi_2) = \psi_1 - \psi_2$$

相位差的大小反映了两个同频率正弦量到达正幅值或负幅值的时间差或弧度差，如图1-6-5所示。

在图1-6-5a）中：i_1 与 i_2 同相位。

在图1-6-5b）中：i_1 超前 i_2 90°相位。

在图1-6-5c）中：i_1 与 i_2 反相，相差180°。

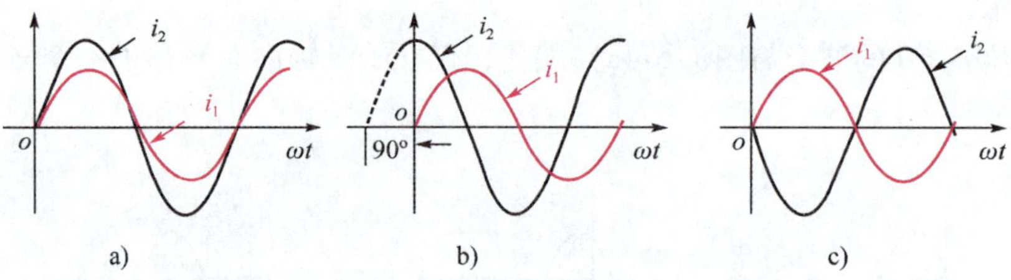

图1-6-5 正弦交流电的相位

a) $\psi=\psi_1-\psi_2=0°$；b) $\psi=\psi_1-\psi_2=90°$；c) $\psi=\psi_1-\psi_2=180°$

☞ 2.2.4 正弦交流电的瞬时值、最大值和有效值

（1）瞬时值：正弦量随时间按正弦规律变化，正弦交流电变化进程中不同时刻的数值，用 i、e、u 表示。

（2）最大值：正弦交流电在变化过程中出现的最大瞬时值。通常用 I_m、U_m 表示电流、电压正弦量的最大值。

瞬时值是用正弦解析式表示的，即：

$$u=U_m\sin(\omega t+\psi)$$

$$i=I_m\sin(\omega t+\psi)$$

（3）有效值：与交流热效应相等的直流定义为交流电的有效值，用 I、U 表示。

交流电流 i 通过电阻 R 时，在 t 时间内产生的热量 Q 与直流电流 I 通过相同电阻R时，在 t 时间内产生的热量 Q 相等。

根据热效应相等，正弦交流电的有效值和最大值之间具有特定的数量关系，即：

$$U=\frac{U_m}{\sqrt{2}}=0.7U_m \qquad I=\frac{I_m}{\sqrt{2}}=0.7I_m$$

☞ 2.2.5 正弦交流电的表示方法

1）解析式表示法

用三角函数式表示正弦交流电随时间变化规律的方法，称为解析式表示法。正弦交流电的电动势、电压、电流的解析式分别为

$$e=E_{m}\sin(\omega t+\psi)$$

$$u=U_{m}\sin(\omega t+\psi)$$

$$i=I_{m}\sin(\omega t+\psi)$$

2）旋转矢量表示法

利用数学中学过的知识，可用单位圆辅助法来画出正弦曲线图。在电工技术中，常用旋转矢量来表示正弦量，如图 1-6-6 所示。

在直角坐标系中，从原点作意矢量，其长度与正弦量最大 I_{m} 值成正比，矢量与横轴正方向的夹角等于正弦量的初相位 ψ，矢量以正弦量的角频率 ω 沿逆时针方向匀速旋转，则在任一时刻 t，旋转矢量在纵轴上的投影就等于正弦交流电流的瞬时值 $i=I_{m}\sin(\omega t+\psi)$。显然，旋转矢量既能体现出正弦量的三要素，它在纵轴上的投影又能表示正弦量的瞬时值。所以，旋转矢量能间接完整地表示一个正弦量。

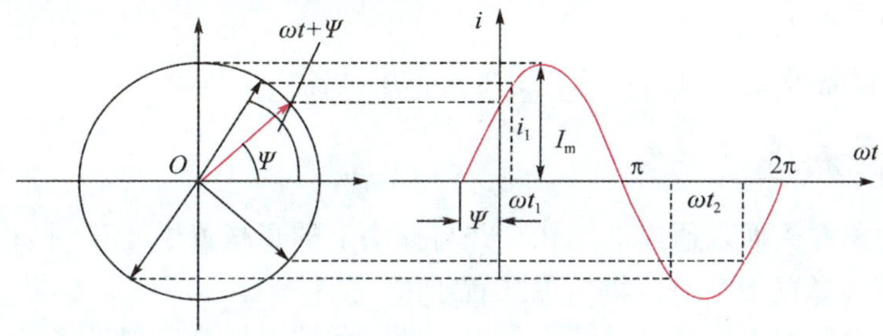

图 1-6-6 正弦量的旋转矢量图

3）向量图表示法

用初始位置的矢量来表示一个正弦量，矢量的长度与正弦量的最大值或有效值成正比，矢量与横轴正方向的夹角等于正弦量的初相位，称为正弦量的向量图表示法，如图 1-6-7 所示。我们把表示正弦量的矢量称为向量，用大写字母上加黑点的符号来表示。例如 i_{m} 和 i 分别表示正弦电流的最大值向量和有效值向量；把几个同频率正弦量的向量，在同一坐标系中表示出来的图形，称为向量图。例如，有三个同频率的正弦量分别为：

$$e=220\sqrt{2}\sin(\omega t+60^{\circ})$$

$$u=110\sqrt{2}\sin(\omega t+30^{\circ})$$

$$i=110\sqrt{2}\sin(\omega t-30^{\circ})$$

它们的向量图如图 1-6-8 所示。

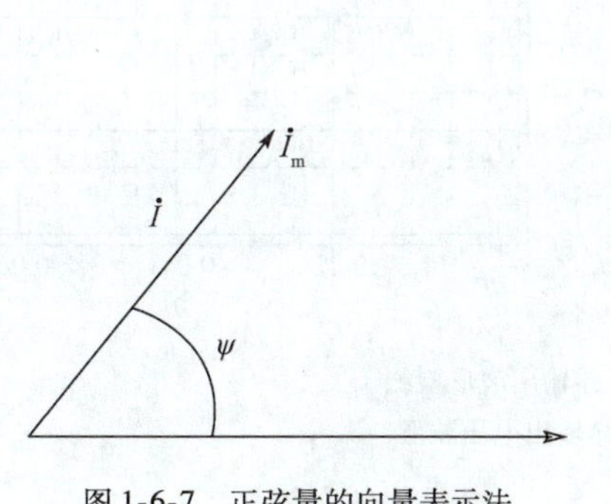

图 1-6-7 正弦量的向量表示法

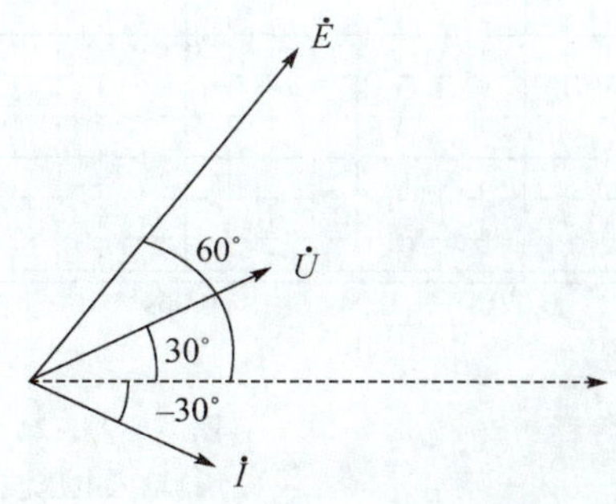

图 1-6-8 向量图

用向量图表示正弦量后，繁琐的正弦量三角函数加、减运算可转化为简便、直观的矢量的几何运算。

2.3 小常识

（1）电网频率：中国　50Hz；美国、日本　60Hz。

（2）有线通信频率：300～5000Hz。

（3）无线通信频率：30kHz～30000MHz。

3. 任务实施

3.1 准备工作

使用的仪器设备及元件包括：12V 变压器、示波器。

3.2 操作流程

（1）将示波器探头插入通道 1 插孔，并将探头上的衰减置于“1”挡；

（2）将通道选择置于 CH1，耦合方式置于 DC 挡；

（3）将探头探针插入校准信号源小孔内，此时示波器屏幕出现光迹；

（4）调节垂直旋钮和水平旋钮，使屏幕显示的波形图稳定，并将垂直微调和水平微调置于校准位置；

（5）读出波形图在垂直方向所占格数，乘以垂直衰减旋钮的指示数值，得到校准信号的幅度；

（6）读出波形每个周期在水平方向所占格数，乘以水平扫描旋钮的指示数值，得到校准信号的周期（周期的倒数为频率）；

（7）读出如图 1-6-9 所示的 12V 正弦交流电压的幅值、频率。

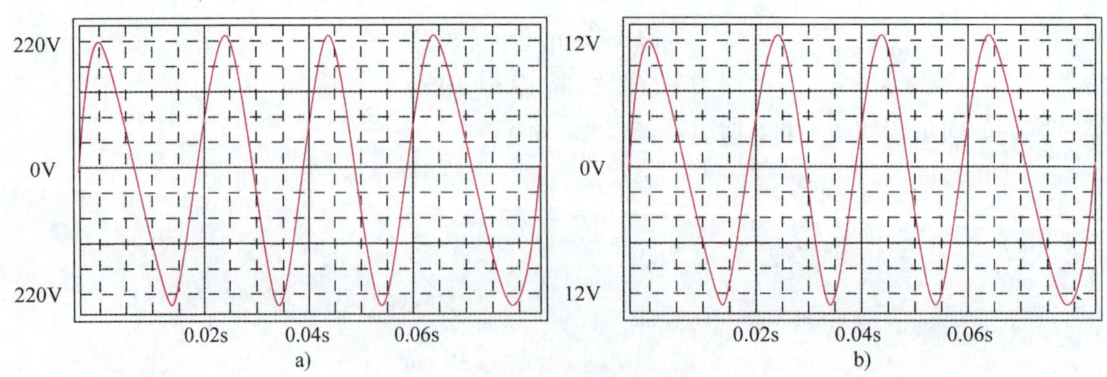

图 1-6-9　12V 变压器输出波形检测

a）输入电压波形；b）输出电压波形

3.3 操作提示

（1）连接变压器时，注意用电安全；

（2）一般校准信号的频率为1kHz，幅度为0.5V，用以校准示波器内部扫描振荡器频率，如果不正常，应调节示波器（内部）相应电位器，直至相符为止。

4. 拓展知识

试连接如图1-6-10所示的家用电器线路图，以满足电器正常使用。

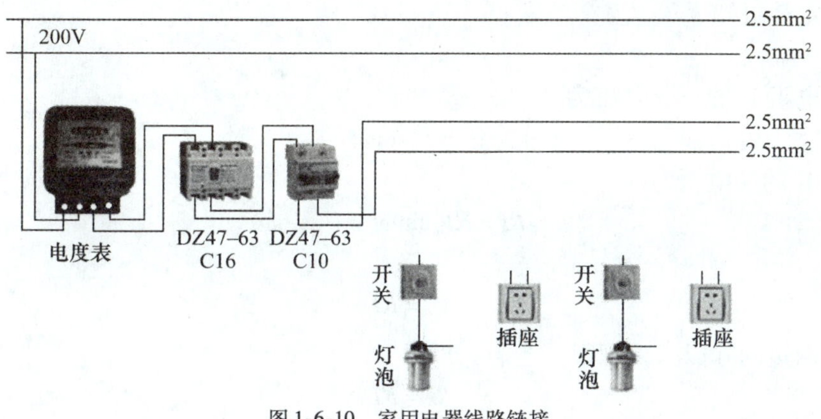

图1-6-10 家用电器线路链接

任务7 检测电阻、电容、电感交流电路电压与电流波形

1. 任务引入

在电阻、电容、电感交流电路中，电压与电流大小和相位关系是不同的。因此，可以通过检测波形来验证电阻、电容、电感交流电路的电压与电流大小和相位关系。

2. 相关理论知识

正弦交流电源作用下的电路称为正弦交流电路。在正弦交流电路中，电路元件有电阻R、电感L和电容C。

2.1 纯电阻电路

纯电阻电路是最简单的交流电路，它是由交流电源和电阻元件组成的，如图1-7-1a)

所示。人们平时所使用的白炽灯、电烙铁、熨斗、电炉等都是发热器件，是纯电阻。将它们与交流电源连接，就构成了纯电阻电路。而发动机、电风扇等，除了发热以外，还对外做功，所以都是非纯电阻电路。

☞ 2.1.1 纯电阻电路的电流与电压大小和相位关系

在纯电阻电路中，电阻元件 R 的伏安关系同样遵循欧姆定律。电阻元件上的电压与通过的电流呈线性关系，电能全部消耗在电阻上，转换为热能散发。电流与电压的关系包括：

1）电压与电流的大小关系

由欧姆定律可知

$$u = iR$$

若通过电阻 R 的正弦电流为

$$i = I_m \sin\omega t$$

则电阻 R 的端电压为

$$u = Ri = RI_m \sin\omega t = U_m \sin\omega t$$

上式中

$$U_m = RI_m$$

将上式两边同除以$\sqrt{2}$，则得

$$U = RI$$

上式称为纯电阻交流电路中欧姆定律表达式，它与直流电路中欧姆定律形式完全一致，所不同的是，交流电路中的电压和电流是指有效值。

2）电压与电流的相位关系

由 $u = Ri = RI_m \sin\omega t = U_m \sin\omega t$ 可知，在纯电阻电路中，电压与电流同相位。即 u、i 相位相同，相位差为 0。电压与电流的波形图和向量图，如图 1-7-1b）和图 1-7-1c）所示。

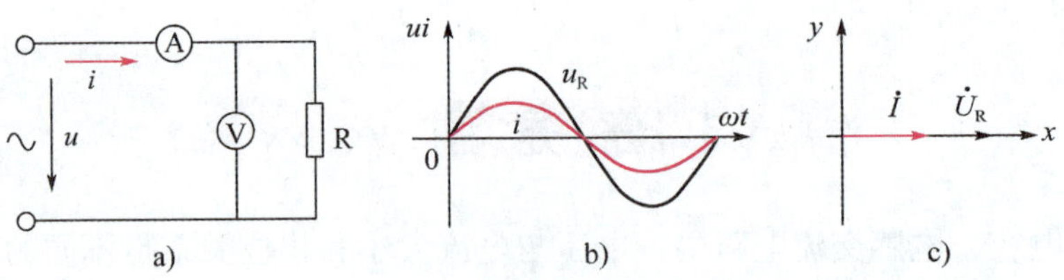

图 1-7-1　纯电阻电路

a）电路；b）波形图；c）向量图

☞ 2.1.2 纯电阻电路的功率

1）瞬时功率

在交流电路中，电压瞬时值 u 与电流瞬时值 i 的乘积叫做瞬时功率，用 P 表示，即

$$P = ui = U_m \sin\omega t \times I_m \sin\omega t = U_m \sin^2\omega t = \sqrt{2}U\sqrt{2}I\sin^2\omega t = 2U_I \sin^2\omega t$$

u、i、P 的波形图如图 1-7-2 所示。

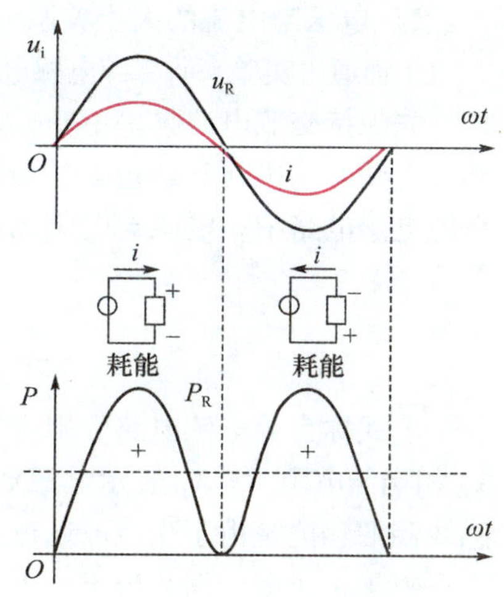

图 1-7-2 纯电阻电路功率曲线

由波形图和函数式可以看出，在纯电阻交流电路中，由于电压和电流同相位，所以瞬时功率 $P>0$，其最大值为 $2UI$，最小值为零。这表明：电阻总是消耗功率，并把电能转化为热能。这种转化是不可逆的，所以，电阻是一种耗能元件。

2）平均功率

由于瞬时功率随时间做周期性变化，测量和计算都很不方便，所以在实际应用中常用平均功率来表示电阻所消耗的功率。平均功率一般为最大功率的一半，即

$$P=\frac{1}{2}P_{m}=\frac{1}{2}\times 2UI=UI=I^{2}R$$

上式与直流电路功率公式完全相同，所不同的是，U 和 I 均为电压和电流的有效值。

人们平时所说的用电器功率，例如 40W 灯泡、30W 的电烙铁、80W 的电视机等都是指平均功率。

2.2 纯电感电路

由交流电源与纯电感元件组成的电路称为纯电感电路，如图 1-7-3a）所示。它是一个理想的电路模型。实际的电感线圈，都是用导线绕制而成的，总有一定的电阻。当电阻很小，其影响可忽略不计时，可近似看作纯电感元件。

☞ 2.2.1 纯电感电路的电流与电压大小和相位关系

1）电压与电流的相位关系

在纯电阻电路中，由于电阻元件对电压和电流的相位没有影响，所以电压与电流的最大值、有效值和瞬时值之间都遵循欧姆定律。那么纯电感元件对电压和电流的相位有没有影响呢？利用双踪示波器观察到的纯电感电路电压和电流波形，如图 1-7-3b）所示。从波形图可以明显地看出，电感使电流滞后电压 90°。纯电感电路电压与电流的向量图如图 1-7-3c)所示。在交流电路中，流过电感的电流滞后两端电压 90°相位角，俗称“感压前”，即电感两端电压超前电流。无论在直流或交流路中，流过电感的电流不会瞬变，这样在供电时串联一个合适的电感就会起到缓冲作用，不会产生电流冲击。

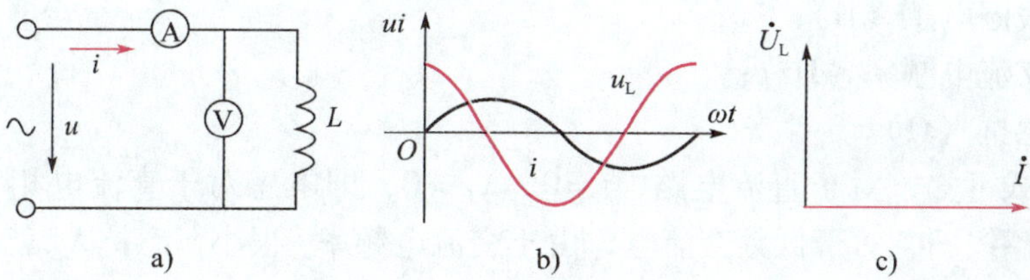

图 1-7-3 电感元件交流电路

a）电路图；b）波形图；c）向量图

2）电压与电流的大小关系

下面通过实验来研究纯电感电路中电压与电流的大小关系。实验电路如图1-7-3a）所示。

先保持交流电源频率不变，连续改变输出电压的大小。通过电压表和电流表可以看到，电感L的电压和通过L的电流都随着改变。记下几组电压和电流的数值，可以发现，在纯电感电路中，电压与电流成正比，即

$$U_L = X_L I$$

$$I = \frac{U_L}{X_L}$$

上式称为纯电感电路欧姆定律表达式。与电阻电路欧姆定律表达式相比，可以看出 X_L 相当于电阻 R。X_L 表示电感对交流电的阻碍作用，称为感抗，单位也是欧姆（Ω）。电感线圈的感抗是由于交流电通过线圈时，产生自感电动势来阻碍电流的变化而形成的。

将表达式两边同除以$\sqrt{2}$，得到

$$U_m = X_L I_m$$

$$I_m = \frac{U_m}{X_L}$$

上述公式表明：在纯电感电路中，电压与电流的最大值也遵循欧姆定律。然而，由于电压与电流相位不同，所以电压与电流的瞬时值之间并不遵从欧姆定律。

☞ 2.2.2 电感线圈感抗的大小

电感对交流电有特殊的电阻特性，称为感抗。那么感抗的大小与哪些因素有关呢？

仍然利用上面的实验：首先保持电源的频率和输出电压不变，将铁芯插入空心线圈，使电感增大。此时可以看到电流表读数减小，这表明当电感 L 增大时，感抗 X_L 也增大。

再保持电源输出电压和线圈电感不变，改变交流电源的频率，可以看到当电源频率 f 增大时，电流表读数减小，说明感抗 X_L 增大；当减小电源频率 f 时，电流表读数增大，说明感抗 X_L 减小。

实验表明：感抗的大小与线圈的电感和交流电的频率有关。因为感抗是由线圈自感引起的，电感越大，自感作用越强，感抗越大；交流电频率越高，电流的变化率就越大，自感作用也越大，感抗自然越大。通过研究和分析，得出感抗大小关系式：

$$X_L = \omega L = 2\pi f$$

式中：ω——交流电的角频率（rad/s）；

L——线圈电感（H）；

f——交流电频率（Hz）；

X_L——感抗（Ω）。

由感抗公式可知，对于直流电路，$f=0$，$X_L=0$，即电感对于直流电相当于短路。电感 L 一定的电感线圈，对于低频交流电，由于交流电频率 f 很小，感抗 X_L 就小；对于高频交流电，由于 f 很大，感抗 X_L 也很大。所以，电感线圈在电路中具有“通直流、阻交流”，“通低频、阻高频”的特性，在汽车电器和电控系统中有广泛应用。例如，用电感为几亨的铁芯线圈做成继电器线圈，可以让直流电无阻碍地通过。

☞ 2.2.3 功率关系

纯电感电路的功率关系如图 1-7-4 所示：

(1) 当 u 正向增大时，电感吸收电能，建立磁场，$P>0$；

(2) 当 u 正向减小时，电感放出电能，释放磁能，$P<0$；

(3) 当 u 反向增大时，电感反向吸收电能，建立磁场，$P>0$；

(4) 当 u 反向减小时，电感反向放出电能，释放磁能，$P<0$。

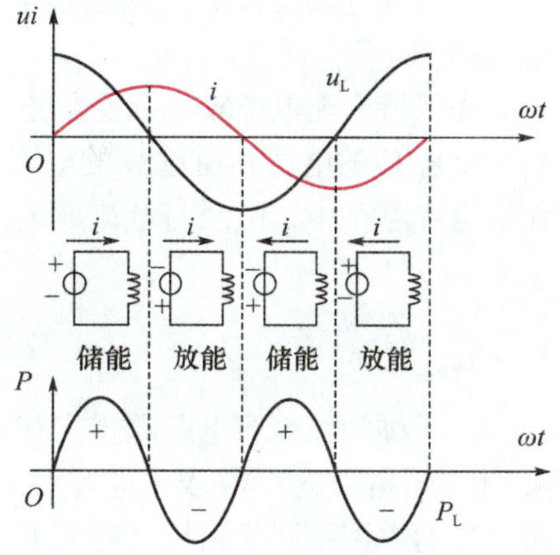

图 1-7-4 纯电感电路功率曲线

纯电感不消耗能量，只和电源进行能量交换（能量的吞吐）。故电感 L 是储能元件。

电感元件储能，即电感将电能转换为磁场能储存在线圈中，当电流增大时，磁场能增大，电感元件从电源取用电能；当电流减小时，磁场能减小，电感元件向电源放还能量。

2.3 纯电容电路

由交流电源与纯电容元件组成的电路称为纯电容电路，如图 1-7-5a）所示。如果把电容器接到交流电路上，由于交流电电压的大小和方向不断变化，电容器就会交替地充电、放电，此时电容器的两极板间虽不会有电荷通过，但在交流电路中却形成了方向和大小都不停变化的交流电流。由于电容元件和电感元件都是储能元件，因此可以用讨论电感电路的方法，来研究纯电容电路。

☞ 2.3.1 纯电容电路电压与电流的大小和相位关系

1）电压与电流的相位关系

下面仍然利用双踪示波器观察纯电容电路电压和电流波形：如图 1-7-5b）所示，从波形图中可以明显地看出，电容使电流超前电压 90°。纯电容电路电压与电流的向量如图 1-7-5c)所示。在交流电路中，流过电容的电流滞后两端电压 90°相位角，俗称“容压

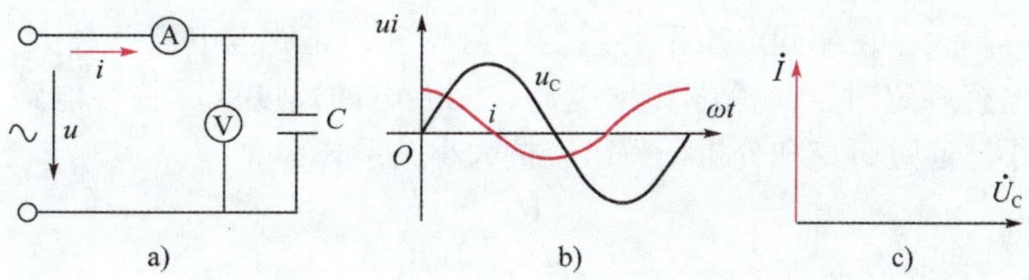

图 1-7-5 电容元件交流电路

a)电路图；b)波形图；c)向量图

后”，即电容两端电压滞后电流。无论在直流或交流路中，流过电容的电流不会瞬变，这样在供电时并联一个合适的电容就会起到滤波和缓冲作用，不会产生电流冲击。

2）电压与电流的大小关系

仍然通过实验来研究纯电容电路中电压与电流的大小关系。实验电路如图 1-7-5a）所示。

先保持交流电源频率不变，连续改变输出电压的大小。通过电压表和电流表可以看到，电容 C 的电压和通过 C 的电流都随着改变。记下几组电压和电流的数值，可以发现，在纯电容电路中，电压与电流成正比，即

$$U_C = X_C I$$

$$I = \frac{U_C}{X_C}$$

上式称为纯电容电路欧姆定律表达式。与电阻电路欧姆定律表达式相比，可以看出 X_C 相当于电阻 R。X_C 表示电容对交流电的阻碍作用，称为容抗，单位也是欧姆（Ω）。容抗产生的原因不同于阻抗（电阻）和感抗。容抗是由于聚集在电容器两极板上的电荷，对在电源电压作用下做定向移动的自由电荷产生阻碍作用而形成的。

将表达式两边同除以$\sqrt{2}$，得

$$U_m = X_C I_m$$

$$I_m = \frac{U_C}{X_C}$$

上式表明，在纯电容电路中，电压与电流的最大值也遵循欧姆定律。但由于电压与电流相位不同，所以电压与电流的瞬时值之间并不遵从欧姆定律。

☞ 2.3.2 电容容抗的大小

同样，电容对交流电有特殊的电阻特性，称为容抗。容抗的大小与哪些因素有关呢？下面就利用上面的实验进行分析：

首先保持电源的频率和输出电压不变，换用不同容量的电容器来做实验。可以看到，电容越大，电流表读数越大，这表明电容 C 越大，容抗 X_C 越小。然后，保持电源输出电压和线圈电容不变，改变电源的频率，可以看到，交流电的频率 f 越高，电流表读数越大。这表明，频率越高，容抗越小。

实验同样说明，容抗的大小与电容器的电容 C 和交流电的频率 f 有关。这是因为，频率一定时，电容越大，在相同电压下容纳的电荷越多，充放电电流就越大，容抗就越小。当外加电压和电容一定时，交流电频率越高，充放电的速度就越快，电路中的电流就越大，容抗就越小。通过研究和分析，得出容抗大小关系式：

$$X_C = \frac{1}{\omega C} = \frac{1}{2\pi f C}$$

式中：X_C——容抗（Ω）；

f——频率（Hz）；

C——电容器的容量（F）。

由容抗公式可知，对于直流电路，$f=0$，$X_C=\infty$，即电容对于直流电相当于断路。当电容器电容 C 一定时，对于低频交流电，由于 f 很小，容抗 X_C 就大；对于高频交流电，由于 f 很大，容抗 X_C 就很小。所以，电容器在电路中具有“通交流、隔直流”，“通高频、阻低频”的特性，并且这一特性在电工电子技术中具有广泛应用。例如，在放大电路中，既含有直流成分，又含有交流成分。放大电路只需把交流成分传送到下一级，则只要在两级电路之间串联一个较大容量的电解电容即可。若在交流电路中，既含有低频成分，又含有高频成分，只需将低频成分传送到下一级，则只要在输出端并联一个小容量高频旁路电容即可达到目的。

☞ 2.3.3 电容交流电路功率关系

纯电容电路的功率关系如图 1-7-6 所示：

（1）当 u 正向增大时，电容充电，建立电场，$P>0$；

（2）当 u 正向减小时，电容放电，释放电能，$P<0$；

（3）当 u 反向增大时，电容反向充电，建立电场，$P>0$；

（4）当 u 反向减小时，电容反向放电，释放电能，$P<0$。

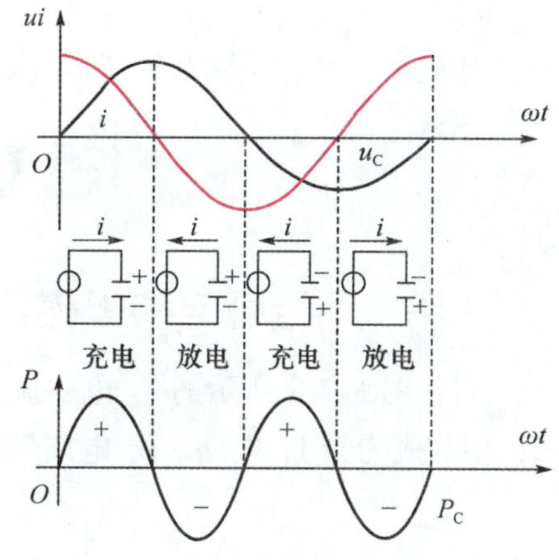

图 1-7-6 纯电容电路功率曲线

纯电容不消耗能量，只和电源进行能量交换（能量的吞吐）。所以电容 C 是储能元件。

对于电容储能元件，电能被转换为电场能储存在电容中，当电压增大时，电场能增大，电容元件从电源取用电能；当电压减小时，电场能减小，电容元件向电源释放能量。

3. 任务实施

3.1 准备工作

使用的仪器设备及元件包括：万用表、示波器、220V 电源、12V 变压器、20Ω 电阻、30μF 瓷片电容、阻值 20Ω 电容线圈和开关。

3.2 操作流程

（1）连接如图 1-7-7 所示的电阻、电容和电容交流电路；

（2）分别用示波器检测三元件交流电路电压和电流波形；

（3）分别说明电阻、电容、电容交流电路电压与电流的大小和相位关系。

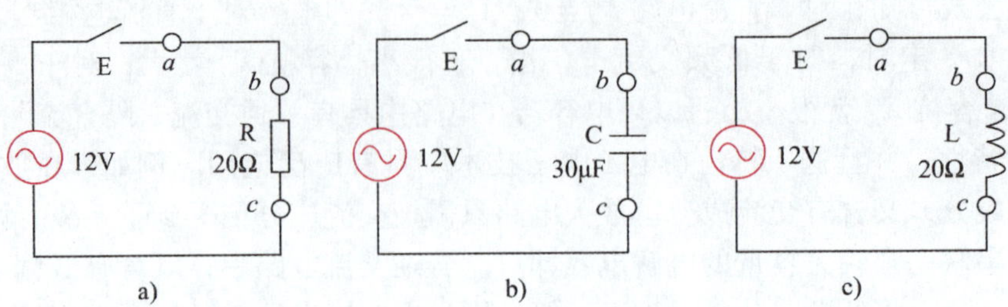

图 1-7-7　三元件交流电路

3.3　操作提示

（1）连接变压器时，注意用电安全；

（2）一般校准信号的频率为 1kHz，幅度为 0.5V，用以校准示波器内部扫描振荡器频率，如果不正常，应调节示波器（内部）相应电位器，直至相符为止。

4. 拓展知识

4.1　无阻尼自由电磁振荡

对于图 1-7-8 所示的 L_C 电磁振荡电路，先给电容器充电，使电势差为 U_0，转换开关 K，使其成为纯 L_C 电路。L_C 电路充放电过程如下：

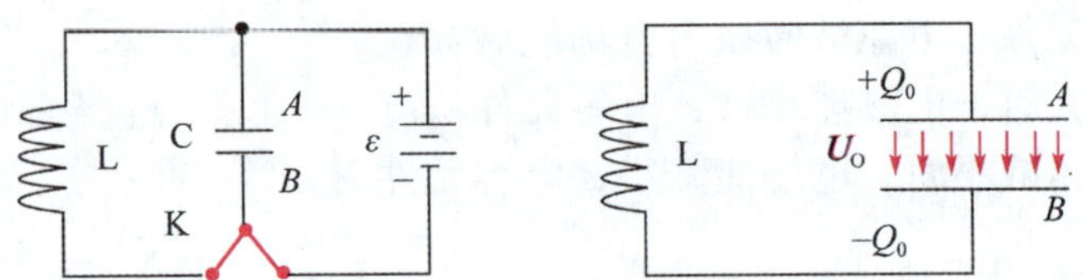

图 1-7-8　电磁振荡电路

1）电容充电

如图 1-7-9 所示，极板上有电荷 Q_0。此时作为计时起点，$t=0$、$I=0$，电场的能量全部集中在两极板间。

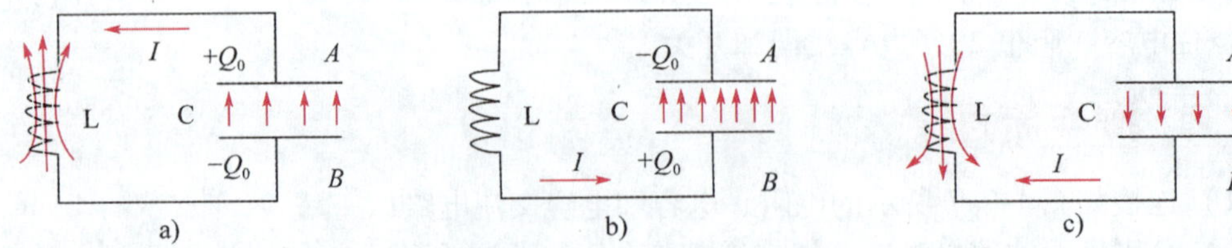

图 1-7-9　LC 电路充放电过程

a）电容放电；b）电容反向充电；c）电容反向放电

2）电容放电

如图1-7-9a）所示，电容开始放电，由于自感的反抗电流从零逐渐增加，Q 减少。$t=T/4$ 时，电流最大，电能变为磁能。

$$W_m = \frac{1}{2}LI^2 = \frac{B^2}{2\mu} \cdot V$$

3）电容反向充电

如图1-7-9b）所示，$t=T/2$ 时，电流达到最大后，由于自感的作用，给电容器反向充电。磁能又转换成电能。

4）电容反向放电

如图1-7-9c）所示，$t=3T/4$ 时，电容器又放电，电场能又转换成磁场能量。这样一来，只要无阻尼，电荷、电流、电能、磁能，就一直作周期性变化（振荡）。

4.2 电磁波

Maxwell 理论表明变化的电磁场在空间传播，形成电磁波。

1）电磁波的产生和传播

如图1-7-10所示，利用电磁波辐射装置产生电磁波。将 L_C 振荡电路中的电容极板缩小并开放，形成开放电磁场，L_C 振荡电路最终变成完全开放的振荡电偶极子。电磁波辐射装置即开放的 L_C 电磁振荡电路向外发射电磁波。振荡电偶极子可以作为发射电磁波的天线。

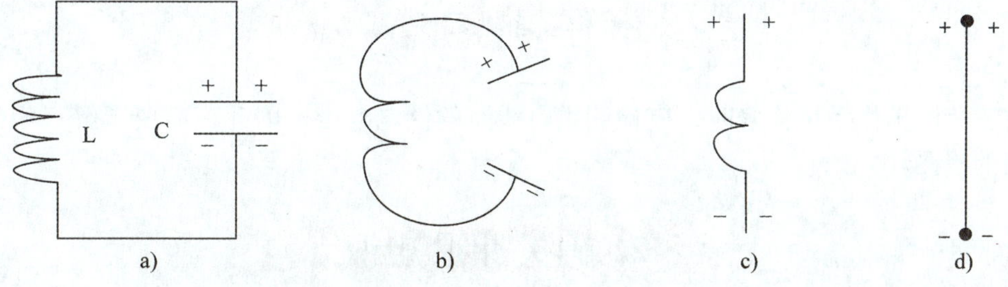

图1-7-10 电磁波的产生和传播

a)LC振荡电路；b)缩小极板开放电磁场；c)进一步变化；d)形成电偶极子

2）发射无线电短波的电路示意图

如图1-7-11所示，振荡偶极子类似一个正负电荷相对中心作谐振动的弹簧，可激发涡旋电场，电场变化又产生变化的磁场，磁场变化又产生变化的电场。如此反复，将电磁波向远处传播。

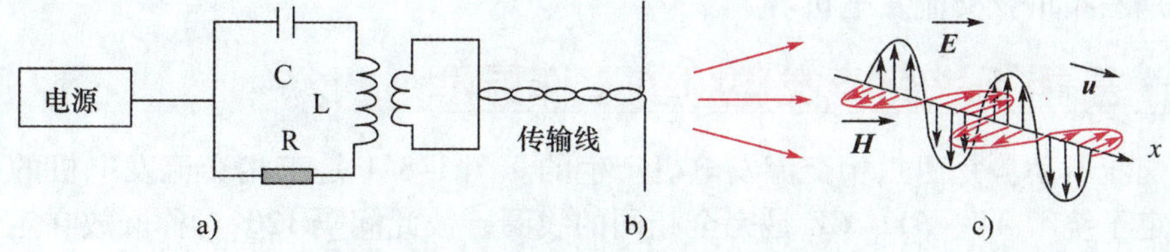

图1-7-11 发射无线电短波的电路示意图

a)LC振荡器；b)偶极子天线；c)电磁波

4.3 电磁波

如表1-7-1所示，电磁波所指范围很广，从无线电波到γ射线都是电磁波。把电磁波按波长（或频率）大小依次排列成表，叫电磁波谱。

电磁波谱 表1-7-1

电磁波谱	真空中的波长	主要产生方式
无线电波	0.003～0.1m	由电子线路中电磁振荡所激发的电磁辐射
红外线	0.76～600mm	由炽热物体、气体放电其他光源激发分子或原子等微观客体所产生的电磁辐射
可见光	760～400nm	
紫外线	400～5nm	
X射线	5～0.04nm	高速电子轰击原子中内层电子产生的电磁辐射
γ射线	0.04nm以下	原子衰变时发出的电磁波

任务8 三相交流供电线路的检测

1. 任务引入

在三相电工作系统检修时，应检测供电线路的供电电压。因此，需要了解三相交流供电线路的检测。

2. 相关理论知识

现代电力工程上几乎都采用三相四线制。三相交流供电系统在发电、输电和配电方面较单相供电具有很多不可比拟的优点，主要表现在：

（1）三相电机产生的有功功率为恒定值，因此电机的稳定性好。

（2）三相交流电的产生与传输比较经济。

（3）三相负载和单相负载相比，容量相同情况下体积要小得多。

由于存在上述优点，使三相供电在生产和生活中得到了极其广泛的应用。汽车使用的发电机就是三相正弦交流发电机。

2.1 三相正弦交流发电机的工作原理

三相交流电动势是由三相交流发电机产生的。图1-8-1是三相交流发电机的原理示意图。三相定子绕组 *AX*、*BY*、*CZ* 是完全相同的线圈，彼此间隔120°对称嵌放在定子铁芯槽中。转子铁芯上绕有励磁绕组，通入直流电后产生磁场，该磁场磁感应强度在定子与转子之间的气隙中按正弦规律分布。

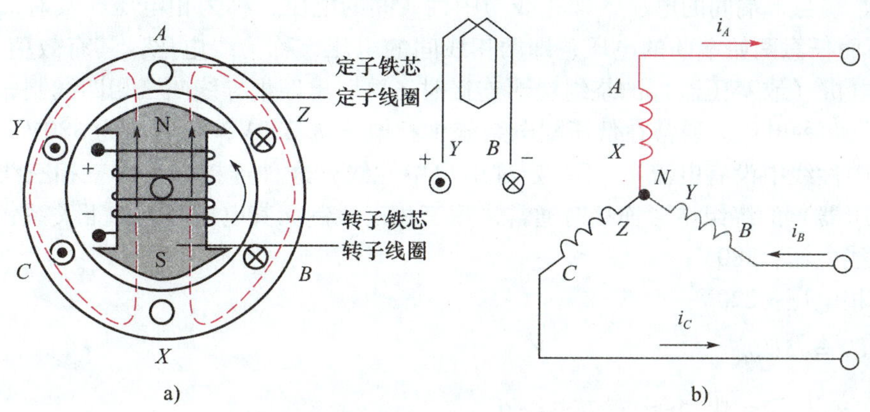

图 1-8-1　三相交流发电机的工作原理图

a) 发电机；b) 三相绕组

当转子由原动机带动（汽车上由发动机带动），并以角速度 ω 匀速顺时针旋转时，每个定子绕组（称相）依次切割磁力线产生频率相同、幅值相同的正弦电动势，但相位角依次相差 120°。如图 1-8-2 所示，以 U_A 相为参考表示为：

$$e_A = E_m \sin\omega t$$

$$e_B = E_m \sin（\omega t - 120°）$$

$$e_C = E_m \sin（\omega t + 120°）$$

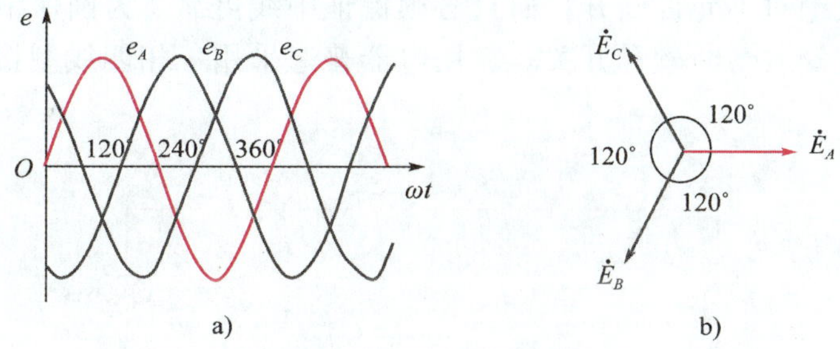

图 1-8-2　三相交流电相位关系

a) 波形图；b) 向量图

2.2　三相供电方式

发电机三相绕组的通常接法如图 1-8-3 所示，即将三个末端连在一起，这一连接点称为中性点或零点（在低压系统，中性点通常搭铁，也称地线），用 N 表示，这种连接法称为星形连接。从中性点引出的导线称为中性线或零线。从始端 A、B、C 引出的三根导线称为相线或端线，俗称火线。

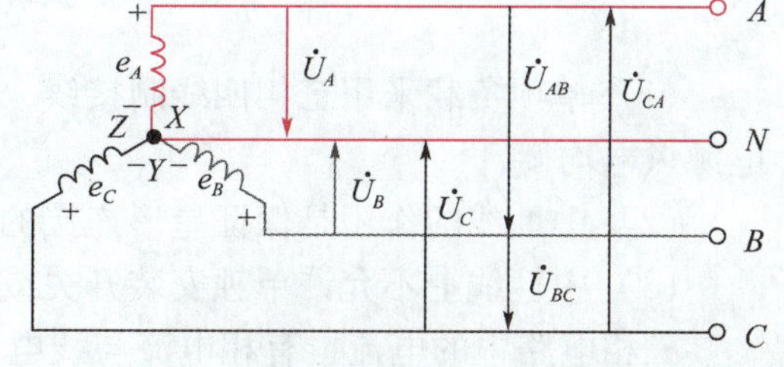

图 1-8-3　三相交流电线电压和相电压

每相始端与末端间的电压，即相线与中性线间的电压，称为相电压，其有效值一般用 U_N 表示。而任意两始端间的电压，即两相线间的电压，称为线电压，其有效值一般用 U_L 表示。发电机（或变压器）的绕组星形连接时，可引出四根导线叫三相四线制，这样就可给负载提供两种电压。通常在低压配电系统中相电压为220V，线电压为380V。如负载对称（此时中性线中没有电流），不一定都引出中性线，这种连接方法叫三相三线制。发电机（或变压器）的绕组星形连接时通常采用三相三线制，其电压间有如下关系：

（1）线电压：380V；

（2）相电压：220V；

（3）$U_L=\sqrt{3}U_N$。

2.2.1 负载星形(Y)连接

三相电路中负载的连接方法有两种，即星形连接和三角形连接。使用时可根据负载是否对称而采用三相四线制或三相三线制连接。

1）三相四线制

图1-8-4是三相四线制电路，对非对称负载必须采用三线四线制连接。负载不对称而又没有中线时，负载上可能得到大小不等的电压，若超过用电设备的额定电压，可能会烧坏或减少使用寿命；若达不到额定电压则不能正常工作。如前面介绍过的照明电路，由于中线断开且一相发生故障，由此会造成各相负载的不对称。换句话讲，如果有中线，当一相发生故障时，其他无故障负载相仍能正常工作。因此，对通常工作在不对称情况下的三相电路而言，中线绝对不允许断开！而且必须保证中线可靠。为确保中线在运行中不断开，中线上不允许安装熔断丝和开关。家用电器普遍采用三相四线制接法，使用时需要注意：

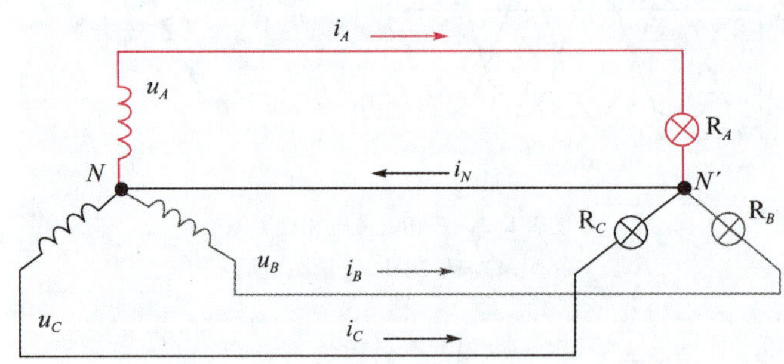

图1-8-4 负载星形连接三线四相制电路

（1）单项负载采用三相四线制接线，平均分为三组，构成三相负载，要尽可能使三相电源供电均衡；

（2）中性线的作用是保证星形连接的不对称负载上的相电压对称。

（3）中性线上不允许单独安装开关或熔断器等。

三相电路中的电流也有相电流与线电流之分。每相负载中的电流称为相电流，每根相线中的电流称为线电流。在负载为星形连接时，相电流等于线电流。电源相电压为每相负载电压，每相负载中的电流可分别求出。

2）三相三线制

在三相电压对称的情况下，若负载也对称，则负载相电流也是对称的，此时中性线中没有电流通过，因此中性线就不需要了，这就是如图1-8-5所示的三相三线制电路。因为生产上的三相负载（通常所见的是三相电动机）一般都是对称的，所以在动力用电中，三相三线制电路的应用极为广泛。

①当 $u_A=0$，则 $u_B=-u_C$，电流流向：

$$u_C \to Z_C \to N' \to Z_B \to u_B \to N$$

②当 u_A、u_C 为正，则 u_B 为负，电流流向：

$$\left.\begin{matrix} u_A \to z_A \\ u_C \to z_C \end{matrix}\right\} \to N' \to Z_B \to u_B \to N$$

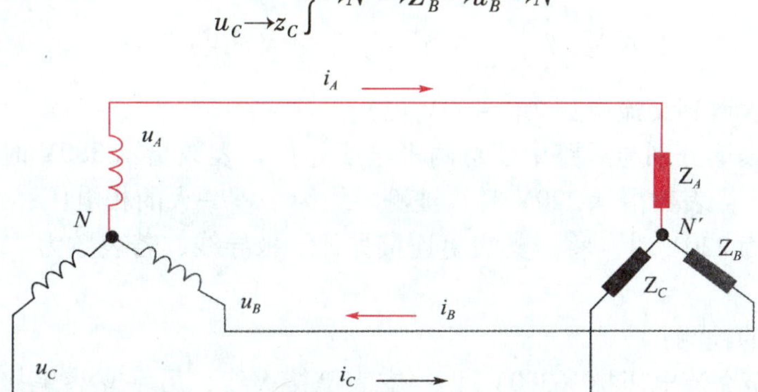

图1-8-5　负载星形连接三线三相制电路

☞ 2.2.2　负载三角形(△)连接

负载三角形连接的三相电路可用图1-8-6所示的电路来表示。电压和电流的参考方向都已在图中标出。因为各相负载都直接接在电源的线电压上，所以负载的相电压与电源的线电压相等。因此，不论负载对称与否，其相电压总是对称的。

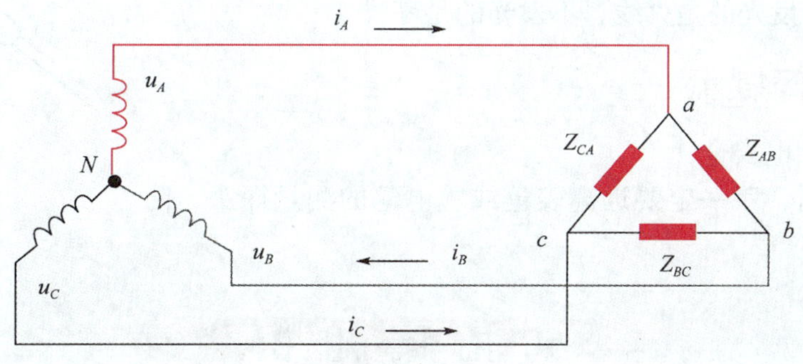

图1-8-6　负载三角形连接

三相对称负载采用三相三线制接线，当负载的额定电压 U_N 等于电源的线电压 U_L 时，也要采取三角形连接方式。无论负载是否对称，负载上承受的电压是对称的线电压。三相电动机的绕组可以采用星形连接，也可以采用三角形连接，而照明负载一般采用星形连接（具有中性线）。

3. 任 务 实 施

3.1 准备工作

使用的工具为验电笔。

3.2 操作流程

☞ 3.2.1 用万用表检测三相供电线路的火线与零线

（1）将万用表调到交流电压挡（400V挡）；

（2）用黑红表笔分别与线路中任意两根导线连接，表数指示380V时，被测二根导线均为火线的线电压，表数指示220V时，被测导线为一零一火的相电压；

（3）在表数为220V时，将一支表笔连接另外一根导线，若表数为220V，另一支表笔连接的为零线。

（4）相电压的检测：

将万用表调至交流电压挡（300V），一支表笔接火线，另一支表笔接零线，读取测量值为220V。

（5）线电压的检测：

将万用表调至交流电压挡（400V），两支表笔分别接两条火线，读取测量值为380V。

☞ 3.2.2 用验电笔检测

用右手拇指、中指与无名指握住验电笔的绝缘部分，食指按住验电笔顶端，如图1-8-7所示。检测时，电笔头与被测导线接触时，使氖管发光的是火线，不发光的是零线。

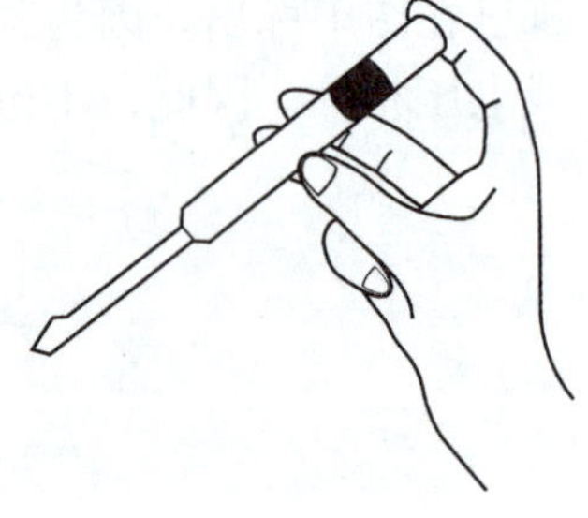

图1-8-7 验电笔的使用

3.3 操作提示

（1）注意用电安全；

（2）检测时，手一定要远离表笔或验电笔的测量探头，防止触电。

4. 拓 展 知 识

4.1 发电、输电概述

电能是由发电厂产生，通过输电线作远距离或近距离输送的。电力生产的过程，就是利用水能、煤、核能、风能等一次能源转化为效率高、易传输、适用面广的电能，由于电能是由一次能源经人类加工而得到的，因此又把电能称为二次能源。

1）电力系统

电力系统是指由发电厂、变电所、输电线路和用户构成的系统。

电力系统（图1-8-8）中发电机、变压器、电力线路和用电设备等的投入和撤除都是在一瞬间完成的，所以，电力系统中电能的生产、输送、分配和消费是同时进行的。

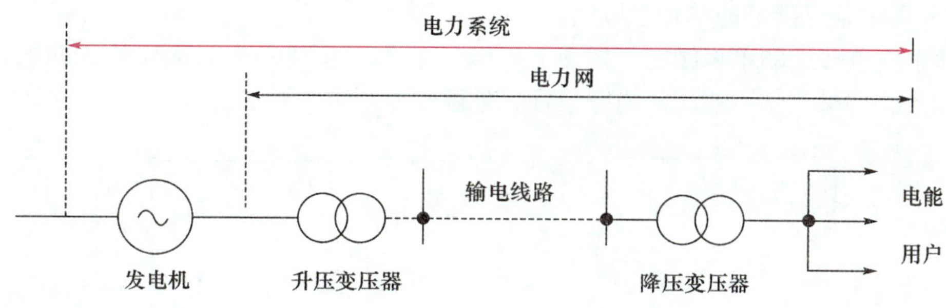

图1-8-8 电力系统图

2）发电厂（站）种类

发电厂按其所利用的能源种类，可分为火力发电厂、水力发电站、核能发电站、风力发电站、潮汐发电站、沼气发电站、太阳能发电站等。

3）高压输电

大中型发电厂距离用电地区往往是几十公里、几百公里以至上千公里以上。所以，发电厂生产的电能要用高压输电线输送到用电地区，然后再降压分配给各用户。电能从发电厂传输到用户要通过导线系统，该系统称为电力网。送电距离越远，要求输电线的电压越高。中国国家标准中规定输电线的额定电压为35kV、110kV、220kV、330kV、500kV。

4.2 电流对人体的危害

1）触电

当人体触及带电体承受过高的电压而导致死亡或局部受伤的现象。触电依伤害程度不同可分为电击和电伤两种。

2）电击

电击是指电流触及人体而使内部器官受到损害，电击是最危险的触电事故。当电流通过人体时，轻者使人体肌肉痉挛，产生麻电容觉，重者会造成呼吸困难、心脏麻痹，甚至导致死亡。电击多发生在对地电压为220V的低压线路或带电设备上，因为这些带电体是人们日常工作和生活中易接触到的。

3）电伤

由于电流的热效应、化学效应、机械效应以及在电流的作用下使熔化或蒸发的金属微粒等侵入人体皮肤，使皮肤局部发红、起泡、烧焦或组织破坏，严重时更能危及人命。电伤多发生在1000V及1000V以上的高压带电体上。

一般条件下，接触36V以下的电压时，通过人体的电流不会超过0.05A，所以把36V

的电压作为安全电压。如果在潮湿的环境，安全电压还要规定得低一些，通常是24V和12V。

4.3 触电方式

☞ 4.3.1 单相触电

1）电源中性点接地的单相触电

电源中性点按地的单相触电，如图1-8-9a）所示。单机触电时人体处于相电压之下，危险性较大。如果人体与地面的绝缘较好，危险性可以大大减小。

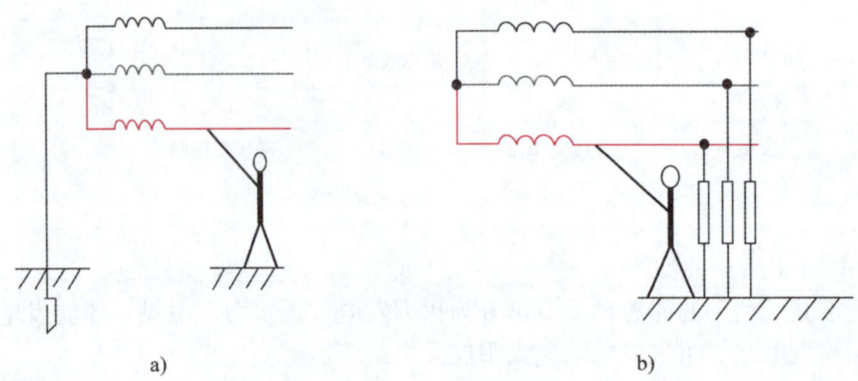

图1-8-9 单向触电

a)中性点接地单相触电；b)中性点不接地单相触电

2）电源中性点不接地的单相触电

电源中性点不接地的单相触电如图1-8-10所示。这种触电也有危险。乍看起来，似乎电源中性点不接地时，不能构成电流通过人体的回路。其实不然，要考虑到导线与地面间的绝缘可能不良，甚至有一相接地，在这种情况下人体中就有电流通过。在交流的情况下，导线与地面间存在的电容也可构成电流的通路。

图1-8-10 电流通过人体的路径

3）单相触电电流通过的路径

单机触电电流通过人体的路径如图1-8-10所示。电流通过人体的心脏、肺部和中枢神经系统的危险性比较大，特别是电流通过心脏时危险最大。所以从手到脚的电流途径最为危险。

☞ 4.3.2 两相触电

两相触电，也叫相间触电，这是指在人体与大地绝缘的情况下，同时接触到两根不同的相线，或者人体同时触及电气设备的两个不同相的带电部位时，电流由一根相线经过人体到另一根相线，形成闭合回路，如图 1-8-11 所示。这种情况最为危险，因为人体处于线电压之下，但这种情况较少。

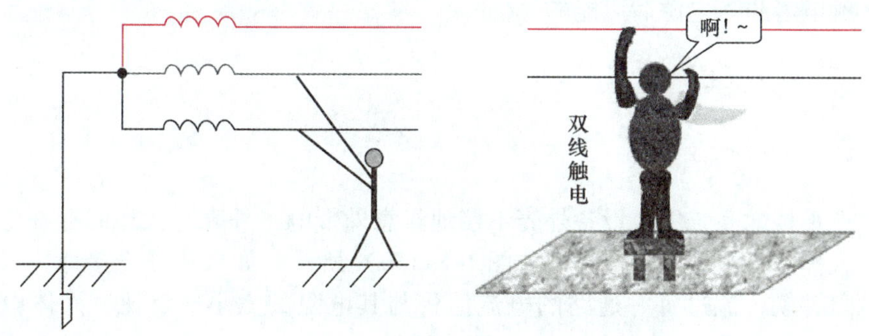

图 1-8-11　两相触电

☞ 4.3.3　跨步电压触电

输电线路火线断线落地时，落地点的电位即导线电位，电流将从落地点流入大地。离落地点越远，电位越低。根据实际测量，在离导线落地点 20m 以外的地方，由于入地电流非常小，地面的电位近似等于零。如图 1-8-12 所示，如果有人走近导线落地点附近，由于人的两脚电位不同，则在两脚之间出现电位差，这个电位差叫做跨步电压。距离电流入地点越近，人体承受的跨步电压越大；距离电流入地点越远，人体承受的跨步电压越小；在 20m 以外，跨步电压很小，可以看作为零。

图 1-8-12　跨步电压触电

4.4　触电急救措施

（1）对于低压触电事故：如果触电地点附近有电源，可立即断开开关，拔下插头或熔断器等；如果事故现场离电源太远，可用有绝缘柄的电工钳或有干燥木柄的斧头切断电线；当电线搭接在触电者身上或被压在身下时，可使用非导电体，如木棒、竹竿、塑料棍等拨开电源。

（2）对于高压事故：应立即电话通知有关部门停电；带上绝缘手套，穿上绝缘靴，用相应电压等级的绝缘工具拉开高压开关；抛掷裸金属导线使线路短路、接地，迫使保护装置动作，断开电源。

救护人不可直接用手或其他导电及潮湿的物件作为救护工具，必须使用适当的绝缘工具；要防止触电者脱离电源后可能的摔伤。

4.5 用电安全保护

☞ 4.5.1 保护接地

在中性点不接地系统中，设备外壳不接地且意外带电，外壳与大地间存在电压，人体触及外壳，人体将有电容电流流过，如图1-8-13a）所示。如果将外壳接地，人体与接地体相当于电阻并联，流过每一通路的电流值将与其电阻的大小成反比。人体电阻通常为600～1000Ω，而接地电阻通常小于4Ω，因此流过人体的电流很小，这样就完全能保证人体的安全，如图1-8-13b）所示。

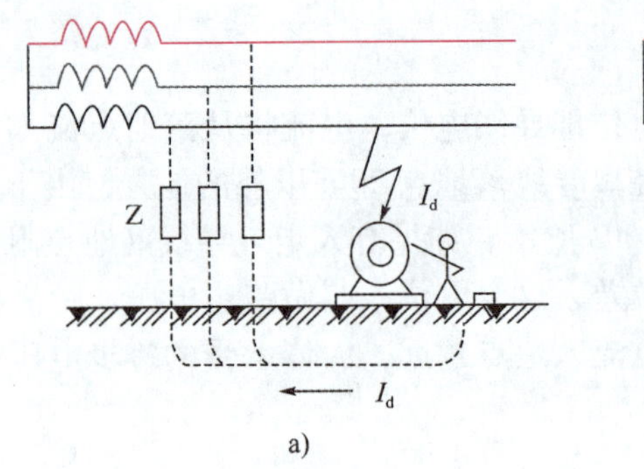

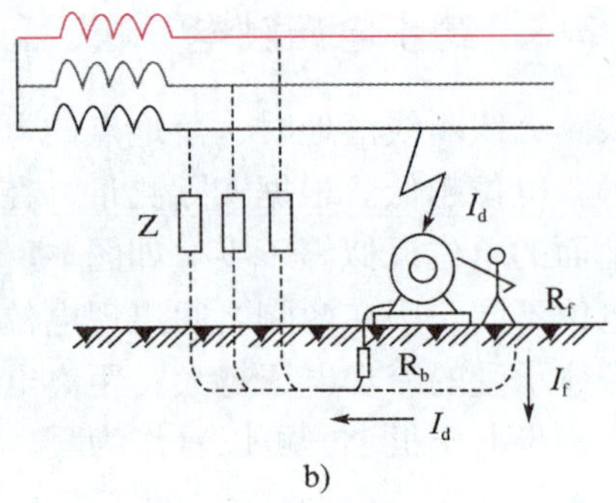

图1-8-13 搭铁保护

☞ 4.5.2 保护接零

当设备正常工作时，外露部分不带电，人体触及外壳相当于触及零线，无危险，如图1-8-14所示。采用保护接零时，应注意不宜将保护接地和保护接零混用，而且中性点工作接地必须可靠。在电源中性线做了工作接地的系统中，为确保保护接零的可靠，还需相隔一定距离将中性线或接地线重新接地，称为重复接地。

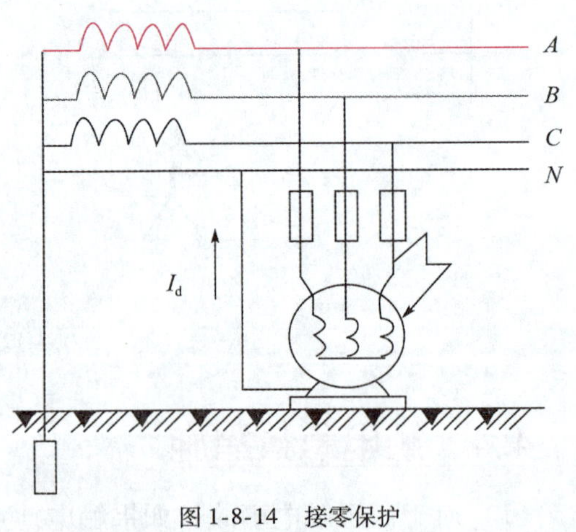

图1-8-14 接零保护

☞ 4.5.3 在单相用电电路中，开关需控制火线。

（1）为什么照明电路中一定要火线进开关？

（2）如图1-8-15所示，如果中线在×处断开，各相灯泡是否还有电流通过？如果有电流通过时，各相灯泡还能正常发光吗？

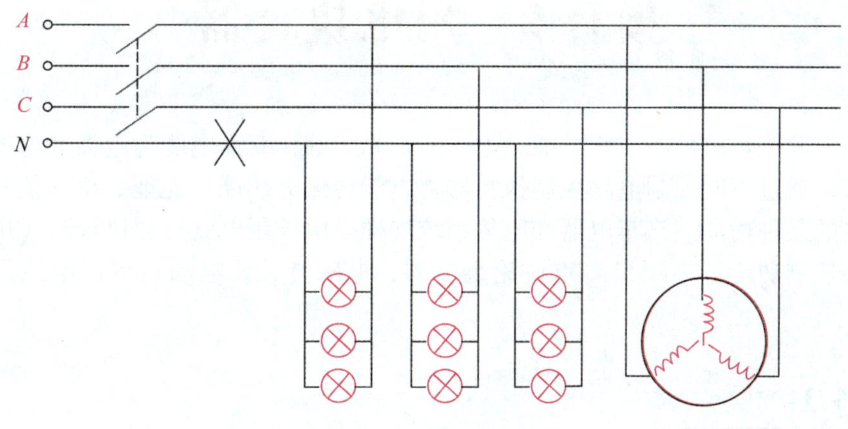

图 1-8-15 中性点断路

4.6 汽车用电安全

汽车用电安全主要与维护蓄电池时的安全有关，着手维护蓄电池或在蓄电池旁边作业之前，必须掌握安全预防措施。连接蓄电池电缆时要注意极性，不能接反；拆蓄电池电缆时要先拆负极（搭铁）电缆；接蓄电池电缆时要后接负极电缆；严禁在蓄电池附近进行电焊或气焊作业（蓄电池充、放电过程中，会析出易爆的氢气）；蓄电池充电场所要有良好的通风，充电器接通后就不要再拆、接充电器的连接导线；维护蓄电池时，不要戴首饰或手表，首饰和手表都是良导电体，若不小心将蓄电池正极桩与搭铁连上，有电流流过，会造成严重灼伤；千万不可在蓄电池上方传递工具，如碰巧跌落在两极桩上，造成蓄电池短路就会引起爆炸。

项目2　用电执行器

如果说电源是将机械能、化学能、电场能、光能等转变为电能为电器和电控系统提供能源，那么，通过不同控制电路控制执行器将电能转化为热能、光能、机械能和磁能，就可实现电路的某种功能。汽车电器和电控系统同样是由控制电路控制执行器（用电器）来实现电路的控制功能。本项目着重讨论继电器、电磁开关、电动机等用电执行器的工作过程。

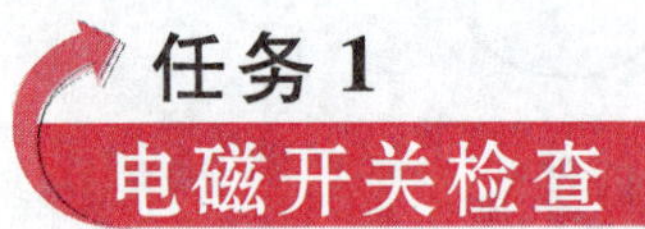

1. 任 务 引 入

在电器系统故障诊断中，需检测电磁开关的性能。因此，应了解电磁开关的检查方法。

2. 相关理论知识

2.1　基本概念和物理量

2.1.1　基本概念

1）磁性物质

如图 2-1-1 所示，在磁性物质内部存在许多小区域，其分子间有一种特殊的作用力使每一区域内的分子磁场排列整齐，显示磁性，这些小区域被称为磁畴。

在没有外磁场作用的普通磁性物质中，各个磁畴排列杂乱无章，磁场互相抵消，整体对外不显磁性。

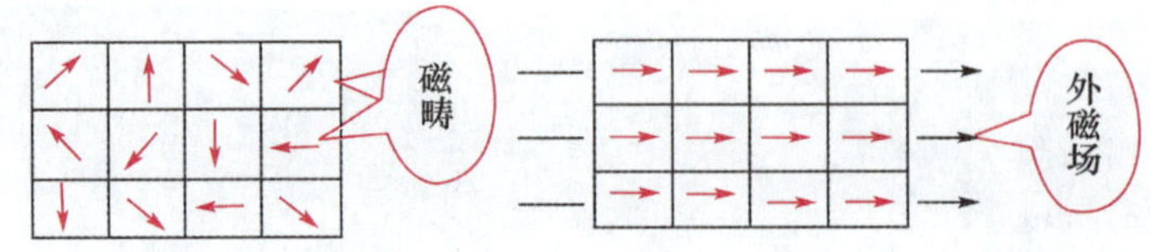

图 2-1-1　磁畴与外磁场

在外磁场作用下，磁畴方向会发生变化，使之与外磁场方向趋于一致，物质整体显示出磁性来，称为磁化，即磁性物质能被磁化。

2）磁性材料的磁性能

磁性材料主要指铁、镍、钴及其合金等。磁性材料的磁导率通常都很高，即 $\mu_r>>1$（如坡莫合金，其 μ_r 可达 2×10^5）。磁性材料能被强烈的磁化，具有很高的导磁性能。

磁性物质的高导磁性被广泛地应用于电工设备中，如电动机、变压器及各种铁磁元件的线圈中都装有铁芯。在这种具有铁芯的线圈中通入不太大的励磁电流，便可以产生较大的磁通和磁感应强度。

3）磁性材料的分类

按磁性物质的磁性能，磁性材料分为三种类型：

（1）软磁材料。

软磁材料具有较小的矫顽磁力，磁滞回线较窄，一般用于制造电机、电器及变压器等的铁芯。常用的有铸铁、硅钢、坡莫合金（铁氧体）等。

（2）永磁材料。

永磁材料具有较大的矫顽磁力，磁滞回线较宽，一般用于制造永久磁铁。常用的有碳钢及铁镍铝钴合金等。

（3）矩磁材料。

矩磁材料具有较小的矫顽磁力和较大的剩磁，磁滞回线接近矩形，稳定性良好。在计算机和控制系统中用作记忆元件、开关元件和逻辑元件。常用的矩磁材料为镁锰铁氧体等。

☞ 2.1.2 基本物理量

1）磁感应强度

磁感应强度（B）是表示磁场内某点的磁场强弱和方向的物理量，是一个矢量。它与电流（电流产生磁场）之间的方向关系可用右手螺旋定则来确定。

$$B = kIN$$

式中：k——磁感应强度系数；

I——通电电流强度；

N——通电线圈匝数。

2）磁通

磁感应强度与垂直于磁场方向的面积的乘积，称为通过该面积的磁通，用 Φ 表示。

磁通与磁感应强度的关系为：

$$\Phi = BS$$

式中：B——磁感应强度；

S——垂直磁场方向面积。

2.2 磁路及铁芯线圈

1）磁路的形成

电动机、变压器、电磁铁等很多电气设备，都用铁磁性材料做成各种形状的闭合铁芯。这是由于铁磁性材料具有很高的磁导率，电流产生的磁通或磁感线基本都被约束在铁芯的闭合路径中，周围弱磁性物质中的磁场则很微弱，这种限定在铁芯范围内的磁通路径称为磁路。电路中有电阻，磁路中亦有磁阻，它是磁通通过磁路时受到的阻碍作用，磁阻 R_M 的大小与磁路的长度 L 成正比，与磁路的横截面积 S 成反比，并与组成磁路材料的磁导率有关，铁磁性材料的磁阻比空气的磁阻小得多（图 2-1-2）。

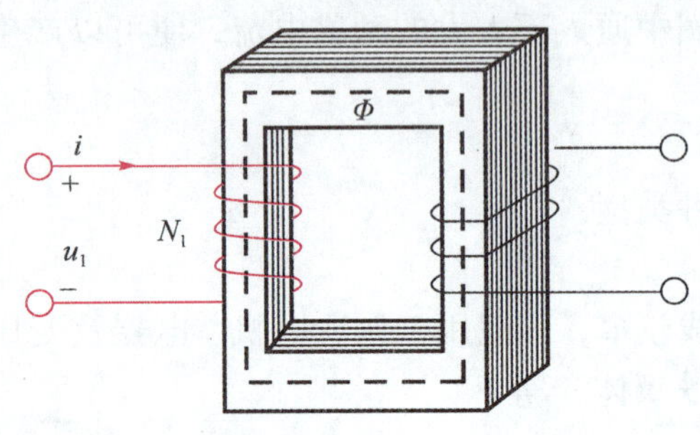

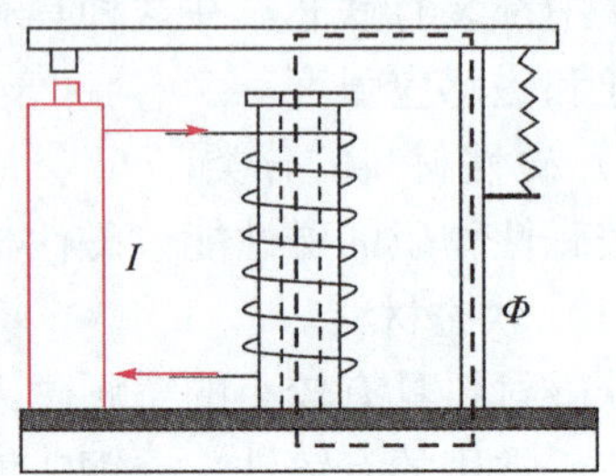

图 2-1-2　磁路与磁阻

2）铁芯线圈磁路

铁芯线圈分为两种，直流铁芯线圈通直流电来励磁，交流铁芯线圈通交流电来励磁。分析直流铁芯线圈比较简单，因为励磁电流是直流，产生的磁通是恒定的，在线圈和铁芯中不会感应出电动势。当线圈中通有交流电时，它所产生的磁通也是交变的。在交流铁芯线圈中，除线圈电阻上有功率损耗（铜损）外，铁芯中也有功率损耗（铁损）。磁滞损耗要引起铁芯发热。为了减小磁滞损耗，应选用磁滞损耗较小的磁质材料制造铁芯。硅钢就是变压器和电机中常用的铁芯材料。

提示：当线圈中通有交流电时，不仅会在线圈中产生感应电动势，而且在铁芯内也会产生感应电动势和感应电流，这种感应电流称为涡流，涡流损耗也会引起铁芯发热。为了减小涡流损耗，在沿磁场方向铁芯可由彼此绝缘的硅钢片叠成，这样就可以限制涡流只能在较小的截面内流通。

2.3　直流电(脉冲)磁铁

电磁铁可分为线圈、铁芯及衔铁三部分，当励磁线圈通入电流时，便产生磁场，铁芯和衔铁都被磁化，衔铁受到电磁力的作用而被吸向铁芯，衔铁的动作可使其他机械装置发生联动。当电源断开时，电磁铁的磁性随着消失，衔铁被释放。利用直流电磁铁可制成直流电磁阀和电磁开关。

☞ 2.3.1　直流电磁阀

1）喷油控制电磁阀

如图 2-1-3 所示，喷油控制电磁阀在汽车电控发动机上又叫喷油器。它的工作过程是：

（1）当喷油器通电时，电磁线圈产生电磁力，衔铁及针阀被吸起，喷油器开启，汽油经喷孔喷入进气道；

（2）当喷油器断电时，电磁力消失，衔铁及针阀在复位弹簧的作用下将喷孔封闭，喷油器停止喷油；

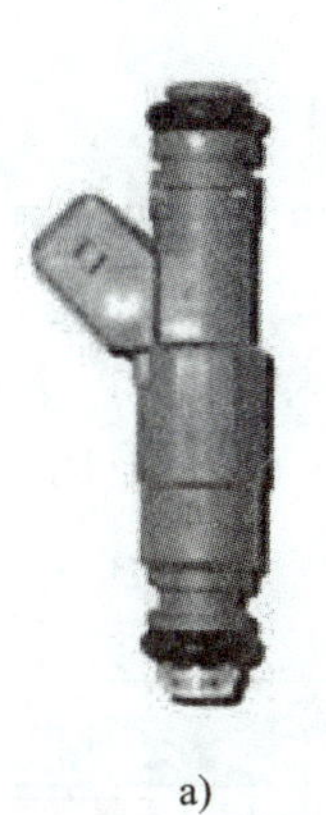
a)

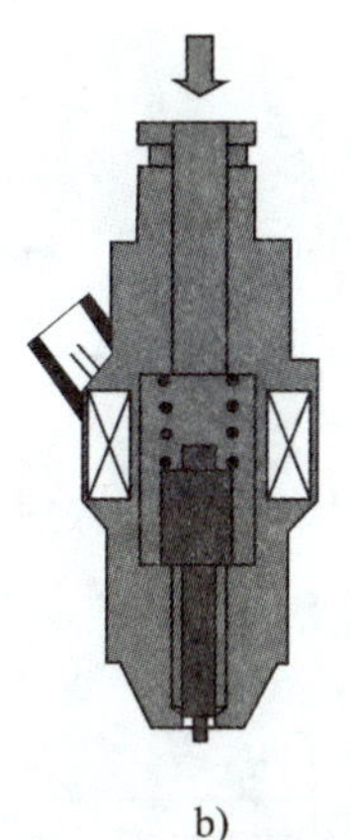
b)

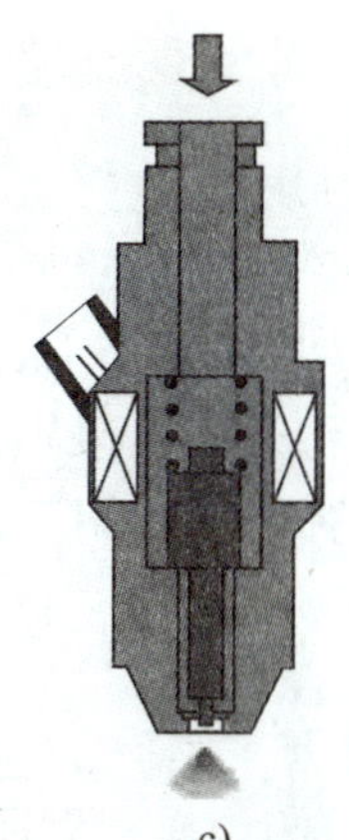
c)

图 2-1-3　喷油器

a)喷油器总成;b)停止喷油;c)喷油

(3) 喷油器的通电、断电由电控单元以电脉冲控制;

(4) 喷油量由电脉冲宽度决定，且有下列关系:

脉冲宽度 = 喷油持续时间 = 喷油量

(5) 一般针阀升程约为 0.1mm，而喷油持续时间在 2 ~ 10ms 范围内。

2) 液压控制电磁阀

如图 2-1-4 所示，液压控制电磁阀主要在汽车自动变速器和防抱死制动系统（ABS）中应用。它的工作过程是:

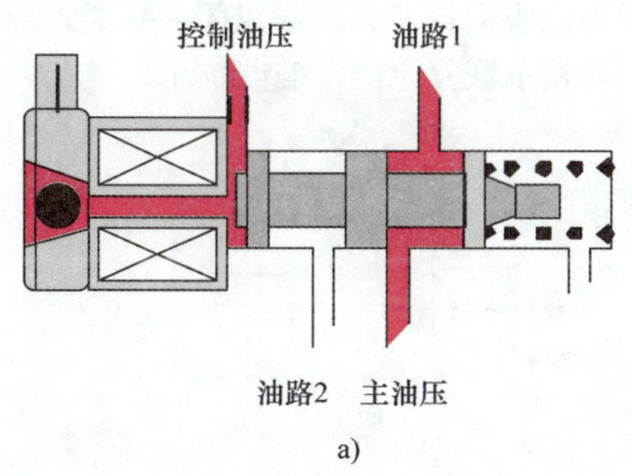

a)

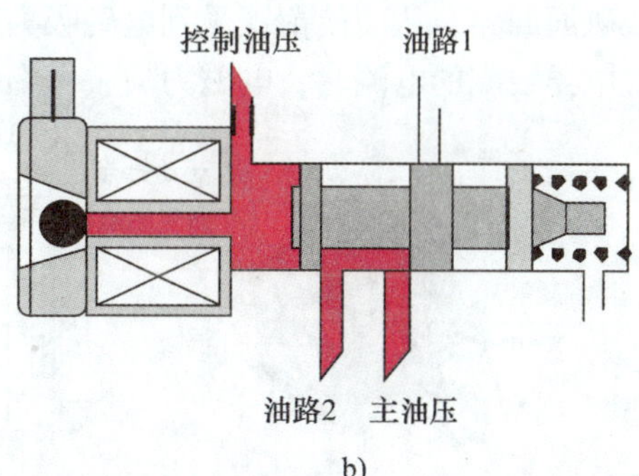

b)

图 2-1-4　液压控制电磁阀

a)油路 1 与主油路接通;b)油路 2 与主油路接通

(1) 当喷油器通电时，电磁线圈产生电磁力，球阀关闭，滑阀在油压作用下，克服复位弹簧向右移动，将油路 2 与主油路断开，油路 1 与主油路接通;

(2) 当喷油器断电时，电磁力消失，球阀打开，泄油，滑阀在复位弹簧的作用下向左移动，将油路 2 与主油路断开，油路 1 与主油路接通;

(3) 电磁阀的通电、断电由电控单元以电脉冲控制。

2.3.2 直流电磁开关

1）磁力开关

磁力开关是汽车控制电路中一种常用的元件，是一种用较小的电流来控制较大电流的自动开关。如图2-1-5所示，当磁化线圈通电时，产生磁吸力，吸引活动铁芯向前移动，带动接触盘将开关主触点接通，电动机主电路断开；当磁化线圈断电时，其电磁吸力消失，在复位弹簧的作用下，活动铁芯复位，主触盘与主触点断开，电动机主电路断开。

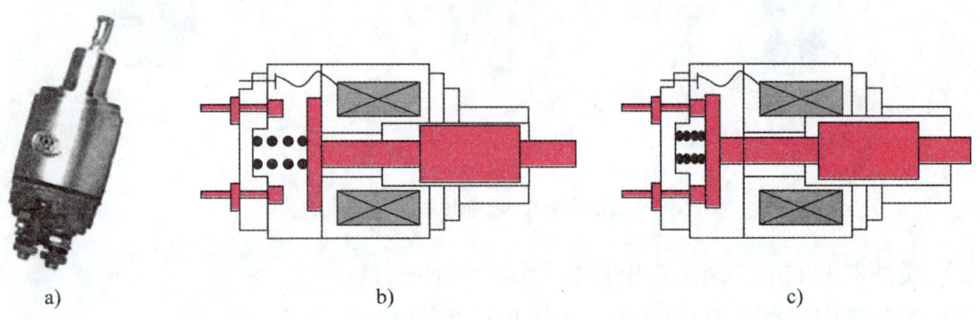

图2-1-5　电磁开关

a)电磁开关总成;b)触电断开;c)触电接通

2）继电器

继电器是自动控制电路中常用的一种元件，它也是用较小的电流来控制较大电流的一种自动开关。如图2-1-6所示，当继电器线圈通以电流时，在铁芯、轭铁、衔铁和工作气隙中形成磁通回路，从而使衔铁受到电磁吸力克服弹簧弹力而吸向铁芯，使触点闭合接通。当切断继电器线圈的电流时，电磁力失去，衔铁在弹簧力作用下恢复原位，触点断开。

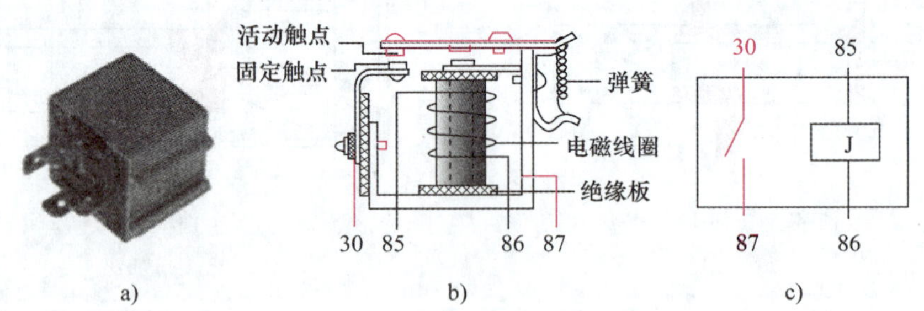

图2-1-6　直流继电器

a)直流继电器;b)直流继电器原理图;c)直流继电器符号

汽车常用继电器的图形符号与接线标准为：

（1）CEI标准（欧标），如图2-1-7a）所示。其中脚1接开关电源，脚2接搭铁，脚3接电源，脚4、5接用电器。

（2）DIN标准（德标），如图2-1-7b）所示。其中脚86接开关电源，脚85接搭铁，脚30接电源，87、87a脚接用电器。

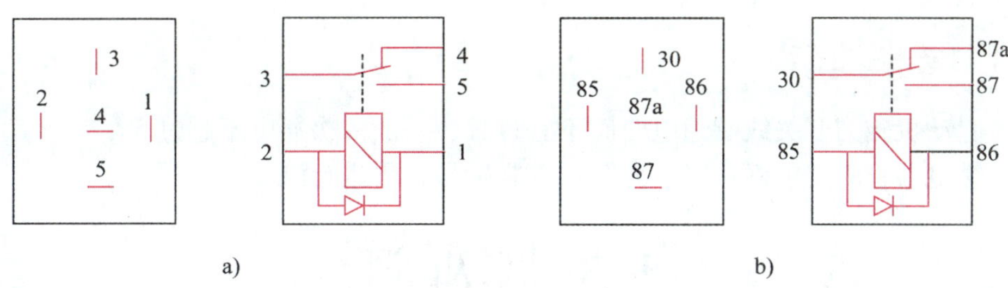

a)　　　　b)

图 2-1-7　继电器

a) 欧标继电器；b) 德标继电器

3. 任务实施

3.1　准备工作

使用的仪器设备及元件包括：汽车起动机电磁（磁力）开关、万用表、12V 直流电源、开关、导线，直流继电器 J、开关 E、LED、1kΩ 电阻、导线。

3.2　操作流程

3.2.1　检查起动机磁力开关

（1）检查汽车起动机磁力开关磁化线圈（保持线圈和吸拉线圈）电阻；

（2）给磁化线圈通电，观察磁力开关动作和主触点通断情况。

3.2.2　演示说明继电器控制电路

（1）用万用表确认直流继电器各管脚功能；

（2）正确连接如图 2-1-8 所示的电路，并演示说明电路控制过程。

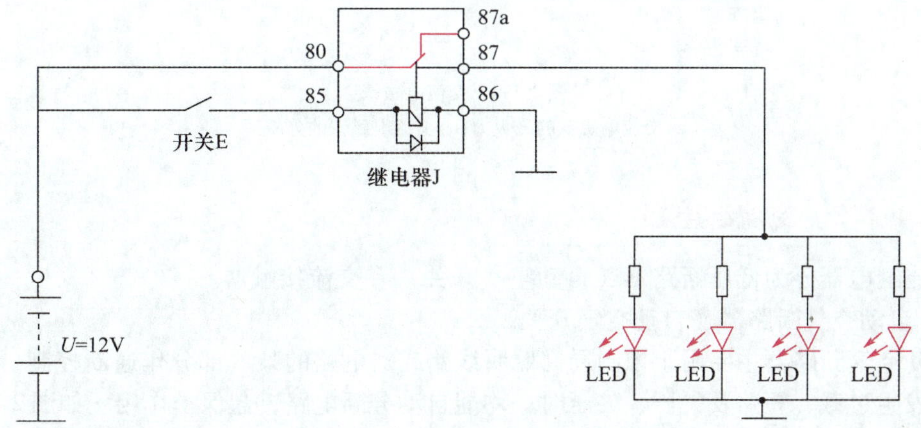

图 2-1-8　汽车照明电路

3.3 操作提示

（1）起动机磁力开关线圈通电时间不宜过长，一般一次通电不超过5s；

（2）继电器管脚功能确认时，先分辨管脚标号，再进行测量。

4. 拓展知识

4.1 交流电磁铁及交流继电器

☞ 4.1.1 交流电磁铁

交流电磁铁和直流电磁铁的构造基本相同，也是由励磁线圈、软磁材料铁芯和衔铁三部分组成。

如图2-1-9a）所示，当交流电磁铁的铁芯线圈通入正弦交流电时，铁芯中便产生交变磁通，使磁场在零与最大值之间脉动，因而衔铁以两倍电源频率在颤动，引起噪声，同时触点容易损坏。为了消除这种现象。可在磁极的部分端面上套一个分磁环，于是在分磁环（或称短路环）中便产生感应电流，以阻碍磁通的变化，使在磁极两部分中的磁通 Φ_1 与 Φ_2 之间产生相位差，因而磁极各部分的吸力也就不会同时降为零，这就消除了衔铁的颤动和噪声，如图2-1-9b）所示。

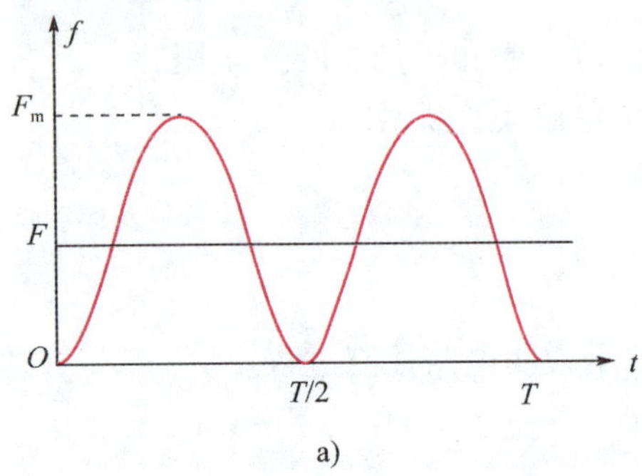

a)

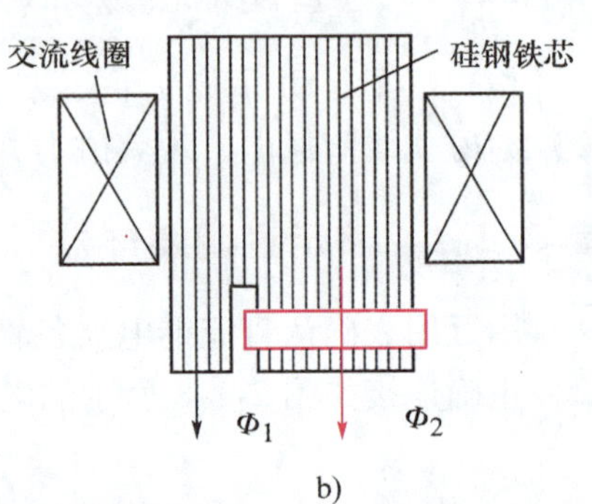

b)

图2-1-9 交流电磁铁

a)交流电磁铁的磁吸力；b)交流电磁铁的分磁环

☞ 4.1.2 交流继电器

交流继电器分为低压断路器（自动空气开关）和交流接触器。

1）自动空气断路器（自动空气开关）

自动空气断路器主要用于控制局部照明线路或对电路的某些部分作通断控制。断路器在电路发生过载、短路及失压、欠压时，均能自动分断电路，起保护作用。如图2-1-10所示，自动空气断路器由电磁系统（铁芯、衔铁、通电线圈）；触头系统（三副主触头串联在被保护的三相主电路中）；三个脱扣器（交流继电器）和脱钩及弹簧组成。

低压断路器的三副主触头串联在被保护的三相主电路中，由于搭钩钩住弹簧，使主触头保持闭合状态。当线路正常工作时，电磁脱扣器中线圈所产生的吸力不能将它的衔铁吸合。如果线路发生短路时，电磁脱扣器的线圈吸力增大，将衔铁吸合，并撞击杠杆把搭钩顶上去，在弹簧作用下切断主触头，实现了短路保护。当线路电压下降或失压时，欠电压脱扣器的吸力减小或失去吸力，衔铁释放在弹簧拉力下撞击杠杆，把搭钩顶开切断主触头，实现了欠电压保护。热脱扣器利用双金属片受热弯曲作用，在过载时顶开搭钩，实现了过载保护。

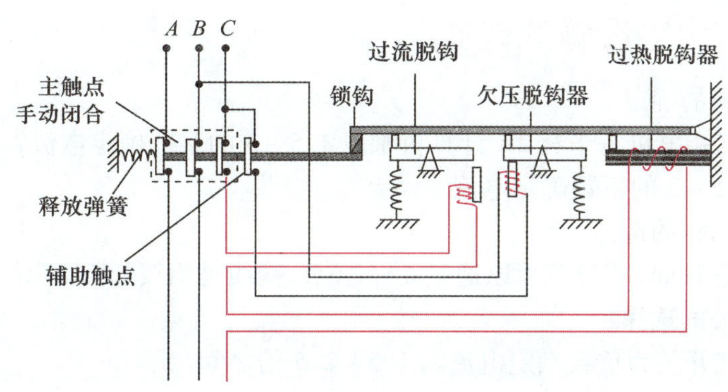

图2-1-10　自动空气断路器

2）交流接触器

如图2-1-11所示，接触器是用于频繁接通和断开电路的自动切换电器，它具有手动切换电器所不能实现的遥控功能，同时还具有欠压、失压保护的功能，接触器的主要控制对象是电动机。交流接触器的结构组成分为电磁系统包括铁芯、衔铁、通电线圈；触头系统包括主触头（三对主触头体积较大，由三对常开触头组成，用于通断电动机主电路的大电流），辅助触头（两对辅助常开触点、两对辅助常闭触点。辅助触头体积较小，主要用于

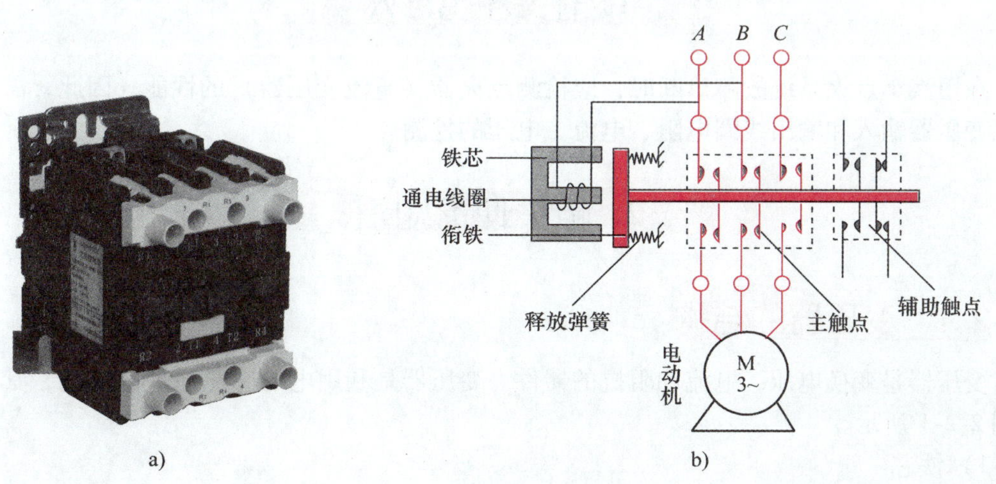

图2-1-11　交流接触器

a）交流接触器实物；b）交流接触器原理图

通断控制电路的小电流，辅助常开触头一般起自锁或连锁作用；辅助常闭触头在电路中一般起互锁作用）。

当交流接触器线圈通入交流电后，铁芯和衔铁均被磁化，衔铁克服弹簧张力向下吸合。固定在衔铁上的所有动触点随之向下移动，辅助常闭触点打开、三对主触头和辅助的常开触点闭合。当电磁线圈失电后，铁芯和衔铁也随即失磁，衔铁在弹簧张力下复位，使常开打开、常闭闭合。断电后铁芯和衔铁即刻失磁，衔铁在弹簧张力下复位，各动触点随之复位。

4.2 交流用电设备的选择

（1）电路电流的确定

经验选择按三相电机每千瓦 2A 计算再乘以 1.5～3 的系数确定电流，单相电机每千瓦 4A 计算再乘以 1.5～3 的系数确定电流。

（2）导线截面积的选择

简单算法就是 $1mm^2$ 铝导线可以通过 4A 电流，铜线是铝线的 1.25 倍，即 5A。

（3）空气开关的选择

一般选择空气开关为负载额定电流的 1.5～2.5 倍之间。

（4）接触器的选择

接触器选择的电流为电动机电流的 1.87 倍。

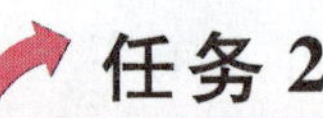

任务 2 直流变压器的检测

1. 任务引入

在用汽车点火系统故障诊断时，应检测点火器（直流变压器）的性能。因此，需了解直流变压器输入和输出线圈电阻、电流、电压的检测。

2. 相关理论知识

2.1 变压器的结构

变压器是变换电压、电流和阻抗的器件。变压器是利用电磁感应原理制成的，其结构如图 2-2-1 所示。

1）铁芯

铁芯构成变压器的磁路，为了减少铁损，提高磁路的导磁性能，一般由 0.35～

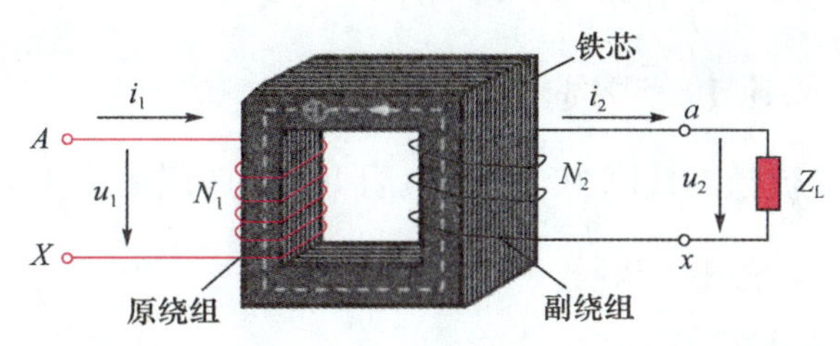

图 2-2-1 交流变压器

0.55mm 的表面绝缘的硅钢片交错叠压而成。

2）绕组

即线圈，是变压器的电路部分，用绝缘导线（漆包线）绕制而成的。有原绕组、副绕组之分。与电源相连的称为原绕组（或称初级绕组、一次绕组），与负载相联的称为副绕组（或称次级绕组、二次绕组）。

3）冷却系统

由于涡流使铁芯发热，变压器要有冷却系统。小容量变压器采用自冷式而中大容量的变压器采用油冷式。

4）变压器的绕组与绕组之间、绕组与铁芯之间均相互绝缘。

2.2 变压器的工作原理和特性

图 2-3-1 所示的是变压器的原理图。一次、二次绕组的匝数分别为 N_1 和 N_2，当一次绕组接上交流电压时，一次绕组中便有电流通过。一次绕组的磁路产生的磁通绝大部分通过铁芯而闭合，从而在二次绕组中感应出电动势。如果二次绕组接有负载，那么二次绕组中就有电流通过。二次绕组也产生磁通，其绝大部分也通过铁芯而闭合。因此，铁芯中的磁通是一个由一次、二次绕组的磁通势共同产生的合成磁通，它称为主磁通，主磁通穿过一次绕组和二次绕组而在其中分别感应出电动势。

（1）原、副绕组的电压与线圈匝数成正比

$$\frac{U_1}{U_2}=\frac{N_1}{N_2}=K$$

显然，改变线圈绕组的匝数即可实现电压的变换。且 $K>1$ 时为降压变压器；$K<1$ 时为升压变压器。

（2）原、副绕组的电流与线圈匝数成反比

$$\frac{I_1}{I_2}=\frac{N_2}{N_1}=\frac{1}{K}$$

（3）输入、输出功率不变

$$P_1=U_1I_1=P_2=U_2I_2$$

2.3 变压器的功率损耗

☞ 2.3.1 铜损

在交流铁芯线圈中，线圈电阻 R 上的功率损耗称铜损。

☞ 2.3.2 铁损

铁损主要是指涡流损耗。

1）电涡流

如图 2-2-2a）所示，交变磁通在铁芯内产生感应电动势和电流，称为涡流。涡流在垂直于磁通的平面内环流。

2）涡流损耗

涡流损耗是指由涡流所产生的功率损耗。涡流损耗可转化为热能，引起铁芯发热。利用这种特性可制成电磁炉。

减少涡流损耗措施为：如图 2-2-2b）所示，将铁芯用彼此绝缘的钢片叠成，把涡流限制在较小的截面内，提高铁芯的电阻率。

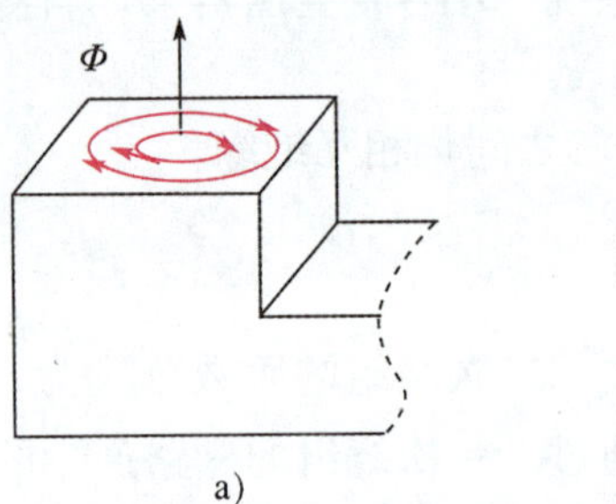

a)

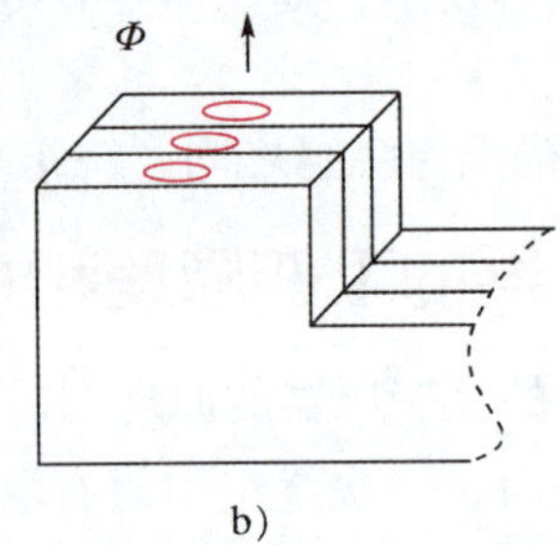

b)

图 2-2-2 电涡流

2.4 闭磁路直流变压器（点火线圈）

1）结构

闭磁路式点火线圈的结构如图 2-2-3 所示，在“日”字形铁芯内绕有一次绕组（几百匝），其一次绕组外面绕有二次绕组（上万匝），其磁路如图所示。磁感线经铁芯构成闭

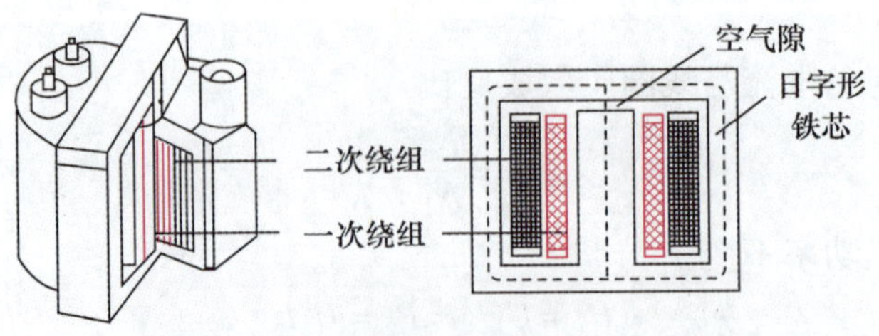

图 2-2-3 闭磁路点火线圈

合磁路。闭磁路式点火线圈的优点是漏磁少，磁路的磁阻小，因而能量损失小，能量变换率高，可达75%（开磁路式点火线圈只有60%）。

2）工作过程

当初级绕组断电时，电流瞬间消失，磁场变化率极高，这样，在次级绕组中就感应出很高的磁感应电压（十万伏左右）。将高电压输送给火花塞，击穿火花塞间隙产生火花，点燃混合气。

3. 任务实施

3.1　准备工作

使用的仪器设备及元件包括：12V 蓄电池、火花塞、高压线、点火器（直流变压器，如图2-2-4所示）、万用表。

3.2　操作流程

（1）用万用表测量直流变压器的输入与输出线圈电阻；

（2）用万用表检测变压器输入电压、电流和输出电流，并计算输出电压；

（3）说明直流变压器的升压原理。

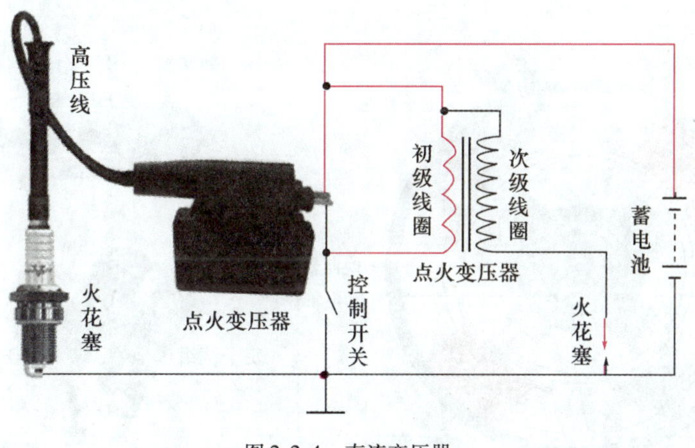

图2-2-4　直流变压器

3.3　操作提示

（1）由于次级线圈输出电压很高（10000V以上），注意预防电击；

（2）初级线圈一次通电时间不宜超过5min，以免烧坏线圈。

任务 3 直流电动机的检查

1. 任务引入

在直流电动机驱动电路故障诊断时，应检查直流电动机的性能。因此，需了解直流电动机的检查方法。

2. 相关理论知识

在实际生产中，应用最广泛的是三相交流异步电动机，但由于直流电动机的调速性能好，起动转矩大，在没有交流电源的汽车上得到广泛应用。

2.1 直流电动机的构造

如图 2-3-1 所示，直流电动机是由电枢、换向器、磁极（铁芯和励磁线圈）、机壳、电刷及刷架等组成。由于磁场绕组和电枢绕组始终保持串联关系，所以又叫直流串激式电动机。

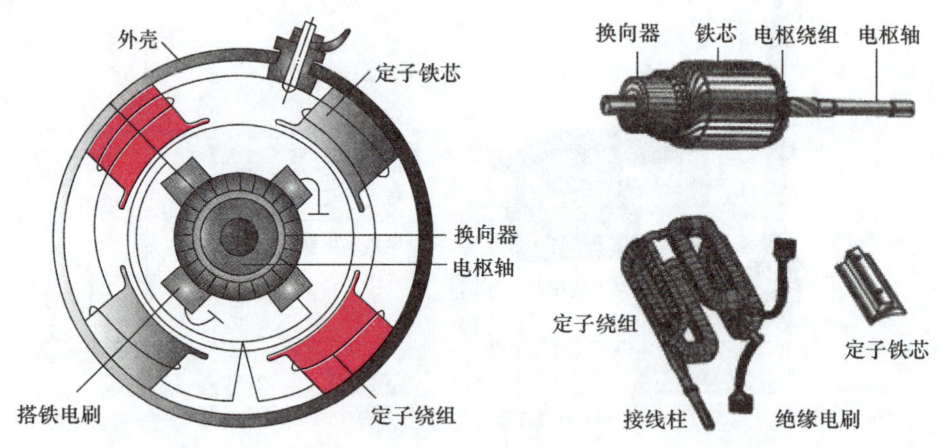

图 2-3-1 直流电动机的电枢和磁极

☞ 2.1.1 电枢

电枢由电枢绕组及电枢铁芯、电枢轴等组成。铁芯用硅钢片叠成；绕组用矩形断面裸铜线绕而制，并用绝缘纸绝缘，紧固。电枢及其内部连接电枢绕组通常用波绕法，两端焊在换向片上，与每一绕组两端相连接的换向器片相隔 90°，这种绕法电阻较低，有利于提高转矩。

2.1.2　换向器

换向器由铜片和云母片相间叠压而成。铜片与铜片、铜片与电枢轴间均绝缘，铜片接电枢绕组，用夹固加焊方式连接。换向器通过电刷来连接磁场绕组与电枢绕组。换向器的作用是将电源提供的直流电转化成电枢绕组所需要的交流电，以保证电枢绕组所产生的转矩方向不变。

2.1.3　磁极

磁极由定子铁芯、定子绕组组成，其作用是产生磁场。定子绕组由矩形铜条绕制，一端接外壳上的接线柱，另一端接两只非搭铁的电刷。磁极数目一般为4或6个，同性相对安装。

2.1.4　电刷与电刷架

电刷是用铜粉（80%～90%）和石墨粉（10%～20%）压制而成。如图2-3-2所示，电刷架一般为4个，为金属框式，两个绝缘（正极）电刷与端盖绝缘，两个搭铁电刷直接搭铁。电刷架上装有弹力较大的盘形弹簧，将电刷紧紧压在换向器上。

2.1.5　轴承与机壳

（1）轴承采用青铜石墨轴承或铁基含油轴承，可承受冲击性荷载。减速式起动机电枢转速高，故用滚柱轴承或滚珠轴承。

（2）机壳为基础件，并起导磁作用。一端有4个检查窗口，中部有一接线柱，其在机壳内与励磁绕组的一端相接。

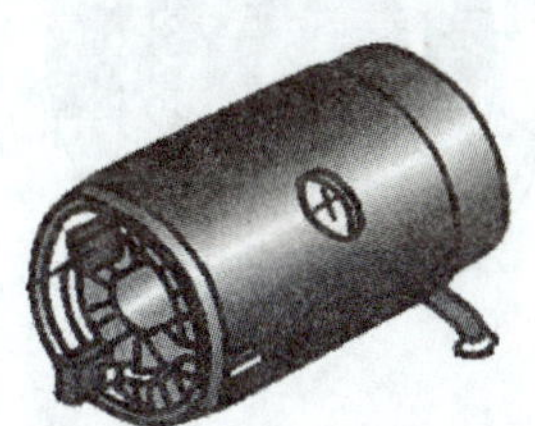

图2-3-2　直流电动机壳体和电刷架

2.1.6　端盖

端盖分前后两个端盖。后端盖内装电刷架。每个端盖的中间均装有青铜石墨轴承或铁基含油轴承。整机由两个长螺栓通过前后端盖夹紧机壳固定。

2.2　直流电动机工作原理

如果把直流电机的电枢绕组和励磁绕组都接到直流电源上，就可作为电动机运行。直流电动机的工作原理是基于载流导体与磁场之间的相互作用。

直流电动机的原理如图 2-3-3 所示：磁场中放有一个线圈，线圈的两点分别与两片换向片连接，两只电刷分别与两片换向片接触，并与蓄电池的正极或负极接通。电流的流向为：电源正极→励磁绕组→正电刷→换向片→电枢绕组→负电刷→电源负极。按照电枢绕组中的电流方向，用左手定则就可以确定电枢左侧受向上的作用力，右侧受向下的作用力，整个电枢线圈受到顺时针方向的转矩作用而转动。

当电枢自图 2-3-3 所示位置转过 90°时，两个线圈边都转到磁感应强度 $B=0$ 的位置，此时线圈边不受电磁力的作用，转矩消失。由于机械惯性作用，电枢仍能转过一个角度，使换向片与正负电刷接触位置正好换位，电枢绕组中的电流方向也发生改变，电枢绕组因受转矩作用仍按顺时针方向转动。这样在电源连续对电动机供电时，其线圈就不停地按同一方向转动。

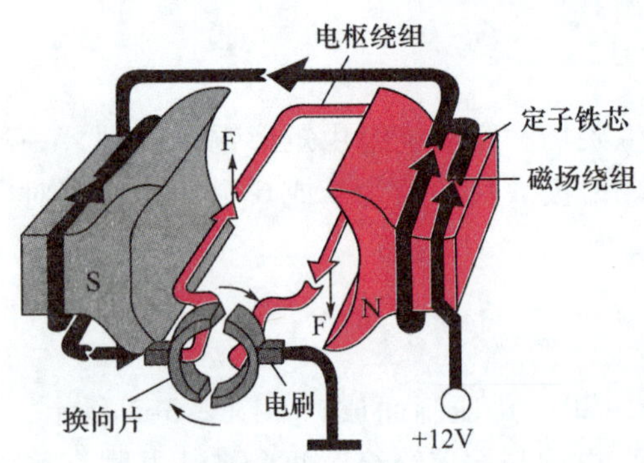

图 2-3-3　直流电动机工作原理

从以上分析可知，由于换向器和电刷的作用，电源的直流电 I_a 在电枢绕组中转换成交流，保持了磁场与电流的方向关系不变，从而使得电枢一直旋转下去。

一个电枢线圈产生的电磁转矩是有限的，且电枢转动不平稳，故电枢绕组是由很多组线圈组成的，换向器片数量也随线圈数量的增加而增加。磁极也设为两对或数对。实际电动机的电枢采用多匝线圈，换向片的数量也随绕组匝数的增多而增多，如图 2-3-4 所示。

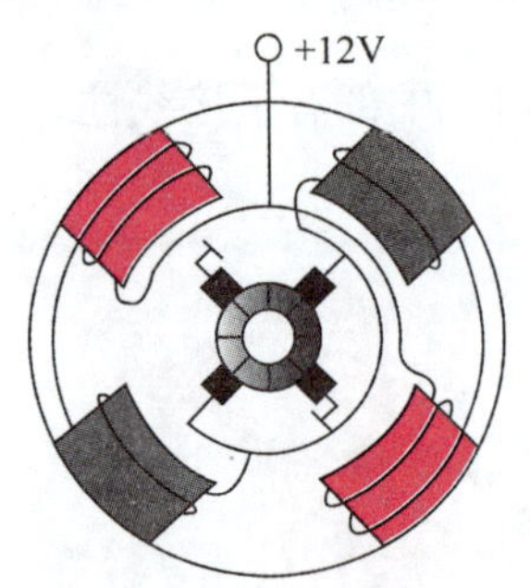

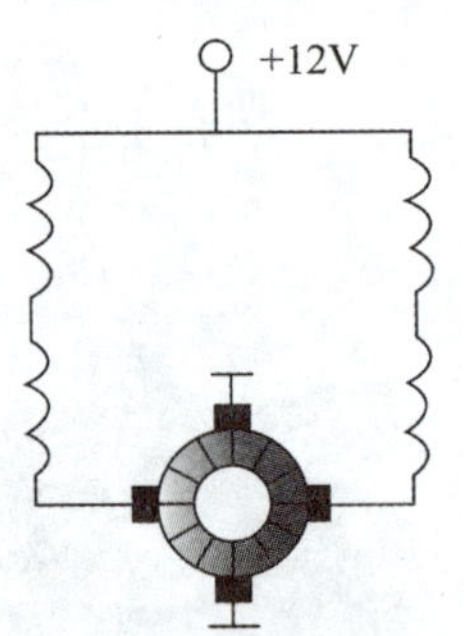

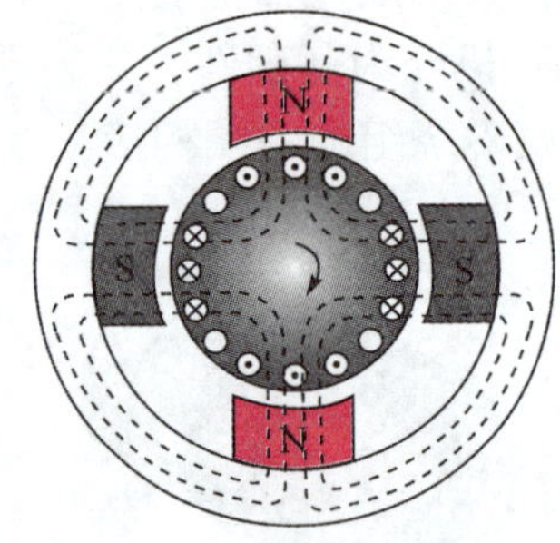

图 2-3-4　实际直流电动机

2.3　无刷直流电动机

直流电动机的换向器在换向时，由于产生火花会引起电磁干扰，而且换向器的制造工艺复杂，电刷与换向器要定期清理和维护，从而会影响直流电动机的可靠性与使用寿命。现代轿车上开始装备用电子开关和位置传感器取代换向器的新型无刷直流电动机。

☞ 2.3.1　直流电动机的构造

无刷直流电动机的结构与永磁式直流电动机相同，其转子安放永久磁极，定子上绕有磁场绕组。

转子是由转子轭、永磁体、转子轴等组成的。转子轭由铁板冲压成型，其上固定永久磁极，转子轭是磁路的一部分。

定子是由印刷基板、电磁绕组、后轭、轴承、机座及位置传感器和控制电路等组成的。后轭也是用铁板冲压成型，用来固定磁场绕组、控制电路及支撑转子，同时也是磁回路的一部分。

☞ 2.3.2 无刷直流电动机的工作原理

无刷直流电动机的工作原理如图 2-3-5 所示，4 个定子上分别绕有 *X*、*Y*、*Z*、*W* 4 组励磁线圈。首端相连并接电源正极，末端分别接通过 4 个三极控制搭铁。霍尔式位置传感器与转子同轴旋转，转子转一周，霍尔传感器产生相位相差 90°四组信号，通过控制电路分别控制 4 个三极管。当三极管导通时，所控制的线圈会有电流流入，使通电线圈所在的定子铁芯产生一个 N 极磁场，该磁场与转子磁极相互作用，驱动转子转动。随着转子的转动，控制电路断开原三极管，同时将另一个三极管接通，使定子磁场旋转一个空间角度，磁场继续驱动转子转动。从而，在控制电路的顺序控制下，定子形成一个旋转磁场，驱动转子旋转。

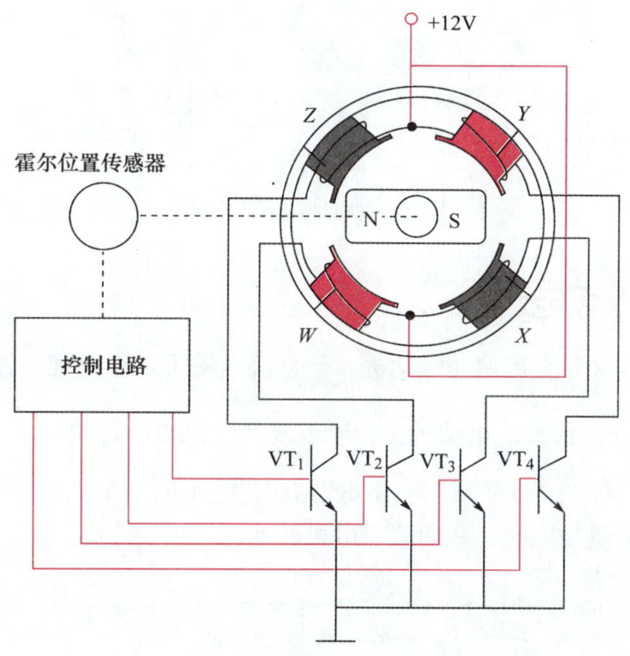

图 2-3-5 无刷直流电动机工作原理

2.4 步进电动机

步进电动机是数字控制电动机，通过它可将脉冲信号转变成角位移，即给一个脉冲信号，步进电动机就转动一个角度，因此非常适合于单片机控制。

☞ 2.4.1　步进电动机的组成

如图 2-3-6 所示，步进电动机是由定子、定子绕组、永磁转子组成。

☞ 2.4.2　步进电动机的工作过程

（1）定子相线按 1—2—3—4 顺序搭铁，定子 N 极逆时针移动，转子逆时针步进；

（2）定子相线按 1—4—3—2 顺序搭铁，定子 N 极顺时针移动，转子顺时针步进；

（3）转子转动一圈分为 4 个步级进行，每级步进 90°；

（4）如果增加定子和绕组数量，就增加了步级，使每级步进角减小；

（5）如果在每个定子上再加一个和原来绕组绕向相反的绕组，就可改变步进方向。

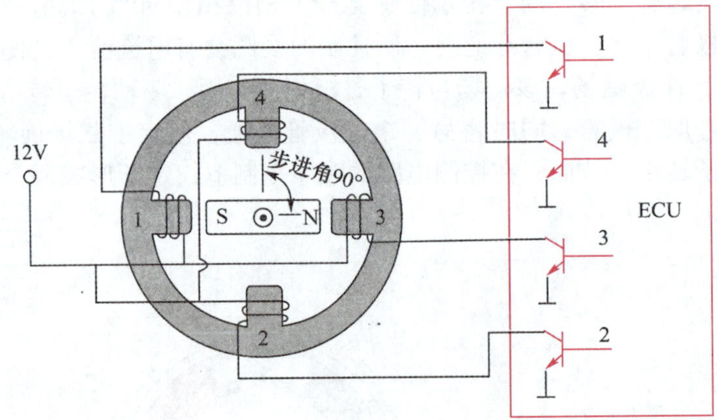

图 2-3-6　步进电动机工作原理

2.5　直流伺服电动机

直流伺服电动机又叫直流调速电动机，与直流电动机工作原理一样，根据电动机转速 $n=\dfrac{U_a-I_aR_a}{K_E\Phi}$，只是在并励直流电动机上，通过改变主磁极激磁电流 I_S 和电枢供电电压 U_a 来改变电动机转速。如图 2-3-7 所示，将电源开关拨到不同挡位，就有不同的电阻串入励磁电路，产生不同的激磁电流，从而改变电机转速。

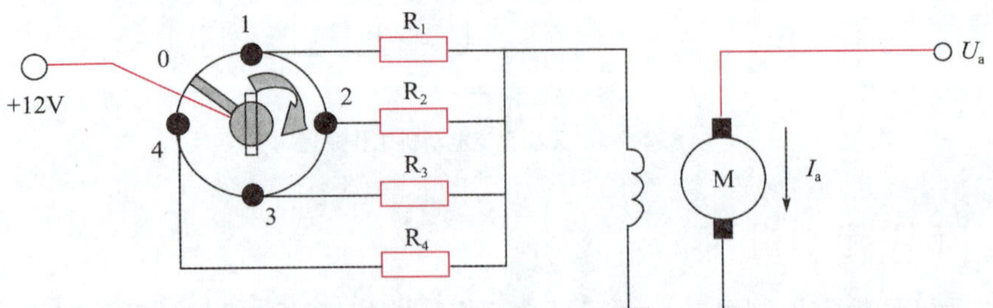

图 2-3-7　直流伺服电动机

3. 任务实施

3.1 准备工作

使用的仪器设备及元件包括：汽车刮水电动机、车门锁电动机、万用表、12V 电源，如图 2-3-8 所示。

3.2 操作流程

（1）检查电动机绕组电阻。

（2）改变直流电动机通电方向，观察电动机动作情况。

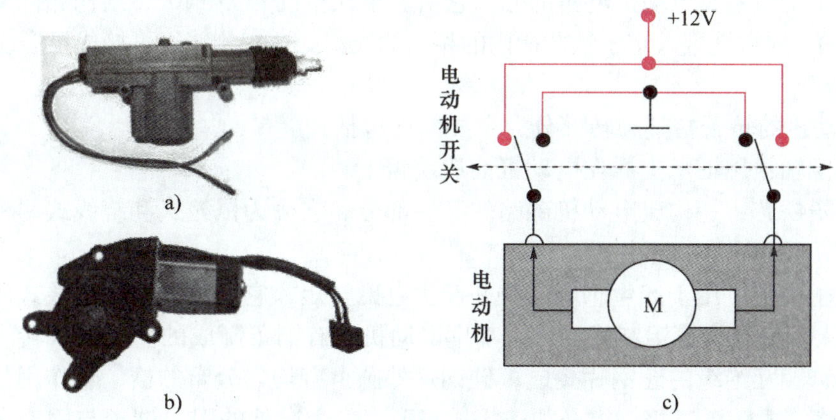

图 2-3-8 汽车直流电动机

a) 中控锁电动机；b) 刮水器电动机；c) 电动机控制电路

3.3 操作提示

电动机通电时，不要触碰电动机转轴，以免受伤；更不能限制电动机动作，以免烧坏电动机。

4. 拓展知识

4.1 三相异步电动机

☞ 4.1.1 三相异步电动机的构造

三相异步电动机的两个基本组成部分为定子（固定部分）和转子（旋转部分）。此外还有端盖、风扇等附属部分，如图 2-3-9 所示。

1）定子

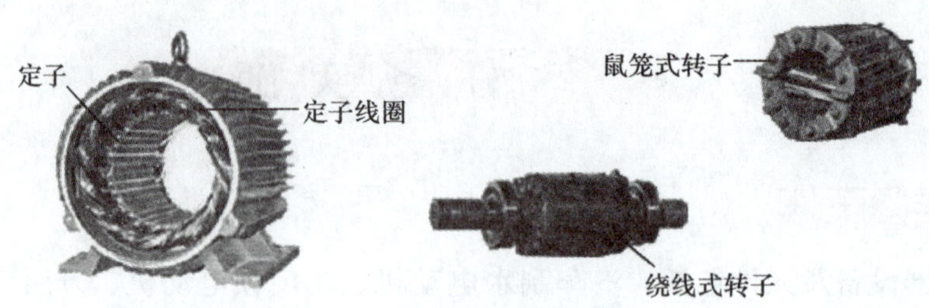

图 2-3-9　三相电动机的结构图

异步电动机的定子指其固定不动部分，主要包括：

(1) 定子铁芯：由厚度为 0.5mm，相互绝缘的硅钢片叠成，硅钢片内圆上有均匀分布的槽，其作用是嵌放定子三相绕组 A_X、B_Y、C_Z。定子铁芯构成异步电动机磁路的一部分。

(2) 定子绕组：是电动机电路部分，它由三个在空间相差 120°、结构相同的三组用漆包线绕制好的，对称地嵌入定子铁芯槽内的相同的线圈。这三相绕组可接成星形或三角形。

2) 转子

异步电动机的转子指其旋转部分，主要部件包括：

(1) 转子轴：用轴承支撑在电动机前后端盖上。

(2) 转子铁芯：是构成电动机磁路的又一部分。它分为鼠笼式和绕线式两种。转子绕组构成电动机电路的另一部分。

(3) 转子绕组：用于产生感应电势并产生电磁转矩，它分鼠笼式和绕线式两种。鼠笼式转子绕组大部分是浇铸铝制成的，大功率电动机也有铜条制成的。绕线式转子铁芯由厚度为 0.5mm，相互绝缘的硅钢片叠成，硅钢片外圆上有均匀分布的槽，其作用是嵌放转子三相绕组。绕线式转子三相绕组必须连接成星形，三个向外的引出端子与固定在转轴上的三个相互绝缘的铜环相接。

3) 气隙

中、小容量的电动机气隙一般在 0.2 ~ 1.5mm 范围内。

三相绕线式异步机的转子绕组是闭合的。由于绕线式异步电动机能采用转子绕组串联电阻起动和调速，因此起动性能和调速性能均比鼠笼式异步机更佳。

☞ 4.1.2　三相异步电动机工作原理

如图 2-3-10 所示，设三相异步电动机模型的定子磁极是顺时针转动，固定不动的转子绕组和旋转的定子磁场相切割而感应电动势。转子绕组是闭合的，因此感应电动势在绕组中能够产生感应电流。感应电流的方向与感应电动势的方向相同。转子绕组处在磁场中，必定受到电磁力的作用。

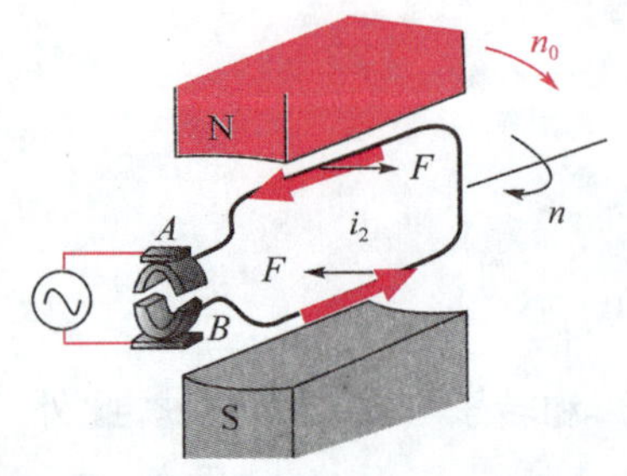

图 2-3-10　异步电动机原理

两个电磁力的大小相等、方向相反，因此对电动机转轴形成了电磁转矩。于是转子就顺着定子磁场的方向转动起来。电动机转动的关键是：存在旋转的定子磁场！

在电动机的对称三相定子绕组中通入对称三相交流电：

$$i_A = I_m \sin\ (\omega t + 30°)$$
$$i_B = I_m \sin\ (\omega t - 90°)$$
$$i_C = I_m \sin\ (\omega t + 150°)$$

1）当 $\omega t = 0°$时电流和磁场的变化情况

如图 2-3-11 所示，A、C 两相电流 $t = 0$ 时为正，因此首端流入、尾端流出。B 相电流 $t = 0°$时为负，尾端流入、首端流出。相邻线圈电流流向一致，在气隙中生成合成磁场，其方向如图 2-4-11b）所示。

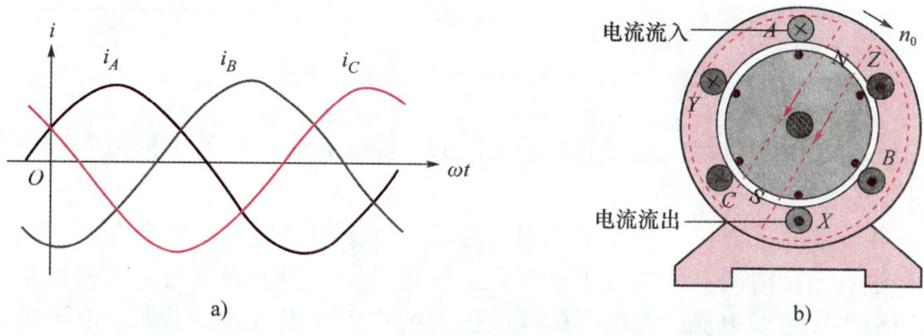

图 2-3-11　$\omega t = 0°$时电流和磁场的变化情况

a）三相电流；b）合成磁场

2）当 $\omega t = 120°$时电流和磁场的变化情况

如图 2-3-12 所示，显然，电流随时间变化 120°角，电动机的气隙磁场在空间的位置也随着旋转了 120°。观察电流波形图及电机示意图可知，合成磁场的转向取决于三相电流的顺序，$A \to B \to C$ 正序时气隙磁场顺时针旋转。

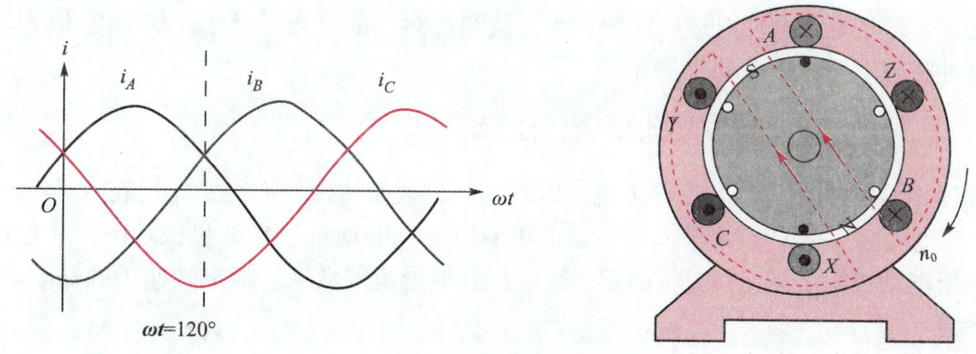

图 2-3-12　$\omega t = 120°$时电流和磁场的变化情况

3）当 $\omega t = 240°$时电流和磁场的变化情况

如图 2-3-13 所示，电流随时间继续变化，又经历了 120°角的同时，电动机的气隙磁场在空间的位置也顺时针旋转了 120°。

4）当 $\omega t = 360°$时电流和磁场的变化情况

电流随时间变化一周，电动机的气隙磁场在空间的位置也顺时针旋转了 360°。可见，

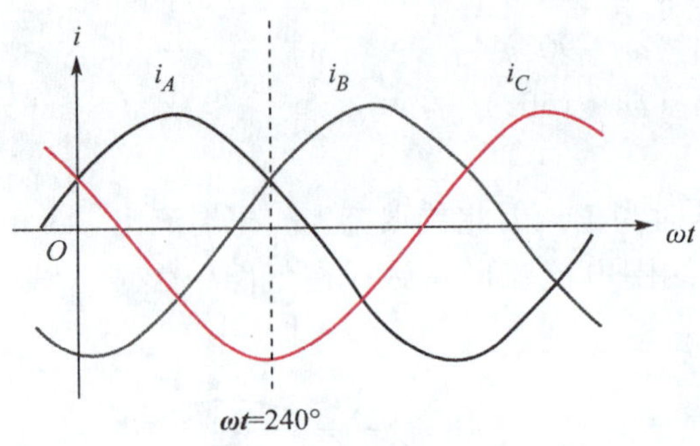

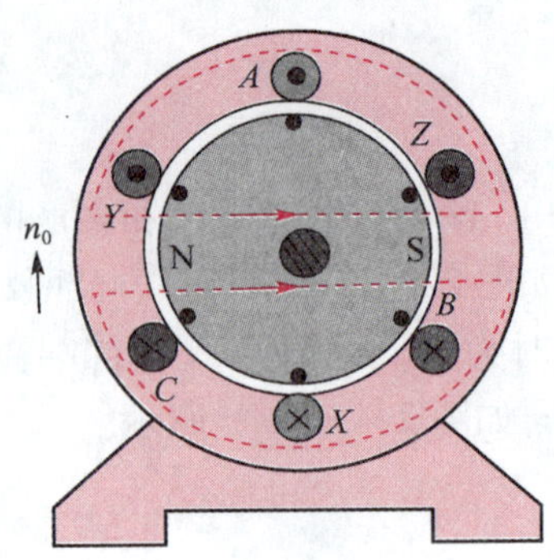

图 2-3-13　$\omega t=240°$时电流和磁场的变化情况

工程实际中，三相异步电动机定子和转子之间的气隙旋转磁场代替了模型电机定子的转动磁极。

只要三相异步机的对称三相定子绕组中通入对称三相交流电，就会在定子和转子之间的气隙中产生一个随时间空间位置不断变化的旋转磁场。转子导体与磁场相切割感应电动势，由于闭合生成感应电流，载流导体受电磁力的作用形成力偶，力偶对电机转轴形成电磁转矩。从而使固定转子顺着旋转磁场的方向转动起来。

若要改变电动机的旋转方向，只需对调通入定子绕组中两相电流的相序即可。

☞ 4.1.3　三相异步电动机堵转情况分析

堵转时，异步电动机的输入全部消耗在定、转子的铁损和铜损上，即相当于变压器的短路运行状态，也是异步电动机在起动瞬间的状况。异步电动机定、转子的漏阻抗比较小，如果在定子绕组加额定电压，则定、转子的起动电流相当大，为额定电流的 4 ~7 倍，过大的定、转子电流会使电动机铜损加大，绕组过热，危及绕组绝缘，如果电动机长期工作在这种状态下，会使电动机损坏。

☞ 4.1.4　三相异步电动机的铭牌数据

如图 2-3-14 所示，Y 表示异步机，132（mm）表示机座中心高；M 代表中机座（L 长机座、S 短机座），4 代表 4 极电机。额定功率指的是电动机输出的机械功率。额定电压、电流均指电动机额定运行情况下的定子线电压、线电流的数值。额定转速指的是电动机转子的转速 n。

三相异步电动机		
型号Y132M-4	功率7.5kW	频率 50Hz
电压 380V	电流 15.4A	接法 Δ
转速1440r/min	j绝缘等级B	工作方式 连续
标准编号	工作制S1	B级绝缘
年　月　日	编号	××电机厂

图 2-3-14　三相异步电动机的铭牌数据

☞ 4.1.5 三相异步电动机定子绕组的接法

三相异步电动机的定子绕组有两种接法：Y形和△形。三相定子绕组由机壳外面的接线盒引出，如图2-3-15所示：

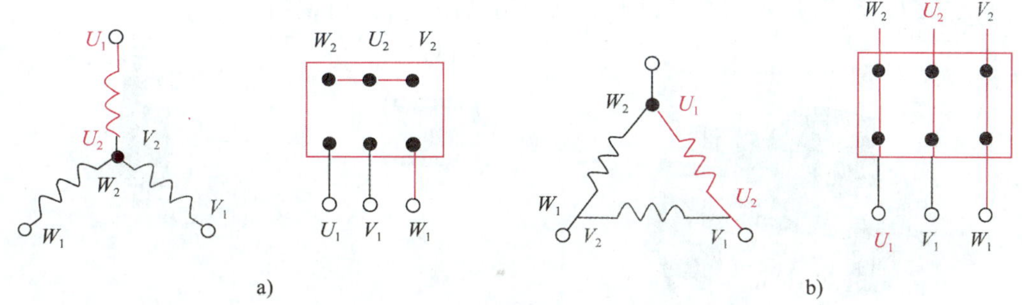

图2-3-15 定子绕组Y形和△形两种接法

a) Y形接法及接线；b) △接法及接线

☞ 4.1.6 举升机的电动机控制电路分析

如图2-3-16所示，控制过程如下：

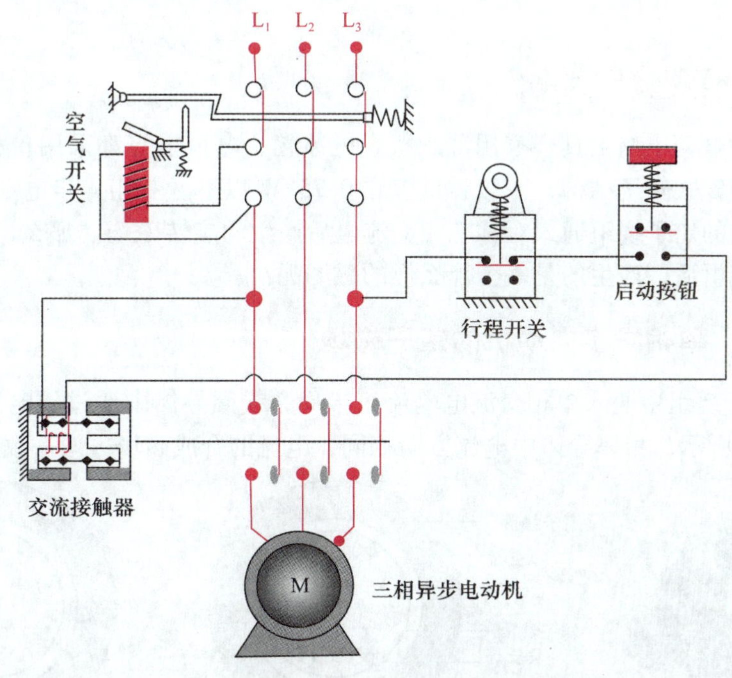

图2-3-16 举升机三相电动机工作电路

（1）按下启动按钮，交流接触器工作，接通电动机电源，电动机工作。

（2）当电动机过载或短路时，电路中电流增加，空气开关的磁力线圈磁力克服弹簧弹力，将主电源切断，电动机停止供电。

（3）当举升机升到最高位时，行程开关被断开，切断交流接触器电流，在弹簧力作用下断开电机电源，举升机停止。

☞ 4.1.7　举升机电动机控制电路

连接如图 2-3-17 所示的举升机电动机控制电路，并进行说明。

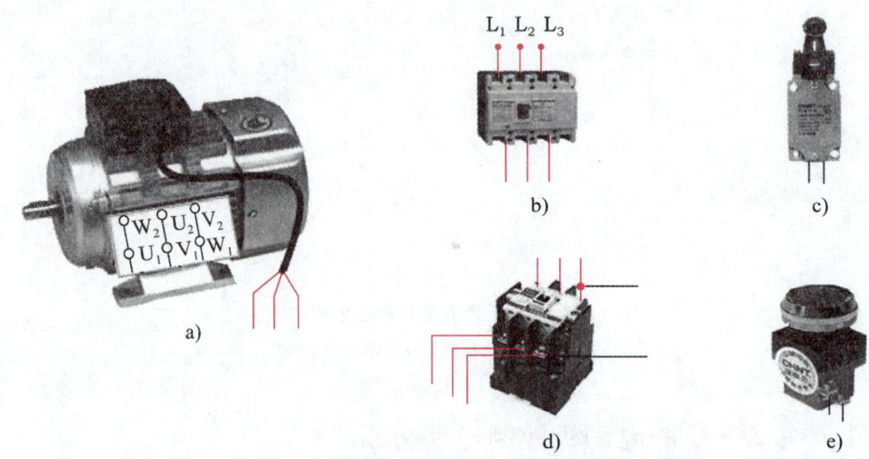

图 2-3-17　举升机的电动机控制电路连接

a）三相异步电动机；b）空气开关；c）行程开关；d）交流接触器；e）启动按钮

4.2　单相交流电动机

通常，各种电动小型工具、家用洗衣机、电冰箱、电风扇等都采用单相异步电动机。单相异步机采用笼式转子结构，一般容量多在 0.75kW 以下。三相异步电动机之所以能够转动，是因为它的定子绕组通入对称三相交流电后产生的旋转磁场。那么，单相异步电动机通入单相交流电后，产生的是一个什么样的磁场呢？

☞ 4.2.1　单相异步电动机的定子磁场

（1）在定子绕组中通入单相交流电电流正半周，线圈导体中通过的电流始终为正值，如图 2-3-18b）所示，相邻导体中电流方向相同，电流的合成磁场方向一致。

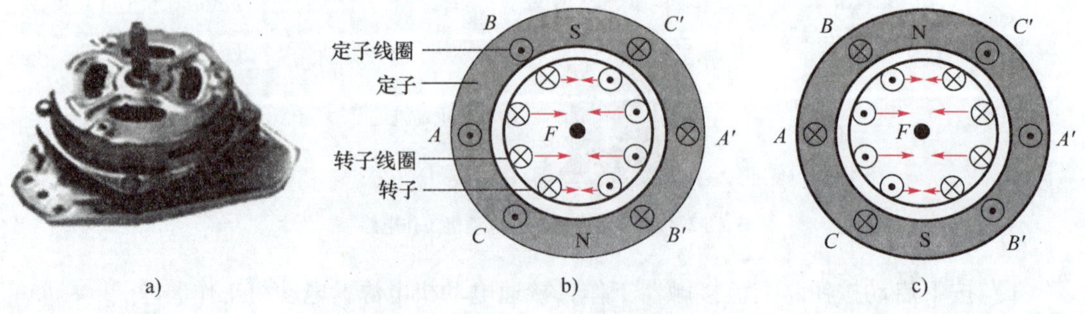

图 2-3-18　单相异步电动机的定子磁场

a）单相异步电动机；b）电流正半周；c）电流负半周

(2) 电流的负半周，线圈导体中通过的电流方向始终为负，如图2-3-18c）所示，相邻导体中电流方向相同，电流的合成磁场方向一致。合成磁场随时间大小不断变化，但磁场轴线的位置始终不变。

显然，单相异步电动机的定子磁场是一个大小和方向随时间不断变化，但磁场轴线位置始终不变的脉动磁场。

☞ 4.2.2 单相异步电动机旋转磁场的合成转矩

当定子绕组产生的合成磁场增加时，根据右手螺旋定则和左手定则，可知转子导条左、右受力大小相等方向相反，所以没有启动转矩。为了获得所需的启动转矩，单相异步电动机的定子进行了特殊设计，采用电容分相式单相异步电动。

☞ 4.2.3 电容分相式异步电动机

如图2-3-19所示，电容分相式异步电动机的定子中放置有两个绕组，一个是工作绕组$A-A'$，另一个是启动绕组$B-B'$，两个绕组在空间相隔90°。启动时，$B-B'$绕组经电容接电源，两个绕组的电流相位相差近90°，即可获得所需的旋转磁场。

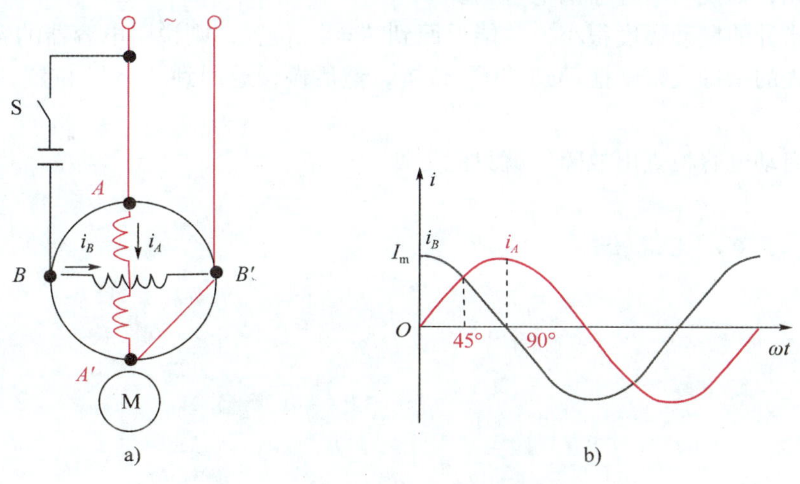

图2-3-19 单相异步电动机电路图和波形图

a)电路图；b)波形图

加入启动绕组后，和工作绕组并联连接于单相交流电源上。这时两绕组中的电流磁场如图2-3-20所示，单相电动机定子两绕组的合成磁场也是一个随时间空间位置不断变化的旋转磁场。单相电动机也因之可以自行启动了。

电动机转子转动起来后，利用离心力将开关S断开（S是离心开关），使启动绕组$B-B'$断电。

☞ 4.2.4 单项异步电动机启动电容的检查

单项电动机启动电容的检查。单项电动机启动电容为电解电容，该种电容最常见故障是击穿短路、断路或容量值减小。检查时，将指针式万用表拨到$R\times10\text{k}\Omega$挡，用表笔接

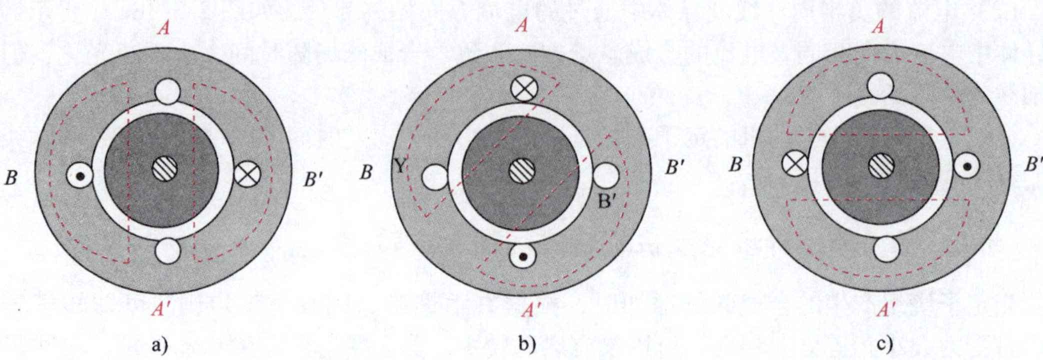

图 2-3-20　旋转磁场

a) $\omega t = 0°$；b) $\omega t = 45°$；c) $\omega t = 90°$

电容器的两个接线柱（红表笔接电容器负极，黑表笔接电容器正极），观察万用表的表针摆动情况。

（1）若表的指针不动，则说明电容器断路；若指针大幅度摆动至“0”位置，不能返回到“∞”端，则说明电容器漏电（短路）；

（2）若指针的摆动幅度很小，并能返回到“∞”位置，则说明电容器的容量变小了；

（3）若表的指针大幅度摆动到“0”位置，然后慢慢返回到“∞”位置，则说明电容器是正常的；

（4）若启动电容检查出故障，就只能更换。

项目3　稳 压 电 路

汽车电控系统中需要稳定的12V或5V直流电压供电。由于汽车发电机输出是13.8V左右的三相正弦交流电，虽经整流，输出的仍是具有脉动的直流电，因此需稳压变成稳定直流电，才能供给汽车电控系统。

1. 任 务 引 入

汽车电控系统中，需要大量传感器将汽车运行信息（非电量）转换成电量，适时传送给电控单元（ECO），电控单元根据这些信息确定汽车运行工况，并控制执行器工作。汽车上的大多传感器都是利用半导体特性制作而成，因此，需通过认知传感器来了解半导体的特性。

2. 相关理论知识

2.1　物质结构

如图3-1-1所示，自然界的物质都是由原子构成的，原子又是由原子核和核外电子构成的，原子的质量99.9%以上都集中在原子核内，原子核中有质子和中子，其中质子带正电，中子不带电，绕原子核高速旋转的电子带负电。原子结构中，正负电荷所带电量相等，因此原子呈中性。

图3-1-1　原子结构

2.2　导体、绝缘体和半导体

图3-1-2所示为导体、半导体、绝缘体原子结构：

1）导体

自然界中是很容易导电的物体质称为导体，金属一般都是导体。导体的外层电子数很少且距离原子核较远，因此受原子核的束缚力很弱，极易挣脱原子核的束缚游离到空间成为自由电子，即导体的特点就是内部具有大量的自由电子。

2）绝缘体

几乎不导电的物体称为绝缘体，如橡皮、陶瓷、塑料和石英。绝缘体外层电子数通常为8个，且距离原子核较近，从而受到原子核很强的束缚力，形成稳定原子结构。这种结构中不存在自由电子，因此不导电。

3）半导体

另有一类物体的导电特性处于导体和绝缘体之间，称为半导体，如锗、硅、砷化镓和一些硫化物、氧化物等。半导体的外层电子数一般为4个，处于半稳定状态，其导电性界于导体和绝缘体之间。

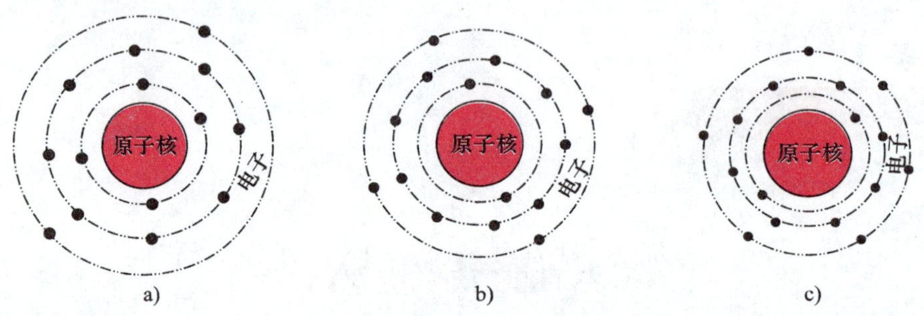

图3-1-2　导体、半导体、绝缘体的原子结构
a)导体；b)半导体；c)绝缘体

2.3　半导体

2.3.1　本征半导体

天然的硅和锗是不能制作成半导体器件的。经过高度提纯，形成不含其他杂质且具有晶体结构的半导体称为本征半导体。将硅或锗材料提纯便形成单晶体，其原子核最外层的价电子都是4个，称为四价元素，它们都具有排列整齐的晶格结构。在本征半导体的晶格结构中，每一个原子均与相邻的四个原子结合，即与相邻四个原子的价电子两两组成电子对，构成共价键结构（图3-1-3）。共价键中的两个电子，称为价电子。当温度 $T=0\mathrm{K}$ 时，半导体不导电，如同绝缘体。

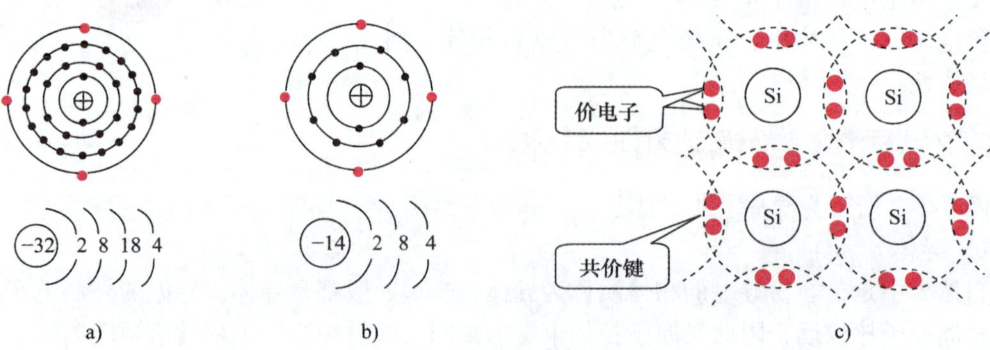

图3-1-3　晶体中原子结构及共价键
a)锗原子Ge；b)硅原子Si；c)共价键结构

☞ 2.3.2　本征半导体的导电机理

1）自由电子导电

从共价键晶格结构来看，每个原子外层都具有 8 个价电子。但价电子是相邻原子共用，所以稳定性并不能像绝缘体那样好。受光照或温度上升影响，共价键中价电子的热运动加剧，一些价电子会挣脱原子核的束缚游离到空间成为自由电子。同时共价键中留下一个空位，称为空穴。失去电子的原子成为晶体中固定不动的带正电离子，这一现象称为本征激发。温度越高，晶体中产生的自由电子便越多。

2）空穴导电

受光照或温度上升影响，共价键中其他一些价电子会直接跳入空穴，使失电子的原子重新恢复电中性。价电子填补空穴的现象称为复合。参与复合的价电子又会留下一个新的空位，而这个新的空穴仍会被邻近共价键中跳出来的价电子填补上，这种价电子填补空穴的复合运动使本征半导体中又形成一种不同于本征激发下的电荷迁移，如图 3-1-4 所示。为了区别于本征激发下自由电子载流子的运动，我们把价电子填补空穴的复合运动称为空穴载流子运动。自由电子载流子运动可以比喻为没有座位的人的移动；空穴载流子运动则可比喻为有座位的人依次向前挪动座位的运动。半导体内部的这两种运动总是共存的，且在一定温度下达到动态平衡。

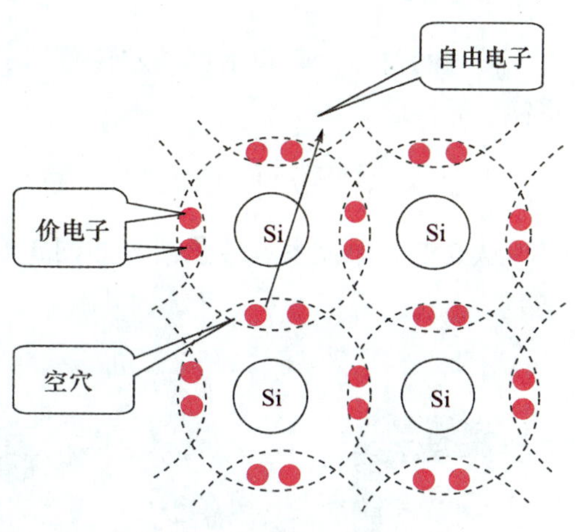

图 3-1-4　载流子的形成

3）本征半导体中的电流

当半导体两端加上外电压时，在半导体中将出现两部分电流。自由电子作定向运动形成电子电流；价电子递补空穴形成空穴电流。

☞ 2.3.3　本征半导体的特性

（1）半导体的导电机理与金属导体导电机理有本质上的区别。金属导体中只有自由电子一种载流子参与导电；而半导体中则是本征激发下的自由电子和复合运动形成的空穴两种载流子同时参与导电。两种载流子电量相等、符号相反，即自由电子载流子和空穴载流子的运动方向相反。

（2）本征半导体中载流子数目极少，其导电性能很差。

（3）温度越高，载流子的数目越多，半导体的导电性能也就越好。所以，温度对半导体器件性能影响很大。

（4）掺杂特性。本征半导体经过不同掺杂和工艺处理后，会呈现不同的特性。

①磁敏特性：掺杂半导体在磁场中会产生电；

②热敏特性：掺杂半导体温度变化时，导电能力会发生显著变化；
③压敏特性：掺杂半导体受压后，产生电；
④光敏特性：掺杂半导体受光照射时，导电能力将会发生显著变化；
⑤气敏特性：掺杂半导体两侧气体浓度变化时，半导体会产生电。

3. 任务实施

3.1 准备工作

使用的仪器设备包括：霍尔传感器、温度传感器、压力传感器、光强传感器、爆震传感器、氧传感器。

3.2 操作流程

认知汽车电控系统传感器，如图 3-1-5 所示。

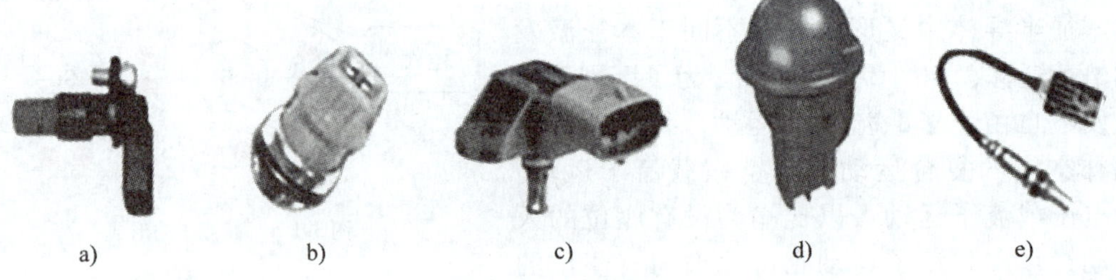

图 3-1-5 汽车传感器

a）霍尔传感器；b）温度传感器；c）进气压力传感器；d）光强传感器；e）氧传感器

（1）霍尔传感器：利用掺杂半导体的磁敏特性，将磁场强度信号转变成电信号。
（2）温度传感器：利用掺杂半导体的热敏特性，将温度信号转变成电信号。
（3）压力传感器：利用掺杂半导体的压敏特性，将压力信号转变成电信号。
（4）光强传感器：利用掺杂半导体的光敏特性，将光强度信号转变成电信号。
（5）氧传感器：利用半导体的气敏特性，将气体浓度信号转变成电信号。

任务 2 二极管的检测

1. 任务引入

在电子线路检测中，需检测二极管的性能。因此，需了解二极管的检测。

2. 相关理论知识

2.1 掺杂特性与杂质半导体

☞ 2.1.1 掺杂特性——改变半导体的导电性能

往纯净的半导体中掺入某些杂质元素，导电能力明显改变（可做成各种不同用途的半导体器件，如二极管、三极管、晶闸管和场效应管等）。

☞ 2.1.2 杂质半导体

在本征半导体中掺入微量的杂质（某种元素），可形成杂质半导体。杂质半导体有两种 N 型半导体 P 型半导体。

1）N 型半导体

如图 3-2-1 所示，在硅或锗的本征半导体中掺入 5 价磷元素，原来晶体中的某些硅原子会被磷原子代替。磷原子最外层有 5 个价电子，其中 4 个与硅构成共价键，多余一个电子只受自身原子核吸引，在室温下即可成为自由电子。如图 3-2-1 所示，本征硅中的磷杂质等于 10^{-6}数量级时，电子载流子的数目将增加几十万倍。掺入 5 价元素的自由电子数目大量增加，自由电子导电成为这种半导体的主要导电方式，称为电子半导体，也叫做 N 型半导体。在 N 型半导体中自由电子是多数载流子，空穴是少数载流子。

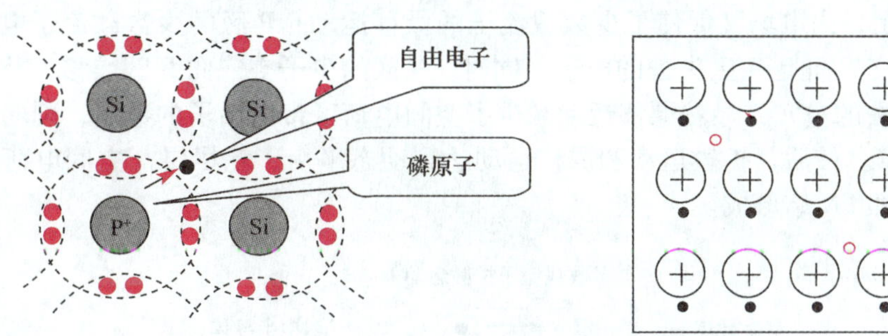

图 3-2-1 在本征半导体硅中掺杂磷形成 N 型半导体

2）P 型半导体

如图 3-2-2 所示，在硅或锗的本征半导体中掺入 3 价硼元素，原来晶体中的某些硅原子将被硼原子代替。硼原子最外层有 3 个价电子，在与硅构成共价键时，少一个电子，就会从相邻原子抢夺电子，从而产生大量空穴。由于填补电子不仅受自身原子核吸引，也受形成共价键原子的抢夺，在室温下即可成为自由电子。如图 3-2-2 所示，掺杂后空穴数目大量增加，空穴导电成为这种半导体的主要导电方式，称为空穴半导体或 P 型半导体。在 P 型半导体中空穴是多数载流子，自由电子是少数载流子。

3）掺杂半导体的特性

（1）掺入杂质的浓度决定多数载流子浓度；温度决定少数载流子的浓度。

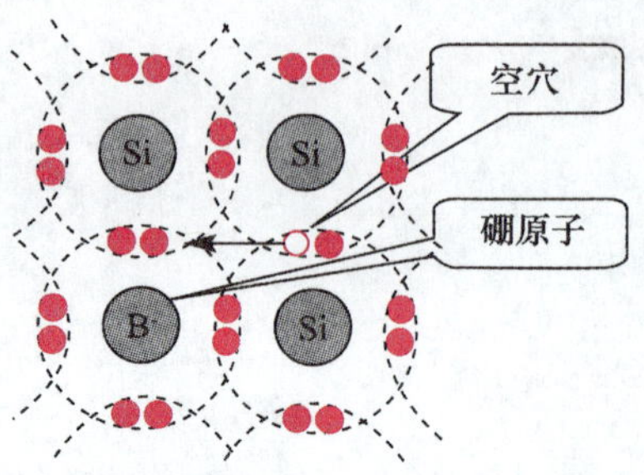

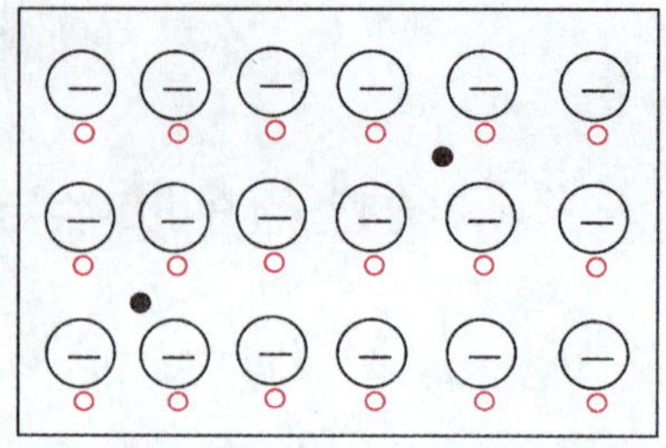

图 3-2-2　在本征半导体硅中掺杂硼形成 P 型半导体

（2）杂质半导体载流子的数目要远远高于本征半导体，因而其导电能力大大改善。一般情况下，杂质半导体中的多数载流子的数量可达到少数载流子数量的 10^{10} 倍或更多，因此，杂质半导体比本征半导体的导电能力可增强几十万倍。

（3）杂质半导体总体上保持电中性。

2.2　PN 结的形成

在一块半导体单晶上一侧掺杂成为 P 型半导体，另一侧掺杂成为 N 型半导体，两个区域的交界处就形成了一个空间电荷区薄层，称为 PN 结。

1）PN 结形成的过程

如图 3-2-3 所示，PN 结形成的过程中多数载流子的扩散和少数载流子的漂移共存。开始时多数载流子的扩散运动占优势，扩散运动的结果使 PN 结加宽，内电场增强；另一方面如图 3-2-4 所示，内电场又促使了少数载流子的漂移运动：P 区的少数载流子电子向 N 区漂移，补充了交界面上 N 区失去的电子，同时，N 区的少子空穴向 P 区漂移，补充了原交界面上 P 区失去的空穴，显然漂移运动减少了空间电荷区带电离子的数量，削弱了内电场，使 PN 结变窄。最后，扩散运动和漂移运动达到动态平衡，耗尽层（空间电荷区）的宽度基本稳定，即 PN 结形成。

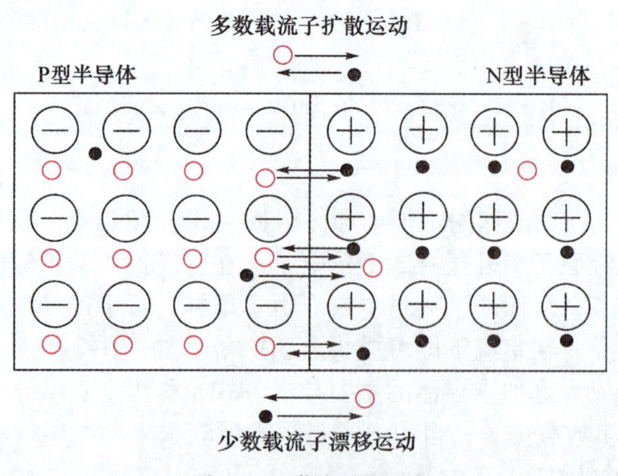

图 3-2-3　载流子的运动

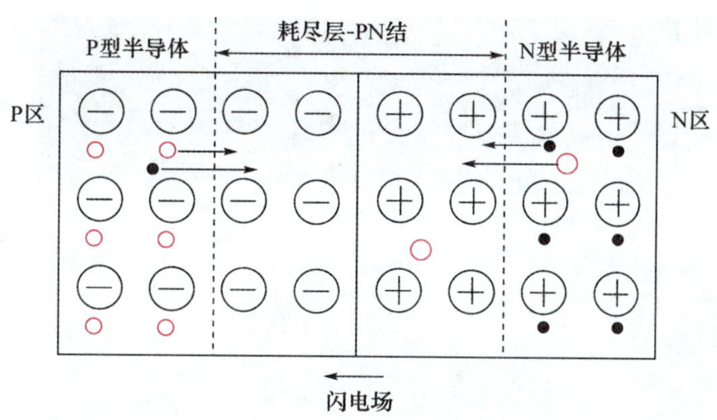

图 3-2-4 PN 结的形成

2）PN 的电导率

PN 结内部载流子基本为零，因此电导率很低，相当于介质。但 PN 结两侧的 P 区和 N 区电导率很高，相当于导体，这一点和电容比较相似，所以说 PN 结具有电容效应。

2.3 PN 结的单向导电性

1）PN 结加正向电压（正向偏置）

如图 3-2-5 所示，P 接正、N 接负。外电场与内电场方向相反，内电场被削弱。这样，多数载流子的扩散加强，形成较大的扩散电流。PN 结加正向电压时，PN 结变窄，正向电流较大，正向电阻较小，PN 结处于导通状态。

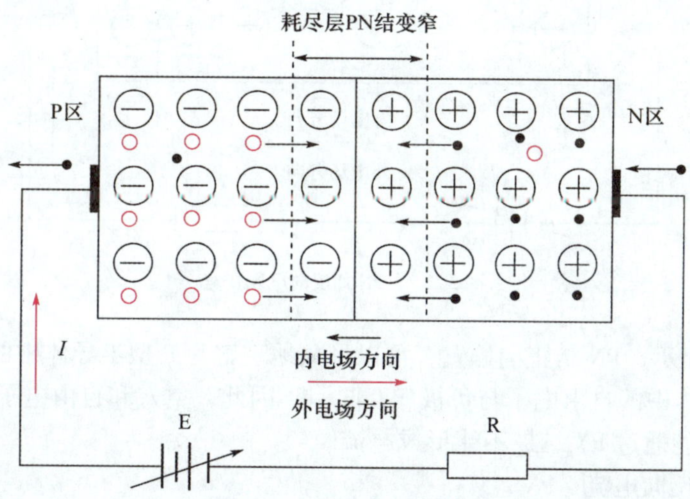

图 3-2-5 PN 加正向电压变窄

如图 3-2-6 所示，PN 结正向偏置，可以形象地理解为 P 型半导体的正空穴和电源正极相互排斥，N 型半导体的自由电子和负极相互排斥。排斥力把它们推到 PN 结合区，而自由电子和空穴又相互吸引，使得电流流过 PN 结区，形成电流。

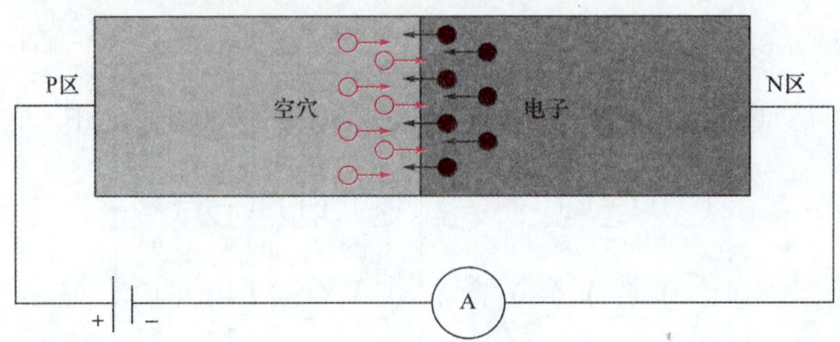

图 3-2-6　PN 正向偏置

2）PN 结加反向电压（反向偏置）

如图 3-2-7 所示，P 接负、N 接正。外电场与内电场方向相同，内电场被加强，结果在 PN 结上没有自由电子和空穴，这样就阻止了多数载流子电流流过。但少数载流子的漂移得到加强，由于少数载流子数量很少，形成很小的反向电流。PN 结加反向电压时，PN 结变宽，反向电流较小，反向电阻较大，PN 结处于截止状态。温度越高少数载流子的数目越多，反向电流将随温度增加。

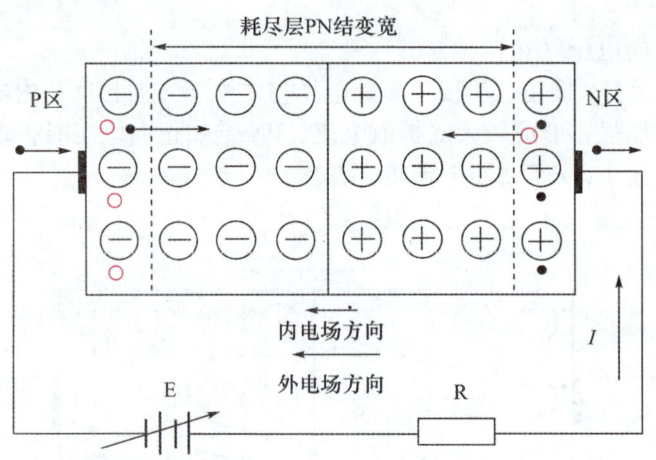

图 3-2-7　PN 加反向电压变宽

如图 3-2-8 所示，PN 结正向偏置，可以形象地理解为 P 型半导体中的空穴和正极相互吸引，N 型半导体中的自由电子与负极相互吸引，因此，空穴和自由电子远离 PN 结合区。电子和空穴都不能通过 PN 结，不能形成电流。

3）PN 结中反向电流

如图 3-2-7 所示，由于常温下少数载流子的数量不多，故反向电流很小，而且当外加电压在一定范围内变化时，反向电流几乎不随外加电压的变化而变化，因此反向电流又称为反向饱和电流。反向饱和电流由于很小一般可以忽略，从这一点来看，PN 结对反向电流呈高阻状态，也就是所谓的反向阻断作用。值得注意的是，由于本征激发随温度的升高而加剧，导致电子—空穴对增多，因而反向电流将随温度的升高而成倍增长。反向电流是

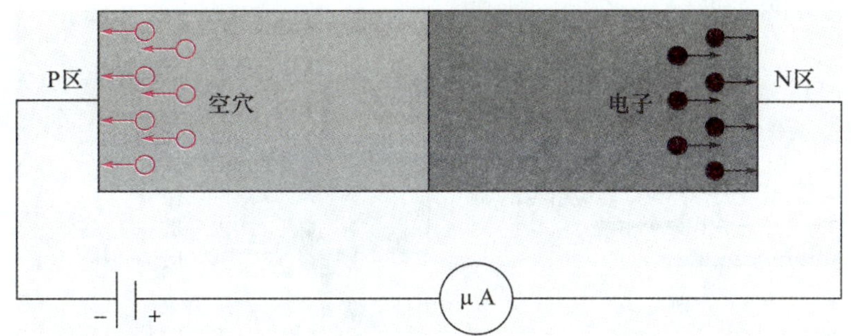

图3-2-8 PN反向偏置

造成电路噪声的主要原因之一，因此，在设计电路时，必须考虑温度补偿问题。

PN结的上述“正向导通，反向阻断”作用，说明它具有单向导电性，PN结的单向导电性是它构成半导体器件的基础。

2.4 二极管

☞ 2.4.1 二极管的组成

采用集成电路制作工艺，将P型半导体嵌入N型半导体中，形成PN结，并在N型半导体和P型半导体引出阴极与阳极引线，就形成二极管，其结构如图3-2-9所示。

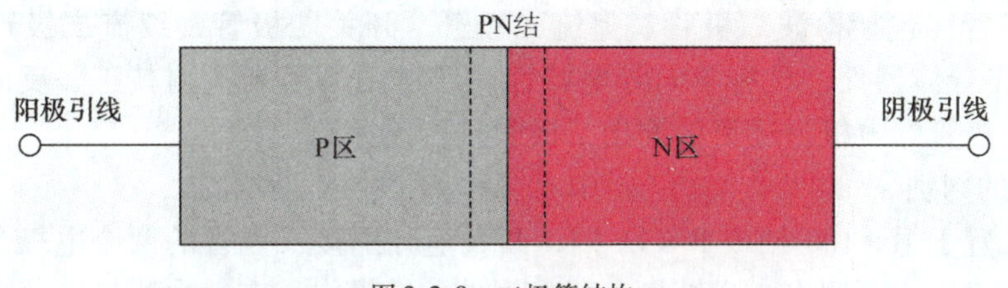

图3-2-9 二极管结构

☞ 2.4.2 二极管的类型

根据PN结接触面积的大小，二极管可分为点接触型与面接触型二极管。它们的结构和符号如图3-2-10所示。

1）点接触型二极管

点接触型二极管一般为锗管，PN结的结面积小，不能通过大电流。由于其结电容较小，常用于高频检波和脉冲数字电路里的开关元件，也可用作小电流整流，如图3-2-10a）所示。使用时要注意，它不能承受较高的反向电压和大电流。

2）面接触型二极管

面接触型二极管多为硅管，PN结结面积大，可通过较大电流，常用作整流管，但其结电容也大，只适合用于低频整流器件，如图3-2-10b）所示。

使用二极管时，必须注意极性不能接反，否则电路非但不能正常工作，还有烧毁该二极管和其他元件的可能。

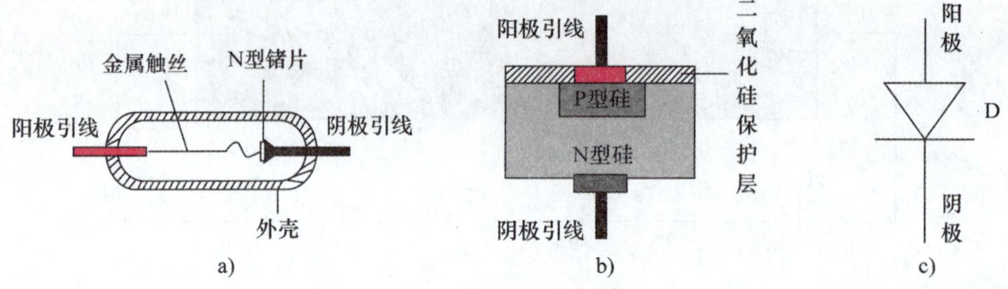

图 3-2-10　二极管的结构与符号

a)点接触型二极管;b)面接触型二极管;c)二极管号

3. 任务实施

3.1　准备工作

准备的仪器设备和元件包括：万用表、二极管。

3.2　操作流程

普通二极管（包括检波二极管、整流二极管、开关二极管、续流二极管）是由一个PN结构成的半导体器件，具有单向导电特性。通过用万用表检测其正、反向电阻值，就可以判别出二极管的电极，还可估测出二极管是否损坏。

1）极性的判别

将万用表置于R×100挡或R×1k挡，两表笔分别接二极管的两个电极，测出一个结果后，对调两表笔，再测出一个结果。两次测量的结果中，有一次测量出的阻值较大（为反向电阻），一次测量出的阻值较小（为正向电阻）。在阻值较小的一次测量中，黑表笔接的是二极管的正极，红表笔接的是二极管的负极。

2）单负导电性能的检测及好坏的判断

通常，锗材料二极管的正向电阻值为1kΩ左右，反向电阻值为300Ω左右。硅材料二极管的电阻值为5kΩ左右，反向电阻值为∞（无穷大）。正向电阻越小越好，反向电阻越大越好。正、反向电阻值相差越悬殊，说明二极管的单向导电特性越好。

若测得二极管的正、反向电阻值均接近0或阻值较小，则说明该二极管内部已击穿短路或漏电损坏。若测得二极管的正、反向电阻值均为无穷大，则说明该二极管已开路损坏。

3）反向击穿电压的检测

二极管反向击穿电压（耐压值）可以用晶体管直流参数测试表测量。其方法是：测量二极管时，应将测试表的“NPN/PNP”选择键设置为NPN状态，再将被测二极管的正极接测试表的“C”插孔内，负极插入测试表的“e”插孔，然后按下“V（BR）”键，测试表即可指示出二极管的反向击穿电压值。

4）用万用表通断“·)))”挡检测二极管

将万用表功能量程开关转到“·)))”（通断）挡。用万用表的两支表笔分别接二极管的两个极，如图 3-2-11 所示。若用红表笔接二极管的阳极、黑表笔接阴极，蜂鸣器会响，证明二极管正向导通；将两支表笔反接应显示“1”，证明二极管反向截止。说明二极管具有单向导电性。

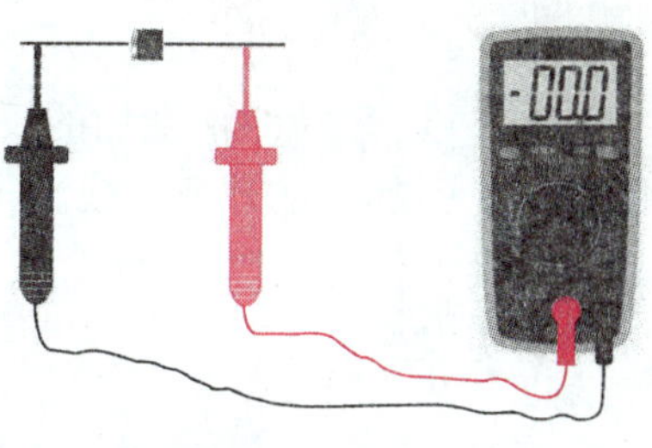

图 3-2-11 二极管检测

3.3 操作流程提示

（1）检测时，一定按要求选择万用表测量挡位；

（2）若表笔正接和反接万用表都显示“1”，说明二极管烧断；

（3）若表笔正接和反接，蜂鸣器都鸣响，说明二极管击穿短路。

4. 拓 展 知 识

二极管的反向击穿。PN 结反向偏置时，在一定的电压范围内，流过 PN 结的电流很小，基本上可视为零值。但当电压超过某一数值时，反向电流会急剧增加，这种现象称为 PN 结反向击穿。反向击穿发生在空间电荷区。击穿的原因主要有三种：

4.1 雪崩击穿

当二极管 PN 结上加的反向电压大大超过反向击穿电压时，处在强电场中的载流子获得足够大的能量碰撞晶格，将价电子碰撞出来，产生电子空穴对，新产生的载流子又会在电场中获得足够能量，再去碰撞其他价电子产生新的电子空穴对，如此连锁反应，使反向电流越来越大，这种击穿称为雪崩击穿。产生雪崩击穿的电场比较大，外加反向电压相对较高。通常出现雪崩击穿的电压大约在 7V 以上。

4.2 齐纳击穿

当二极管 PN 结两边的掺杂浓度很高，阻挡层又很薄时，阻挡层内载流子与中性原子碰撞的机会大为减少，因而不会发生雪崩击穿。当 PN 结非常薄时，即使在阻挡层两端加的反向电压不太大，也会产生一个比较强的内电场。这个内电场足以把 PN 结内中性原子的价电子从共价键中拉出来，产生出大量的电子—空穴对，使 PN 结反向电流激增，这种反向击穿现象称为齐纳击穿。可见，齐纳击穿发生在高掺杂的 PN 结中，相应的击穿电压较低，一般小于 5V。雪崩击穿是一种碰撞的击穿，齐纳击穿是一种场效应击穿，二者均属于电击穿。电击穿过程通常可逆，即 PN 结两端的反向电压降低后，PN 结仍可恢复到原来状态。利用电击穿时 PN 结两端电压变化很小电流变化很大的特点，人们制造出工作在反向击穿区的稳压管。

4.3 热击穿

当二极管 PN 结两端加的反向电压过高时，反向电流会继续急剧增长，PN 结上热量不断积累，引起结温升高，载流子增多，反向电流一直增大下去，结温一再持续升高循环，超过其容许值时，PN 结就会发生热击穿而永久损坏。热击穿的过程是不可逆的，所以应尽量避免发生。

任务 3 二极管整流电路输出波形的检测

1. 任务引入

汽车电器正常工作需要直流供电，而发电机输出的是交流电，这就需要通过二极管整流电路对交流电进行整流，转换成脉动直流电。因此，需要检测二极管整流电路输出波形。

2. 相关理论知识

2.1 二极管的伏安特性——非线性

二极管实质上就是一个 PN 结，当在其两端分别加上正反向电压，并逐点测量流过其中的电流，就可以描绘出反映二极管两端电压和流过其中的电流之间的伏安特性曲线。图 3-3-1 给出了较为典型的二极管伏安特性曲线。注意：图中正反向电压、电流的单位是不同的。

1）二极管正向偏置

由图 3-3-1 可见，对某一给定的二极管，当外加正向电压（叫正向偏置）低于一定值时，其正向电流很小，几乎为零。而当正向电压超过一定值时，正向电流增长很快，这个正向电压值通常被称为“死区电压”，其大小与二极管材料及环境温度有关，一般来说，硅管的死区电压约为 0.5V，锗管的死区电压为 0.2V。

当二极管正向电压超过死区电压后，正向电流增长很大，而电压变化很小，此时，二极管处于正向导通状态。通常认为二极管导通时，硅管电压降为 0.7V，锗管电压降为 0.3V。二极管处于正向导通状态，正向电阻较小，正向电流较大。

2）二极管反向偏置

当二极管加上反向电压（叫反向偏置），由图 3-3-1 中可见，二极管处于反向截止状态，二极管反向电阻较大，反向电流很小。但二极管的反向电流受温度的影响，温度越高反向电流越大。当外加反向电压过高超过某一值时，则反向电流突然增大，二极管失去单向导电性，阵中现象称为反向击穿，此时的反向电压称为反向击穿电压。一般的二极管反向击穿后将因反向电流过大而损坏。

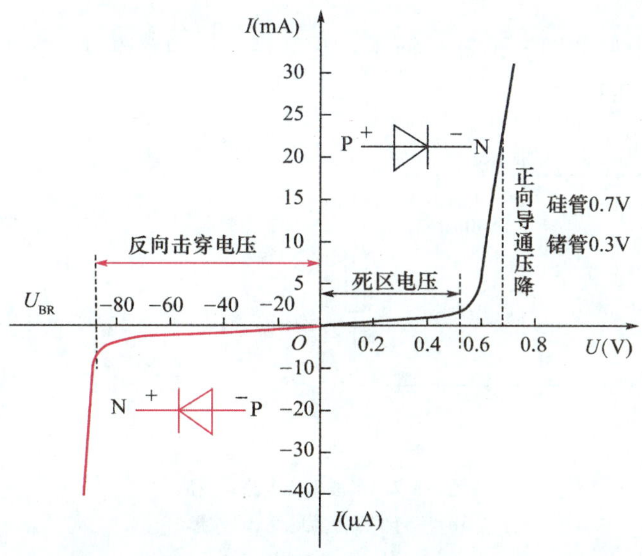

图 3-3-1 二极管的伏安特性曲线

2.2 二极管的主要参数

1） 最大整流电流

最大整流电流 I_{DM} 就是指二极管长期运行时，允许通过的最大正向平均电流。其大小由 PN 结的结面积和外界散热条件决定。

2） 最高反向工作电压

最高反向工作电压 U_{RM} 是指二极管长期安全运行时所能承受的最大反向电压值。使用手册上一般取击穿电压的一半作为最高反向工作电压值。

3） 反向电流

反向电流 I_R 是指二极管未击穿时的反向电流。I_R 值越小，二极管的单向导电性越好。反向电流随温度的变化而变化较大，这一点要特别加以注意。

4） 最大工作频率

最大工作频率 f_M 值由 PN 结的结电容大小决定。若二极管的工作频率超过该值，则二极管的单向导电性将变差。

2.3 常用的整流二极管

常用的整流二极管有 1N4000、1N5300、1N5400 系列二极管耐压值均在 50V 以上，最大整流电流分别为 1A、1.5A、3A，正向压降分别为 1V、1.5V、1V。

2.4 单相整流电路

整流电路是利用二极管的单向导电性将交流电变换成单向脉动直流电的电子电路。单

相整流电路可分为半波整流和桥式全波整流两种电路。

☞ 2.4.1 单相半波整流电路

单相半波整流电路如图3-3-2a）所示。它是最简单的整流电路，由降压变压器、整流二极管D和负载R_L组成。

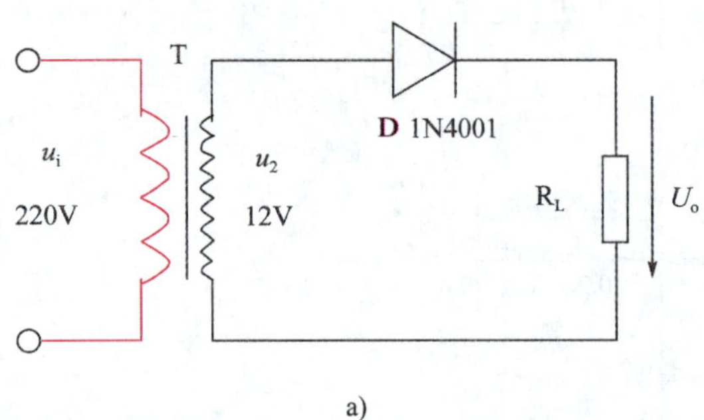

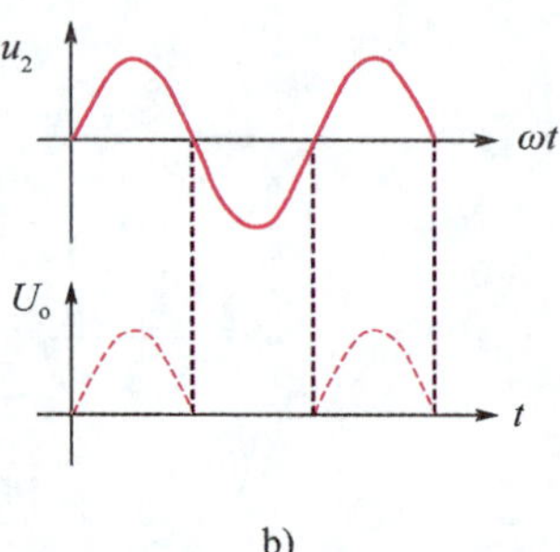

图3-3-2 半波整流电路及波形

a）单向半波整流电路；b）波形

利用二极管的单向导电性，在变压器副边电压u_2为正的半个周期内，二极管正向偏置，处于导通状态，负载R_L上得到半个周期的直流脉动电压和电流；而在u_2为负的半个周期内，二极管反向偏置，处于关断状态，电流基本上等于零。即：

（1）当u_2上正、下负时，二极管正偏导通，负载R_L有电流流过；

（2）当u_2下正、上负时，二极管反偏截止，负载R_L没有电流流过。

二极管具有单向导电性，可将变压器输出的交流电压变换成为负载两端的单向脉动电压，达到整流目的，其波形如图3-3-2b）所示。经整流后，只有正半轴波形波形加在负载R_L上。因此，成为半波整流。

半波整流电路虽然电路结构简单，所用元件少，但输出电压脉动大，整流效率低，只适用于要求不高的场合。

☞ 2.4.2 单相桥式全波整流电路

如图3-3-3和图3-3-4所示，电路中采用4个二极管，互相接成桥式结构。利用二极管的单向导电性，在交流输入电压u_2的正半周内，二极管D_1、D_3导通，D_2、D_4截止，在负载R_L上得到上正下负的输出电压；在负半周内，正好相反，D_1、D_3截止，D_2、D_4导通，流过负载R_L的电流方向与正半周一致。因此，利用变压器的输出端绕组和4个二极管，使得在交流电源的正、负半周内，整流电路的负载上都有方向不变的脉动直流电压和电流。即：

（1）当$u_2>0$时，二极管D_1、D_3导通，电流路径为：

$$u_2^+ \rightarrow D_1 \rightarrow R_L \rightarrow D_3 \rightarrow u_2^-$$

（2）当$u_2<0$时，二极管D_2、D_4导通，电流路径为：

$$u_2^- \rightarrow D_2 \rightarrow R_L \rightarrow D_4 \rightarrow u_2^+$$

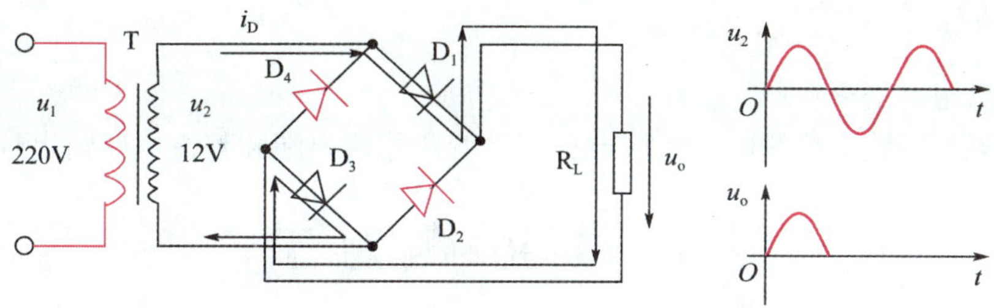

图 3-3-3 $u_2>0$ 单相桥式全波整流电路及波形

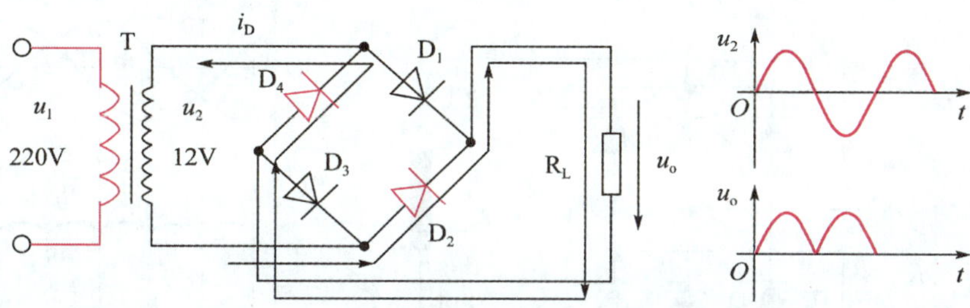

图 3-3-4 $u_2<0$ 单相桥式全波整流电路及波形

3. 任 务 实 施

3.1 准备工作

使用的仪器设备和元件包括：数字万用表、12V 变压器、面包板、跳线、1N4004 整流二极管、示波器。

3.2 操作流程

（1）连接成如图 3-3-5 所示的单向全波整流电路；

（2）用万用表检查电路连接情况，并检测负载电压是否正常；

（3）用示波器检测整流前后波形，说明整流原理。

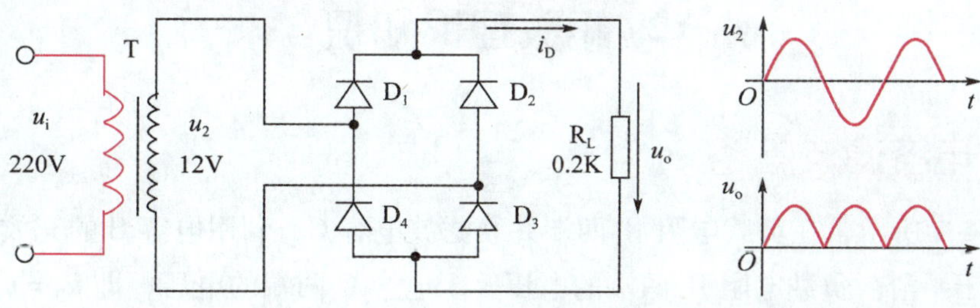

图 3-3-5 单相桥式全波整流电路

3.3 操作流程提示

(1) 注意用电安全;

(2) 整流前后波形检测时，示波器分别接变压器输出端和整流电路输出端。

4. 拓展知识

试分析如图3-3-6所示的三相正弦交流电整流电路，说明其整流过程。

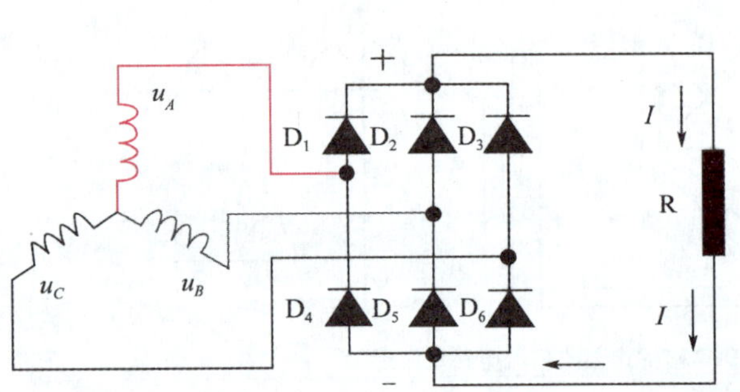

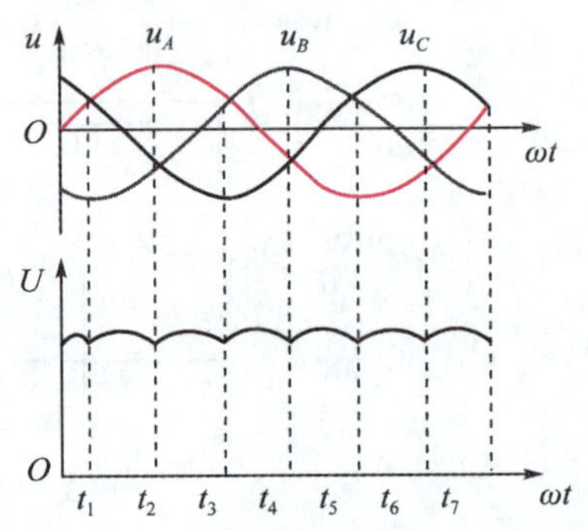

图3-3-6　三相正弦交流电整流电路

任务4 +5V稳压电源的设计制作

1. 任务引入

汽车电控系统中需要稳定的12V或5V直流电压供电，而发电机输出是14V左右的脉动直流电，需要稳压电路稳压。因此，需设计制作输出+5V的稳压电源。

2. 相关理论知识

2.1 电容滤波电路

如图3-4-1所示，在负载电阻R_L两端并联滤波电容C，利用电容C的充放电作用，使输出电压趋于平滑。负载电阻R_L两端的电压等于电容C两端的电压，即$u_0=u_C$。

设起始时电容器两端电压为零。当电源电压u_2正半周由零按正弦曲线上升时，二极管

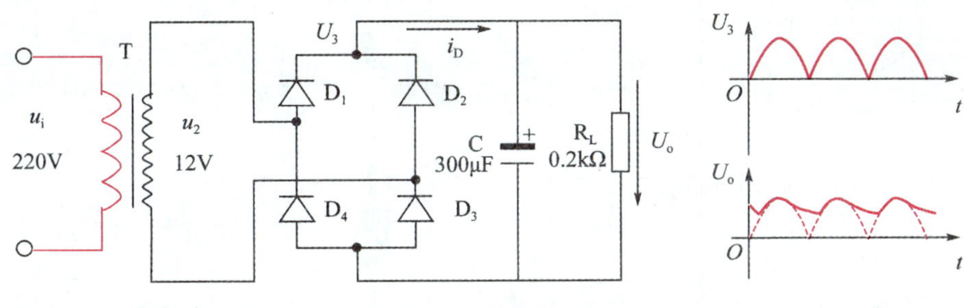

图 3-4-1 电容滤波电路

导通，使 u_3 增大，u_3 在向负载提供电流的同时，还对电容 C 充电，使 u_C 随 u_3 的上升而逐渐增大，直至达到 u_3 的最大值。

当 u_3 从最大值开始下降时，由于电容器两端电压不会突变，将出现 $u_3 < u_C$ 的情况，这时二极管则因反向偏置而截止，电容器通过 R_L 放电为负载提供电流，放电电流与二极管导通时的电流方向相同。在 R_L 和 C 足够大的情况下，放电过程持续时间较长，即使在 u_3 等于零时，仍有放电电流流过负载，输出电压仍为一定正值。

当 u_3 从零增大，且 $u_3 > u_C$ 时，电容器又被充电，重复上述过程。

由于二极管的正向导通电阻很小，所以电容充电很快，u_C 紧随 u_3 升高。当 R_L 较大时，电容放电较慢，负载两端的电压缓慢下降。因此，输出电压不仅脉动程度减小，其平均值也可得到提高。

输出电压的脉动程度与平均值 U_o 与放电时间常数 R_LC 有关。R_LC 越大，电容器放电越慢，输出电压的平均值 U_o 越大，波形越平滑。为了得到比较平直的输出电压，一般取 $C = 300 \sim 1000\mu F$。

2.2 稳压管稳压电路

☞ 2.2.1 稳压管

稳压管又称齐纳二极管，是一种特殊的面接触型硅二极管，正常工作在反向击穿区。它是利用 PN 结的击穿区具有稳定电压的特性工作的。稳压管在稳压设备和一些电子电路中获得广泛的应用。将这种类型的二极管称为稳压管，以区别用在整流、检波和其他单向导电场合的二极管。稳压二极管的特点就是击穿后，其两端的电压基本保持不变。这样，当把稳压管接入电路以后，若由于电源电压发生波动，或其他原因造成电路中各点电压变动时，负载两端的电压将基本保持不变。图 3-4-2 中给出稳压管的伏安特性及其符号。稳压管反向击穿后，电流虽然在很大范围内变化，但稳压管两端的电压变化很小。利用这一特性，稳压管在电路中能起稳压作用。因为这种特性，稳压管主要被作为稳压器或电压基准元件使用。其伏安特性表明稳压二极管可以串联起来以便在较高的电压上使用，通过串联就可获得更多的稳定电压。

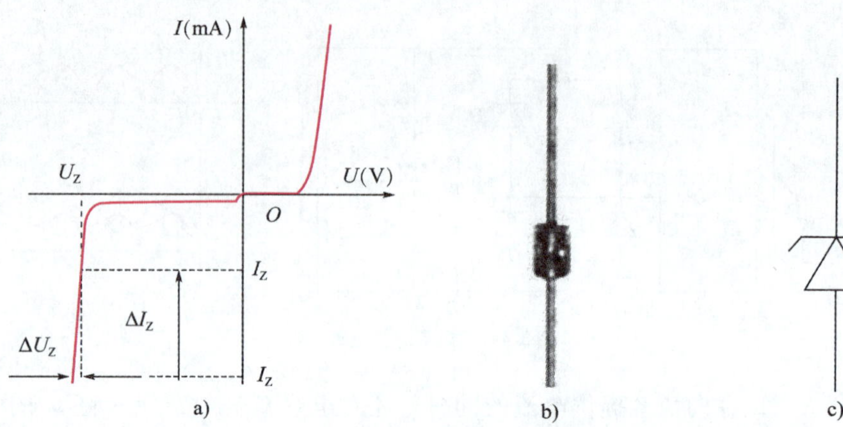

图 3-4-2　稳压管的伏安特性及其符号

a)稳压管伏安特性曲线;b)稳压管实物;c)稳压管符号

☞ 2.2.2　常用稳压二极管的型号及稳压值

常用稳压二极管型号及稳压值见表 3-4-1。

常用稳压二极管型号及稳压值　　表 3-4-1

型　号	1N4730	1N4733	1N4734	1N4735	1N4744
稳压值	3.0V	5.1V	5.6V	6.2V	15V

☞ 2.2.3　稳压管稳压电路

如图 3-4-3 所示，在稳压管的稳压区，电流变化较大时，稳压管两端电压变化较小。稳压电路是通过自动调节 R 上的压降来实现稳定输出电压 U_o的。

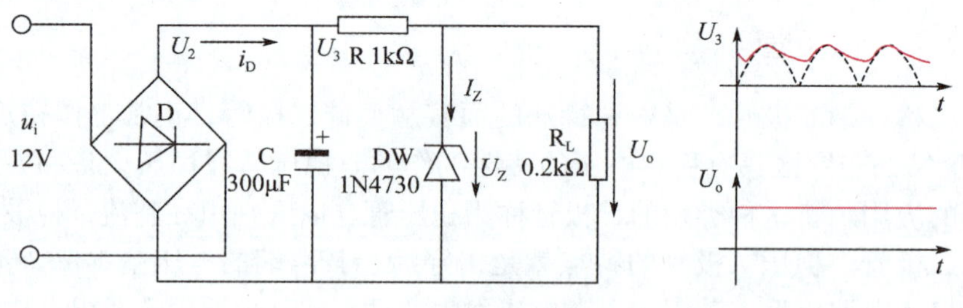

图 3-4-3　稳压管稳压电路

1）稳压过程

（1）负载不变，电网电压波动时。

若电网电压 u_i升高，整流电路的输出电压 U_2也随之升高，引起负载电压 U_0升高。由于稳压管 DW 与负载 R_L并联，U_2只要稍有增长，就会使流过稳压管的电流 I_Z急剧增加，使得 I_R也增大，限流电阻 R 上的电压降增大，从而抵消了 U_2的升高，保持负载电压 U_0基本不变。反之，若电网电压 u_i降低，引起 U_2下降，造成 U_Z也下降，则稳压管中的电流 I_Z急剧减小，使得 I_R减小，R 上的压降 U_3也减小，从而抵消了 U_2的下降，保持负载 R_L电压 U_0基本不变。

（2）电网电压不变，而负载波动时。

若负载 R_L减小，负载电流 I_L增加，则 R 上的压降增加，造成负载电压 U_0下降。U_0只要稍有下降，稳压管中的电流 I_Z就会迅速减小，使 R 上的压降 U_3减小，从而保持 U_3上的压降基本不变，使负载电压 U_0得以稳定。

综上所述，稳压管起着电流的自动调节作用，而限流电阻起着电压调整作用。稳压管的动态电阻越小，限流电阻越大，输出电压的稳定性越好。

2）稳压参数的选择

（1）稳压管的稳压值与输出电压值相等，即

$$U_Z = U_0$$

（2）输入电压应大于 3 倍稳压电压，即

$$U_i > 3U_Z$$

（3）稳压管最大稳定电流是负载所需电流的 2 倍，即

$$I_{ZM} = 3I_L$$

稳压管稳压器输出电压固定、精度不高，输出电流较小（mA 级），负载变化不大，适用于如随身听、收音机和手机充电器等。

2.3 三端集成稳压器

集成电路是一种微型电子器件或部件。它是经过采用一定的工艺，把一个电路中所需的晶体管、二极管、电阻、电容和电感等元件及布线一起，做在一小块半导体晶片或介质基片上，然后封装在一个管壳内，成为具有所需电路功能的微型结构。集成电路中的所有元件在结构上已组成一个整体，从而可以使整个电路的体积大大缩小，且引出线和焊接点的数目也大为减少，使电子元件具有微型化、低功耗、高可靠性和高精度。它在电路中用字母“IC”（也有用文字符号“N”等）表示。稳压电路集成后就称为集成稳压器。简单的集成稳压器只有输入，输出和公共引出端，故称为三端集成稳压器。如图 3-4-4 所示，它的三个管脚分别为：

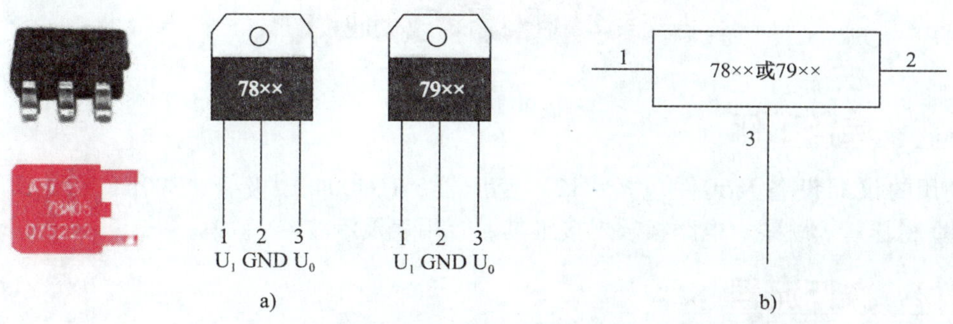

图 3-4-4 集成稳压器实物与符号

a）三端集成稳压器；b）符号

U_i：输入端；U_0：输出端；

GND：公共端（负极或搭铁）。

☞ 2.3.1 三端集成稳压器的分类

（1）正稳压 W78××系列：输出为正电压；

（2）负稳压 W79××系列：输出为负电压；

（3）型号后××两位数字代表输出电压值，输出额定电压值有如下系列：

7805（7905）为±5V；7809（7909）为±9V；7812（7912）为±12V 等。

☞ 2.3.2 应用电路

（1）输出为固定正电压的电路如图 3-4-5 所示；

（2）输出正负电压的电路如图 3-4-6 所示。

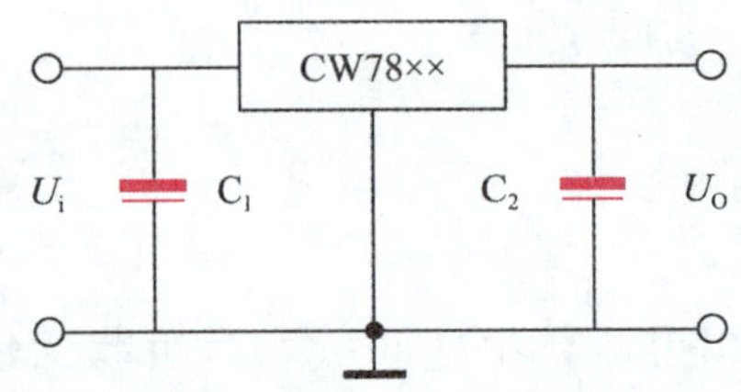

图 3-4-5 W7800 系列基本接线图

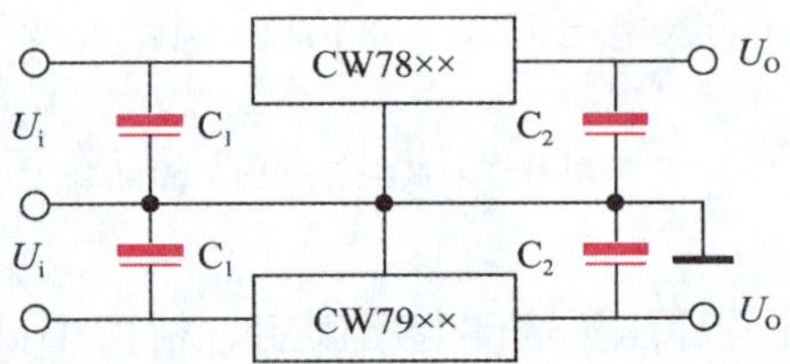

图 3-4-6 正负电压同时输出电路

（3）参数的选择：

①电容的选择：

C_1：用来抵消输入端接线较长时的电感效应，防止产生自激振荡（一般取 0.1～1μF），用以改善波形。如果接线不长，C_1作为滤波电容，一般取 10～100μF。

C_2：为了瞬时增减负载电流时，不致引起输出电压有较大的波动。即用来改善负载的瞬态响应，一般取 1μF。

②集成稳压器的选择：

输入电压应比稳压输出电压高 3V 以上，即：$U_i > U_Z + 3V$。

3. 任务实施

3.1 准备工作

使用的仪器设备及元件包括：12V 变压器、1N4004 二极管、300μF 和 1μF 电容、CW7805 稳压管、跳线、电路板、焊接工具、万用表及示波器。

3.2 操作流程

（1）制作如图 3-4-7 所示的整流稳压电路；

（2）用万用表检测输入和输出电压；

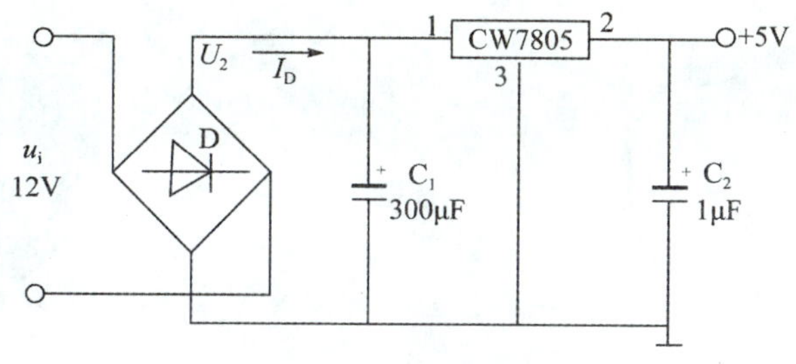

图 3-4-7 整流电路

(3) 更换集成稳压器 CW7802 测量输出电压;

(4) 用示波器检测输入、输出电压波形。

3.3 操作流程提示

(1) 确认电子元件型号;

(2) 注意整流二极管、电解电容和稳压管极性;

(3) 焊点应牢固,无虚焊。

4. 拓展知识

焊接技术是一项电子爱好者必须掌握的基本技术,需要多多练习才能熟练掌握。

4.1 焊前准备

常用的焊接工作如图 3-4-8 所示。

(1) 电烙铁:主要由铜制烙铁头和用电热丝绕成的烙铁芯两部分组成。烙铁芯直接接 220V 市电,用于加热烙铁头,内热式电烙铁有 20W、25W、35W、45W、75W、100W 等多种规格。一般使用 25W 的内热式电烙铁。

(2) 焊丝:焊锡是一种易熔金属,最常用的一般是焊锡丝。焊锡的作用是使元件引脚与印刷电路板的连接点连接在一起,焊锡的选择对焊接质量有很大的影响。现在最常用的一般是含松香焊锡丝。应选用焊接电子元件用的低熔点焊锡丝,一般选 $\phi0.8$ 或 $\phi1.0$ 焊锡丝。

(3) 吸锡器:该工具对于新手来说十分实用,初次使用电烙铁总是容易将焊锡弄得到处都是,吸锡器则可以把电路板上多余的焊锡除掉。另外,吸锡器在拆除多脚集成电路器件时十分有用,它能将焊点全部吸掉。然而,对于能熟练使用烙铁的人来说吸锡器就完全不需要了,用烙铁完全可以代替其功能,将焊点熔掉就可以很容易地将元件取下。

(4) 焊接前,应对元件引脚或电路板的焊接部位进行焊前处理,保证焊盘和元件的引脚干净。

4.2 焊接

一般的焊接方法和注意事项如下:

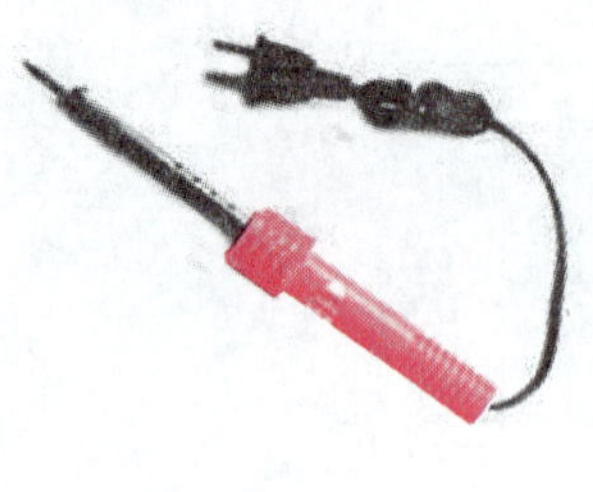

a)

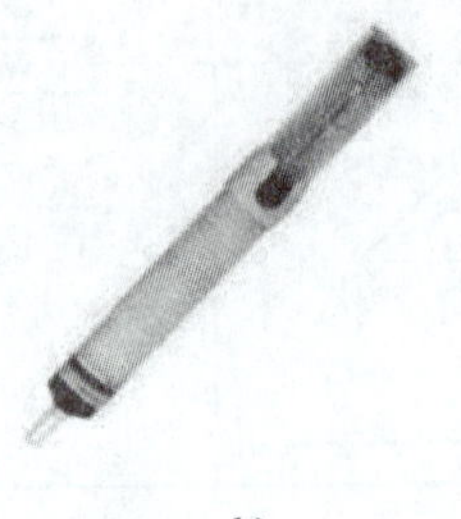

b)

c)

图 3-4-8　焊接工具

a)电烙铁;b)吸锡器;c)焊锡丝

(1) 右手持电烙铁。左手将焊锡条插到要焊的位置。

(2) 将烙铁头刃面紧贴在焊点处，使电烙铁与水平面大约成60°角，以便于熔化的锡从烙铁头上流到焊点上。烙铁头在焊点处停留的时间控制在2～3s。待焊点上的焊锡全部熔化并浸没元件引线头后，将电烙铁头沿着元器件的引脚轻轻往上提起脱离焊点。

(3) 抬起烙铁头，左手接住元件不动。待焊点处的锡冷却凝固后，才可松开左手。

(4) 用镊子转动引线，确认不松动，然后可用偏口钳剪去多余的引线。

(5) 焊接时，要保证每个焊点焊接牢固、接触良好。好的焊接质量，其典型特征是锡点光亮、圆滑而无毛刺，锡量适中。锡和被焊物熔合牢固，不应有虚焊和假焊。

(6) 线路焊接时，时间不能太长也不能太短，时间过长容易造成所焊元件损坏，而时间太短焊锡则不能使焊锡充分熔化，造成焊点不光滑不牢固，还可能产生虚焊，一般来说最恰当的时间是1.5～4s内。

(7) 集成电路应最后焊接，焊接时电烙铁一定要可靠接地，或采用断电后利用余热焊接。也可以使用集成电路专用插座，焊好插座后再把集成电路插上去。

(8) 电烙铁应放在烙铁架上。

(9) 拆换元件其实再简单不过了，利用吸锡器可很容易地将元件管脚上的焊锡全部吸掉。这里告诉大家一个小诀窍，现在的电路板大多做工精细，焊锡使用很少，很难熔掉，因此可以先在管脚上加点焊锡，然后再去利用吸锡器就容易多了。具体做法如图3-4-9所示。

a)

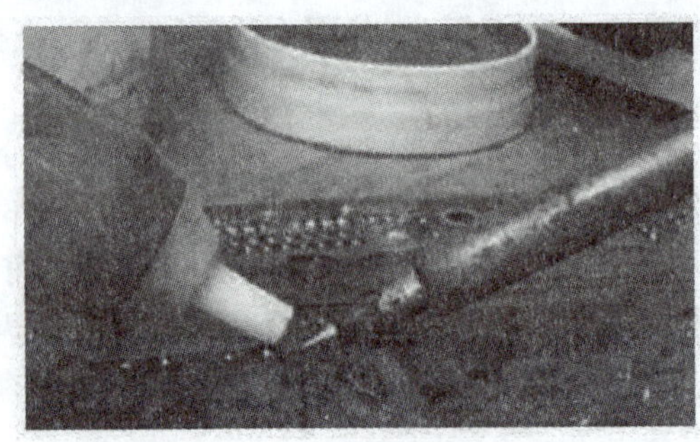

b)

图 3-4-9　焊接和拆除元件

a)焊接;b)吸锡器吸锡

项目4 信 号 采 集

在汽车电控系统中，信号采集就是利用各种传感器将汽车运行的状态的非电量信息（温度、位置、压力、转角、气体浓度、高度、距离、光强等）转化为电信号，输送给电控单元。

任务1 温度信号的采集

1. 任 务 引 入

在汽车电控系统中，电控单元需根据发动机冷却液温度、变速器油温、环境温度和汽车室内温度对发动机、变速器和空调进行控制。而温度信号的采集，一般利用半导体的热敏特性实现。因此，读者应了解如何利用半导体的热敏特性将温度信号转变为电信号。

2. 相关理论知识

2.1 半导体的热敏特性

利用半导体的热敏特性可以将温度信号转变为电信号。当温度变化时，半导体导电能力会显著变化，因此汽车温度传感器和温控开关都是利用半导体的热敏特性制成的。热敏元件就是热敏电阻，它又分为负温度系数热敏（NTC）电阻、正温度系数热敏（PTC）电阻和热敏开关电阻。

2.1.1 负温度系数热敏电阻

NTC 是 Negative Temperature Coefficient 的缩写，NTC 热敏电阻器就是负温度系数热敏电阻器（温度升高电阻减小）。它是以锰、钴、镍和铜等金属氧化物为主要材料，采用陶瓷工艺制造而成的。这些金属氧化物材料都具有半导体性质，因为在导电方式上完全类似锗、硅等半导体材料。温度低时，这些氧化物材料的载流子（电子和空穴）数目少，所以其电阻值较高；随着温度的升高，载流子数目增加，所以电阻值降低。

2.1.2 正温度系数热敏电阻

PTC 是 Positive Temperature Coefficient 的缩写，是指正温度系数热敏电阻，简称 PTC 热敏电阻。PTC 热敏电阻是一种典型具有温度敏感性的半导体电阻，超过一定的温度（居里温度）时，它的电阻值随着温度的升高呈阶跃性的增高。

☞ 2.1.3 热敏开关

热敏开关也叫临界温度热敏电阻（CTR），该元件具有如下特性：当温度低于某一临界值时其电阻率会突然减小成为导体；但当温度超过这一临界值时，电阻率突然增加成为绝缘体，就像开关一样。

2.2 半导体气敏特性

利用半导体的气敏特性，即半导体吸收某种气体后会发生电离反应产生电的特性，可以将气体浓度信息转换成电信号。

☞ 2.2.1 气敏元件

二氧化锆（ZrO_2）陶瓷对氧离子浓度特别敏感，当氧离子形成浓度差时，氧离子由高浓度向低浓度扩散时就形成微电池。

☞ 2.2.2 发动机尾气氧气浓度信号的采集

汽油发动机是利用汽油和空气中的氧气（助燃）混合后点火燃烧，将热能转变为曲轴旋转机械能工作的。当空气和燃油的混合比（浓度）超出理论值（14.7:1）时，会影响发动机正常工作。氧传感器就是通过适时检测排气中氧气的含量来判断混合气的浓度，给发动机电控单元提供混合气浓或稀的信息，以便发动机电脑通过调整喷油器喷油量对混合气进行控制。

1）氧传感器构造

如图4-1-1所示，氧化锆式氧浓度传感器的基本元件是专用陶瓷体，即氧化锆（ZrO_2）固体电解质。陶瓷体制成试管式的管状，亦称锆管。锆管固定在带有安装螺钉的固定套中，其内表面与大气相通，外表面与废气相通。锆管内外表面都覆盖着一层多孔性的铂膜作为电极。氧传感器安装在排气管上，为了防止废气中的杂质腐蚀铂膜，在锆管外

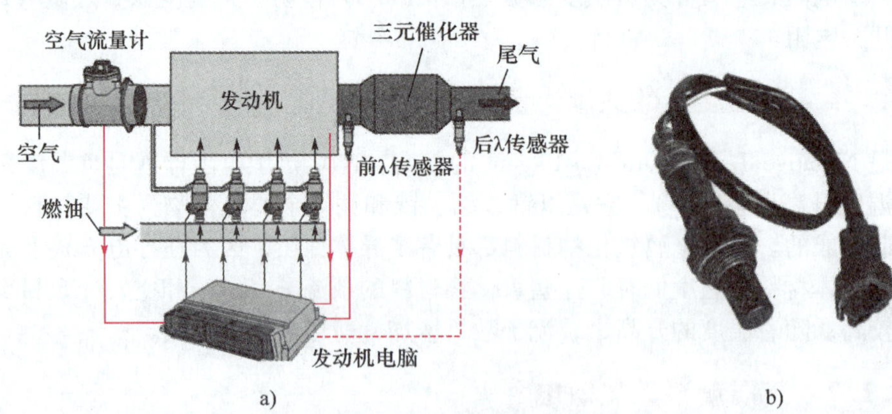

图4-1-1　氧传感器构造

a)氧传感器工作原理；b)λ氧传感器

表的铂膜上覆盖有一层多孔的陶瓷层，并且还加装一个防护套管，套管上开有槽口。氧传感器的接线端有一个金属护套，其上开有一孔，用于锆管内表面与大气相通，电线将锆管内表面铂极经绝缘套从传感器引出。

2）气体浓度信号的采集过程

如图4-1-2所示，氧化锆式是以陶瓷材料氧化锆为敏感元件，在氧化锆内外表面覆盖一层铂薄膜电极，线端有一个金属护套，其上开有小孔，使氧化锆的内侧通大气。氧化锆陶瓷体是多孔的，允许氧渗入该固体电解质内，当温度高于350℃时，氧气发生电离，若陶瓷体内（大气）外（废气）侧氧离子含量不一致，即存在浓度差时，在固体电解质内部氧离子从大气一侧向排气一侧扩散，结果，锆管元件成了一个微电池，在锆管两铂极间产生电压。

（1）当混合气处于正常理想状态，即空燃比 λ=1（空气与燃油的比例接近14.7∶1）时，输出电压为0.5V左右。

（2）当混合气稀时，即 λ>1，排气中所含氧多，两侧氧浓度差小，只产生0.1V小的电压。

（3）当混合气浓时，即 λ<1，排气中氧含量少，同时伴有较多的未完全燃烧的产物CO、HC、H_2 等，这些成分在锆管外表面的铂催化作用下，与氧发生反应，消耗排气中残余的氧，使锆管外表面氧气浓度变成零，这样就使得两侧氧浓度差突然增大，两极间产生的电压便突然增大，接近0.9V。在 λ>1 附近，电压有突变，氧传感器起到一个浓、稀开关的作用。

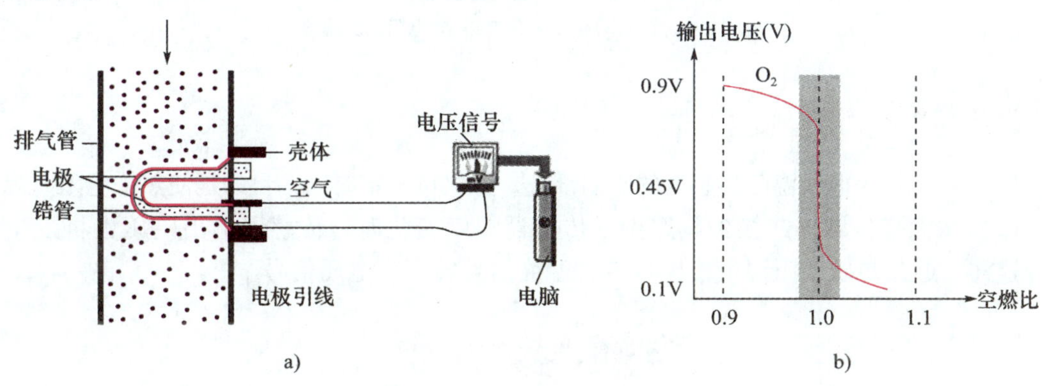

图4-1-2 氧传感器工作原理

a）氧传感器原理图；b）输出信号电压曲线

3. 任务实施

3.1 准备工作

使用的仪器设备及元件包括：万用表、可调直流稳压电源、20Ω电阻、温度传感器。

3.2 操作流程

汽车电控系统需要采集的发动机温度、燃油温度、润滑油温度、自动变油温度、进气温度等，都是利用NTC（负温度系数热敏电阻）实现的。

（1）在如图4-1-3a）和图4-1-3b）所示的电路中，上拉电阻和热敏电阻组成串联电路，a点的电位作为信号电压输送给发动机电脑（ECU）。

（2）常温下，用万用表测量温度传感器的电阻和a点的电位，并记录阻值和电压值。

（3）用手握紧温度传感器的感温部分3min，再测量传感器电阻和a点的电位，并记录阻值和电压值。

（4）比较两次传感器阻值变化，说明热敏电阻温度传感器随温度变化其阻值发生变化。当温度升高时，热敏电阻阻值减小，a点的电位降低。这样，通过热敏电阻和上拉电阻将温度信号转变为电信号。电脑就是根据a点电位不同来判定温度。

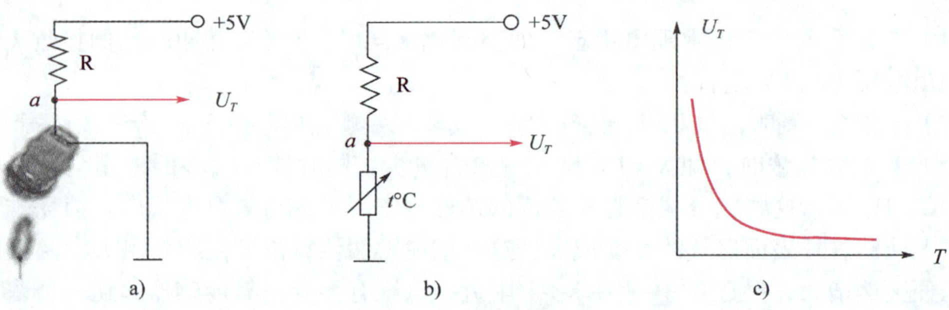

图4-1-3　温度传感器

a）温度传感器；b）信号采集电路；c）电阻温度曲线

3.3　操作流程提示

（1）一定用手握紧温度传感器的感温部分，并保持一定时间，目的是使热敏电阻升温；

（2）将温度传感器连接到电路中，传感器温度变化时，传感器输出电压也将发生变化。这样，通过热敏电阻温度传感器就将温度信号转变为电压信号。

4. 拓展知识

新型宽频氧传感器气体浓度信号采集过程如图4-1-4所示。

4.1　混合气过浓时

泵入混合气过浓时，电压值超过0.45V。单元泵以原来的工作电流工作，测试室的氧含量少。控制单元增大单元泵的工作电流，使单元泵旋转速度增加，增加供氧速度。单元泵送入测试室中的氧含量增加，会使电压值恢复到0.45V。

4.2　混合气过稀

混合气过稀时，泵在原来的转速下会送入较多的氧，测试室中氧的含量增大，输出电压值下降，会加大喷油量。同时，电脑控制减小单元泵的工作电流，送入测试室的氧量会减少。使电压值尽快恢复到0.45V。单元泵的工作电流会送到控制单元，控制单元将其折算成电压值信号。

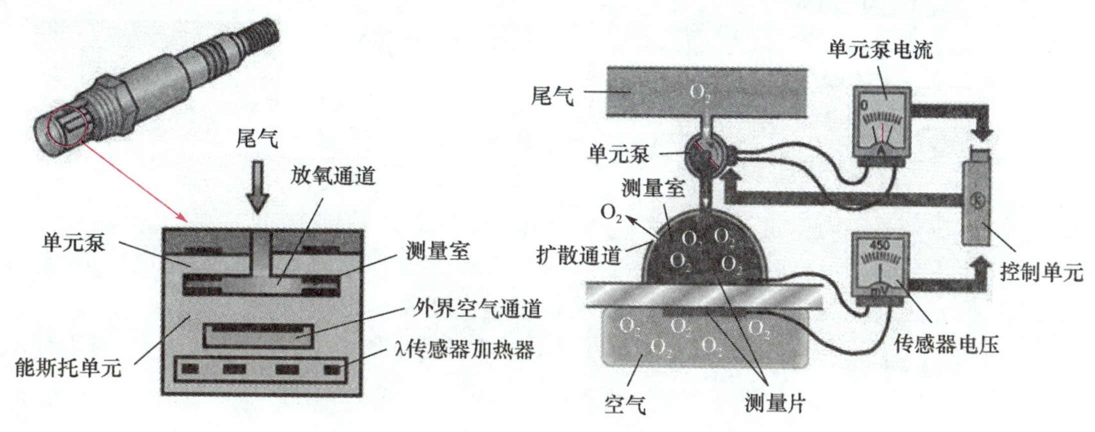

图4-1-4　宽频氧传感器

任务2 位置信号的采集

1. 任 务 引 入

在汽车电控系统中，电控单元需根据发动机曲轴和凸轮轴位置、节气门位置、车身高度位置对发动机、汽车照明与悬架进行控制。而位置信号的采集，一般利用滑动变阻器和半导体的霍尔特性实现。因此，应了解如何利用半导体的霍尔特性和滑动变阻器将温度信号转变为电信号的。

2. 相关理论知识

2.1　半导体磁敏特性——将磁信号转变为电信号

如果给半导体一个方向通电后放入磁场中，在垂直通电方向上就会产生电压。电压的大小与通电电流的大小和磁场强弱成正比。这样就能将磁场变化转变为电信号。

2.2　磁敏元件——霍尔元件

如图4-2-1所示，当电流 I_H 通过垂直放在磁场中的半导体基片（霍尔元件）且电流方向和磁场 B 方向垂直时，电子受到磁场力作用发生偏转，结果电子向半导体一侧集聚，同时在半导体的另一侧出现相同数量的正电荷。这样，在霍尔半导体片两侧形成电位差，即在垂直

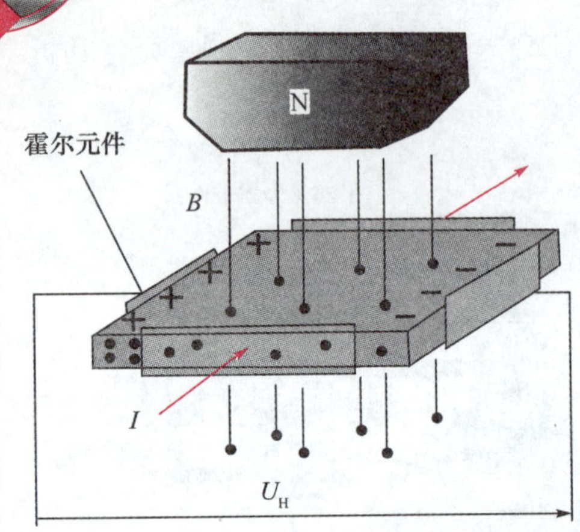

图 4-2-1　霍尔特性

于电流和磁场的方向上产生电压，称为霍尔电压（U_H）。霍尔电压的大小与磁场强度和外加电流成正比：

$$U_H = K_H I_H B/d$$

式中：I_H——霍尔元件通电电流；

B——磁感应强度；

d——半导体厚度；

K_H——霍尔系数。

（1）在一定工作电流 I_H 下，霍尔电压 U_H 与外磁场磁感应强度成正比；

（2）在一定外磁场中，霍尔电压 U_H 与工作电流 I_H 成正比。

2.3　汽车发动机凸轮轴位置信号的采集

凸轮轴位置传感器又称为判缸传感器。该传感器的作用是采集配气凸轮轴的位置信号，并输入发动机 ECU，以便 ECU 识别 1 缸压缩上止点，从而进行顺序喷油控制、点火时刻控制和爆燃控制。凸轮轴位置信号还用于发动机启动时识别出第一次点火时刻。因为凸轮轴位置传感器能够识别哪一个汽缸活塞即将到达上止点，所以称为判缸传感器。

☞ 2.3.1　凸轮轴位置传感器的组成

凸轮轴位置传感器是由霍尔元件、永久磁铁和供电线与信号线组成，安装在发动机汽缸盖上，对着凸轮轴触发信号轮。半圆形触发信号轮与凸轮轴支撑一体，边缘对应着发动机 1、4 缸的上止点位置。

☞ 2.3.2　凸轮轴位置信号的采集过程

如图 4-2-2 所示，永久磁铁磁力线穿过的路径为磁铁 N 极→凸轮触发轴信号轮→信号轮与霍尔芯片间的气隙→永久磁铁 S 极。当信号轮旋转时，磁路中的气隙就会周期性地发生变化，磁路的磁阻和穿过霍尔芯片的磁通量随之发生变化。根据霍尔效应原理，霍尔传感器就会产生交变霍尔电压 U_H。

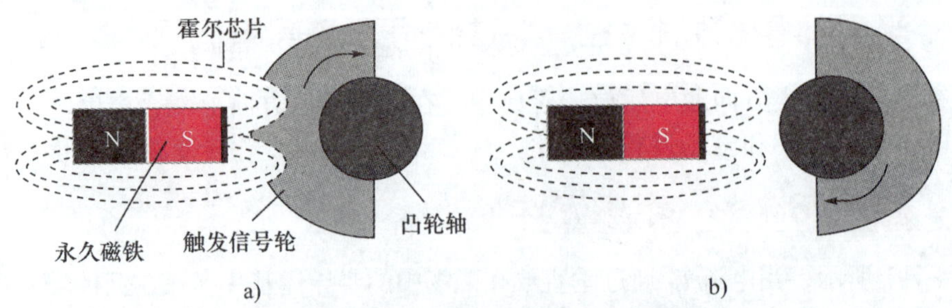

图 4-2-2　发动机凸轮轴位置信号的采集

a）穿过霍尔元件的磁场强；b）穿过霍尔元件的磁场弱

霍尔传感器输出电压波形如图4-2-3a）所示，经放大整形后成为如图4-2-3b）所示的矩形波，矩形波的下降沿就对应着发动机汽缸的上止点。

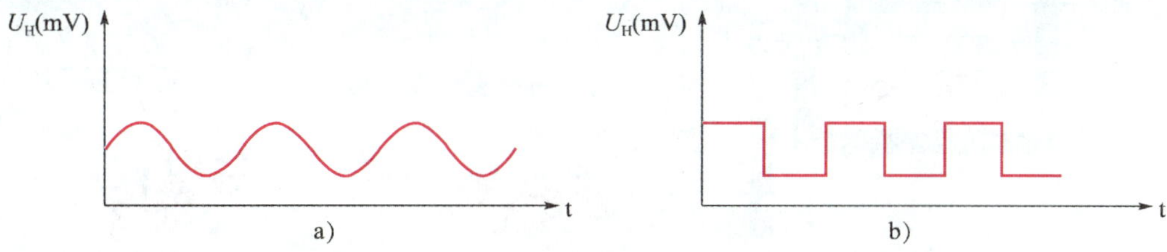

图4-2-3　霍尔传感器波形

a)霍尔传感器输出电压波形；b)输出电压整形波形

2.4　车身高度位置信号的采集

2.4.1　车身高度位置传感器的组成

如图4-2-4和图4-2-5a）所示，霍尔车身高度传感器固定在车身上，传动杆固定在下控制臂上。当车身高度发生变化时，下控制臂相对车身上下摆动，传动杆通过传动杆带动环形磁铁转动。霍尔传感器集成在芯片上，并处于均匀的磁场中。

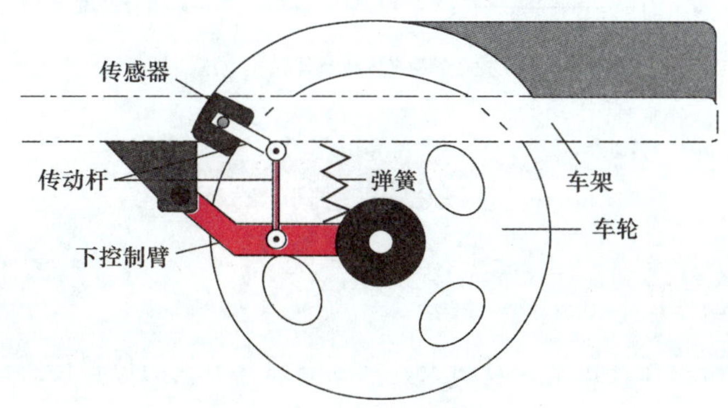

图4-2-4　霍尔车身高度传感器

2.4.2　车身高度信号的采集过程

如图4-2-5b）所示，霍尔传感器在磁场中通电后，产生霍尔电压。该电压与磁通密度成正比，当汽车由于载荷变化或上下坡时，下控制臂连同车轴相对车身上下摆动（车身高度变化），并通过传动杆带动环形磁铁转动，使通过霍尔传感器的磁通密度发生变化。这样传动杆将车轴相对车身高度传给霍尔传感器，霍尔传感器将其转换成与转角成比例的电信号。控制单元采集来自霍尔式高度传感器的电信号，并得到前、后轴与车身的距离，即车身高度。

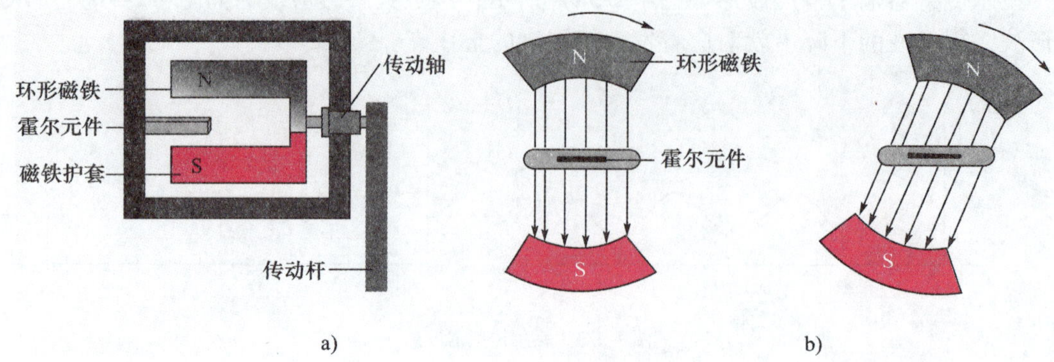

图 4-2-5　霍尔高度传感器

a）霍尔车身高度传感器组成；b）车身高度信号的采集

霍尔式车身高度传感器输出信号电压曲线如图 4-2-6 所示。

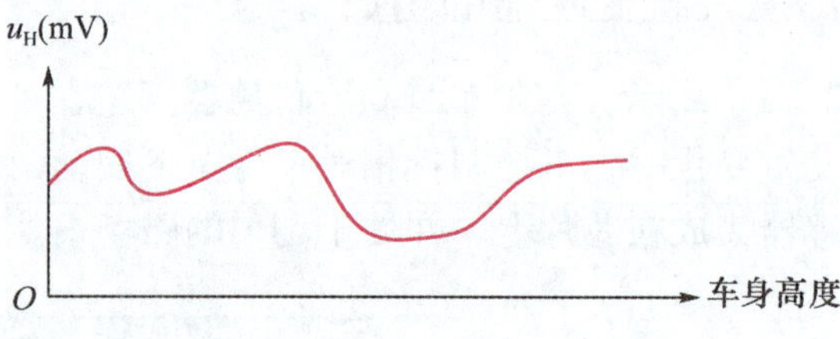

图 4-2-6　霍尔式车身高度传感器输出电压信号曲线

3. 任务实施

3.1　准备工作

使用的仪器设备及元件包括：万用表、直流电源、节气门位置传感器。

3.2　操作流程

节气门位置信号的采集情况如图 4-2-7a）所示。节气门位置传感器是利用电位计原理制成的，节气门轴上装有滑片，当节气门开关时，随轴一起转动，改变滑片在电位计上的位置，使电位计的电阻改变，从而改变节气门位置传感器输出电压，将节气门位置变化信号转变为电信号。信号电路如图 4-2-7b）所示。

节气门位置信号采集操作步骤如下：

（1）在节气门不同开度时，测量 3、4 脚和 3、6 脚间的电阻值，并记录。

（2）给节气门位置传感器 3 脚加 12V 电压；

（3）在节气门不同开度时，测量 4 脚和 6 脚的输出电压，并记录。

（4）根据测得的电阻值和电压值即可说明节气门位置传感器是如何将位置信号转变为电信号的。

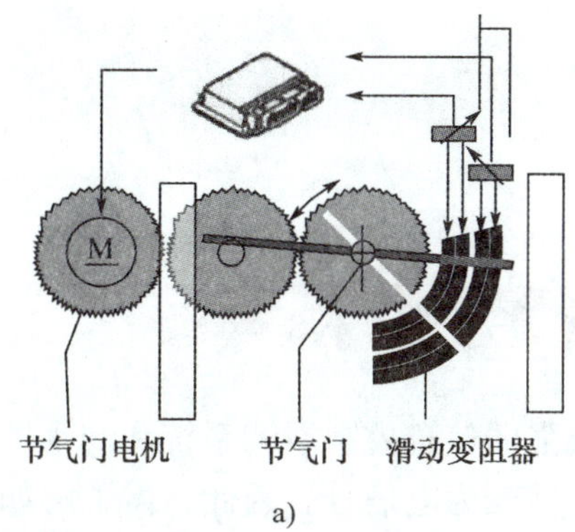

a)

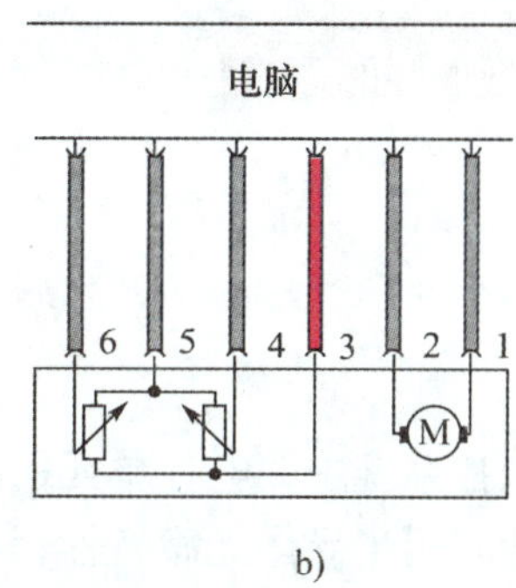

b)

图 4-2-7 节气门位置传感器

a)节气门位置传感器组成;b)信号电路

3.3 操作流程提示

检测时，无需拆解节气门体，并且要保证表笔与节气门体测量管脚良好接触。

4. 拓 展 知 识

人们能听到声音是由于物体振动产生的，其频率在 20Hz ~ 20kHz 范围内，超过 20kHz 称为超声波，低于 20Hz 的称为次声波。常用的超声波频率为 20kHz ~ 10MHz。超声波具有频率高、波长短、绕射现象小，特别是方向性好、能够成为射线而定向传播等特点。超声波遇到物体会产生显著反射形成反射回波。

压电晶体组成的超声波传感器是一种可逆传感器，它可以将电能转变成机械振荡而产生超声波，同时它接收到超声波时，也能转变成电能，超声波传感器既作发送，也能作接收。它是根据发出超声波到接受超声波碰到目标物反射回波所用时间以及超声波传播速率，计算到目标物的距离的，如图 4-2-8 所示。

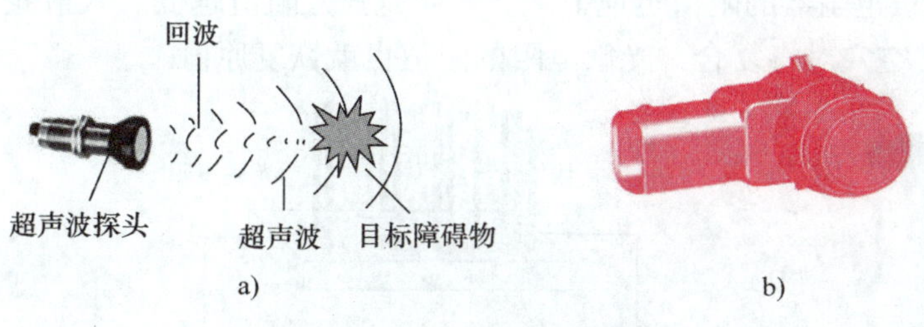

a) b)

图 4-2-8 超声波测距传感器

a)原理;b)超声波测距传感器

任务3
光信号的采集

1. 任务引入

在汽车电控系统中，电控单元需根据光线强弱信息控制空调系统和刮水器。而光信号的采集，一般利用半导体光敏特性，将光信号转变为电信号。因此，需了解如何利用半导体的光敏特性，将温度信号转变为电信号。

2. 相关理论知识

2.1 光敏特性

光敏特性是指半导体在受到光照射时其阻值发生变化或产生电以及通电时发光的特性。利用这一特性，可将光信号转变为电信号或将电信号转变为光信号。

光敏特性包括光阻特性和光电特性。汽车转向盘转角传感器、雨量传感器、光亮和光强传感器等都是利用半导体光敏特性制成的。

2.2 光敏元件

☞ 2.2.1 光敏电阻

如图4-3-1所示，光敏电阻又称光导管，常用的制作材料为硫化镉，这种制作材料具有在特定波长的光照射下，其阻值迅速减小的特性。这是由于光照产生的电子和空穴载流子都参与导电，在外加电场的作用下作漂移运动，电子流向电源的正极，空穴流向电源的负极，从而使光敏电阻器的阻值迅速下降。光照越强，阻值越低。入射光消失后，由光子激发产生的电子-空穴对将复合，光敏电阻的阻值也就恢复原值。

a)

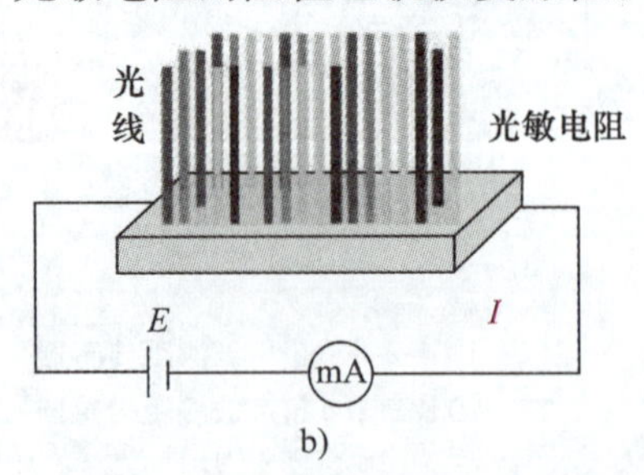

b)

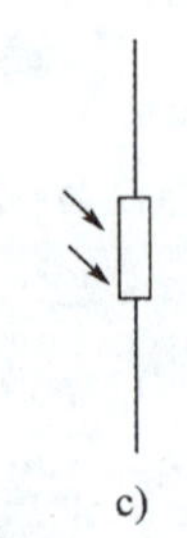
c)

图4-3-1 光敏电阻

a)光敏电阻;b)原理;c)电路符号

☞ 2.2.2 发光二极管

发光二极管英文简称为LED。由镓（Ga）与砷（As）、磷（P）的化合物制成的二极管，当电子与空穴复合时能辐射出可见光，磷砷化镓二极管发红光，磷化镓二极管发绿光，碳化硅二极管发黄光，还有红外发光的二极管。发光二极管在实际使用中一定要串接限流电阻，工作电流一般为1～30mA，导通电压一般为1.7V以上，所以一节1.5V的电池不能点亮发光二极管。同样，一般万用表的R×1挡到R×1kΩ挡均不能测试发光二极管，而R×10kΩ挡由于使用15V的电池，能把有的发光管点亮。发光二极管的电路符号如图4-3-2所示。

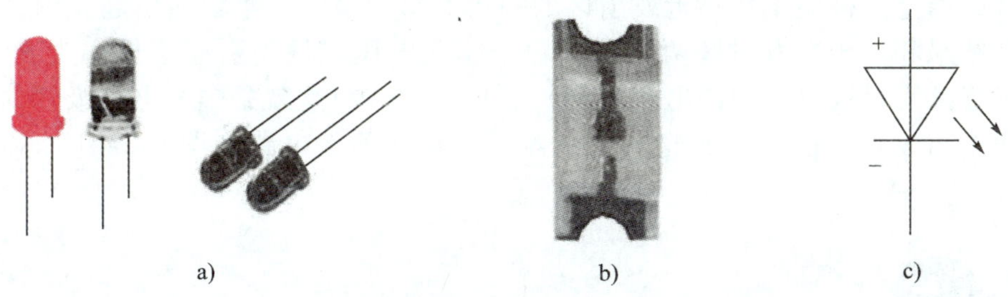

a)　　b)　　c)

图4-3-2　发光二极管
a)发光二极管；b)贴片发光二极管；c)电路符号

☞ 2.2.3 光电二极管

光电二极管是怎样把光信号转换成电信号的呢？大家知道，普通二极管在反向电压作用时处于截止状态，只能流过微弱的反向电流，光电二极管在设计和制作时尽量使PN结的面积相对较大，以便接收入射光，携带能量的光子进入PN结后，把能量传给共价键上的束缚电子，使部分电子挣脱共价键，从而产生电子—空穴对，称为光生载流子，使少数载流子的密度增加。光电二极管是在反向电压作用下工作的，无光照时，有很小的饱和反向漏电流，即暗电流，此时光电二极管截止；有光照时，反向电流迅速增大到几十微安，称为光电流。光的强度越大，反向电流也越大。光的变化能引起光电二极管电流变化，这就可以把光信号转换成电信号，成为光电传感器件，如图4-3-3所示。

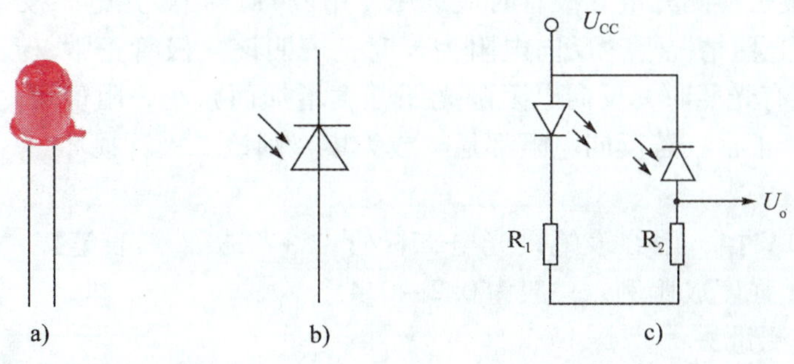

a)　　b)　　c)

图4-3-3　光电二极管
a)实物；b)电路符号；c)原理

☞ 2.2.4 光电三极管

光电三极管是在光电二极管的基础上发展起来的光电器件，也是一种晶体管，它有三个电极。它本身具有放大功能。常见的光电三极管外形如图 4-3-4a）所示，文字符号为 VT 或 V。

目前的光电三极管是采用硅材料制作而成的。这是由于硅元件较锗元件有小得多的暗电流和较小的温度系数。硅光电三极管是用 N 型硅单晶做成 N—P—N 结构的。管芯基区面积做得较大，发射区面积却做得较小，入射光线主要被基区吸收。与光电二极管一样，入射光在基区中激发出电子与空穴。在基区漂移场的作用下，电子被拉向集电区，而空穴被集聚在靠近发射区的一边。由于空穴的集聚而引起发射区势垒的降低，其结果相当于在发射区两端加上一个正向电压，从而引起了倍率为 $\beta+1$（相当于三极管共发射极电路中的电流增益）的电子注入，这就是硅光电三极管的工作原理。一般是与发光二极管组成光电耦合器。符号和等效电路如图 4-3-4b）和图 4-3-4c）所示。

a)

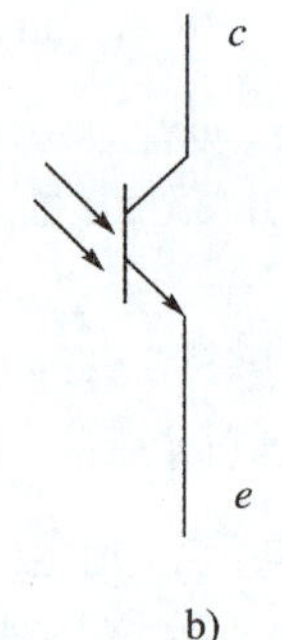

b)

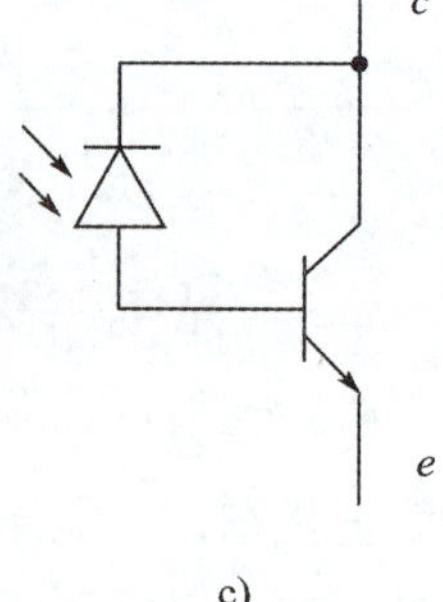

c)

图 4-3-4 光电三极管

☞ 2.2.5 光电二极管的检测

1）电阻测量法

使用电阻测量法检测光电二极管时应选用万用表 1kΩ 挡。光电二极管的正向电阻应为 10kΩ 左右。在无光照情况下，反向电阻为∞时，表明该二极管正常（反向电阻不是∞时说明漏电流大）；有光照时，反向电阻随光照强度增加而减小，阻值可达几千欧姆或 1kΩ 以下，则该二极管正常；若反向电阻都是∞或为零，则该二极管损坏。

2）电压测量法

使用万用表 1V 挡，用红表笔接光电二极管“+”极，黑表笔接“-”极，在光照下，其电压与光照强度成比例，一般为 0.2～0.4V。

3）短路电流测量法

使用万用表 50μA 挡。用红表笔接光电二极管“+”极，黑表笔接“-”极，在白炽灯下，随着光照增强，其电流增加证明是好的，短路电流可达数十至数百毫安。

2.3 光强信号的采集

光强信号采集电路如图4-3-5所示。电路中采用了线性硅光电二极管传感器直接将光强信号转换成电流信号。当无光照射时，光电二极管电阻无穷大，没有光电流通过，输出信号电压 U_0 为零。当有光照射时，光电二极管电阻减小，有光电流通过，且随光强增大电流增大，输出信号电压 U_0 也随之增大。再通过放大转换成标准电信号，输送给电控单元。电控单元根据外界光线的强弱来控制汽车空调工作。光电二极管的光谱特性和人眼的光谱特性非常接近，是一种理想的可见光段光强传感器。

图4-3-5 光强信号的采集

a）光强传感器；b）工作电路

2.4 雨量和光亮信号的采集

1）雨量和光亮传感器的组成

如图4-3-6所示，雨量和光亮传感器由光学元件通过硅胶垫粘贴在前风窗玻璃的内侧，通常在内视镜支架座的下方。发射管、接收管均设在雨量传感器的PCB板上，雨量传感器通过机械锁止机构固定在光学元件上。通常，光学元件（发光二极管和光电二极管）、传感器、内视镜支架会由一装饰盖整个包住，在视觉上不会对驾驶人造成任何影响。

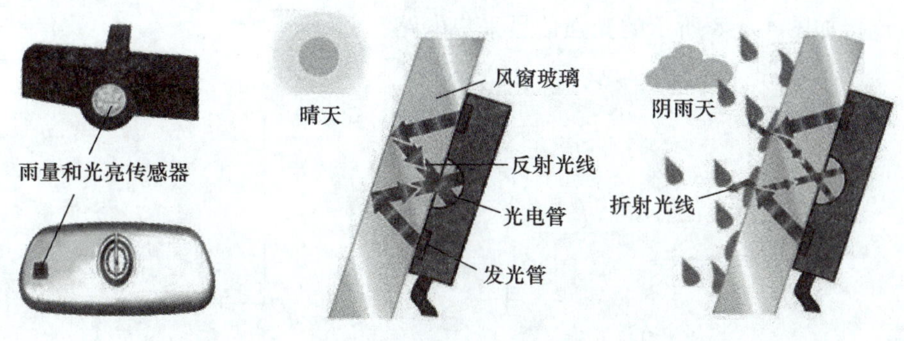

图4-3-6 雨量和光亮传感器

2）雨量信号的采集

如图 4-3-7 所示，雨量传感器不是以几个有限的挡位来变换刮水器的动作速度，而是对刮水器的动作速度做无级调节。雨量采集电路中设有一个 LED 的发光二极管，用于发射远红外线光。远红外线光则通过风窗玻璃反射到光电管上，使光电管产生光电流，从而使光电阻减小，输出电信号增大，并送给 ECU。当玻璃表面干燥时，光线几乎是 100% 地被反射回来，照射到光电二极管的光线就强，输出信号电压 U_o 也高。玻璃上的雨水越多，反射回来的光线就越少，输出信号电压 U_o 就越低。这样，电控单元根据输入信号电压的大小，就能判别雨量大小，从而控制刮水器的运动速度。

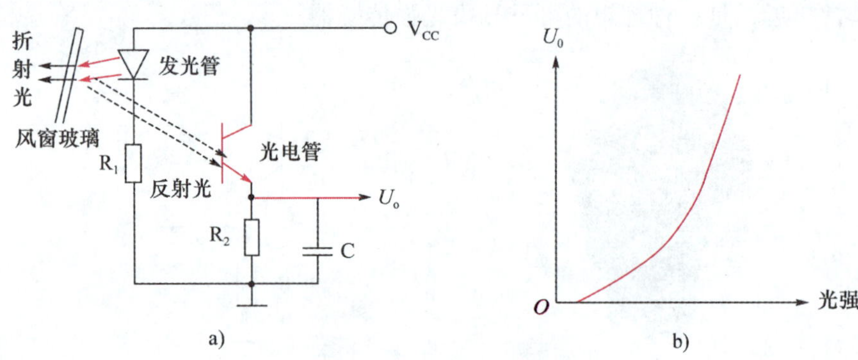

图 4-3-7　雨量和光亮传感器原理

a)采集电路；b)输出电压曲线

3. 任 务 实 施

3.1　准备工作

使用的仪器设备和元件包括：万用表、直流可调电源、光电管、10kΩ 电阻、光源。

3.2　操作流程

（1）连接如图 4-3-8 所示的光强信号采集电路；

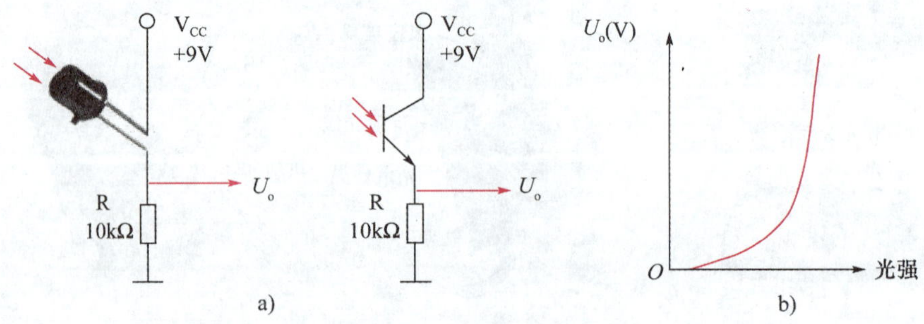

图 4-3-8　光强信号的采集

a)光强信号采集电路；b)输出电压曲线

（2）用不同强度的光线照射光电管，并检测相应输出电压 U_0；

（3）通过测量数据比较，得出如图4-3-8b）输出电压曲线。曲线说明，输出信号电压随光线强度增加而增大。

这就验证了，利用半导体光敏特性，将光信号转变为电信号。

3.3 操作提示

（1）感光元件位于探头的端部，测量时应注意使其直对被测光方向。

（2）照射光电管的光源，只能用白炽灯，不能用日光灯。

任务4 转速信号的采集

1. 任务引入

转速信号的采集是将转速（发动机曲轴转速、车轮转速、传动轴转速等非电量）信号转变为电信号。而转速信号的采集多利用半导体的光电效应、霍尔效应以及磁电效应实现。因此，应了解如何利用半导体的光电特性、霍尔特性以及磁电效应将转速信号转变为电信号。

2. 相关理论知识

2.1 发动机曲轴转速电信号的采集

2.1.1 磁电式转速传感器

磁电式转速传感器由永久磁铁、感应线圈和线束插头组成，如图4-4-1a）所示。感应线圈又称为信号线圈，永久磁铁上设有一个磁头，磁头正对安装在曲轴上的齿盘式信号转

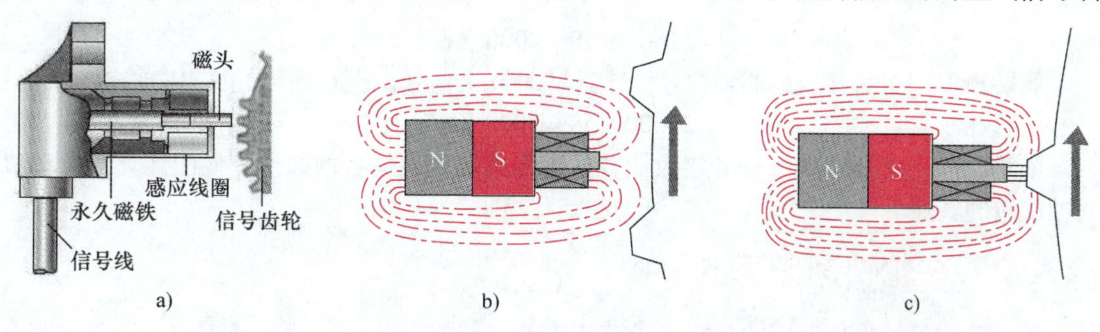

图4-4-1 磁电式转速传感器

a)转速传感器;b)高磁阻位置;c)低磁阻位置

子，磁头与磁轭（导磁板）连接而构成导磁回路。

信号转子为齿盘式，在其圆周上均匀间隔地布有58个凸齿、57个小齿缺和一个大齿缺。大齿缺输出基准信号，对应发动机1号汽缸或4号汽缸压缩上止点前一定角度。大齿缺所占的弧度相当于两个凸齿和三个小齿缺所占的弧度。因为信号转子随曲轴一同旋转，曲轴旋转一圈（360°），信号转子也旋转一圈（360°），所以信号转子圆周上的凸齿和齿缺所占的曲轴转角为360°，每个凸齿和小齿缺所占的曲轴转角均为3°（$58\times3°+57\times3°=345°$），大齿缺所占的曲轴转角为15°（$2\times3°+3\times3°=15°$）。

☞ 2.1.2 曲轴位置与转速信号的采集过程

如图4-4-1b）和图4-4-1c）所示，当信号转子与曲轴旋转时，由磁感应式传感器工作原理可知，信号转子每转过一个凸齿，感应线圈中就会产生一个周期性交变电动势（即电动势出现一次最大值和一次最小值），线圈相应地输出一个交变电压信号。因为信号转子上设有一个产生基准信号的大齿缺，所以当大齿缺转过磁头时，信号电压所占的时间较长，即输出信号为一宽脉冲信号，该信号对应于1号缸或4号缸压缩上止点前一定角度。电子控制单元（ECU）接收到宽脉冲信号时，便可知道1号缸或4号缸上止点位置即将到来，至于即将到来的是1号缸还是4号缸，则需根据凸轮轴位置传感器输入的信号来确定。由于信号转子上有58个凸齿，因此信号转子每转一圈（发动机曲轴转一圈），感应线圈就会产生58个交变电压信号输入电子控制单元，其输出波形如图4-4-2所示。

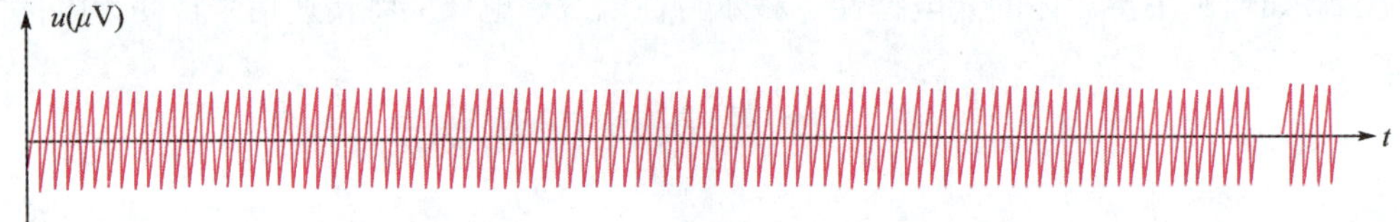

图4-4-2　磁电式曲轴位置与转速传感器输出波形

每当信号转子随发动机曲轴转动一圈，感应线圈就会向电子控制单元输入58个脉冲信号。因此，ECU每接收到曲轴位置传感器58个信号，就可知道发动机曲轴旋转了一圈。

如果在1min内ECU接收到曲轴位置传感器116000个信号，ECU便可计算出曲轴转速n为：

$$n=116000/58=2000\ (\mathrm{r/min})$$

如果ECU每分钟接收到曲轴位置传感器290000个信号，ECU便可计算出曲轴转速n为：

$$n=290000/58=5000\ (\mathrm{r/min})$$

依此类推，ECU根据每分钟接收曲轴位置传感器脉冲信号的数量，便能计算出发动机曲轴旋转的转速。

2.2 车轮转速信号的采集

车轮转速信号采集使用的是霍尔轮速传感器，如图4-4-3a）所示。图中，转轴上装有N、S极相间信号轮，对着信号轮位置设有霍尔传感器。当信号轮与转轴一起旋转时，霍尔传感器的磁场就会发生变化，霍尔传感器就输出变化的霍尔电压。霍尔电压经放大整形后传送给 ECU。霍尔传感器输出的电压大小与轮速无关。

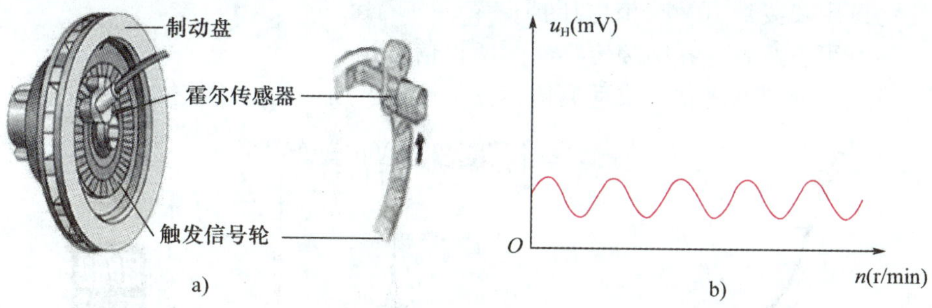

图 4-4-3 霍尔轮速传感器原理与波形

2.3 转向盘转速和转角信号的采集

如图4-4-4a）所示，编码盘是由内侧的等距孔环和外侧的非等距孔环组成的。为方便功能解释等距孔环可由等距孔板代替，非等距孔环由非等距孔板代替，中间发光元件（红外发光二极管）由灯泡光源代替。光学传感器主要由光电管和集成控制电路组成。其工作原理为：

（1）光线照射到光学传感器上时会产生电压信号。

（2）光线被模板遮挡照射不到光学传感器上时，不会产生电压信号。

（3）由于模板 1 是等距的，所以光学传感器上产生的电压信号是规则的；而模板 2 是非等距的，所以光学传感器上产生的信号不是规则的，通过比较这两个信号，系统就可以得知模板移动的距离，从而获知转向盘转动的角度。

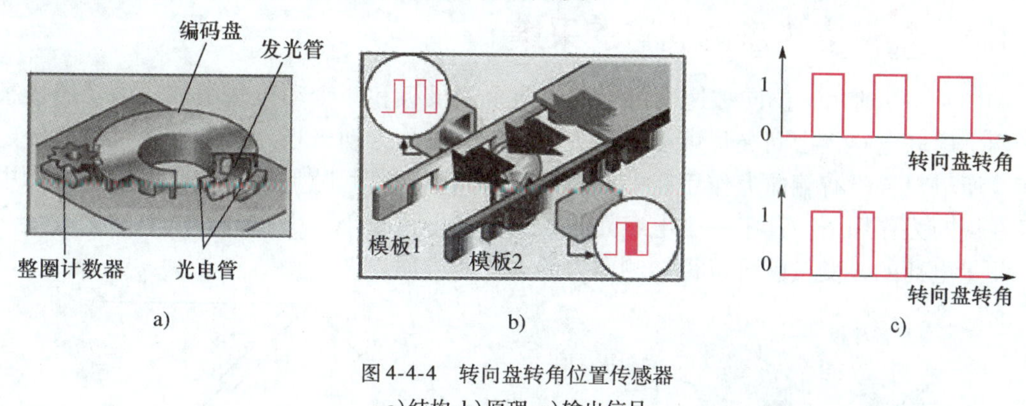

图 4-4-4 转向盘转角位置传感器

a）结构；b）原理；c）输出信号

3. 任务实施

3.1 准备工作

使用的仪器设备及元件包括：万用表、永久磁铁、磁电式转速传感器。

3.2 操作流程

（1）将万用表拨到20V交流电压挡；

（2）用万用表两表笔分别接传感器的两根信号线；

（3）将磁铁分别迅速靠近或远离传感器，读取万用表的电压数值，如图4-4-5所示。

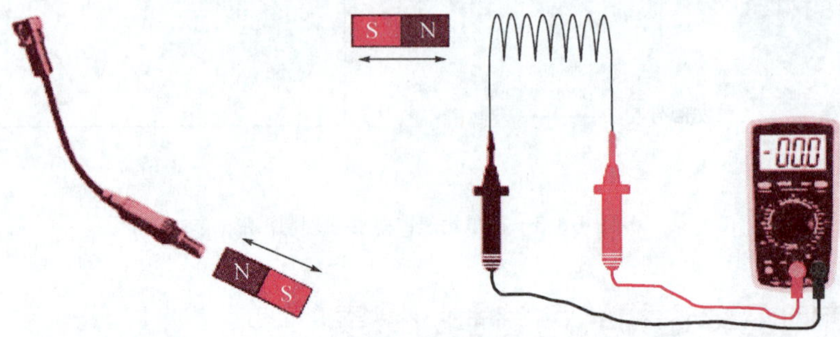

图4-4-5　磁电式转速传感器信号电压的检测

3.3 操作提示

磁铁靠近或离开传感器磁化线圈的速度越快，信号电压越高。

4. 拓展知识

4.1 加速度传感器信号的采集

如图4-4-6所示，侧向加速度传感器由两个静极板和一个动极板组成。两个静极板相当于两个串联电容，中间极片可在作用力下运动，故称为动极板。由于电容可吸收一定量电荷，所以只要没有侧向力作用在中间极片上，则两电容间隙保持恒定，电容相等。中间电极在侧向力作用下，其中一个电容间隙增加，另一个减小，串联电容值也随之改变。因此，测量电荷的改变量就可以得知侧向力的大小和方向。

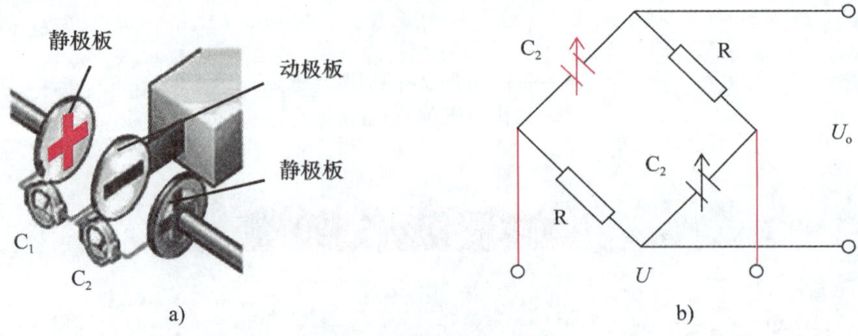

图4-4-6　侧向加速度传感器
a）结构；b）原理

4.2 减速度传感器信号的采集

如图 4-4-7 所示，带光栅的减速轮由变速器输出轴驱动。光栅开有透光槽，光栅转动时，就会间断地阻隔 LED 光照射光电三极管。当光电三极管无光照射时，没有电流流过，晶体管截止，输出电压 U_o 为高电压；当光电三极管有光照射时，有电流流过，晶体管导通，输出电压 U_o 为低电压；随着光栅减速轴的转动，就会输出连续变化的方波电信号。转速降低时，输出波形的脉宽会增大。电控单元根据信号脉宽的变化，就能计算出转速的变化，并根据转速变化计算减速度。

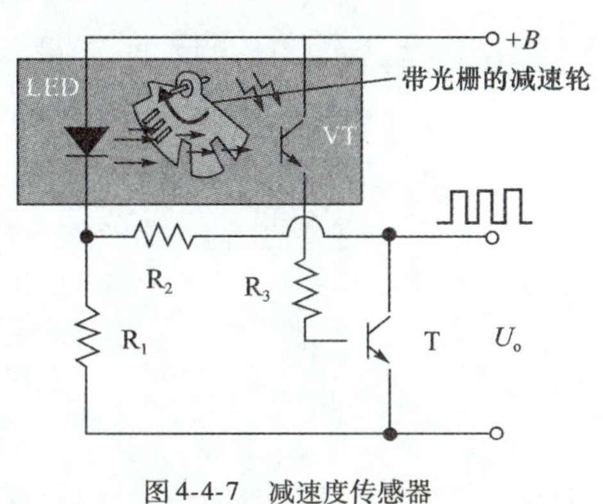

图 4-4-7 减速度传感器

任务 5 压力信号的采集

1. 任 务 引 入

压力信号的采集是将压力信号转变为电信号。而压力信号的采集多利用半导体的压敏特性和可变电容实现的。

2. 相关理论知识

2.1 半导体的压敏特性

半导体受到压力后在晶体表面会有电产生或有阻值的变化。

☞ 2.1.1 半导体的压电特性

半导体压电特性是指半导体在受到压力后会产生电；反之给压电晶体加电后，晶体会变形。

如图 4-5-1 所示，石英晶体（压电陶瓷）在受到机械压力时，晶体的特定表面会出现一个电势；相反地，当对晶体表面施以电场时，晶体表面会受到机械畸变。

☞ 2.1.2 半导体压阻特性

压阻效应是指在半导体材料上施加作用力时，其电阻率会发生显著变化的特性。半导体材料在受到压力变形后其阻值会增大。常用压阻元件主要有碳化硅和氧化锌压敏电阻。

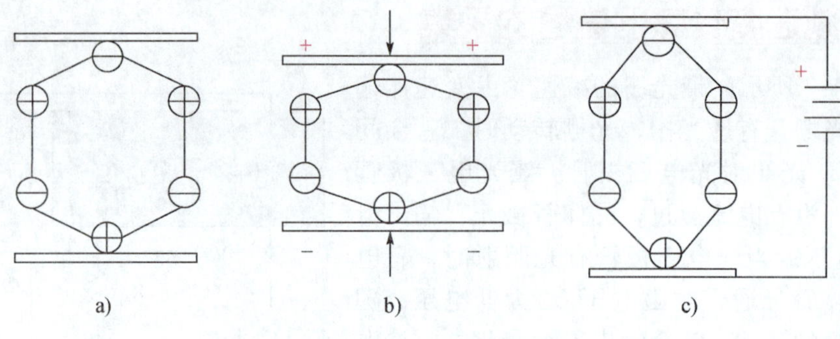

图 4-5-1　压电晶体特性

a）自然状态；b）受压状态；c）加电膨胀状态

压敏电阻实际上是一种阻值随压力变化而变化的半导体。

2.2　振动信号的采集

在汽车电控系统中，爆震传感器的作用是将非电量（震动）信号转变为电信号，而爆震传感器电信号的产生多利用半导体的压敏特性实现。

如图 4-5-2 所示，爆震传感器是将震动信号转变为电信号的电子器件。爆震传感器安放在发动机或汽缸的不同位置。当有震动或敲缸发生时，该传感器就会产生一个小电压峰值。敲缸或震动越大，爆震传感器产生的峰值就越大。根据电压峰值频率就可以判明是爆震或敲缸。爆震传感器通常设计成 5～15kHz 范围的频率。当控制单元接收到这些频率的信号时，就会重新修正点火正时，以阻止继续爆震。

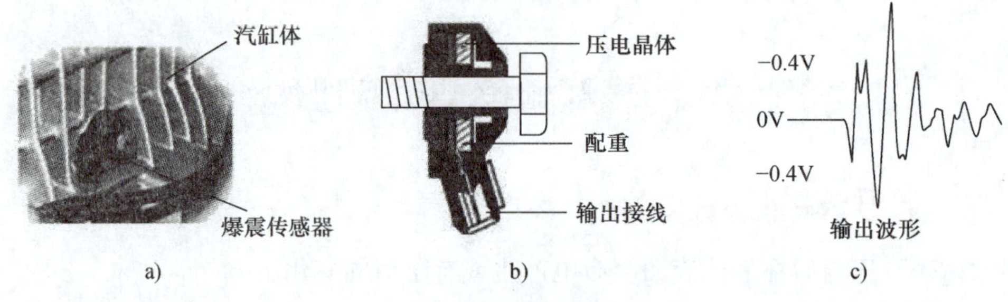

图 4-5-2　爆震传感器

a）爆震传感器安装位置；b）爆震传感器组成；c）爆震信号波形

2.3　发动机进气压力信号的采集

如图 4-5-3a）所示，压力转换元件是利用半导体的压阻效应制成的硅膜片。硅膜片的一面是真空室，另一面通过连接管路与进气歧管相通。硅膜片为边长约 3mm 的正方形，其中部分经光刻腐蚀形成直径约 2mm，厚度约为 0.05mm 的薄膜，薄膜周围有 4 个压敏电阻组成惠斯登电桥，薄膜一侧是真空室，另一侧与进气歧管相连。

如图 4-5-3b）所示，当进气歧管内绝对压力变化时，膜片两边存在压力差时，膜片上各点存在应力。膜片上的4个压敏电阻在应力作用下，其阻值会发生变化，R_2和R_4增大ΔR，R_1和R_3减小ΔR，使电桥失去平衡，输出电压与膜片两边压力差成正比。因此，可通过惠斯登电桥将硅膜片的变形（即进气歧管真空度）转换为电信号，且经混合集成电路放大后输入到发动机ECU。传感器输出的信号电压具有随进气歧管绝对压力的减小呈线性增大的特征，如图4-5-3c）所示。

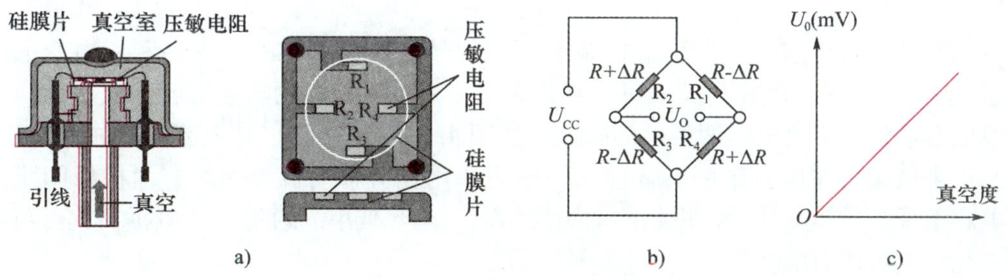

图4-5-3 进气压力传感器信号电路和输出曲线

a）进气压力传感器；b）桥式电路；c）输出曲线

3. 任务实施

3.1 设备与器件

使用的仪器设备及元件包括：爆震传感器、金属棒、万用表。

3.2 操作流程

（1）将万用表拨到20V直流电压挡；

（2）用万用表的两支表笔分别连接爆震传感器的两根引出线；

（3）如图4-5-4所示，用金属棒轻轻敲击爆震传感器，读取万用表显示电压。

用金属棒敲击传感器时，会使压电晶体受到压力而产生电压。从而利用半导体的压敏特性可将震动压力信号转变为电信号。

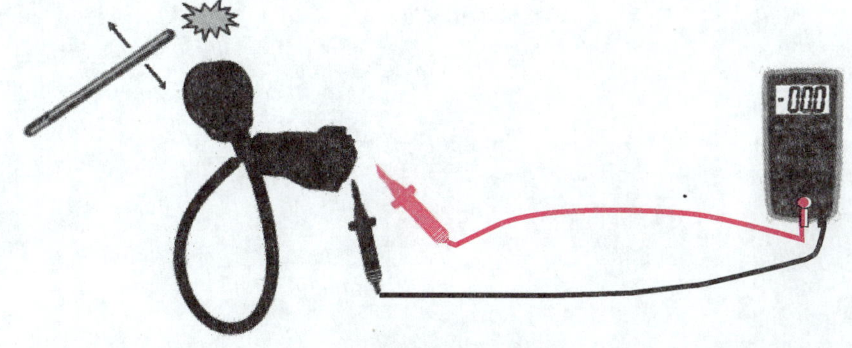

图4-5-4 振动压力信号的采集

3.3 操作提示

用金属棒敲击传感器时，用力越大，产生的电压越高。敲击时用力不可过大。

4. 拓展知识

汽车制动压力传感器的作用是将制动压力信号转变为电信号。它是利用电容的大小（其他因素不变）是与电容两极板间距离 d 成反比的关系制成的。当电容两极板距离 d 减小时，电容增大；反之电容两端电压降低。如图 4-5-5a）所示，将电容 C_1 的一个极板固定，另一个极板可在压力作用下移动。当压力作用在可移动极板上时，两极板间距离变小，电容增大。压力降低时，极板间的距离增大，电容减小。通过交流电桥，就可将电容量的变化转变为压力的变化。

如图 4-5-5b）所示为由检测电容 C_1、标准电容 C_2和两个标准电阻 R 组成的交流桥式电路。

（1）初始时 $C_1=C_2$，电桥平衡，输出电压 $u_o=0$；

（2）当制动压力变化时，检测电容 C_1两极板距离减小，电容量增大，容抗也增大，电桥失去平衡，输出交流电压的大小与电容的变化成正比。这样，就将制动压力的变化转变为电容量大小的变化，进而转变为电压的变化。即将制动压力信号转变为电信号。电桥的输出电压经放大器放大后整流为直流，再经差动放大，输送给 ECU，即可获得制动压力的大小。

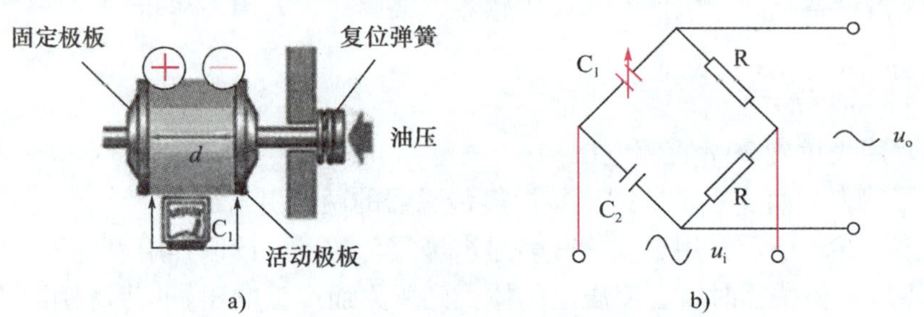

图 4-5-5　汽车制动压力传感器

a）传感器；b）交流桥式电路

项目5　信 号 处 理

信号的采集就是利用各种传感器将非电量信号转变为电信号。然而，大多传感器输出的电信号都非常微弱（毫伏或微伏级），如氧传感器只产生小于1V的电信号，霍尔传感器输出几毫伏电信号，而磁电式转速传感器则只有几微伏。如此低的电压信号，只能产生非常小的电流，无法正常传输和利用。因此，这种信号在传输到微处理机之前，必须加以放大增幅或整形，而放大或整形是由放大电路完成的。

任务1　三极管的检测

1. 任务引入

在三极管的选用过程中，需判断三极管的极性和好坏。

2. 相关理论知识

2.1　三极管的基本结构

三极管分为NPN型和PNP型两种，其基本结构如图5-1-1和图5-1-2所示：

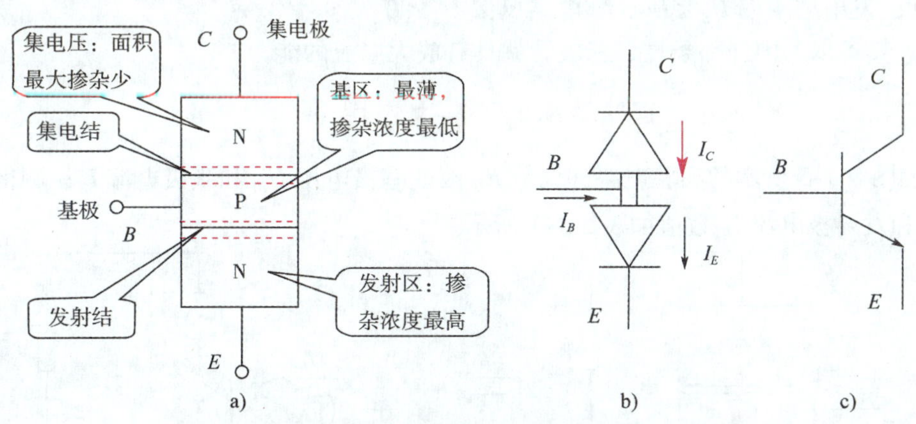

图5-1-1　NPN型三极管的基本结构

a)发射极;b)电流流向;c)NPN型三极管符号

（1）发射区掺杂浓度很高，以便有足够的载流子供“发射”。

（2）为减少载流子在基区的复合机会，基区做得很薄，一般为几微米，且掺杂浓度较

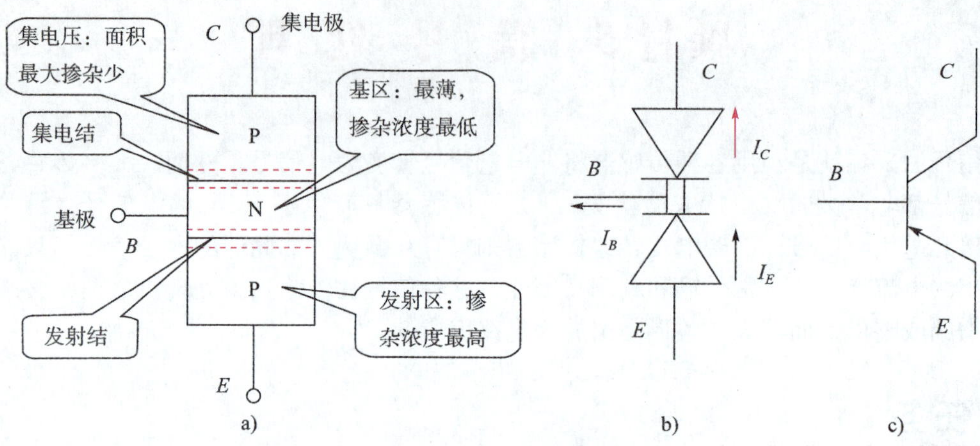

图 5-1-2 PNP 型三极管的基本结构

a)发射极；b)电流流向；c)PNP 型三极管符号

发射极低。

(3) 集电区体积较大，且为了顺利收集边缘载流子，掺杂浓度很低。

2.2 电流分配和放大原理

☞ 2.2.1 三极管放大的条件

(1) 内部条件：三极管发射区的杂质浓度大于基区的掺杂浓度，基区的掺杂浓度又大于集电区的杂质浓度，且基区很薄；

(2) 外部条件：晶体管的发射结正偏、集电结反偏。

NPN：发射结正偏 $U_B > U_E$，集电结反偏 $U_C > U_B$

PNP：发射结正偏 $U_B < U_E$，集电结反偏 $U_C < U_B$

(3) 具备以上内外部条件，三极管就具有放大电流的能力。

☞ 2.2.2 各电极电流关系及电流放大作用

在如图 5-1-3 所示的实验电路，调节 R_B 改变基极电压 U_{BE} 和基极电流 I_B，测得集电极电流 I_C 和发射极电流 I_E 数值如表 5-1-1 所示。

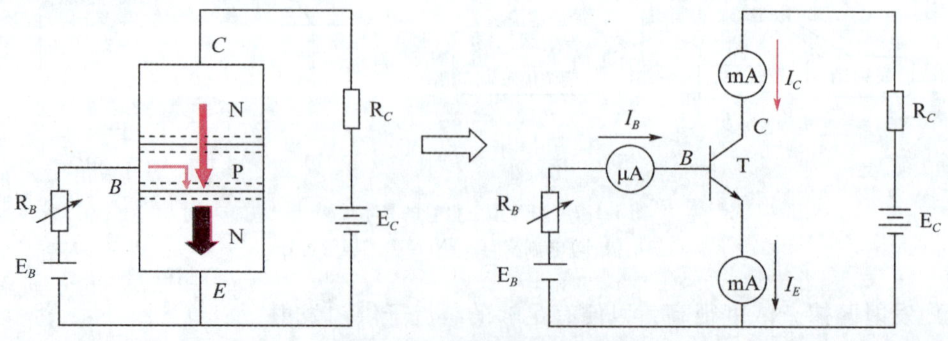

图 5-1-3 三极管放大实验电路

不同基极电流 I_B 对应的 I_C 和 I_E 值 表5-1-1

各极电流	1	2	3	4	5	6
I_B（μA）	0	20	40	60	80	100
I_C（mA）	<0.001	0.70	1.50	2.30	3.10	3.95
I_E（mA）	<0.001	0.72	1.54	2.36	3.18	4.05

通过表3-1-1比较，得到如下结果：

（1）$I_E = I_B + I_C$；

（2）$I_C \approx I_E$，I_C和 $I_E >> I_B$；

（3）$\Delta I_C >> \Delta I_B$。

人们把基极电流的微小变化能够引起集电极电流较大变化的特性称为晶体管的电流放大作用。三极管的集电极电流 I_C稍小于 I_E，但远大于 I_B，I_C与 I_B的比值在一定范围内基本保持不变。特别是基极电流有微小的变化时，集电极电流将发生较大的变化。例如，I_B由0.04mA增加到0.06mA时，I_C将从1.5mA增大到2.3mA，即：

$$\beta = \frac{\Delta I_C}{\Delta I_B} = \frac{2.3 - 1.5}{0.06 - 0.04} = 40$$

显然，双极型三极管具有电流放大能力。式中的 β 值称为三极管的电流放大倍数。不同型号、不同类型和用途的三极管，β 值的差异较大，大多数三极管的 β 值通常在几十至几百的范围。

由此可得：在图5-1-3所示的电流中，微小的基极电流 I_B可以控制较大的集电极电流 I_C，因此双极型三极管属于电流控制器件。

☞ 2.2.3 三极管内部载流子的运动规律

三极管内部载流子的运动规律如图5-1-4所示：

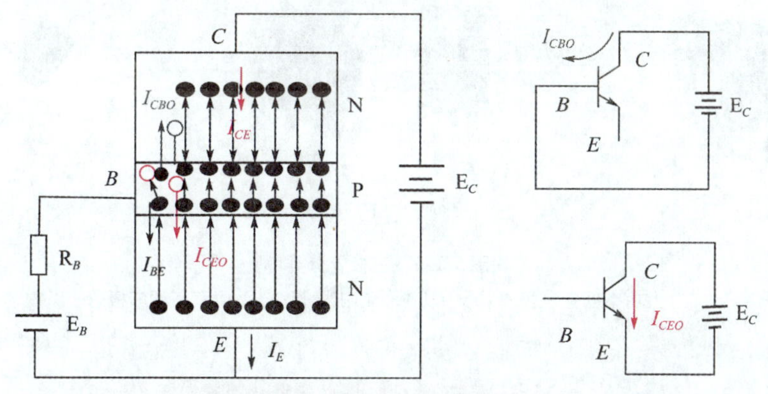

图5-1-4 载流子的运动规律

1）发射区向基区扩散电子的过程

由于发射结处正偏，发射区的多数载流子自由电子将不断扩散到基区，并不断从电源补充进电子，形成发射极电流 I_E。

2）电子在基区的扩散和复合过程

由于基区很薄，且多数载流子浓度又很低，所以从发射极扩散过来的电子只有很少一部分和基区的空穴相复合形成基极电流 I_B，剩下的绝大部分电子则都扩散到了集电结边缘。

3）集电区收集电子的过程

集电结由于反偏，可将从发射区扩散到基区并到达集电区边缘的电子拉入集电区，从而形成较大的集电极电流 I_C。

4）集电极—基极反向截止电流 I_{CBO}

发射极开路 $I_E=0$ 时，基极和发射极之间加上规定的反向电压 U_{CB} 时的集电极电流。I_{CBO} 是由少数载流子的漂移运动所形成的电流，I_{CBO} 很小（1～10μA），但受温度的影响极大，温度 $T\uparrow\rightarrow I_{CBO}\uparrow$。

5）集电极—发射极反向穿透电流 I_{CEO}

基极开路 $I_B=0$ 时，集电极与发射极之间加上反向电压 U_{CE} 时的集电极电流。I_{CEO} 受温度的影响极大。温度 $T\uparrow\rightarrow I_{CEO}\uparrow$，所以 I_C 也相应增加。I_{CEO} 和 I_{CBO} 是衡量晶体管热稳定性的重要参数，其值越小，性能越稳定。一般硅管比锗管热稳定性好。

2.3 三极管的分类

（1）根据制造工艺和材料的不同，三极管分有双极型和单极型两种类型。若三极管内部的自由电子载流子和空穴载流子同时参与导电，就是所谓的双极型。如果只有一种载流子参与导电，即为单极型。前面介绍的三极管为双极性，后面将要介绍的场效应管为单极型。

（2）按频率高低有高频管、低频管之别；根据功率大小可分为大、中、小功率管，如图 5-1-5 所示。目前国内生产的双极型硅晶体管多为 NPN 型（3D 系列），锗晶体管多为 PNP 型（3A 系列）。

a)　　　　b)　　　　c)

图 5-1-5　三极管分类

a) 大功率低频三极管；b) 中功率低频三极管；c) 小功率高频三极管

3. 任 务 实 施

3.1 准备工作

所需的工具和元件为：三极管、万用表。

3.2 操作流程

☞ 3.2.1 判别三极管的电极

利用数字万用表不仅能判定晶体管电极、测量管子的共发射极电流放大系数 h_{FE}，还可鉴别硅管与锗管。由于数字万用表电阻挡的测试电流很小，所以不适用于检测晶体管，应使用二极管挡及 h_{FE} 挡进行测试。

1）鉴别基极 B

将数字万用表拨至二极管挡，红表笔固定任接某个引脚，用黑表笔依次接触另外两个引脚，如果两次显示值均小于1V或都显示溢出符号“1”，则红表笔所接的引脚就是基极 B。如果在两次测试中，一次显示值小于1V，另一次显示溢出符号“1”，表明红表笔接的引脚不是基极 B，此时应改换其他引脚重新测量，直到找出基极 B 为止。

2）区分 NPN 管与 PNP 管

仍使用数字万用表的二极管档。按上述操作流程确认基极 B 之后，将红表笔接基极 B，用黑表笔先后接触其他两个引脚。如果都显示0.500～0.800V，则被测管属于 NPN 型；若两次都显示溢出符号“1”，则表明被测管属于 PNP 管。

3）区分集电极 C 与发射极 E（兼测 h_{FE} 值）

区分晶体管的集电极 C 与发射极 E，需使用数字万用表的 h_{FE} 挡。如果假设被测管是 NPN 型管，则将数字万用表拨至 h_{FE} 挡，使用 NPN 插孔。把基极 B 插入 B 孔，剩下两个引脚分别插入 C 孔和 E 孔中。若测出的 h_{FE} 值为几十至几百，说明该晶体管属于正常接法，放大能力较强，此时 C 孔插的是集电极 C，E 孔插的是发射极 E，见图5-1-6。若测出的 h_{FE} 值只有几至十几，则表明被测管的集电极 C 与发射极 E 插反了，这时 C 孔插的时发射极 E，E 孔插的是集电极 C。为了使测试结果更可靠，可将基极 B 固定插在 B 孔不变，把集电极 C 与发射极 E 调换复测1～2次，以仪表显示值大（几十至几百）的一次为准，C 孔插的引脚即是集电极 C，E 孔插的引脚则是发射极 E。

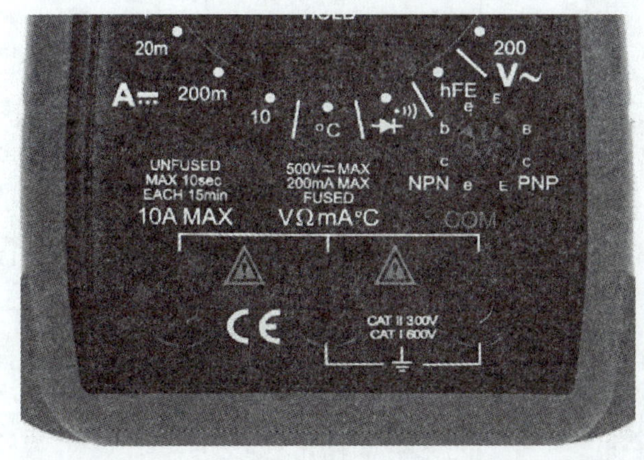

图5-1-6 三极管的检测

上述测试方法的原理很简单。对于质量良好的晶体管（以 NPN 管为例），当使用 h_{FE} 挡按正常接法插入插孔时，集电结加上了反向偏置电压，发射结加上了正向偏置电压，则放大倍数较高，仪表显示的值较大。如果集电极 C 与发射极 E 的引脚插反了，该晶体管就不能正常工作，放大倍数就很低。

检测 PNP 管的步骤同上，但必须使用 h_{FE} 挡的 PNP 插孔。

☞ 3.2.2 三极管性能判断

（1）在用数字万用表二极管挡判定晶体管基极 B 时，若两次测量显示值均为零，说明 $C-E$ 极间已短路。

（2）用 h_{FE} 挡区分小功率晶体管 C、E 极时，如果两次测出的 h_{FE} 值都很小（几至十几），说明被测管的放大能力很差，该晶体管不宜再使用。

3.3 操作提示

有些硅晶体管在 C、E 极接反时测得 $h_{FE}=0$，亦属于正常现象；测量大功率晶体管的 h_{FE} 值时，其值为几至十几，也属正常情况。

4. 拓展知识

三极管常用型号为 90××系列，其型号代换关系见表 5-1-2。

三极管型号代换关系表 表 5-1-2

型号	用途	极性	P_{cm}（mW）	I_{cm}（mA）	BV_{cbe}（V）	BV_{ceo}（V）	f_t（MHz）	代换
9011	伴音中放	NPN	600	50	35	30	150	3DG6
9012	音频功放	PNP	600	500	40	20	150	3CX204
9013	音频功放	NPN	600	500	40	20	150	3DG12B
9014	行场推动	NPN	600	100	30	20	100	3DG12B
9015	行振荡	PNP	600	100	30	20	150	3DG8B
9016	中放	NPN	600	50	30	20	500	3DG79B 3DG56B
9018	高放	NPN	600	50	30	15	600	3DG79B 3DG57B

任务2 验证三极管放大与开关作用

1. 任 务 引 入

在电子控制电路中，常用三极管放大信号和作为控制开关使用，因此，通过三极管放大与开关电路可验证三极管放大与开关特性。

2. 相 关 知 识

2.1 双极型三极管 TTL 的特性曲线

所谓特性曲线是指各极电压与电流之间的关系曲线，是三极管内部载流子运动的外部表现。从工程应用角度来看，外部特性更为重要。

☞ 2.1.1 输入特性曲线

$$I_B = f\ (U_{BE})\ |_{U_{CE}=\text{常数}}$$

在如图 5-2-1 所示的三极管直流放大电路中，当 $U_{CE}=1\text{V}$ 不变时，回路中的电流 I_B 与三极管输出端电压 U_{BE} 之间的关系曲线称为输入特性。

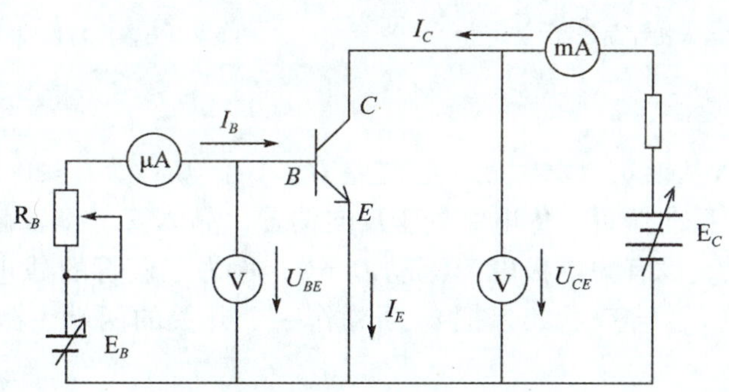

图 5-2-1 三极管直流放大电路

（1）$U_{CE}=0$ 时的输入特性曲线：令 E_C 为 0，$U_{CE}=0$ 时，U_{BE} 从 0 开始增加，可得到如图 5-2-2 所示的 $U_{CE}=0$ 输入曲线。

（2）$1>E_C>0$ 时的输入曲线：调节 E_C 使 $1>U_{CE}>0$，U_{BE} 从 0 开始增加，得到一组曲线。

（3）$U_{CE}\geqslant 1\text{V}$ 的特性曲线：继续增大 E_C 使产生 $U_{CE}\geqslant 1\text{V}$ 以上的多个值，结果发现：

之后的所有输入特性几乎都与 $U_{CE}=1V$ 的特性相同，曲线基本不再变化，说明当 $U_{CE}>1V$ 时，输入电流 I_B 与 U_{CE} 无关。

（4）实际应用中，三极管的 U_{CE} 值一般都超过1V，所以其输入特性通常采用 $U_{CE}=1V$ 时的曲线。从特性曲线可看出，双极型三极管的输入特性与二极管的正向特性非常相似。

（5）正常工作时，发射结电压。NPN 型硅三极管：$U_{BE}\approx0.7V$，NPN 型锗三极管：$U_{BE}\approx0.3V$。

（6）死区电压：硅晶体管为0.5V，锗晶体管为0.1V。

☞ 2.1.2 输出特性曲线

$$I_C=f\ (U_{CE})\big|_{I_B=\text{常数}}$$

当 I_B 不变时，输出回路中的电流 I_C 与三极管输出端电压 U_{CE} 之间的关系曲线称为输出特性。

先把 I_B 调到某一固定值保持不变，然后调节 E_C 使 U_{CE} 从0增大，观察毫安表中 I_C 的变化并记录下来。根据记录可给出 I_C 随 U_{CE} 变化的伏安特性曲线，图5-2-3所示的曲线是晶体管的输出特性曲线。

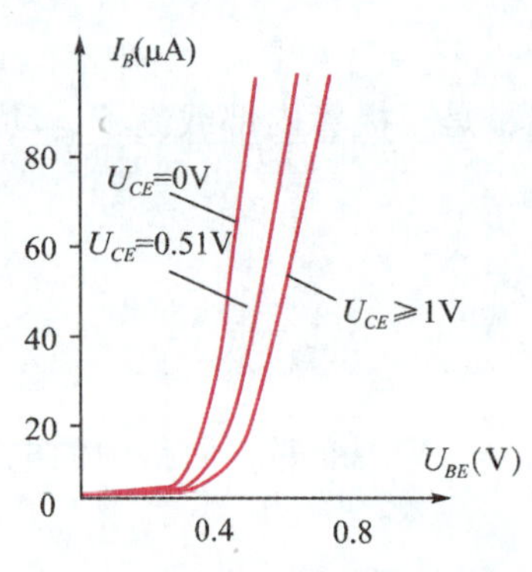

图5-2-2 输入特性曲线

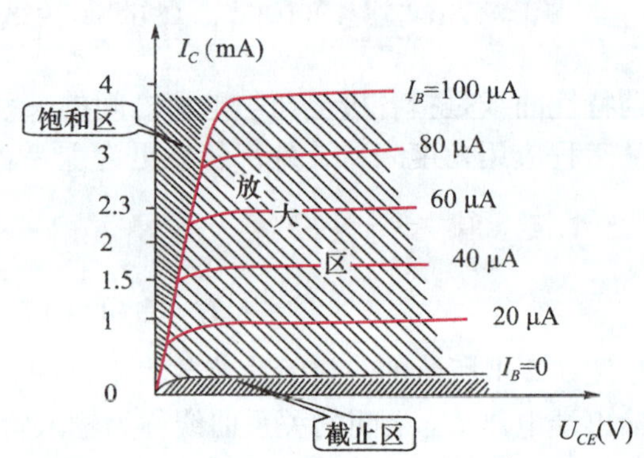

图5-2-3 输出特性曲线

1）截止区

当 NPN 型三极管基极 b 与发射极 e 电位差 U_{BE} 小于0.5V，$I_B\leqslant0$ 以下区域为截止区，在截止区发射结处于反向偏置，集电结处于反向偏置，晶体管工作于截止状态。在这种状态下，三极管不导通，没有集电极电流流动 $I_C\approx0$，称为三极管的截止状态。为了使三极管可靠截止，一般使 $U_{BE}=0V$。如果把 ce 间看作一个开关的两端，截止状态相当于开关断开。

2）放大区

放大区也称线性区，具有恒流特性。当 NPN 型三极管的基极 b 与发射极 e 电位差 U_{BE} 在0.5～0.7V之间，基极加了正向偏压。在这种状态下，三极管导通，集电极 c 向发射极 e 方向有电流，而且流过的电流的大小与基极 b 流入的电流成正比（$I_C=\beta I_B$），称为三极管的放大状态。在放大区，发射结处于正向偏置、集电结处于反向偏置。

3）饱和区

在放大状态，三极管 ce 之间的电流是随着基极 b 的电流增大而增大的。但是，当三极

管的基极的基极 b 与发射极 e 电位差（电流）增加到一定值 $U_{BE}\geq 1V$ 时，再增大正向偏压，加大基极电流，ce 之间的电流维持在一个最大值而不再增大了，这种状态称为三极管的饱和状态。在饱和状态时，$U_{CE}\leq U_{BE}$，发射结处于正向偏置，集电结也处于正偏。此时发射区的多子（电子）已全部参与导电。三极管 ce 之间电位差很小，约为 0.2V，此时，三极管相当于一个开关闭合。

2.2　晶体管单电源供电电路

在以上介绍的晶体管电路中，均是采用双电源供电，如图 5-2-4a）所示。直流电源 E_C 作为放大电路的能源，通过集电极电阻 R_C 提供集电极电流 I_C。基极电源 E_B 和基极电阻 R_B 的作用是保证发射结加正向偏置电压。改变 R_B 可以改变基极电位和偏置电流 I_B，使晶体管处于合适的直流工作状态，既要保证发射结正偏又要保证三极管工作在放大区。实际电子线路中采用的单电源供电形式，如图 5-2-4b）所示。基极电压通过电阻串联分压的方式，用上偏置电阻 R_{B1} 和下偏置电阻 R_{B2} 代替 R_B 接到 U_{CC} 上，选择合适的 R_{B1} 和 R_{B2} 同样可以获得合适的基极电压。

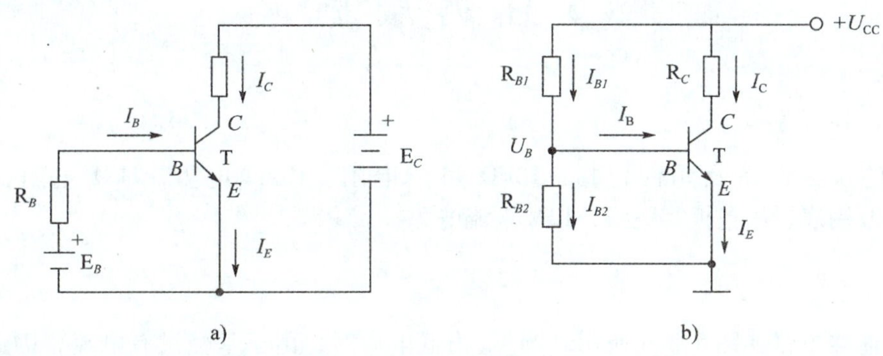

图 5-2-4　晶体管电路供电方式

a）双电源供电电路；b）单电源供电电路

2.3　晶体管的开关作用

如图 5-2-5 所示，当晶体管基射极电压（$u_{BE}=0V$）低于截止电压 0.5V 时，晶体管的 C 极与 E 极之间相当于开关断开，输出电压为电源电压 U_{CC}；当晶体管基射极电压（$u_{BE}=3V$）高于饱和电压 0.7V 时，晶体管的 C 极与 E 极之间相当于开关闭合，输出电压为 0V。因此，晶体管既有放大作用，又有开关作用。

2.4　晶体管参数与温度的关系

晶体管参数与温度的关系如下：

（1）温度每增加 10℃，I_{CBO} 增大 1 倍，硅管优于锗管；

（2）温度每升高 1℃，U_{BE} 将减小 2～2.5mV，即晶体管具有负温度系数；

（3）温度每升高 1℃，β 增加 0.5%～1.0%。

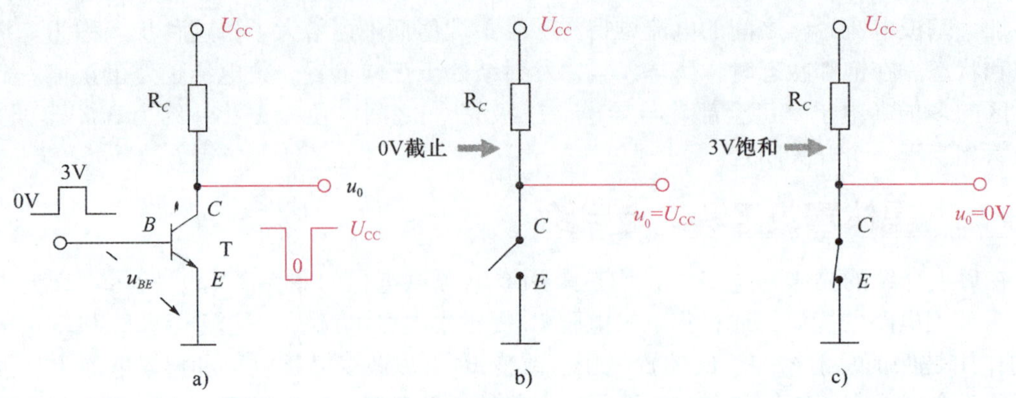

图 5-2-5　晶体管的开关作用

a) 三极管开关电路；b) 相当于开关断开；c) 相当于开关闭合

3. 任务实施

3.1　准备工作

使用的仪器设备及元件包括：10kΩ 可调电阻、10kΩ 电阻，1kΩ 电阻、三极管(9013)，万用表、面包板、跳线，12V 直流电源。

3.2　操作流程

(1) 连接电路如图 5-2-6 所示。当 V_{IN} 为低电压时，由于基极没有电流，因此集电极也无电流，使连接集电极端的负载也没有电流，相当于开关开启，此时三极管作于截止区。同理，当 V_{IN} 为高电压时，由于有基极电流，从而使集电极流过更大的放大电流，因此负载回路被导通，相当于开关的闭合，此时三极管作于饱和区。

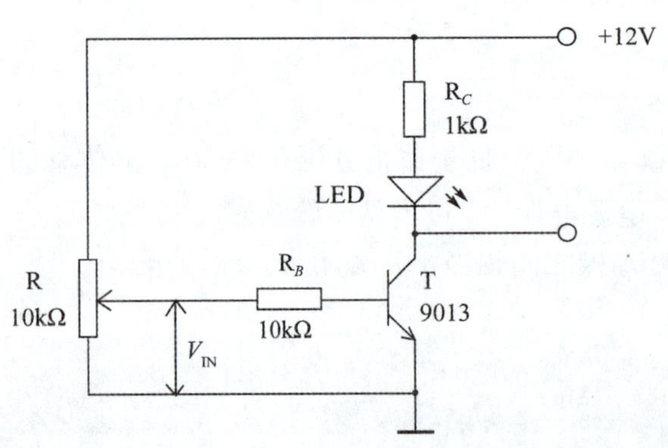

图 5-2-6　三极管开关电路

(2) 由于对硅三极管而言，其基—射极之间正向偏压值约为 0.5V，因此，欲使三极管截止，基—射极之间正向偏压值必须低于 0.5V，才能使三极管的基极电流为零。通常在设计时，为了可以更确定三极管处于截止状态，往往使基射极之间正向偏压值低于 0.3V。

(3) 调节可调电阻 R，使三极管 T 基极和发射极之间正向偏置电压值小于 0.3V，三极管截止，LED 不亮。说明三极管开关断开。

(4) 调节可调电阻 R，使三极管 T 基极和发射极之间正向偏置电压值由 0.3V 增加到小于0.7V，三极管处于放大状态，LED逐渐点亮。说明三极管具有放大作用。

(5) 调节可调电阻R，使三极管T基极和发射极之间正向偏置电压大于0.7V，三极管饱和导通，LED最亮。说明三极管开关接通。

3.3 操作流程提示

在调节三极管T基极和发射极之间正向偏置电压时，边调节可调电阻R，边用万用表测量基极和发射极之间正向偏置电压，使其满足：

(1) $U_{BE} < 0.3V$；

(2) $0.3V < U_{BE} < 0.7V$；

(3) $U_{BE} > 0.7V$。

任务3
基本放大电路输入与输出波形的检测

1. 任务引入

通过输入与输出波形的检测，验证三极管的放大作用。

2. 相关理论知识

2.1 基本(共发射极)放大电路的组成

1) 三极管T

在图5-3-1所示的基本电路中，三极管是核心放大元件，电路中输入信号u_i的强弱变化会使基极电流i_B的大小发生变化，从而控制集电极电流i_C的大小变化，实现电流放大作用。放大元件满足$i_C=\beta i_B$，三极管工作在放大区，即保证发射结正偏，集电结反偏。

2) 电源U_{CC}

U_{CC}整个放大电路提供能源，产生电流i_B和i_C。所谓三极管的放大作用就是利用三极管的控制作用，去控制电源E_C的能量，使输出端获得一个放大信号。它的另一个作用是经过R_{B1}和R_{B1}分压，使放大电路处于合适的直流工作状态，从而使晶体管的发射结正偏，集电结反偏，处在放大状态($i_C=\beta i_B$)。

3) 偏置电阻R_{B1}、R_{B2}

它们的作用是组成串联分压电路，为基极提供合适工作电压，保证发射结加正向偏置电压。使晶体管处于合适的直流工作状态，既要保证发射结正偏又要保证三极管工作在放大区。R_{B1}、R_{B2}一般为几十千欧到几百千欧。

4) 集电极负载电阻R_C

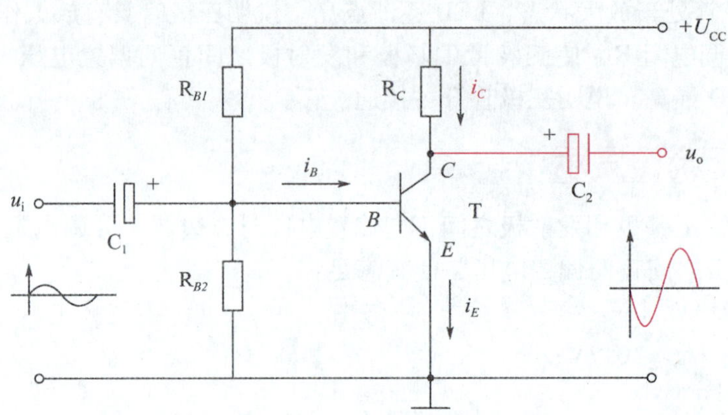

图 5-3-1　共发射极放大电路

它主要是把集电极放大的电流 i_C 变化转换为放大电压的变化，以获得电压放大。若无 R_C，尽管有电流放大，也实现不了电压放大。R_C 一般为几千欧到几十千欧。

5）电容 C_1、C_2

它们的作用是用来传递交流信号，隔断直流通路。由于电容具有“隔直通交”作用。对直流而言：C_1 隔断了本级放大与信号源的直流通路，C_2 隔断了本级与负载间的直流通路；对交流而言：C_1、C_2 上的交流电压应忽略不计视为短路，才能使信号源、放大电路和负载三者之间形成交流通路。从而被形象地称为“耦合”。为了减小传递信号的电压损失，C_1、C_2 应选得足够大，一般为几十微法，由于采用电解电容器，其正极应接在电路的高电位端。

6）信号源电压 u_i

u_i 是放大电路输入信号电压，一般为交变电压。

7）输出电压 u_o

u_o 是经放大电路放大后输出的信号电压。

2.2　基本放大电路的三个动态性能指标

1）放大电路的输入电阻 r_i

放大电路对信号源来说，是一个负载，可用一个电阻等效电路（图 5-3-2）代替，这个电阻是信号源的负载电阻，也就是放大电路的输入电阻 r_i。输入电阻是表明放大电路从

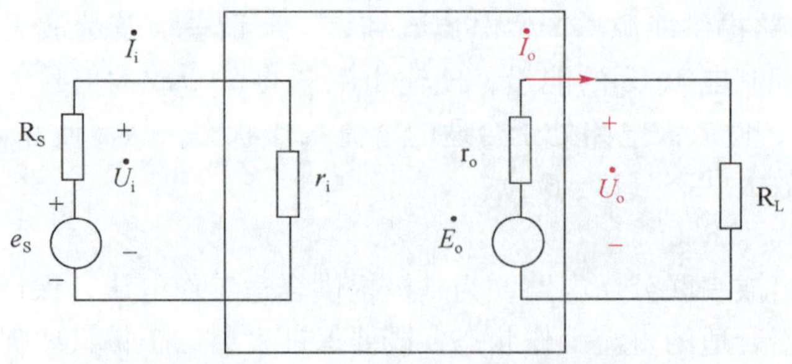

图 5-3-2　输入输出电阻等效电路

信号源分得电压大小的参数。根据串联分压特性，电路的输入电阻越大，从信号源分位的电压越高，因此一般总是希望有较大的输入电阻。

2）放大电路的输出电阻 r_o

对于负载而言，放大电路相当于信号源（可以将它进行戴维宁定理等效），等效电路的内阻就是输出电阻 r_o。输出电阻是动态电阻，与负载无关。输出电阻是表明放大电路带负载的能力。放大电路的输出电阻越小，输出电压和电流就越大，且负载变化时输出电压的变化越小，因此一般总是希望有较小的输出电阻。

3）电压放大倍数 A

$$A=\frac{\dot{U}_o}{\dot{U}_i}$$

2.3 基本放大电路的工作特点

☞ 2.3.1 无输入信号时

无输入信号时，如图 5-3-3 所示，只有直流信号。即

$$u_i=0,\ u_{BE}=U_{BE},\ u_{CE}=U_{CE}$$

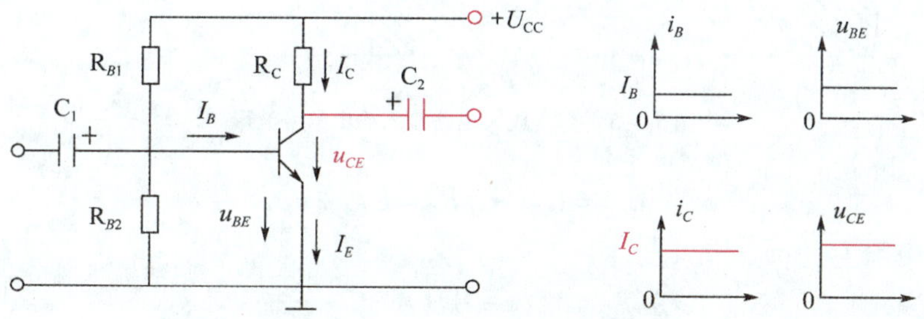

图 5-3-3 共发射极放大电路直流分量

无输入信号电压时，三极管各电极都是恒定的，电压和电流：I_B、U_{BE}和 I_C、U_{CE}分别对应于输入、输出特性曲线上的一个点，称为静态工作点，如图 5-3-4 中所示的 Q 点。

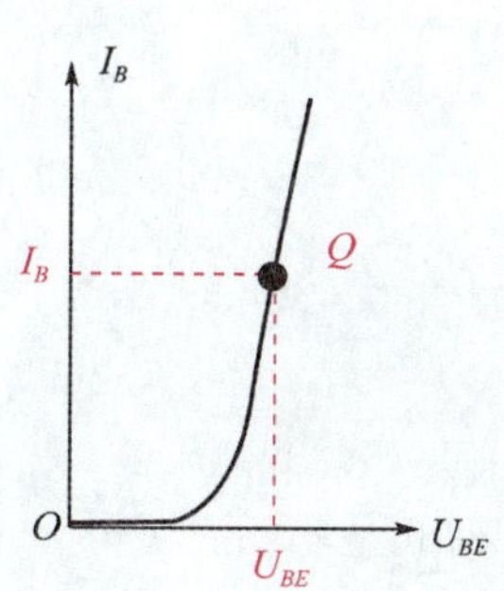

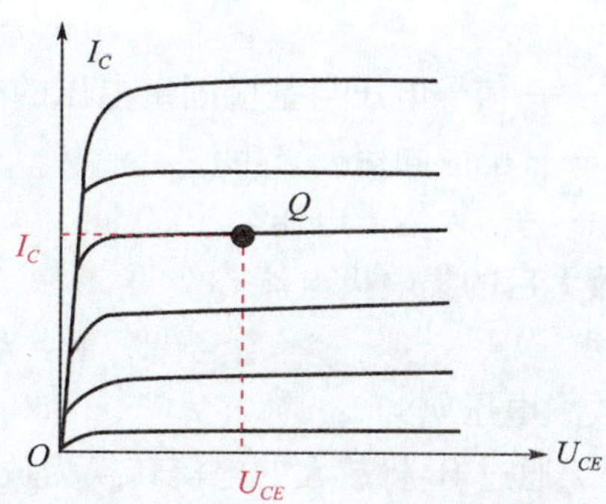

图 5-3-4 静态工作点

☞ 2.3.2 有输入信号时

有输入信号时 $u_o \neq 0$，如图5-3-5所示，交直流信号共存。即

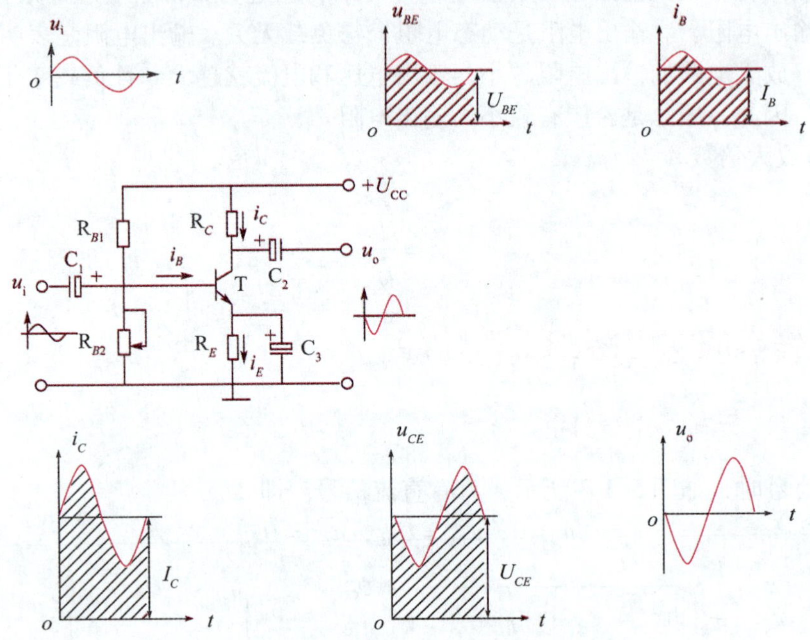

图5-3-5 交流放大电路输入输出信号波形

$$u_{CE}=U_{CC}-i_C R_C=U_{CE}+u_o$$

1）输入电流 i_B

即：
$$i_B=I_B+i_b$$

式中：i_B——信号电流和基极固定偏流的叠加；

I_B——基极固定偏置电流；

i_b——输入交流信号电流。

2）输入电压 u_{BE}

即：
$$u_{BE}=U_{BE}+u_i$$

式中：u_{BE}——信号电压与基极固定电压的叠加；

U_{BE}——基极固定偏置电压；

u_i——输入信号电压。

3）放大后的集电极电流 i_C

$$i_C=I_C+i_c=\beta i_B$$

4）放大电压 u_{CE}

u_{CE}是 i_c通过 R_C将放大的电流转换为放大的晶体管电压输出。

5）输出电压 u_o

u_o是 u_{CE}经 C_2滤掉了直流成分后的输出电压。

输入输出波形如图5-3-5所示。加上输入信号电压后，各电极电流和电压的大小均发生了变化，都在直流量的基础上叠加了一个交流量，但方向始终不变。若参数选取得当，输出电压可比输入电压大，即电路具有电压放大作用。

由于输入电压高时，三极管 CE 极间阻值减小，输出电压低，反而输出电压高。这样，使输出电压与输入电压在相位上相差180°，即共发射极电路具有反相作用。

☞ 2.3.3 实现放大的条件

（1）晶体管必须工作在放大区。发射结正偏，集电结反偏。

（2）正确设置静态工作点，使晶体管工作于放大区。

（3）输入回路将变化的电压转化成变化的基极电流。

（4）输出回路将变化的集电极电流转化成变化的集电极电压，经电容耦合只输出交流信号。

☞ 2.3.4 直流通路和交流通路

因电容对交、直流的作用不同，在放大电路中，如果电容的容量足够大，可以认为它对交流分量不起作用，即对交流短路，而对直流可以看成开路。这样，交、直流所走的通路是不同的。

（1）直流通路：无交流信号时电流（直流电流）的通路，用来计算静态工作点。

（2）交流通路：有交流信号时交流分量（变化量）的通路，用来计算电压放大倍数、输入电阻、输出电阻等动态参数。

2.4 基本放大电路静态工作点的选择

如果若静态工作点 Q 设置不合适，晶体管进入截止区或饱和区工作，会造成非线性失真。

☞ 2.4.1 静态工作点 Q 设置过低

若静态工作点 Q 设置过低，在输入信号波形的负半周到来时，使 $u_{BE}<0.5V$，小于死区的部分将无法得到传输通过晶体管，只有大于死区的部分才能转换成电流 i_C 通过晶体管。晶体管进入截止区工作，造成截止失真，如图5-3-6所示。

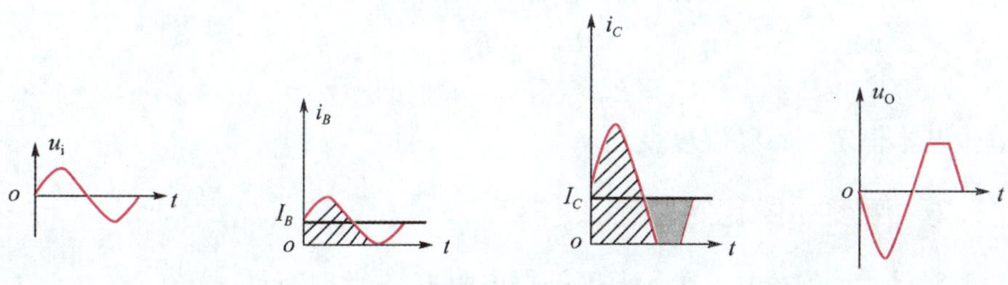

图5-3-6 截止失真波形

☞ 2.4.2 静态工作点设置过高

若静态工作点 Q 设置过高，使 $u_{BE}>0.7V$，晶体管进入饱和区工作，造成饱和失真，

如图 5-3-7 所示。

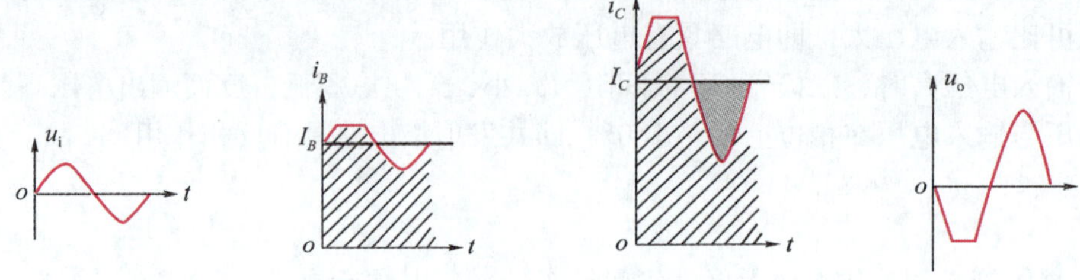

图 5-3-7　饱和失真波形

☞ 2.4.3　温度变化对静态工作点的影响

合理设置静态工作点是保证放大电路正常工作的先决条件。但是，放大电路的静态工作点常因外界条件的变化而发生变动。比如，在固定偏置放大电路中，当温度升高时，少数载流子漂移运动加强，使得 I_B、I_C增加。即有：

$$T\uparrow\rightarrow I_{BEO}\text{和}I_{CBO}\uparrow\rightarrow U_{BE}\downarrow—\beta\uparrow\rightarrow I_B\uparrow$$

$$T\uparrow\rightarrow I_{CEO}\text{和}I_B\uparrow\rightarrow I_C=(\beta I_B+I_{CEO})\uparrow$$

上式表明，当 U_{CC}和 R_B一定时，I_C与 U_{BE}、β 以及 I_{CEO}有关，而这三个参数随温度而变化。温度升高时，I_C将增加，使 Q 点沿负载线上移。容易使晶体管 T 进入饱和区造成饱和失真，甚至引起过热烧坏三极管。固定偏置电路的工作点 Q 点是不稳定的，为此需要改进偏置电路。当温度升高使 I_C增加时，能够自动减少 I_B，从而抑制 Q 点的变化，保持 Q 点基本稳定。

2.5　静态工作点的稳定

☞ 2.5.1　分压式偏置电路稳定静态工作点 Q

若满足：$I_2\geqslant I_B$

$$I_1\approx I_2\approx U_{CC}/(R_{B1}+R_{B2})$$

$$U_B=I_2R_{B2}$$

$$U_B=R_{B2}/(R_{B1}+R_{B2})\,U_{CC}$$

基极电位基本恒定，不随温度变化。

☞ 2.5.2　温度补偿稳定静态工作点

如图 5-3-8 所示，在发射极接入温度补偿电阻 R_E，此时有：

$$T\uparrow\rightarrow I_C\uparrow\rightarrow U_E\uparrow\ (U_B\text{固定})\rightarrow U_{BE}\downarrow\rightarrow I_B\downarrow\rightarrow I_C\downarrow$$

保证集电极电流基本恒定，不随温度变化。

(1) 对于直流：R_E越大，稳定 Q 点效果越好；

(2) 对于交流：R_E越大，交流损失越大，为避免交流损失，需加旁路电容 C_E。

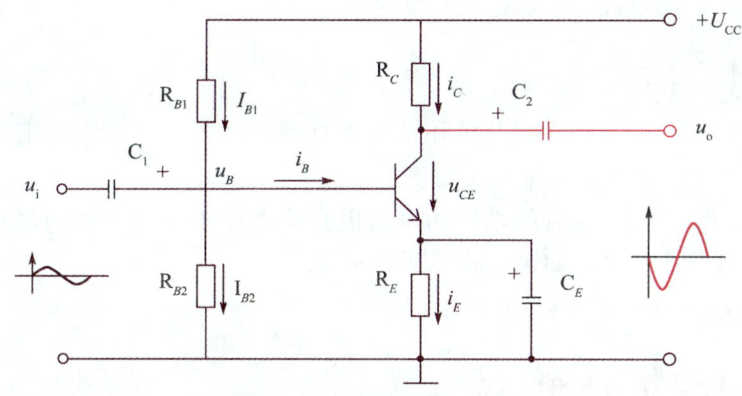

图5-3-8 静态工作点稳定电路

（3）旁路电容 C_E的作用：交流通路中，旁路电容 C_E将反馈电阻 R_E短路，R_E不起作用短路，A_u、r_i、r_o与固定偏置电路相同，不受影响。如果把射极电容 C_E去掉，交流通道反馈电阻 R_E仍起作用，则 I_E减小，r_{be}增大，负载不变情况下，电压放大倍数 A_u降低。

3. 任 务 实 施

3.1 准备工作

使用的仪器设备及元件包括：正弦信号发生器、1 个 40kΩ 可调电阻、1 个 60kΩ 电阻、1 个 6kΩ 电阻、1 个 3kΩ 电阻、1 个 10μF 电容、两个 50μF 电容、T9013 三极管、面包板、12V 直流电源、万用表、示波器。

3.2 操作流程

（1）按照图 5-3-9 连接电路；

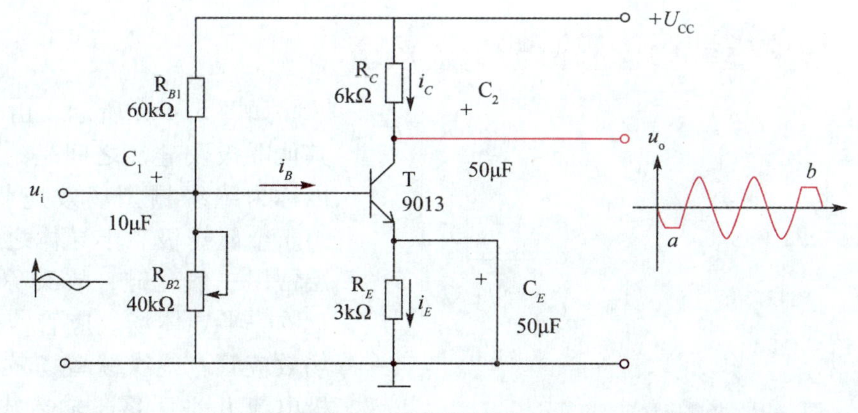

图5-3-9 交流信号放大电路

（2）调节 R_{B2}，用示波器检测输入和输出电压与波形。

3.3 操作提示

（1）若调节 R_{B2}，使三极管的基极和发射极直流电压大于三极管的饱和电压（$U_{BE}>0.7V$），就会出现饱和失真，如输出波形图的 a 段。

（2）若调节 R_{B2}，使三极管的基极和发射极直流电压小于三极管的截止电压（$U_{BE}<0.5V$），就会出现截止失真，如输出波形图的 b 段。

任务 4 照明延时电路的分析

1. 任务引入

由于照明控制系统具有照明延迟功能，所以系统必须具备照明延时关闭电路。在照明控制系统故障检测时，常需要分析照明延时电路。

2. 相关理论知识

2.1 场效应管

场效应晶体管是利用电场效应来控制电流的一种半导体器件，即电压控制元件。它的输出电流决定于输入电压的大小，基本上不需要信号源提供电流，所以具有输入电阻高，且温度稳定性好。场效应管是由金属氧化物半导体构成，故又称为 MOS 管。场效应管（MOS）一般分为结型场效应管（NMOS）和绝缘栅型场效应管（PMOS）。其电路符号如图 5-4-1 所示。

2.2 绝缘栅型场效应管的基本构造

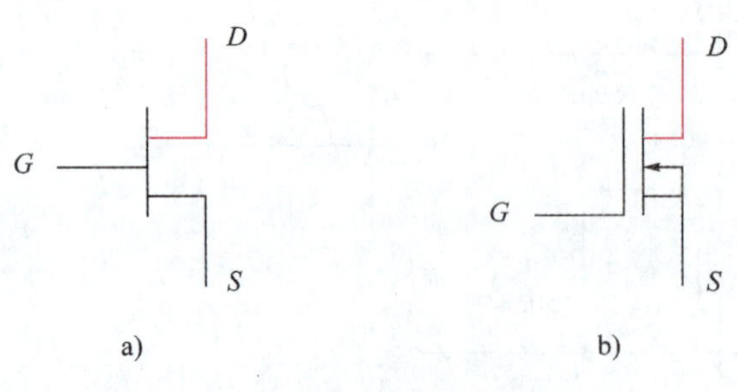

图 5-4-1 场效应管的电路符号

a)结型场效应管；b)绝缘栅型场效应管

如图 5-4-2 所示，由于栅极和其他电极及硅片之间是绝缘的，所以称为绝缘栅型场效应管。目前，由于金属栅极和半导体之间的绝缘层常用二氧化硅，故又称金属—氧化物—半导体场效应管，简称 MOS 场效应管。绝缘栅型场效应管的栅极电流几乎为零，输入电阻很高，最高可达 10^8M Ω。

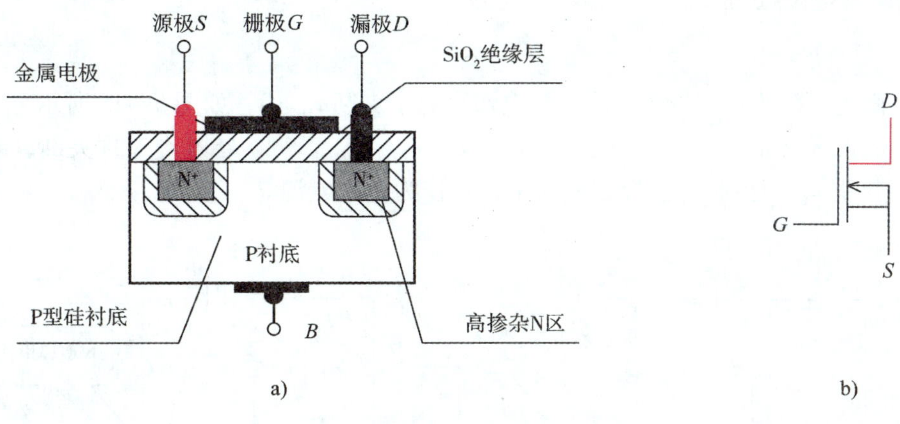

图 5-4-2 场效应管结构示意图及符号

a)结构;b)电路符号

2.3 场效应管工作原理(直流分量)

由结构图可见，N^+型漏区和N^+型源区之间被 P 型衬底隔开，漏极和源极之间是两个背靠背的 PN 结。

(1) 如图 5-4-3 所示。当栅源电压 $U_{GS}=0$ 时，不管漏极和源极之间所加电压的极性如何，其中总有一个 PN 结是反向偏置的，反向电阻很高，漏极电流近似为零。

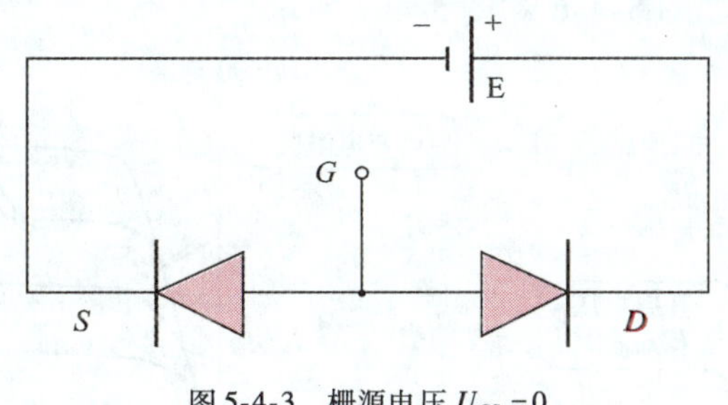

图 5-4-3 栅源电压 $U_{GS}=0$

(2) 当 $U_{GS}>0$ 时，P 型衬底中的电子受到电场力的吸引到达表层，填补了空穴形成负离子的耗尽层。

(3) 当 $U_{GS}>U_{GS(\mathrm{th})}$时，将出现 N 型导电沟道，将 D—S 连接起来。U_{GS}越高，导电沟道越宽。在漏极电源的作用下将产生漏极电流 I_D，管子导通。

(4) 当 $U_{GS}>U_{GS(\mathrm{th})}$后，场效应管才形成导电沟道（图 5-4-4），开始导通，若漏—源极之间加上一定的电压 U_{DS}，则有漏极电流 I_D 产生。在一定的 U_{DS}下漏极电流 I_D 的大小与栅源电压 U_{GS}有关。所以，场效应管是一种电压控制电流的器件。

在一定的漏—源极电压 U_{DS}下，使场效应管由不导通变为导通的临界栅源电压，称为开启电压 $U_{GS(\mathrm{th})}$。开启电压，相当三极管的截止电压。N 沟道增强型 MOS 管，简称 NMOS。

2.4 场效应管输出特性(有交流信号输入)

$$i_D = f\ (u_{DS})\ |_{u_{GS}=\text{常数}}$$

(1) 截止区截止：$u_{GS} < U_{GS(\text{th})}$，导电沟道完全夹断 $i_D = 0$，如图 5-4-5 所示。

(2) 放大区（饱和区、恒流区）：$u_{DS} > u_{GS} - |U_{GS(\text{th})}|$，导电沟道预夹断，$i_D$几乎与 u_{DS}无关，只受 u_{GS}的控制。在控制电路中，可作为恒流电源。

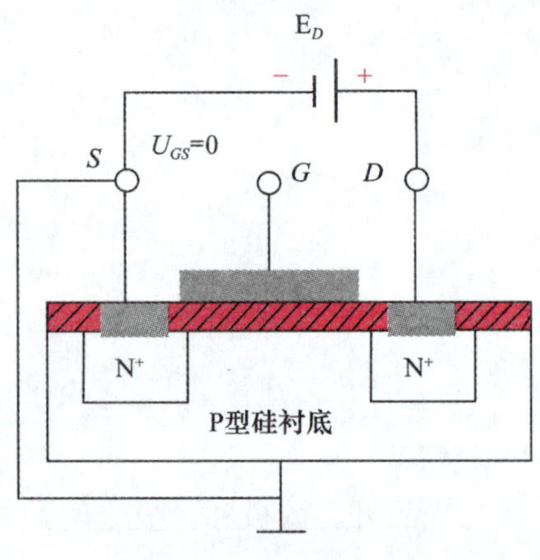

图 5-4-4　导电沟道的形成

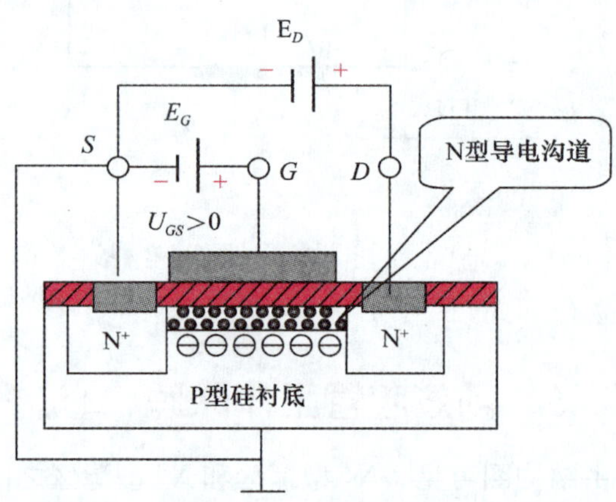

图 5-4-5　导电沟道夹断

(3) 可变电阻区：u_{DS}较小，导电沟道尚未夹断，$u_{DS} < u_{GS} - |U_{GS(\text{th})}|$，场效应管相当于受 u_{GS}控制的电阻，如图 5-4-6 和图 5-4-7 所示。

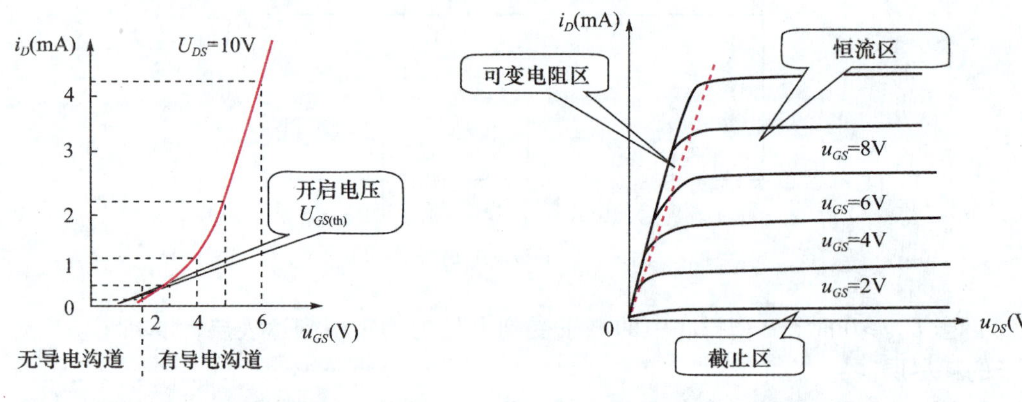

图 5-4-6　转移特性曲线

图 5-4-7　漏极特性曲线

2.5 场效应管的主要特点

(1) 场效应管是压控元件，通过改变输入电压（即利用电场效应）来控制输出电流。

(2) 输入电阻高。不吸收信号源电流，不消耗信号源功率，因此其输入电阻十分高，可高达上百兆欧。

(3) 稳定性好便于集成。一种载流子导电，噪声小，受温度及辐射影响小，制造工艺简单、便于集成等优点。

(4) 跨导较小，电压放大倍数一般比三极管低。

(5) 体积小、重量轻、耗电省、寿命长。

2.6 三极管和场效应管的性能比较

1) 对应管脚作用相似

场效应管的源极 S、栅极 G、漏极 D 分别对应于双极型晶体管的发射极 e、基极 b、集电极 c，其作用相似。

2) 控制方式不同

三极管是电流控制元件，小电流控制大电流；场效应管是电压控制元件，小电压控制大电流。场效应管栅极基本上不获取电流，而双极型晶体管工作时基极总要获取一定的电流。所以在只允许从信号源获取极小量电流的情况下，应该选用场效应管；而在允许获取一定量电流时，选用双极型晶体管进行放大可以得到比场效应管较高的电压放大倍数。

3) 导电粒子不同

场效应管是多子导电，而双极型晶体管则是既利用多子，又利用少子。由于少子的浓度易受温度、辐射等外界条件的影响，因而场效应管比晶体管的温度稳定性好、抗辐射能力强。在环境条件（温度等）变化比较剧烈的情况下，选用场效应管比较合适。

4) 各极互换性不同

场效应管的源极和衬底通常是连在一起时，源极和漏极可以互换使用，耗尽型绝缘栅型管的栅极电压可正可负，灵活性比晶体管强；而双极型晶体管的集电极与发射极互换使用时，其特性差异很大，放大倍数值将减小很多。

5) 噪声系数不同

与双极型晶体管相比，场效应管的噪声系数较小，所以在低噪声放大器的前级通常选用场效应管，也可以选特制的低噪声晶体管。但总的来说，当信噪比是主要矛盾时，还应选用场效应管。

6) 用途和制造工艺不同

场效应管和双极型晶体管都可以用于放大或可控开关，但场效应管还可以作为压控电阻使用，而且制造工艺便于集成化，具有耗电少，热稳定性好，工作电源电压范围宽等优点，因此在电子设备中得到广泛的应用。

3. 任 务 实 施

3.1 准备工作

使用的仪器设备及元件包括：电阻（680kΩ/1kΩ/10MΩ）、MOS 管（2N－7002）继电器、按钮开关、22μF 电容、LED、二极管（1N4004）、万用表、面包板、12V 电源。

3.2 操作流程

(1) 按照如图 5-4-8 所示的电路进行电路连接；

（2）按一下开关 S，观察 LED 变化。并分析说明原因。

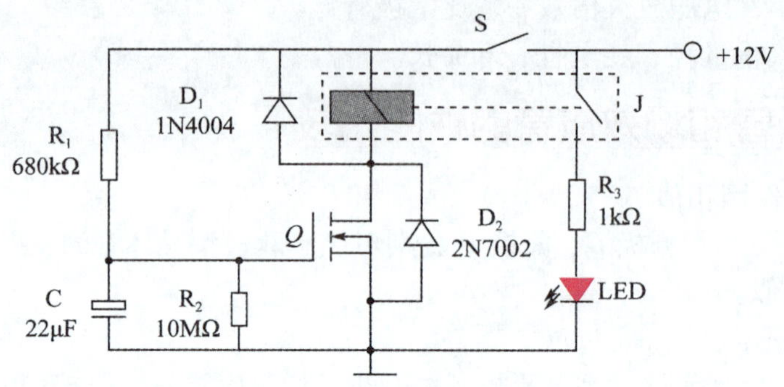

图 5-4-8　MOS 管延时电路

3.3　操作提示

（1）如果将 LED 灯和 R_3 换成汽车照明灯，就可实现照明延迟熄灭功能；

（2）如果将电容容量增大或减小（或用可变电容），就可以改变灯光延迟熄灭时间；

（3）若将 MOS 管换成三极管，具有同样效果。

任务 5　多级放大电路分析

1. 任务引入

汽车传感器产生的电信号都很微弱，需要多级放大电路放大后才能应用，因此，通过多级放大电路分析，验证多级放大电路的放大特性。

2. 相关理论知识

2.1　多级放大电路

汽车传感器产生的电信号一般非常微弱（μA 或 μV 级），而单级（一个）放大电路放大倍数有限（40 倍左右），不能满足信号放大需求，因此需要采用多级放大电路放大信号。将多个单级基本放大电路合理连接，构成多级放大电路。组成多级放大电路的每一个基本电路称为一级，级与级之间的连接称为级间耦合。常见的耦合方式有阻容耦合和直接耦合。

☞ 2.1.1　阻容耦合

如图 5-5-1 所示，两级之间通过耦合电容 C_2 与下级输入电阻连接，其特点是：

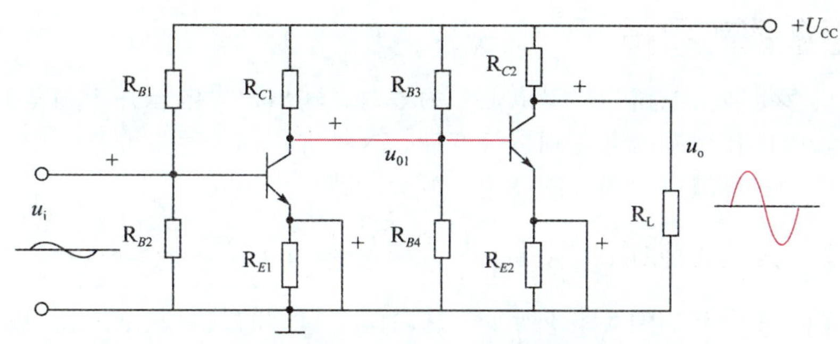

图 5-5-1 阻容耦合放大电路

(1) 静态工作点相互独立，在分立元件电路中广泛使用；

(2) 由于电容有“隔直”作了用，所以每级放大电路的直流通路互不相通，每级的静态工作点互相独立，互不影响，可以各级单独计算；

(3) 在集成电路中无法制造大容量电容，不便于集成化，尽量不用。

☞ 2.1.2 直接耦合

如图 5-5-2 所示，将前级的输出端直接接后级的输入端，可用来放大缓慢变化的信号或直流量变化的信号。直接耦合的特点是：

(1) 前后级静态工作点相互影响，基极和集电极电位会随着级数增加而上升。

(2) 由于不采用电容，所以直接耦合放大电路具有良好的低频特性。可以放大交流和缓慢变化及直流信号。

(3) 零点漂移严重。

由于晶体管参数随温度变化、电源电压波动、电路元件参数的变化，在输入信号电压为零时，输出电压在缓慢地、无规则地变化。直接影响对输入信号测量的准确程度和分辨能力。严重时，可能淹没有效信号电压，无法分辨是有效信号电压还是漂移电压。抑制零点漂移是制作高质量直接耦合放大电路的一个重要的问题；

(4) 由于不采用电容，适合于集成化的要求，在集成运放的内部，级间都是直接耦合。

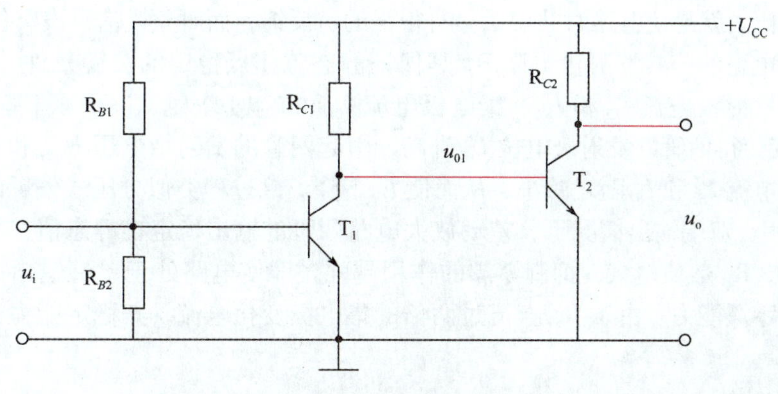

图 5-5-2 直接耦合多级放大电路

2.2 差动放大电路

直接耦合的多级放大电路，当输入信号为零时，输出信号电压并不为零，而且这个不为零的电压会随时间作缓慢的无规则持续变动，这种现象称为零点漂移，简称零漂。差动放大电路就是一种对零漂有很强抑制作用的放大电路。

☞ 2.2.1 典型差动放大电路

典型的差动放大电路如图 5-5-3 所示，它由两个对称的共射基本放大电路组成。其中 T_1、T_2 是两个特性完全相同的晶体管，两管基极信号电压 u_{i1}、u_{i2} 大小相等、相位相反。差动放大电路中的双端输入方式称为差模输入方式，所加信号称为差模信号，差模信号是放大电路中需要传输和放大的有用信号，用 u_{id} 表示，数值上等于两管输入信号的差值：$u_{id}=u_{i1}-u_{i2}$。放大器只放大两个输入信号的差值信号—差动放大电路。$u_o=Ad\ (u_{i1}-u_{i2})=A_{duid}$。

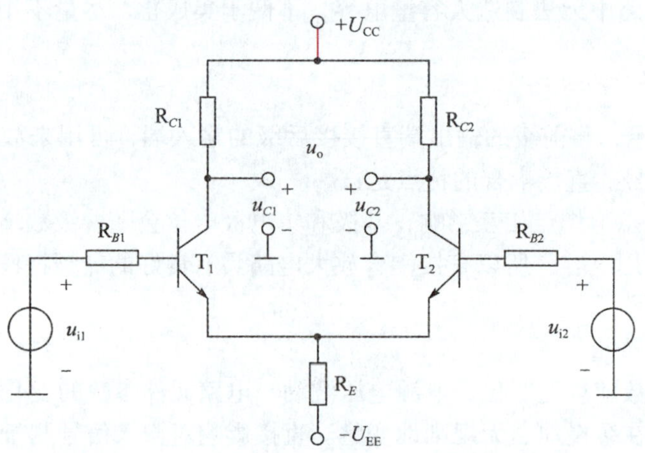

图 5-5-3 差动放大电路

1）R_E的作用

R_E 为温度补偿电阻。其作用是稳定静态工作点，限制每个三极管的漂移。R_E 的作用是提高共模抑制比。就是使电路对共模信号有很强的负反馈，而对差模信号没有任何作用。

差动放大电路的公共发射极电阻 R_E 是保证静态工作点稳定的关键元件。当温度升高，两个三极管的发射极电流 I_{E1} 和 I_{E2}、集电极电流 I_{C1} 和 I_{C2} 均增大，由于两管基极电位 U_{B1} 和 U_{B2} 均保持不变使得两管的发射极电位 U_E 升高，引起两管的发射结电压 U_{BE1} 和 U_{BE2} 降低，造成两管的基极电流 I_{B1} 和 I_{B2} 随之减小，从而使 I_{C2} 下降。此过程类似分压式偏置的共射放大电路中 R_E 的作用。双端输出情况下，差动放大电路两管的输出稳定在静态值，从而有效地抑制了零点漂移，R_E 数值越大，抑制零漂的作用越强。即使电路处于单端输出方式，电路仍有较强的抑制零漂能力。由于 R_E 上流过两倍的集电极变化电流，其稳定能力比射极偏置电路更强。

2）V_{EE}的作用

U_{EE}用于补偿 R_E 上的压降，以获得合适的工作点。由于增加了温度补偿电阻，使得三极管基极电位被提高，静态工作点上移，容易产生饱和失真。由于 R_E 上有直流压降，为了保证 R_E 上端电位接近为零，R_E 的下端电位就一定为负，所以要有一组负电源。而上面的正电源是给集电极供电的。此外，采用双电源供电，可以使 $U_{B1} = U_{B2} \approx 0$，从而使电路可适应正、负两种极性的输入信号，扩大了应用范围。

☞ 2.2.2 差动放大电路对零点漂移的抑制

1）静态时，没有信号输入时的工作情况

$$u_{i1} = u_{i2} = 0, \quad u_o = u_{c1} - u_{c2} = 0$$

当温度升高时 IC 增大，uc 下降（两个三极管变化量相等）即：$u_o = (u_{c1} + \Delta u_{c1}) - (u_{c2} + \Delta u_{c2}) = 0$。对称差动放大电路对两管所产生的同向漂移都有抑制作用。

2）有信号输入时的工作情况

（1）共模输入信号——需要抑制的信号

$u_{i1} = u_{i2}$大小相等、极性相同，两管集电极电位呈等量同向变化，所以输出电压为零，即对共模信号没有放大能力。差分电路抑制共模信号能力的大小，反映了它对零点漂移的抑制水平。

（2）差模输入信号——需要放大的信号

$u_{i1} = -u_{i2}$大小相等、极性相反，两管集电极电位一减一增，呈等量异向变化，即：

$u_o = (u_{c1} - \Delta u_{c1}) - (u_{c2} + \Delta u_{c2}) = -2\Delta u_{c1}$，即对差模信号有放大能力。

（3）比较输入信号

u_{i1}、u_{i2}大小和极性是任意的。如：$u_{i1} = 10mV$ 和 $u_{i2} = 6mV$，可分解成：

$u_{i1} = 8mV$（公模信号）$+2mV$（差模信号），$u_{i2} = 8mV$（公模信号）$-2mV$（差模信号）

即：$u_{id} = u_{i1} - u_{i2} = 10mV - 6mV = 4mV$（差模信号）

放大器只放大两个输入信号的差值信号，差动（比较）放大电路。这种输入常作为比较放大来应用，在自动控制系统中是常见的。

3）共模抑制比

全面衡量差分放大电路放大差模信号和抑制共模信号的能力。

$$K_{CMR} = \frac{|A_d|}{|A_c|} \qquad K_{CMR} = 20\lg\frac{|A_d|}{|A_c|}$$

式中：A_d——差模放大数；

A_c——公模放大倍数。

K_{CMR}越大，说明差放分辨差模信号的能力越强，而抑制共模信号的能力越强。

2.3 功率放大电路

☞ 2.3.1 功率放大电路的作用

在多级放大电路中，功率放大电路是放大电路的输出级，用于来推动负载工作。例如使扬声器发声、继电器动作、仪表指针偏转、电动机旋转等。

☞ 2.3.2 互补对称放大电路

如图 5-5-4 所示，互补对称电路是集成功率放大电路输出级的基本形式。它直接与负载相连，无输出电容，简称 OCL 电路。OCL 电路采用双电源供电。T_1、T_2 的特性一致，一个 NPN 型、一个 PNP 型，两管均接成射极输出器。

1）静态时

静态时 T_1、T_2 两管发射结电压分别为二极管 D_1、D_2 的正向导通压降，致使两管均处于微弱导通状态。

2）动态时

动态时，设 u_i 加入正弦信号。正半周 T_2 截止，由于有 D_1 的钳位作用，T_1 基极电位进一步提高，进入良好的导通状态，i_{C1} 流过负载；负半周 T_1 截止，由于有 D_2 的钳位作用，T_2 基极电位进一步降低，进入良好的导通状态，i_{C2} 流过负载。在信号的整个周期都有电流流过负载，负载上 i_L 和 u_O 基本上是正弦波。

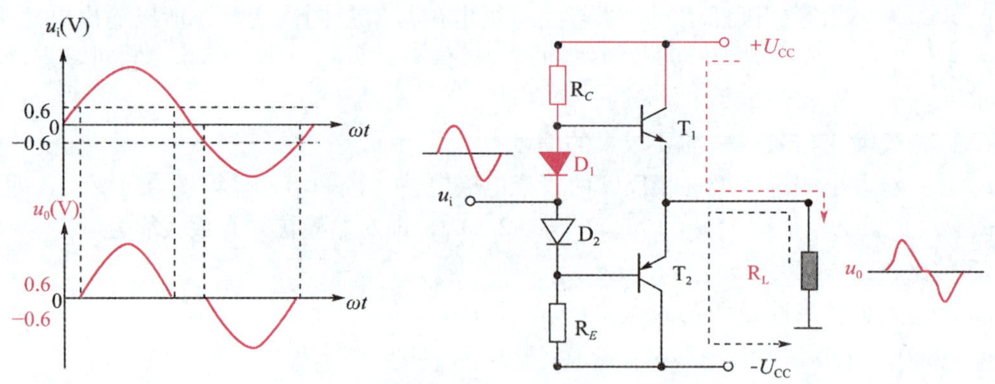

图 5-5-4 功率放大电路

3）R_C、R_E、D_1、D_2 的作用

R_C、R_E、D_1、D_2 的作用是克服交越失真。两个晶体管在信号周期内交替工作，由于晶体管总是存在着死区电压，因此在信号零点附近不会产生基极电流，造成传输信号波形的严重失真，由于这种失真产生在过零值处，所以称为交越失真。通过 D_1 和 D_2 的钳位作用，能够保证在输入信号接近零时，T_1 和 T_2 的基极电位大于死区电压，使两个晶体管均处于微弱导通状态，避免出现交越失真。

3. 任 务 实 施

3.1 准备工作

使用的仪器设备及元件包括：4.7kΩ、1MΩ、10kΩ 电阻，9014 三极管 2 个，LED 灯 2 个，100μF 和 1μF 电容各 1 个，万用表、面包板、3V 电源和跳线。

3.2　操作流程

（1）连接如图 5-5-5 所示的音频放大电路；

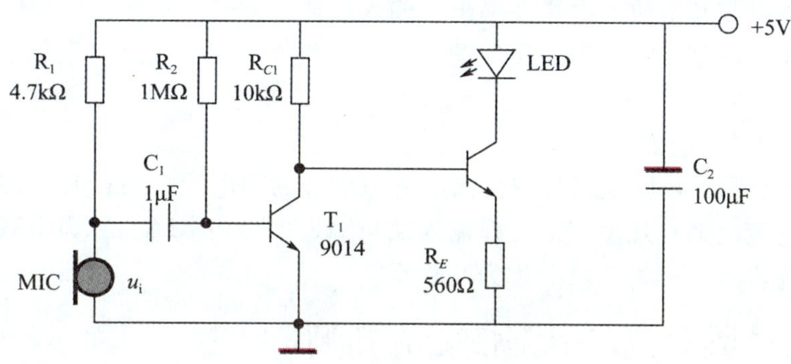

图 5-5-5　音频放大电路

（2）对准话筒发声，观察两个 LED 亮度变化情况；

（3）分析三极管放大原理。

4. 拓 展 知 识

4.1　反馈的基本概念

如图 5-5-6 所示，从放大电路输出回路中取出部分或全部的输出信号，通过适当的途径回送到输入端，对输入信号进行调控的过程称为反馈。反馈分有正反馈和负反馈两种形式：

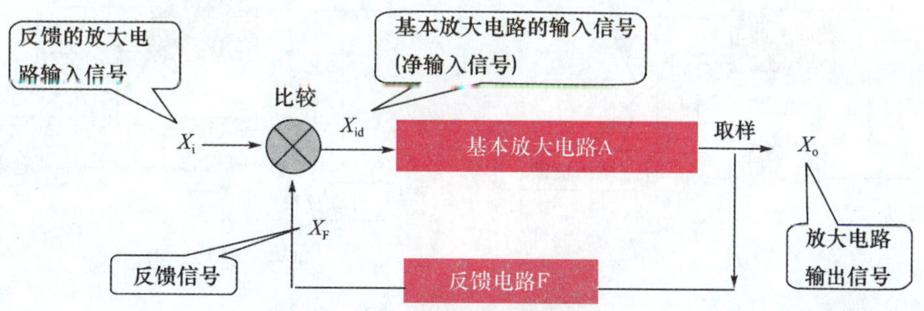

图 5-5-6　负反馈放大电路的方框图

（1）正反馈：能使净输入信号增强的反馈称为正反馈。正反馈可以增大电压放大倍数 A_u，使放大电路进入深度饱和。

（2）负反馈：使净输入信号削弱的反馈称为负反馈。负反馈可以减小电压放大倍数 A_u，防止饱和失真和截止失真。放大电路中普遍采用的形式是负反馈。

4.2 负反馈的基本类型及其判别

1）反馈类型

根据反馈网络与基本放大电路在输出、输入端连接方式的不同，负反馈放大电路的反馈形式可分为 4 种类型：电压串联负反馈、电压并联负反馈、电流串联负反馈、电流并联负反馈。

2）判断反馈类型的方法

如图 5-5-7 所示，凡反馈信号取自输出电压信号的称电压反馈；凡反馈信号取自输出电流信号的称电流反馈。凡反馈信号在输入端与输入信号相串联的称为串联反馈，凡反馈信号在输入端与输入信号相并联的称为并联反馈。

4.3 负反馈对放大电路性能的影响

（1）放大电路引入负反馈，一般都会造成电压放大倍数 A_u 的下降，反馈电压 I_eR_e 越大，电压放大倍数下降越多。虽然负反馈引起 A_u 的下降，但换来的却是放大电路稳定性的提高。对放大电路来讲，提高稳定性至关重要。

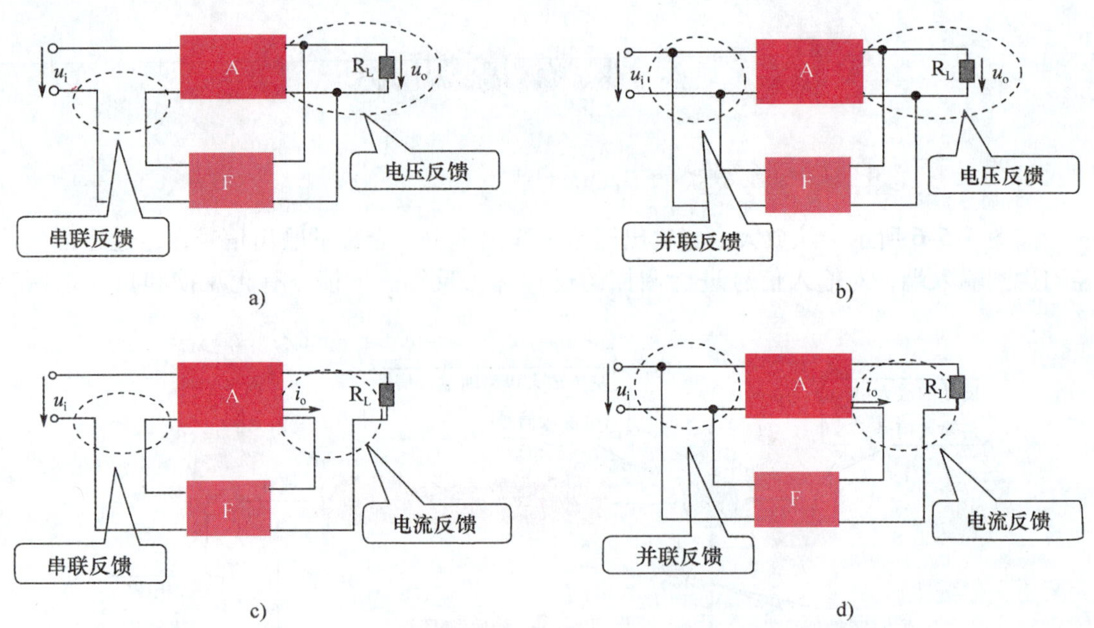

图 5-5-7　反馈的类型

a）电压串联反馈；b）电压并联负反馈；c）电流串联负反馈；d）电流并联负反馈

（2）采用负反馈提高放大电路的稳定性，从本质上讲，是利用失真的波形来改善波形的失真。实际上并不能使波形失真完全消除。

（3）引入负反馈，可扩展放大电路的通频带；若电路在深度负反馈条件下且反馈网络为纯电阻性，又可减小放大电路的非线性失真；负反馈还可抑制反馈环内的噪声和干扰。

任务6 集成运算放大器放大电路输入与输出波形检测

1. 任务引入

通过集成运算放大电路输入与输出波形的检测，验证集成运算放大器的放大作用。

2. 相关理论知识

2.1 集成运算放大器

集成运算放大器是一种具有很高放大倍数的多级直接耦合放大电路，也是发展最早、应用最广泛的一种模拟集成电路。集成运算放大器简称运放，是一种多端集成电路。早期，运放主要用来完成模拟信号的求和、微分和积分等运算，故称为运算放大器。如今，运放的应用已远远超过运算的范围。它在通信、控制和测量等设备中得到广泛应用。一般多级放大电路都要引入负反馈，负反馈虽然降低了放大倍数，但是它对提高放大电路的工作稳定性和改善电路性能指标起到了重要作用。随着电子技术的不断发展，分立元件的多级放大器已经被集成在一块半导体芯片内，构成了集成运算放大器（简称集成运放）。

2.1.1 集成运放的基本组成

如图5-6-1所示，集成运放主要由输入级、中间级、输出级和偏执电路组成。

（1）输入级：利用差分电路的对称特性可提高整个电路的共模抑制比和电路性能。

（2）中间级：中间级应有足够大的电压放大倍数（电压增益），一般采用多级共发射极直接耦合放大电路。

（3）输出级：常用电压跟随器或互补电压跟随器组成，以降低输出电阻，提高带负载能力。

（4）偏执电路：集成运放内部主要有上述三个部分，其外部还常接有偏置电路，以便向各级提供合适的工作电流，以稳定各级静态工作点。

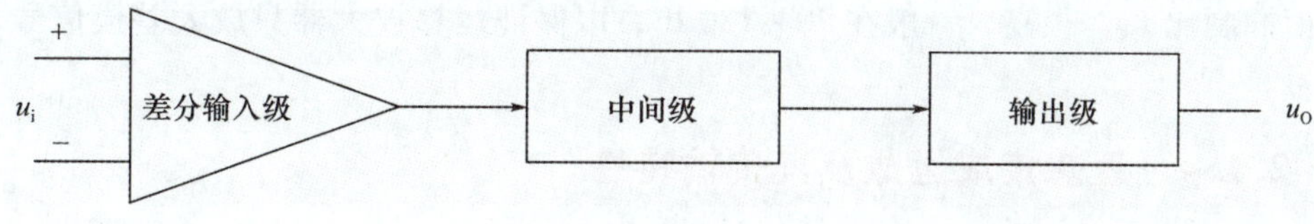

图5-6-1 运放的组成

2.1.2 常用集成运放芯片管脚排列及功能

如图 5-6-2 所示，8 个管脚排列及功能如下：

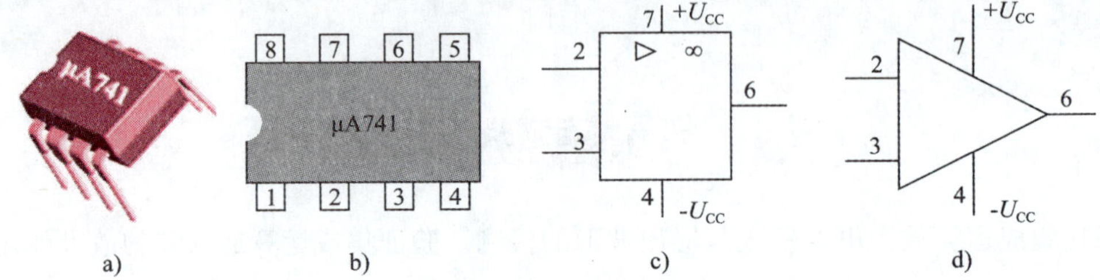

图 5-6-2 集成运算放大器

a) 实物；b) 管脚排列；c) 国际符号；d) 美国符号

管脚 1 和管脚 5：调零端；

管脚 2 反相输入端；

管脚 3 同相输入端；

管脚 4 电源负端，单电源工作时，此端搭铁；

管脚 6 输出端；

管脚 7 电源正端；

管脚 8 空脚。

管脚 1 和管脚 5 分别与调零电位器的两个固定端相连，调零电位器的可调端与管脚 4 相连，管脚 4 搭铁或接负电源。调零电位器，除非特别精密电路，一般不用。

2.1.3 集成运放的主要技术指标

（1）开环电压放大倍数 A_{u_o}

其数值很高，一般约为 80 ~ 140dB。该值反映了输出电压 u_o 与输入电压 u_+ 和 u_- 之间的关系。

（2）差模输入电阻 r_i

运放的差动输入电阻很高，一般在 $10^5 \sim 10^{11}\Omega$。

（3）闭环输出电阻 r_o

由于运放总是工作在深度负反馈条件下，因此其闭环输出电阻很低，约在几十欧至几百欧之间。

（4）共模抑制比 K_{CMR}

共模抑制比 K_{CMR} 很高，一般在 70 ~ 130dB，以保证运算放大器只放大差模信号，抑制共模信号。

2.1.4 理想集成运放及其传输特性

为简化分析过程，同时又能满足实际工程的需要，常把集成运放理想化，集成运放的理想化参数为：

（1）开环电压放大倍数 $A_{u_o}=\infty$；

（2）差模输入电阻 $r_i=\infty$；

（3）输出电阻 $r_o=0$；

（4）共模抑制比 $K_{CMR}=\infty$。

2.1.5 集成运放的电压传输特性

根据集成运放的实际特性，可画出其相应的电压传输特性，如图5-6-3所示。由图可以看出，当集成运放工作在线性区（$+U_{CC}\sim-U_{CC}$）时，线性区很窄。原因是集成运放的电压放大倍数相当高，即使输入电压很小，也足以让运放工作在饱和状态，使输出电压保持最大供电电压 U_{CC} 稳定。集成运放工作在线性区时输出电压与输入电压之间的关系：

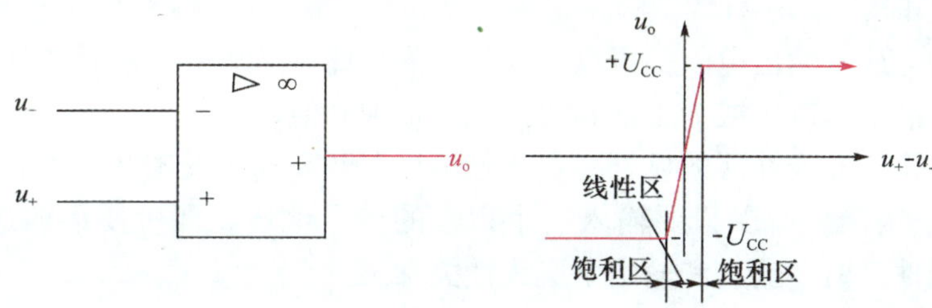

图5-6-3 集成运放的电压传输特性曲线

$$u_o=f(u_i)=A_{u_o}(u_+-u_-)$$

1）集成运放工作在线性（放大）区的特点

由 $u_o=A_{u_o}(u_+-u_-)$ 可知，集成运放工作在线性区时，输出电压 u_o 与输入电压 $u_i=(u_+-u_-)$ 之间是线性放大关系。由于集成运放的电压放大倍数接近无穷大 $A_{u_o}\rightarrow\infty$，只要 $u_i=(u_+-u_-)\neq0$，输出电压 u_o 就会进入饱和值。无法实现线性放大。要想实现线性放大，只有减小电压放大倍数 A_{u_o}。减小电压放大倍数的最好办法是引入负反馈。因此，运放在线性区工作，通常引入深度电压负反馈，降低电压放大倍数，以免进入饱和区。

如图5-6-4所示，如果在输出端与反相输入端引入反馈电阻 R_f，将部分输出电压引回输入端，由于输出端与输入端相位相反，从而减小了电压放大倍数。实现线性放大。反馈电阻 R_f 越大，反馈量越小，放大倍数越高。根据实验得到引入负反馈后电压放大倍数等

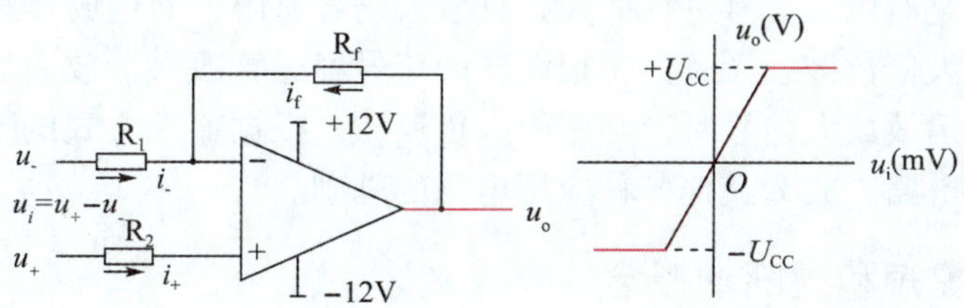

图5-6-4 集成运放线性区曲线

于反馈电阻与输入电阻的比值：

$$A_{u_o}=R_f/R_1 \quad 即\ u_O=R_f/R_1\ (u_+-u_-)$$

式中：R_1——反相输入端输入电阻；

R_f——反馈电阻。

2）理想运放工作在非线性（饱和）区的特点

集成运放应用在非线性电路时，处于开环或正反馈状态下。由于集成运放的电压放大倍数接近无穷大 $A_{u_o}\to\infty$，不加负反馈时即工作在非线性区（饱和区）。即有：

如图 5-6-5 所示，当同相输入端信号电压 u_+ 大于反相输入端信号电压 V_- 时，输出端电压 $u_O=+U_{CC}$，

即：$u_+>u_-$ 时，$u_O=+U_{CC}$；

当同相输入端信号电压 u_+ 小于反相输入端信号电压 u_- 时，输出端电压 $u_O=-U_{CC}$，

即：$u_+<u_-$ 时，$u_O=-U_{CC}$。

非线性区的运放，输出电阻仍可以认为是零值。此时运放的输出量与输入量之间为非线性关系，输出端信号电压或为正饱和值，或为负饱和值。

集成运放工作于非线性区的显著特点就是运行在开环或正反馈状态下；因运放的开环电压放大倍数 A_{u_o} 极高，所以只要输入一个很小的信号电压，即可使运放进入非线性区。运放工作在非线性区时，输入和输出不成线性关系。

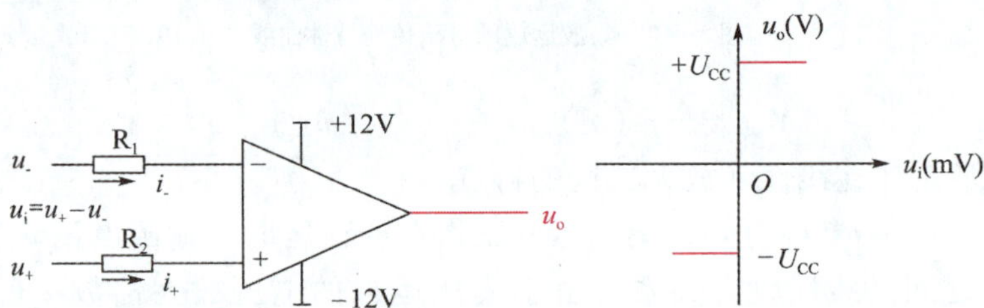

图 5-6-5　理想运放工作在饱和区的电压传输特性

2.2　集成运放的线性应用（放大）

☞ 2.2.1　应用分类

集成运放的应用分为线性应用（放大器）和非线性应用（比较器）两大类。

普通放大电路是对单一信号进行放大，且放大倍数有限；而运放是对比较（差模）信号进行放大，且放大倍数接近无穷大，很微弱的信号经运算放大器放大后都会进入饱和状态，因此利用集成运放放大信号时，必须引入负反馈。根据输入方式的不同，构成三种最基本的实用放大器电路，成为其他各种应用电路的基础。

☞ 2.2.2　虚短和虚断的概念

由于运放的电压放大倍数很大，一般通用型运算放大器的开环电压放大倍数都在 80dB 以上。而运放的输出电压是有限的，一般在 10 ~ 14V。因此运放的差模输入电压不足 1mV，两输入端近似等电位，相当于“短路”。开环电压放大倍数越大，两输

入端的电位越接近相等。“虚短”是指在分析运算放大器处于线性状态时，可把两输入端视为等电位，这一特性称为虚假短路，简称虚短。显然不能将两输入端真正短路。

由于运放的差模输入电阻很大，一般通用型运算放大器的输入电阻都在1MΩ以上。因此流入运放输入端的电流往往不足1μA，远小于输入端外电路的电流。故通常可把运放的两输入端视为开路，且输入电阻越大，两输入端越接近开路。“虚断”是指在分析运放处于线性状态时，可以把两输入端视为等效开路，这一特性称为虚假开路，简称虚断。显然不能将两输入端真正断路。

☞ 2.2.3 反相放大器

如图5-6-6所示，运放的同向端搭铁为0V，反向端和同向端虚短，所以也是0V。反向输入端输入电阻很高，为虚断，几乎没有电流注入和流出，那么R_1和R_2相当于是串联的，流过一个串联电路中的每一只组件的电流是相同的，即流过R_1的电流和流过R_2的电流是相同的。

流过R_1的电流：

$$I_1=(u_i-u_-)/R_1 \tag{5-6-1}$$

流过R_2的电流：

$$I_f=(u_--u_o)/R_f \tag{5-6-2}$$

$$u_-=u_+=0 \tag{5-6-3}$$

$$I_1=I_f \tag{5-6-4}$$

求解上面的代数方程得$u_o=-(R_f/R_1)\cdot u_i$。这就是反向放大器的输入输出关系式了。

反相放大器的放大倍数$A_{u_o}=u_o/u_i=-R_f/R_1$。式中，A_{u_o}为负值，表明集成运放输出电压与输入电压反相，所以叫反相放大器。而且，A_{u_o}仅取决于R_f/R_1的比值，而与集成运放本身无关。电阻R_2叫平衡电阻，作用是保证输入端对地的静态电阻相等，使放大器稳定工作。其阻值为反相输入端输入电阻与反馈电阻并联值。即：

平衡电阻 $R_2=R_1/\!/R_f=R_1R_f/(R_1+R_f)$

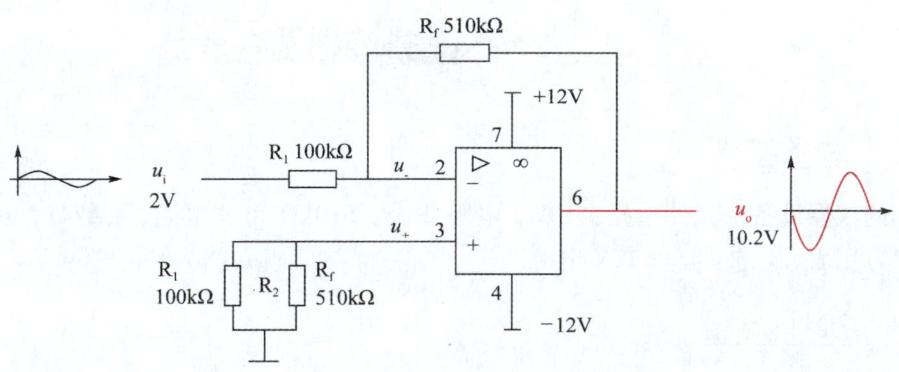

图5-6-6 反相放大器放大电路

如图5-6-6所示，若反馈电阻$R_f=510k\Omega$，输入电阻$R_1=100k\Omega$，则放大倍数$A_{u_o}=5.1$，而平衡电阻$R_2=R_1//R_f=5R_1R_f/(R_1+R_f)=51000k\Omega//610k\Omega=84k\Omega$。

2.2.4 同相放大器

如图5-6-7a）中，u_i与u_-虚短，则：

$$u_1=u_- \tag{5-6-5}$$

因为虚断，反向输入端没有电流输入输出，通过R_1和R_2的电流相等，设此电流为I，由欧姆定律得：

$$I=u_o/(R_f+R_1) \tag{5-6-6}$$

u_i等于R_1上的分压，即：

$$u_i=IR_1 \tag{5-6-7}$$

由式（5-6-5）~式（5-6-7）式得$u_o=u_i(R_f+R_1)/R_1$，这就是同向放大器的公式了。

同相放大器放大倍数：

$$A_{u_o}=1+R_f/R_1$$

式中，A_{u_o}大于零，表明输出电压u_o与输入电压u_i同相。如果将$R_1=\infty$（开路）或$R_f=0$，则$A_{u_o}=l$。构成的电路称为电压跟随器，如图5-6-7b）所示。电压跟随器一般作为信号与其负载之间的缓冲隔离。

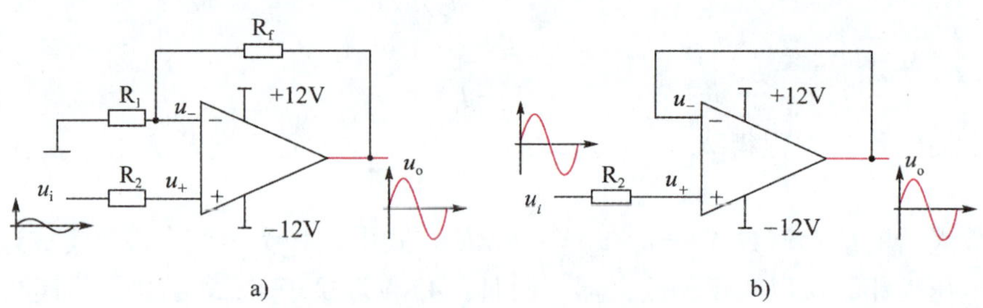

图5-6-7 同相放大器和电压跟随器电路

a）同相放大器；b）电压跟随器

3. 任务实施

3.1 准备工作

使用的仪器设备及元件包括：10kΩ电阻2个、510kΩ可调电阻，μA741，正弦信号发生器、万用表、示波器、±12V电源。

3.2 操作流程

（1）连接如图5-6-8所示的电路，将毫伏级的正弦信号加入反向输入端，用示波器检测输出电压波形；

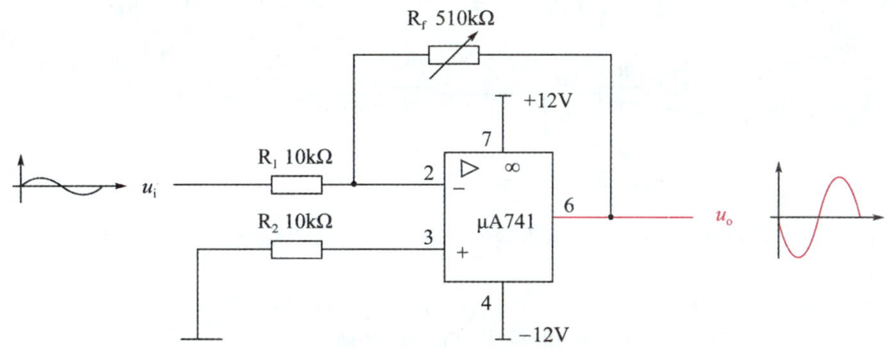

图5-6-8 集成运放同相放大电路

（2）调节 R_f，观测输出电压波形，并说明波形及变化情况。

3.3 操作提示

（1）由于放大信号为正弦波，因此，需用正负双电源供电；

（2）由于信号是由反相输入端输入，所以输出信号为相反波形。

任务7 电流检测电路分析

1. 任务引入

很多控制器接受来自各种检测仪表的0～20mA或4～20mA电流，电路将此电流转换成电压后再送ADC转换成数字信号。因此，需分析电流检测电路。

2. 相关理论知识

2.1 加法器

1）加法器一

如图5-7-1所示，由虚短可知：

$$u_- = u_+ = 0 \tag{5-7-1}$$

由虚断及基尔霍夫定律知，通过 R_2 与 R_1 的电流之和等于通过 R_3 的电流，故：

$$(u_1 - u_-)/R_1 + (u_2 - u_-)/R_2 = (u_- - u_o)/R_3 \tag{5-7-2}$$

代入式（5-7-1），式（5-7-2）变为：

$$u_1/R_1 + u_2/R_2 = u_o/R_3$$

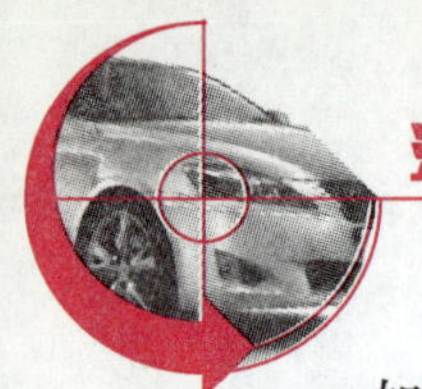

如果取 $R_1=R_2=R_3$，则上式变为 $-u_o=u_1+u_2$，这就是传说中的加法器了。

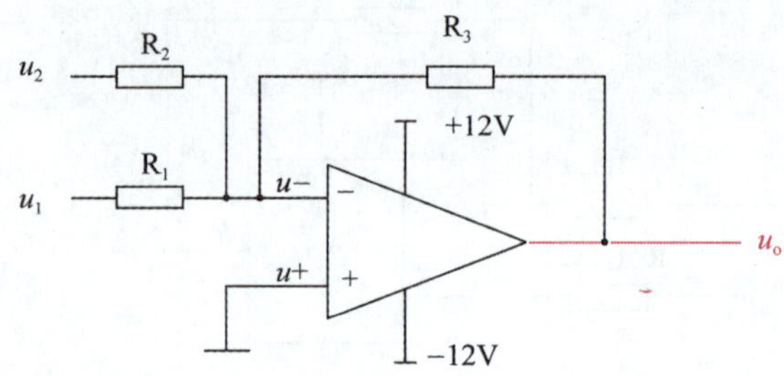

图 5-7-1　加法器一电路

2）加法器二

如图 5-7-2 所示，因为虚断，运放同向端没有电流流过，则流过 R_1 和 R_2 的电流相等，同理流过 R_4 和 R_3 的电流也相等。故

$$(u_1-u_+)/R_1=(u_+-u_2)/R_2 \tag{5-7-3}$$

$$(u_0-u_-)/R_3R=u_-/R_4 \tag{5-7-4}$$

由虚短知：

$$u_+=u_- \tag{5-7-5}$$

如果 $R_1=R_2$，$R_3=R_4$，则由以上式子可以推导出 $u_+=(u_1+u_2)/2u_-=u_o/2$ 故 $u_o=u_1+u_2$ 也是一个加法器。

2.2　减法器

如图 5-7-3 所示，由虚断知，通过 R_1 的电流等于通过 R_2 的电流，同理通过 R_4 的电流等于 R_3 的电流，故有：

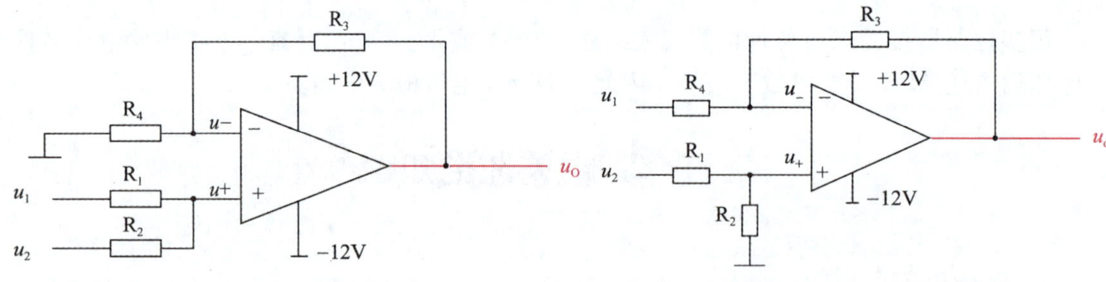

图 5-7-2　加法器电路　　　　图 5-7-3　减法器电路

$$(u_2-u_+)/R_1=u_+/R_2 \tag{5-7-6}$$

$$(u_1-u_-)/R_4=(u_--u_o)/R_3 \tag{5-7-7}$$

如果 $R_1=R_2$，则：

$$u_+=u_2/2 \tag{5-7-8}$$

如果 $R_3=R_4$，则：

$$u_-=(u_o+u_1)/2 \tag{5-7-9}$$

由虚短知

$$u_{+}=u_{-} \tag{5-7-10}$$

由式（5-7-6）~式（5-7-10）可得：

$$u_{o}=u_{2}-u_{1}$$

这就是减法器了。

2.3 积分电路

如图5-7-4所示，由虚短知，反向输入端的电压与同向端相等，由虚断知，通过R_1的电流与通过C_1的电流相等。

通过R_1的电流：

$$i=u_{1}/R_{1} \tag{5-7-11}$$

通过C_1的电流：

$$i=C\frac{\mathrm{d}u_{c}}{\mathrm{d}t}-C\frac{\mathrm{d}u_{0}}{\mathrm{d}t} \tag{5-7-12}$$

由式（5-7-11）和式（5-7-12）可得：

$$u_{o}=(-1/R_{1}\cdot C_{1})\int u_{1}\mathrm{d}t \tag{5-7-13}$$

输出电压与输入电压对时间的积分成正比，这就是传说中的积分电路了。

若u_1为恒定电压U，则上式变换为$u_o=-U\cdot t/(R_1\cdot C_1)$。$t$是时间，则输出电压$u_o$是一条从0至负电源电压按时间变化的直线。

2.4 微分电路

如图5-7-5所示，由虚断知，通过电容C_1和电阻R_3的电流是相等的，由虚短知，运放同向端与反向端电压是相等的。则：

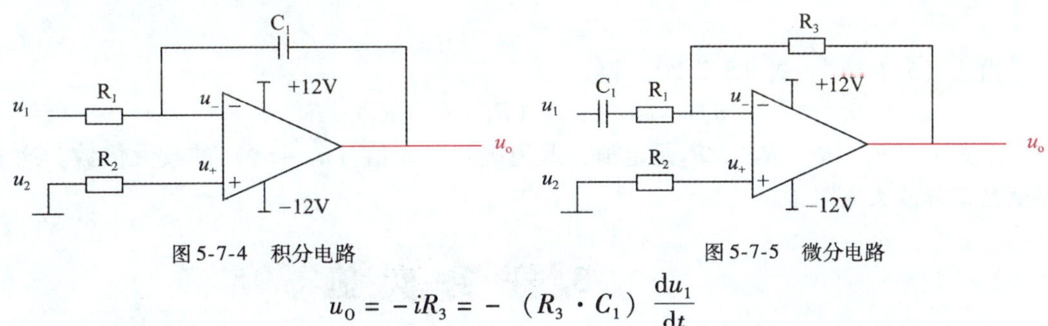

图5-7-4 积分电路　　图5-7-5 微分电路

$$u_{0}=-iR_{3}=-(R_{3}\cdot C_{1})\frac{\mathrm{d}u_{1}}{\mathrm{d}t}$$

这是一个微分电路。

如果u_1是一个突然加入的直流电压，则输出u_0对应一个方向与u_1相反的脉冲。

2.5 差分放大电路(比较放大器)

如果两个输入端都有信号输入，就构成了差分放大器，如图3-7-3所示。差分放大器放大的是两个输入信号的差。

如图 5-7-6 所示，由虚短知：

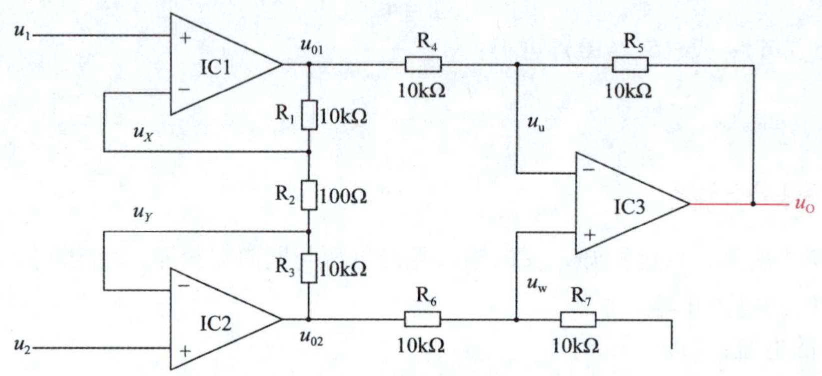

图 5-7-6　差动放大电路

$$u_X = u_1 \tag{5-7-14}$$

$$u_Y = u_2 \tag{5-7-15}$$

由虚断知，运放输入端没有电流流过，则 R_1、R_2、R_3 可视为串联，通过每一个电阻的电流是相同的，电流 $I =（u_X - u）/R_2$，则：

$$u_{01} - u_{02} = I（R_1 + R_2 + R_3）=（u_X - u_Y）（R_1 + R_2 + R_3）/R_2 \tag{5-7-16}$$

由虚断知，流过 R_6 与流过 R_7 的电流相等，若 $R_6 = R_7$，则：

$$u_W = u_{o2}/2 \tag{5-7-17}$$

同理若 $R_4 = R_5$，则：

$$u_o - u_u = u_u - u_{o1}，故\ u_u =（u_o + u_{o1}）/2 \tag{5-7-18}$$

由虚短知：

$$u_u = u_W \tag{5-7-19}$$

由式（5-7-17）~式（5-7-19）得：

$$u_{ot} = u_{o2} - u_{o1} \tag{5-7-20}$$

由式（5-7-16）~式（5-7-20）得：

$$u_o =（u_Y - u_X）（R_1 + R_2 + R_3）/R_2 \tag{5-7-21}$$

上式中 $（R_1 + R_2 + R_3）/R_2$ 是定值，此值确定了差值 $（u_Y - u_X）$ 的放大倍数。这个电路就是差分放大电路了。

3. 任 务 实 施

3.1　准备工作

本任务仅使用电流检测电路图。

3.2　操作流程

分析一个大家接触得较多的电路。很多控制器接受来自各种检测仪表的 0 ~ 20mA 或

4～20mA电流，电路将此电流转换成电压后再送 ADC 转换成数字信号。如图 5-7-7 就是这样一个典型电路。

（1）4～20mA 电流流过采样 100Ω 电阻 R_1，在 R_1上会产生 0.4～2V 的电压差。

（2）由虚断知，运放输入端没有电流流过，则流过 R_3和 R_5的电流相等，流过 R_2和 R_4的电流相等。故：

$$(u_2 - u_Y)/R_3 = u_Y/R_5 \tag{5-7-22}$$

$$(u_1 - u_X)/R_2 = (u_X - u_o)/R_4 \tag{5-7-23}$$

（3）由虚短知：

$$u_X = u_Y \tag{5-7-24}$$

电流从 4～20mA 变化，则：

$$u_1 = u_2 + (0.4 \sim 2) \tag{5-7-25}$$

（4）将式（5-7-24）～式（5-7-25）代入式（5-7-23）得：

$$[u_2 + (0.4 \sim 2) - u_Y]/R_2 = (u_Y - u_o)/R_4 \tag{5-7-26}$$

（5）如果 $R_2 = R_3$，$R_4 = R_5$，则由式（5-7-26）和式（5-7-22）得：

$$u_o = -(0.4 \sim 2)R_4/R_2 \tag{5-7-27}$$

（6）在图 5-7-7 中，$R_4/R_2 = 22\text{k}\Omega/10\text{k}\Omega = 2.2$，代入式（5-7-27）得：

$$u_o = -(0.88 \sim 4.4)\text{ V}$$

即是说，将 4～20mA 电流转换成了 -0.88～-4.4V 电压，此电压可以送到 ADC 处理。

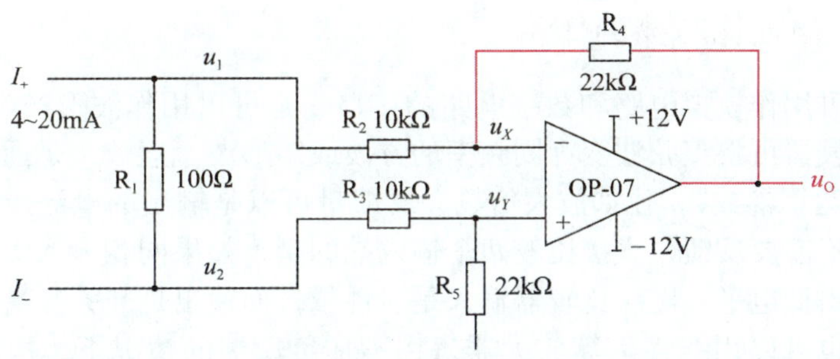

图 5-7-7 电流检测电路

3.3 操作提示

（1）由于转换电压是由运算放大器反相输入端输入的，因此，输出放大电压为负值；

（2）若转换电压从同相输入端输入，则输出放大电压就为正值。

任务 8 电源电压过低报警电路分析

1. 任务引入

如果汽车发电机不发电或发电量过低，会影响汽车用电器工作。因此需监测发电机输电压，如果电压过低，应及时报警。

2. 相关理论知识

2.1 集成运放的非线性应用（电压比较器）

电压比较器可以看作是未加负反馈（开环）放大倍数接近“无穷大”的运算放大器。

☞ 2.1.1 电压比较器的功能

比较两个电压的大小（用输出电压的高或低电平，表示两个输入电压的大小关系）：
当“+”输入端电压高于“-”输入端时，电压比较器输出为高电平；
当“+”输入端电压低于“-”输入端时，电压比较器输出为低电平。

☞ 2.1.2 电压比较器的作用

电压比较器可用作模拟电路和数字电路的接口，是可以用作波形产生和变换电路等。利用简单电压比较器可将正弦波变为同频率的方波或矩形波。运放，是通过反馈回路和输入回路的确定“运算参数”，比如放大倍数，反馈量可以是输出的电流或电压的部分或全部。而比较器则不需要反馈，直接比较两个输入端的量，如果同相输入大于反相，则输出高电平，否则输出低电平。电压比较器输入是线性量，而输出是开关（高低电平）量。一般应用中，有时也可以用线性运算放大器，在不加负反馈的情况下，构成电压比较器来使用。

☞ 2.1.3 可用作电压比较器的芯片

常见的运算放大器有 LM324、LM358、μA741、TL081 \ 2 \ 3 \ 4、OP07、OP27，这些都可以做成电压比较器（不加负反馈）。LM339、LM393 是专业的电压比较器，切换速度快，延迟时间短，可用在专门的电压比较场合，其实它们也是一种运算放大器。

2.2 单门限电压比较器

如图 5-8-1 所示，单门限电压比较器只有一个门限电压 U_R。当输入电压 u_i 低于此门限电压值（阈值电压）时，输出为正的极限（电源）电压＋当输入电压 u_i 低于此门限电压值（阈值电压）时，输出为正的最大饱和值 $+U_{CC}$；当输入电压 u_i 高于此门限电压值（阈值电压）时，输出为负的最大饱和值 $-U_{CC}$。即输入电压变化达到此门限值（阈值电压）时，输出状态立即发生跳变。电压比较器广泛应用于模/数接口、电平检测及波形变换等领域中。

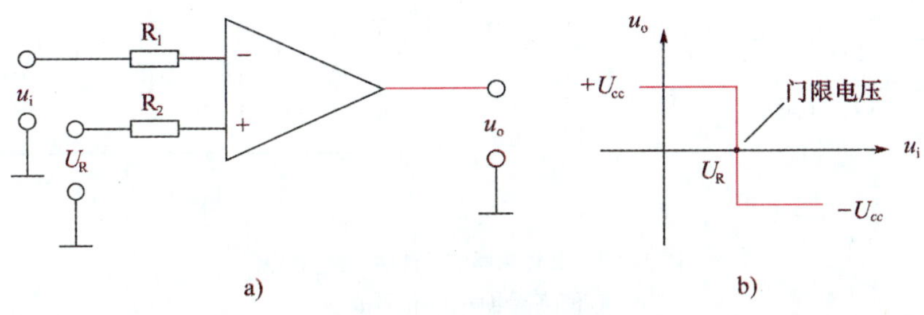

图5-8-1 单门限电压比较器
a)单门限电压比较器电路；b)波形

2.2.1 过零电压比较器

利用过零电压比较器可以把正弦波变换成方波。如图5-8-2所示，由于将同相输入端搭铁，门限电压等于 $U_R=0$，因此为过零电压比较器。当输入电压高出门限电压值时，输出最大正的饱和值 $+U_{CC}$；当输入电压低于门限电压0值时，输出最大负的饱和值 $-U_{CC}$。这样就可将正弦波转变为矩形波。

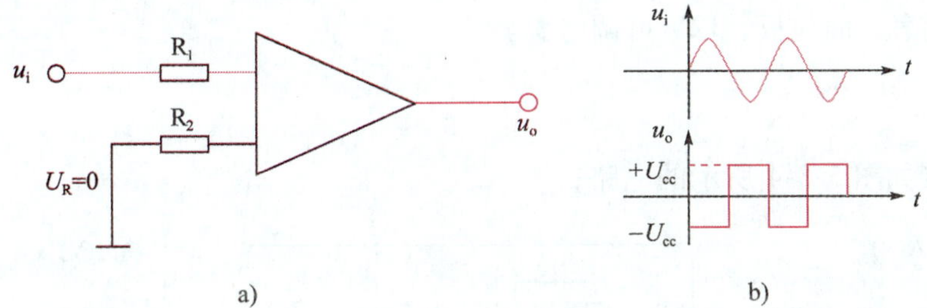

图5-8-2 过零比较器
a)过零比较器电路；b)波形图

2.2.2 任意电压比较器

电喷发动机的主要目的就是控制发动机在理论空燃（14.7kg空气∶1kg汽油）比附近工作，保证排放合乎法规要求。在电喷发动机闭环控制系统中，氧传感器起着向ECU传递发动机是否工作在理论空燃比附近的作用。也就是向ECU提供发动机可燃混合气是否过浓或过稀的信号。控制系统根据氧传感器的输出信号对喷油量进行修正。

控制系统规定，当氧传感器输出电压大于0.45V（阈值电压）时，认为混合气过浓；小于0.45V，认为混合气过稀。当混合气过浓，氧传感器输出电压大于0.45V时，电压比较器输出为低电位“0V”；当混合气过稀，氧传感器输出电压小于0.45V时，电压比较器输出为高电位“1”（+5V）。ECU 根据电压比较器输出电压状态来判断混合气过浓或过稀的，如图 5-8-3 所示。

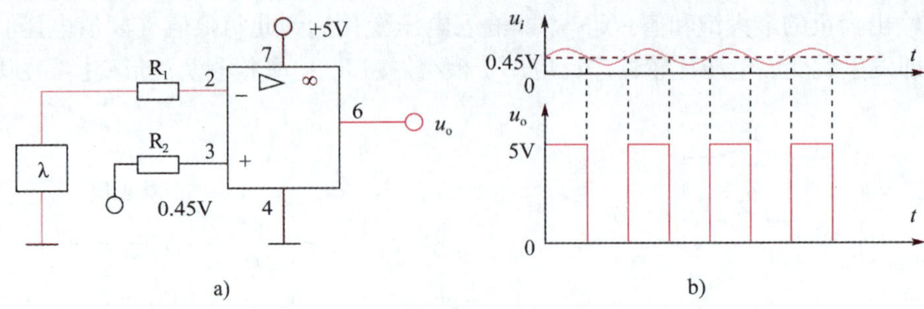

图 5-8-3 氧传感器信号传输电路与波形

a) 传感器电路；b) 信号波形

单门限电压比较器输入电压在阈值电压附近的任何微小变化，都将引起输出电压的跃变，因此抗干扰能力差。

3. 任务实施

3.1 准备工作

使用的仪器设备及元件包括：5V 稳压管，10kΩ 电阻 3 个、1kΩ 电阻 1 个，μA741、LED 灯，万用表、面包板、12V 可调电源。

3.2 操作流程

（1）连接如图 5-8-4 所示的电路；

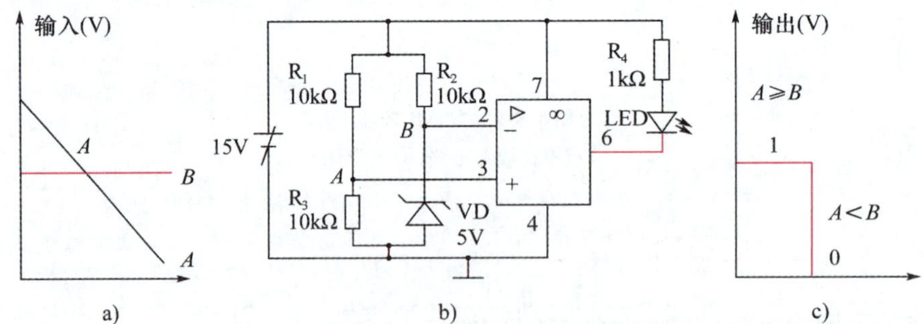

图 5-8-4 电源电压过低报警电路

a) 输入电压曲线；b) 比较电路；c) 输出电压波形

（2）调节电源电压，观察 LED 灯点亮情况，并说明原理。

3.3 操作提示

集成运算作为电压比较器。当同相输入端电位低于反相输入端时，输出为低电平“0”；当同相输入端电位高于反相输入端时，输出为高电平“1”（电源电压）。在图 5-8-4 电路中有：

（1）调节电源电压，使同相输入端 *A* 点的电位高于反相输入端 *B* 点电位（5V），输出端为高电位，LED 灯不亮。

（2）调节电源电压，使同相输入端 *A* 点的电位低于反相输入端 *B* 点电位（5V），输出端为低电位，LED 灯点亮。

任务 9 霍尔转速传感器信号放大整形电路分析

1. 任 务 引 入

在汽车电控系统中，多数传感器采集的电信号都比较微弱且不规整，要经过放大整形处理后才能送给控制电脑。因此，需了解传感器信号的放大整形电路。

2. 相关理论知识

2.1 电桥信号放大电路

如果需要对温度、压力或形变等进行检测，可采用图 5-9-1 所示的电桥信号放大电路。图中电桥的一个臂（或几个臂）是由传感器电阻构成的。

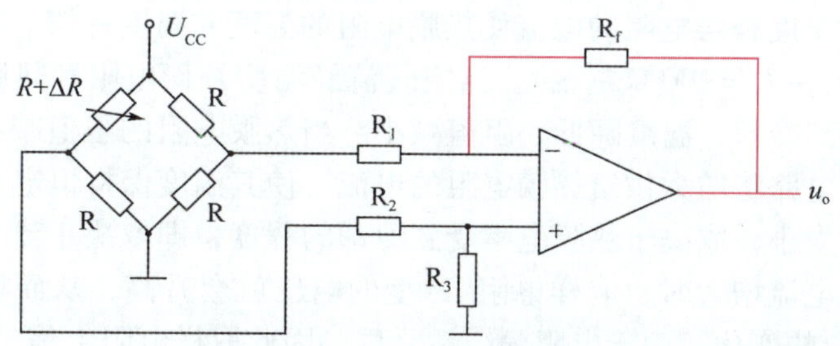

图 5-9-1 电桥信号放大电路

当传感器的阻值没有变化时，即 $\Delta R=0$ 时，电桥平衡，电路输出电压 $u_o=0$；当传感器因温度、压力或其他变化而使传感元件的电阻值发生变化时（用 ΔR 表示），电桥就失去平衡，变化量变成了电信号而产生输出电压 u_o，输出电压 u_o 一般很小，需要经过放大

器进行放大。

2.2 进气压力传感器信号放大电路

汽车电喷发动机中，用来测量进气量的进气压力传感器就是由压敏电阻和集成运放制成的。

如图 5-9-2 所示，当进气管真空度（压力）发生变化时，桥式电路失去平衡，输出电压，压力越大输出电压越高。输出电压经运算放大器放大后向 ECU 提供一个 0 ~ 5V 的电压信号，怠速工况时，发动机吸入的空气量很小，绝对压力传感器的输出电压较低；全负荷工况时，发动机吸入的空气量很大，绝对压力传感器的输出电压较高。

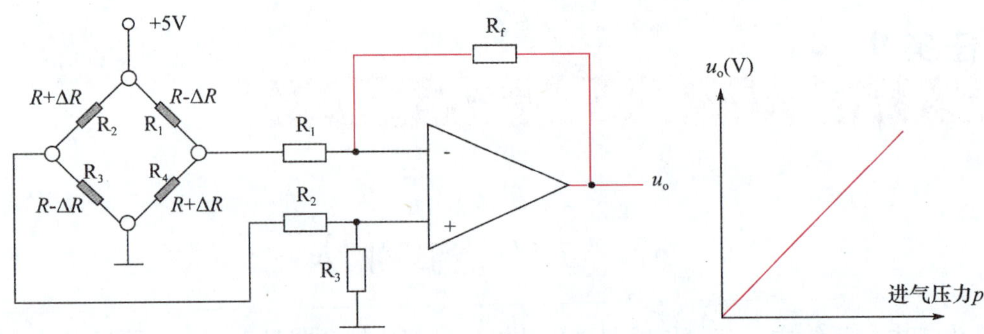

图 5-9-2　进气压力传感器电信号放大电路

2.3 空气流量信号的放大电路

2.3.1 热膜式空气流量计的测量原理

如图 5-9-3 所示，空气流量计内部电路连接成惠斯登电桥电路。热膜电阻 R_h 和温度补偿电阻 R_t 分别连接到电桥的一个臂上，电桥各个臂的电流由控制电路 A 控制。电桥电压平衡时，控制电路供给热膜电阻的电流 I_h（$I_h = 50 \sim 120\text{mA}$）使其温度 T_h 保持恒定。（$T_h = 120℃$ 左右），供给温度补偿电阻的电流使热膜电阻的温度与温度补偿电阻的温度 T_r 之差保持恒定（$\Delta = T = T_h - T_r = 100℃$ 左右）。当空气流经温度补偿电阻和热膜电阻，热膜电阻和温度补偿电阻受到冷却，温度降低，阻值减小。当热膜电阻的阻值减小时，电桥电压就会失去平衡，控制电路将增大供给热膜电阻的电流，使其温度保持恒定（120℃）。

电流增加值的大小，取决于热膜电阻受到冷却的程度，即取决于流过空气流量传感器的空气量。当电桥电流增大时，取样电阻 R_s 上的电压就会升高，从而将空气流量的变化转换为信号电压 U_s 的变化。由于电阻为线性元件，因此取样电阻上信号电压 U_s 将随空气流量的变化而呈线性变化，信号电压输入电控单元后，ECU 便可根据信号电压的高低计算空气流量的大小。当发动机怠速或空气为热空气时，因为怠速时节气门关闭或接近全闭，所以空气流速低，空气量少，又因空气温度越高，空气密度越小，所以在体积相同的情况下，热空气的质量小，因此热膜电阻受到冷却的程度小，电阻值减小少，保持电桥平衡需要的电流小，故取样电阻上的信号电压低。

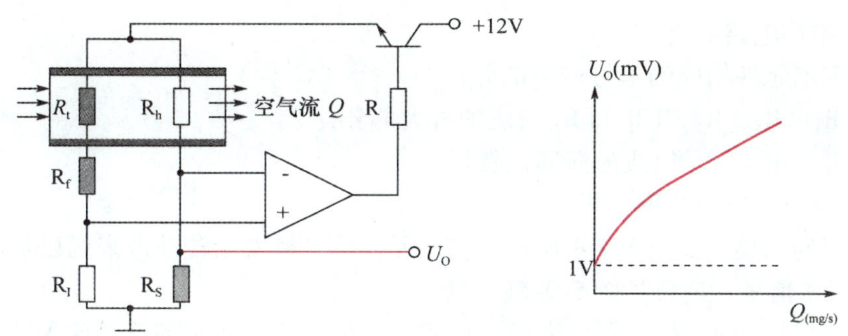

图 5-9-3 空气流量传感器

电控单元根据信号电压即可计算出空气量，大众轿车怠速时的空气流量标准值为 0.39g/s 左右。当发动机负荷增大或空气为冷空气时，因为节气门开度增大空气流速加快使空气流量增大；而冷空气密度大，在体积相同的情况下冷空气质量大，所以热膜电阻受到冷却的程度增大，电阻值减小多，保持电桥平衡需要的电流增大，因此当发动机负荷增大时，信号电压升高。

☞ 2.3.2 温度补偿原理

当进气温度变化时，热膜电阻的温度就会发生变化，测量进气量的精度就会受到影响。设置温度补偿电阻后，从电桥电路上可以看出，当进气温度降低使热膜电阻上的电流增大时，为了保持电桥平衡，温度补偿电阻上的电流相应增大，以保证热膜电阻的温度与温度补偿电阻的温度之差保持恒定，使传感器测量精度不受进气温度变化的影响。热膜式与热线式空气流量传感器的响应速度很快，能在几毫秒时间内反映出空气流量的变化，因此其测量精度不会受到进气气流脉动的影响（气流脉动在发动机大负荷、低转速运转时最为明显），此外还具有进气阻力小、无磨损部件等优点。热膜式传感器热膜的面积远比热线大，并与热电阻制作在一起，因此不会因沾染污物而影响测量精度。

2.4 霍尔位置信号放大整形电路

霍尔转速传感器信号放大整形电路如图 5-9-4 所示。将霍尔元件产生的微弱的正弦波信号放大整形为 11.5 ~ 12V 的标准脉冲信号，就是通过由集成运放构成的电子电路来实现的。

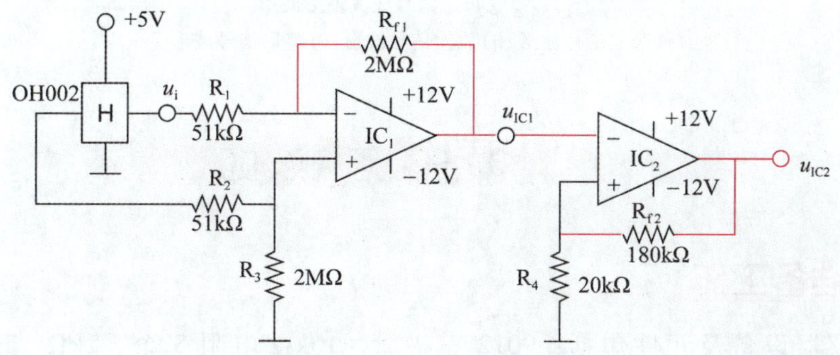

图 5-9-4 霍尔转速传感器信号放大整形电路

1）放大整形电路的组成

（1）由霍尔元件构成的信号产生部分；

（2）由 R_1、R_2、R_3、IC_1 和 R_{f1} 组成的放大部分；

（3）由 R_4、IC_2、R_{f2} 组成的滞回比较器。

2）放大整形电路及波形分析

（1）信号的采集。如图 5-9-4 所示，霍尔元件感受触发轮转动带来的磁场变化而产生微弱脉动的霍尔信号。波形如图 5-9-5a）所示。

（2）霍尔信号经 IC_1 放大器放大后，形成如图 5-9-5b）所示的反相放大波形。R_1、R_2 是输入电阻，R_3 是平衡电阻，为 IC_1 提供基准电压。运放 IC_1 为放大器，要求具有一定的放大倍数。因此，加入负反馈电阻 R_{f1}，以保证其工作在放大区。

（3）经 IC_1 放大的信号波形被送到比较器 IC_2 进行整形输出方波，如图 5-9-5c）所示。电阻 R_4 是平衡电阻，为比较器 IC_2 提供了基准电压。运放 IC_2 为比较放大器，加入正反馈电阻 R_{f2}，保证其工作在深度饱和区。

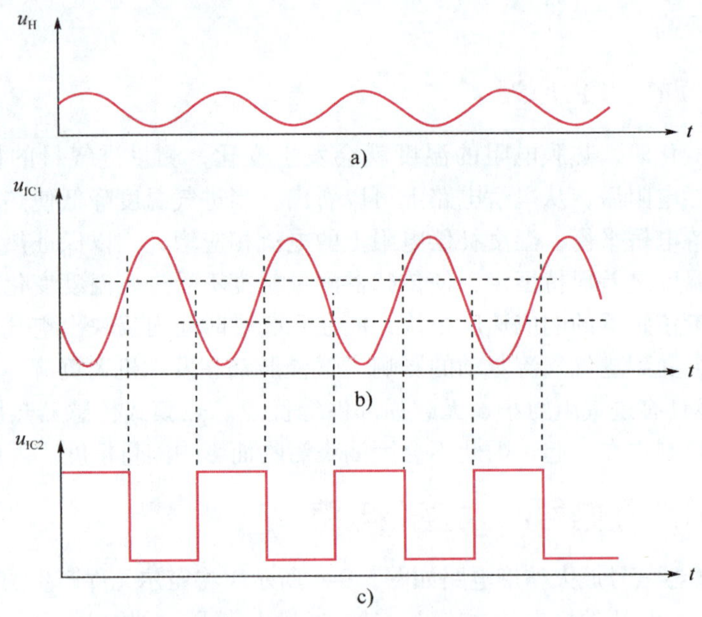

图 5-9-5　霍尔信号放大整形波形

a）采集信号波形；b）放大信号波形；c）整形信号波形

3. 任务实施

3.1　准备工作

使用的仪器设备及元件包括：9012 三极管、10kΩ 电阻 3 个、1kΩ、12kΩ、27kΩ、1MΩ 电阻，μA741、LED 灯、续流二极管 VD，万用表、继电器、12V 可调电源。

3.2 操作流程

（1）按照图 5-9-6 所示，连接电路。

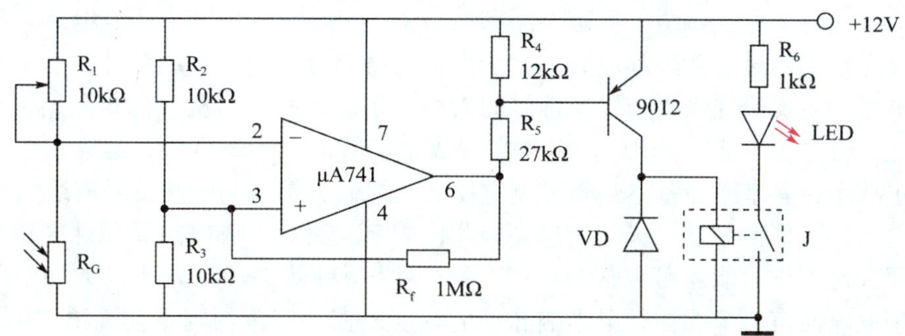

图 5-9-6 光控开关电路

（2）改变照射光敏电阻的光亮，当照度下降到设置值时，由于光敏电阻阻值上升使运放 IC 的反相端电位升高，其输出为低电平，激发 VT 导通，VT 的激励电流使继电器工作，常开触点闭合，常闭触点断开，LED 灯点亮，从而实现对外电路的控制。

（3）改变照射光敏电阻的光亮，当照度提高到设置值时，由于光敏电阻阻值下降使运放 IC 的反相端电位下降，其输出为高电平，VT 截止，使继电器断电，常开触点断开，常闭触点闭合，LED 灯不亮。

3.3 操作提示

（1）用手电筒作光源，改变手电与光敏电阻的距离就可改变光的照度；

（2）若果将 1kΩ 电阻和 LED 换成汽车照明灯，就可根据光线强弱自动控制照明。

项目 6　电子控制与数据转换

项目 1 和项目 2 主要介绍了基础电路和执行器（用电器），属于用电电路。项目 3 至项目 5 主要介绍了信号的采集和放大，属于模拟电路部分；它们运用和处理的都是连续变化的模拟电量，主要研究输入与输出信号的大小和相位关系。而从项目 6 开始，介绍电控系统的核心部分电控单元（ECU），它是实现数字信号的产生、变换、运算、控制等功能的数字电子技术，其基础是基本逻辑控制电路。主要研究输入与输出信号的逻辑关系。

数字电路的工作信号是二进制信息。因此，数字电路对组成电路元器件的精度要求并不高，只要满足工作时能够可靠区分“0”和“1”两种状态即可，所以数字电路设计方便。对数字电路而言，干扰往往只影响脉冲的幅度，在一定范围内不会混淆“0”和“1”两个数字信息，因此抗干扰能力强。另外，数字电路的模块化开放性结构使其功率损耗低，有利于维护和更新。

数字电路的上述优点，使其广泛应用于电子计算机、自动控制系统、电子测量仪器仪表、电视、雷达、通信及航空航天等各个领域。

数字电路根据逻辑功能的不同特点，可以分成两大类，一类叫组合逻辑电路（简称组合电路），另一类叫做时序逻辑电路（简称时序电路）。组合逻辑电路在逻辑功能上的特点是无记忆功能，即任意时刻的输出仅仅取决于该时刻的输入，与电路原来的状态无关。而时序逻辑电路在逻辑功能上的特点是有记忆功能，即任意时刻的输出不仅取决于当时的输入信号，而且还取决于电路原来的状态，或者说，还与以前的输入有关。项目六主要讨论组合逻辑门电路，它也是时序逻辑电路的基础。

任务 1　电控汽油发动机喷油量基本控制过程

1. 任务引入

现代汽车应用了大量电子控制系统。因此，首先要了解汽车电控系统的基本控制过程。

2. 相关理论知识

2.1　模拟信号和数字信号

2.1.1　模拟电压信号

模拟电压信号简称模拟信号。诸如温度、压力、速度等量的转换信号，数值上具有随时间连续变化的特点，习惯上人们把这类信号称为模拟信号。如图6-1-1a）所示，使用变阻器控制一个5V灯泡时，变阻器电压可能为0～5V之间的任意值。如果变阻器电压低，那么流经灯泡的电流小，灯泡微亮，如果变阻器电压是5V，电流增大，灯泡的亮度随之增加。随着变阻器电压下降，灯泡亮度减弱。加在灯泡上的电压信号就是模拟电压信号。在汽车电控系统中的温度、压力和速度等传感器产生电信号都为模拟信号。（模拟电压信号在规定范围内是连续变化的。）模拟信号波形如图6-1-1b）所示。

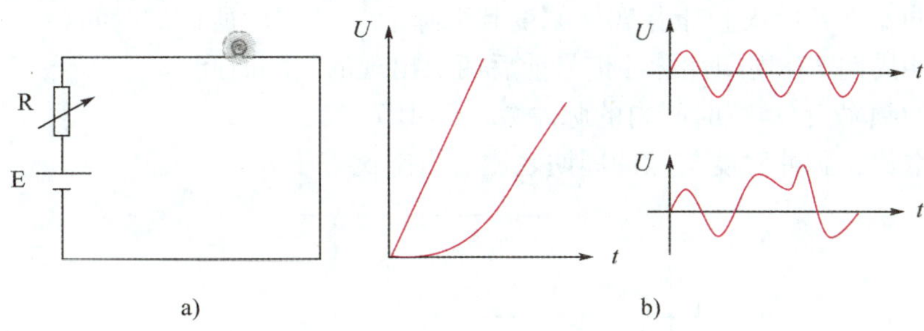

图6-1-1 模拟电压信号

a)模拟信号电路；b)模拟信号波形

☞ 2.1.2 数字电压信号

数字电压信号（简称数字信号）也叫脉冲信号。信号电压在两个稳定状态之间作阶跃式变化的信号称为数字信号，数字信号在时间上和数值上都是不连续、离散的。如图6-1-2a)所示，用普通的通/断开关连接到5V灯泡上，当开关接通时，加到灯泡上的电压为5V，这时灯泡照亮并达到最大亮度。如果开关断开，加在灯泡上的电压为0V，灯泡随即熄灭。可见，加到灯泡的电压信号不是0V就是5V，或者可以说，电压信号“有”或“无”，“通”或“断”，不是高电平，就是低电平。这种不连续的电压信号称作数字式信号。在数字电路中，通常将“通”、“有”、“高电平”用“1”代表，将“断”、“无”、“低电平”用“0”代表。在汽车电脑中，微处理机包括很多微型开关。这些开关每秒钟能够产生很多数字电压信号。这些数字电压信号用来控制各个继电器及系统中的元件时间长度以便进行精确的控制。（数字电压信号不是高电平就是低电平；数字式信号可称作矩形波信号。）

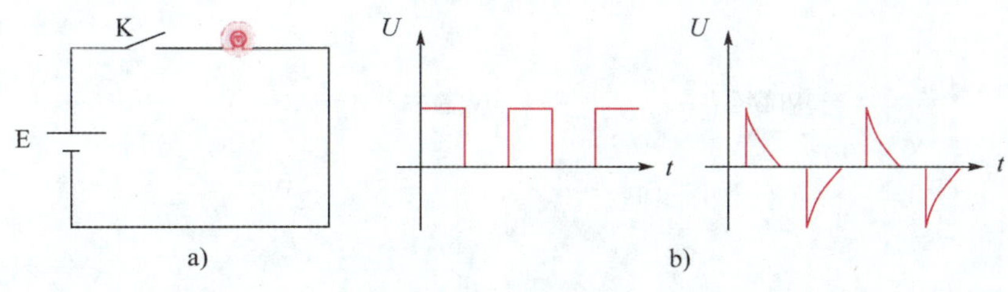

图6-1-2 数字信号

a)开关信号电路；b)数字信号波形

1）数字信号即脉冲信号的基本参数

实际的波形并不是那么完美，图6-1-3为实际的矩形波。以矩形波为例，数字信号即

脉冲信号的基本参数如下：

（1）脉冲幅度 A：脉冲信号变化的最大值。

（2）脉冲上升时间 t_r：从脉冲 10% 的幅度上升到 90% 所需的时间，也叫脉冲上升沿或前沿。

（3）脉冲下降时间 t_f：从脉冲 90% 的幅度下降到 10% 所需的时间，也叫脉冲下降沿或后沿。

（4）脉冲宽度 t_p：从上升沿 50% 幅度到下降沿 50% 幅度所需的时间。

（5）脉冲周期 T：周期性脉冲信号前后两次出现的间隔时间。

（6）脉冲频率 f：单位时间内的脉冲数，$f=1/T$。

（7）占空比：脉冲宽度与脉冲周期之比。占空比等于 t_p/T

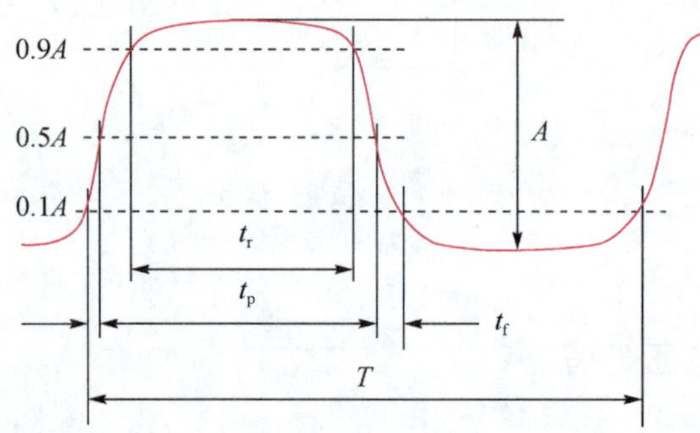

图 6-1-3　数字脉冲信号的基本参数

2）数字信号的正脉冲和负脉冲

如图 6-1-4 所示，电路中没有脉冲信号时的状态称为静态，静态时的电压值可以为正、为负或为零（一般在 0V 左右）。脉冲出现时电压大于静态电压值称为正脉冲，如图 6-1-4a）所示；小于静态电压值称为负脉冲，如图 6-1-4b）所示。

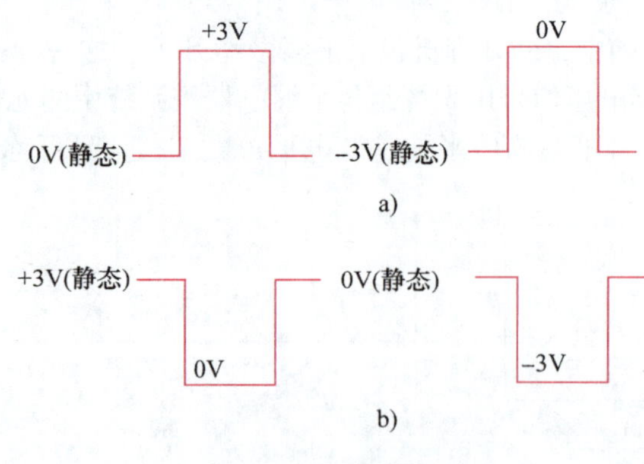

图 6-1-4　正负脉冲信号

a）正脉冲；b）负脉冲

3）数字信号电压的标准值

当将电压作为输入信号时，必须确定一个特定电压作为标准值，所有输入电压超过这个标准电压就是“1”信号，低于这个标准电压就是“0”信号。例如：如果标准电压值设定为 5V。电控单元将确定 9V、7V、6V 的电压信号为“1”，认为有输入信号；将确定 2V、0V 的电压信号为“0”，认为没有输入信号存在，如图 6-1-5 所示。

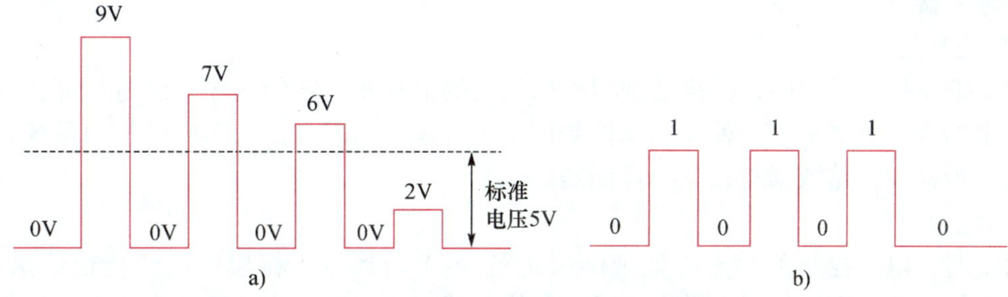

图 6-1-5　数字信号电压的标准值
a)实际信号电压；b)数字信号

2.2　模拟电路和数字电路

电子技术中电子电路分为两大类，一类是模拟电路；另一类是数字电路。

☞ 2.2.1　模拟电路

产生、传输和处理模拟信号的电路，称为模拟电路。模拟电路是实现模拟信号的产生、放大、滤波、控制等功能的电路，模拟电路注重的是电路输出、输入信号间的大小和相位关系。

模拟电子电路主要包含有：稳压电路、信号采集电路、信号放大电路、信号的运算电路和波形发生电路等。在汽车电控系统中，主要负责供电、传感器电信号的采集、放大和运算。

☞ 2.2.2　数字电路

用于实现数字信号的产生、变换、运算、控制等功能的电路称为数字电路。数字电路通常是根据脉冲信号的有无、个数、频率、脉宽来进行工作的；数字电路注重的是二值信息输入、输出之间的逻辑关系，而与脉冲幅度无关，所以抗干扰能力强、准确度高。

数字电子电路主要包括：门电路、计数器、编码器、译码器、存储器和模数转换器等。在汽车电控系统中，主要用于信号转换、传输、存储和控制。

2.3　汽车电控系统的基本控制过程

一般而言，汽车电子控制系统是由信号输入装置、电控单元和执行器三大部分组成。汽车电子控制系统又称汽车计算机系统，它按照输入、信息处理、输出三个步骤进行，如图 6-1-6 所示。

1）输入

汽车电控系统的输入信号有三种：开关量、模拟量和脉冲量。汽车信号输入装置是将汽车运行工况信息（非电量）转换成电信号传给 ECU。电控单元（电脑）只接受“0”和“1”的数字信息，如果进入 ECU 的是模拟信号，则需要先进行模/数（A/D）转换，将模拟信号转换成数字信号，再传输给中央处理器。因此，汽车电子控制系统要有相应的输入设备和输入接口装置。

2）信息处理

汽车电子控制系统中，中央处理器根据输入的信息和选定的程序，经过运算，做出判断，并根据选择需要采取何种操作来控制汽车正常运行。因此，汽车电子控制系统有相应的中央处理器和存储数据与程序的存储器。

3）输出

必要时，电子控制单元先将处理结果进行 D/A 转换，再将模拟信号传输给执行器；有时电子控制单元则直接输出数字信号控制执行器，执行器再将其转变为相应的动作，以控制汽车运行。因此汽车应有相应的输出接口和输出设备。

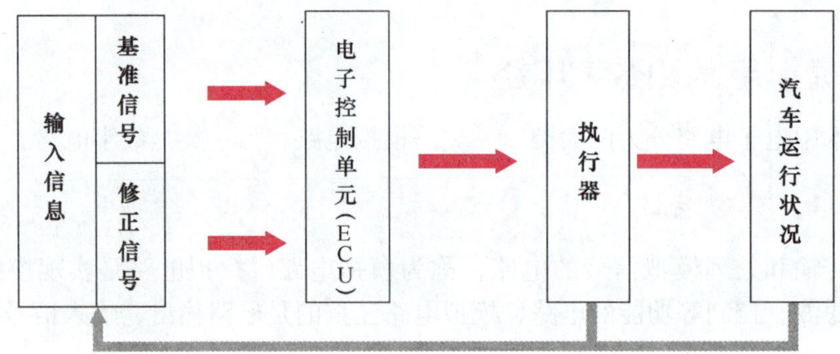

图 6-1-6　汽车电子控制系统框图

3. 任务实施

3.1　准备工作

本任务仅使用如图 6-1-7 所示的汽车发动机喷油量控制系统框图。

3.2　操作流程

汽车发动机喷油电子控制系统的基本组成有电源、传感器、电控单元、执行器等。电源给电控系统提供稳定的直流电压和电能，保证电控系统正常工作。其基本控制过程为：

（1）电控单元根据曲轴位置传感器提供的曲轴位置基准信号，确定喷油时刻。

（2）电控单元根据进气压力传感器提供的进气量基准信号，确定基本喷油量。

（3）电控单元根据发动机温度传感器提供的温度修正信号，对喷油量进行修正。温度低时，适当增加喷油量；温度高时，适当减小喷油量。

（4）电控单元根据氧传感器提供的反馈修正信号，对喷油量进行修正。

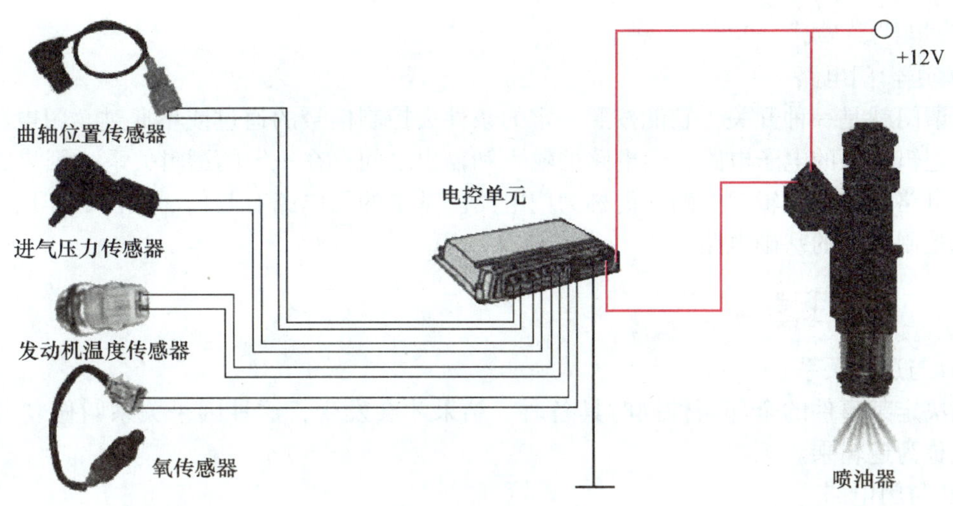

图 6-1-7　汽车发动机喷油控制系统框图

3.3　操作提示

输入信号分为基准信号和修正信号。曲轴位置和进气压力信号为基准信号，它为电控单元提供基准喷油时刻和喷油量。发动机温度和混合气浓度信号是修正信号。电控单元据此来对喷油量进行修正，以保证在发动机温度低或混合气浓度过稀时，增加喷油量；发动机温度高或混合气浓度过浓时，减少喷油量。

任务 2 电控系统多路开关控制电路的分析

1. 任 务 引 入

在许多电控系统中，系统控制功能是由诸多因素决定的，只有这些条件都具备时，系统才能正常工作。而这些条件多以开关的形式存在。因此，在电控系统故障分析时，需分析多路开关控制电路。

2. 相关理论知识

2.1　基本逻辑门电路

1）基本逻辑关系

逻辑通常指人们思考问题，从某些已知条件出发推出合理的结论的规律。逻辑关系就是因果关系。在电子技术中，逻辑关系就是具备某种条件就必然出现某种结果。基本逻辑关系有“与”、“或”、“非”三种。

2）逻辑门电路

所谓门就是一种开关，它能按照一定的条件去控制信号的通过或不通过。门电路是用以实现逻辑关系的电子电路，门电路的输入和输出之间存在一定的逻辑关系（因果关系），所以门电路又称为逻辑门电路，简称为门电路。基本的门电路有与门、或门、非门。它们是逻辑控制电路的基础电路。

2.2 与门逻辑电路

1）与逻辑关系

当决定某事件的全部条件同时具备时，结果才会发生，这种因果关系叫做“与”逻辑，也称为逻辑乘。

2）与门电路

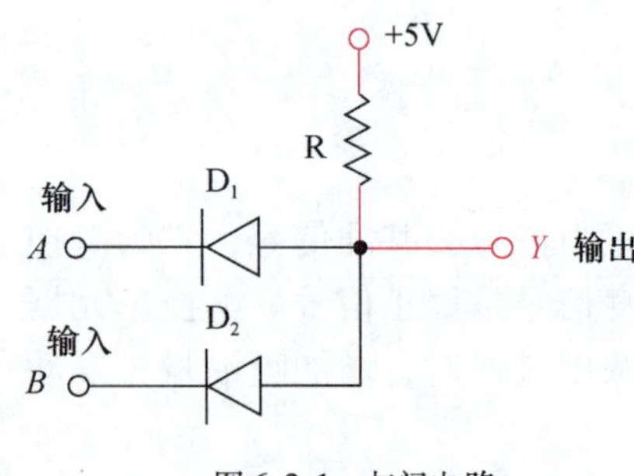

图 6-2-1　与门电路

实现逻辑与关系的门电路称为与门，一个“与”门的输入端至少为两个，输出端只有一个，如图 6-2-1 所示。由图可知：

（1）输入中只要有一个为低电平“0”时，该低电平可使二极管迅速导通，输出 *Y* 将被钳位至低电平“0”；其余为高电平的输入端，其端子上串接的二极管呈截止态。

（2）输入全部为高电平 3V 时，输入端上串接的二极管同时导通，输出 *Y* 被钳位在高电平“1”。

3）与门逻辑表达式

$Y = A \cdot B$，称作 *Y* 等于 *A* 与 *B*、*Y* 等于 *A* 乘 *B*。其对应关系，也可用真值表 6-2-1 的形式来表示。所谓真值表，就是将输入变量的所有可能的取值组合对应的输出变量的值，列出来的表格。对于多个收入端的与逻辑可用下式表示：$Y = ABCD\cdots\cdots$

与门真值表　　表 6-2-1

输入		输出	输入		输出
A	*B*	*Y*	*A*	*B*	*Y*
0	0	0	0	1	0
1	0	0	1	1	1

4）与门逻辑关系

有“0”出“0”，全“1”出“1”。

5）与门符号

与门符号如图 6-2-2 所示。

6）常见集成与门电路

常见的与门电路有四 2 输入与门 CD4081，引脚如图 6-2-3 所示。CD 是指标准型系列

MOS 芯片；CD4081 包括 4 个 2 输入的与门。芯片中的电源线和搭铁线均为公用。

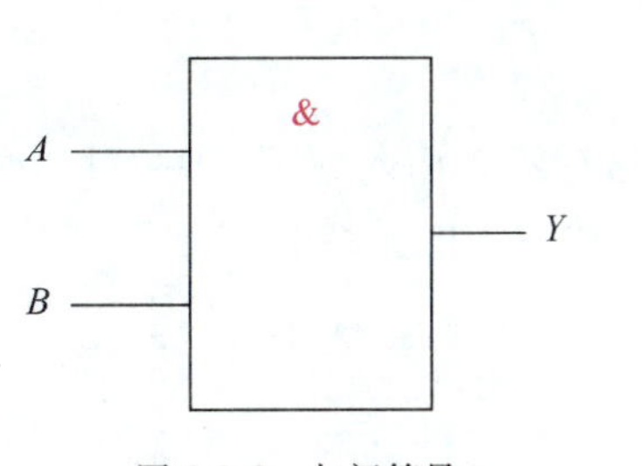

图 6-2-2　与门符号

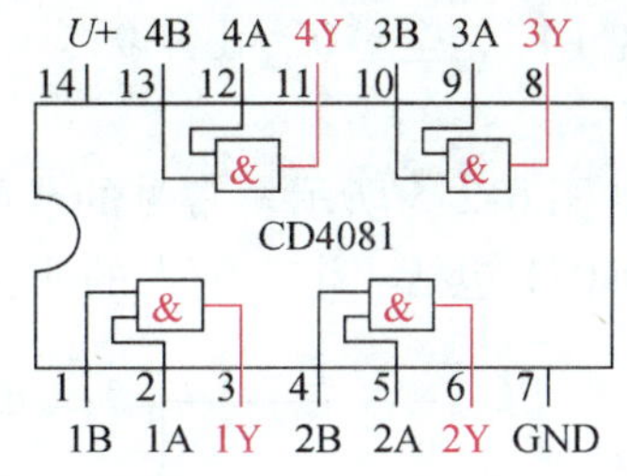

图 6-2-3　与门集成电路

2.3　或门电路

1）或逻辑关系

在决定事物结果的诸条件中只要有任何一个满足，结果就会发生。这种因果关系叫逻辑或，或者叫逻辑相加。

2）或门电路

实现逻辑“或”关系的门电路称为或门，一个“或”门的输入端也是至少为两个，其输出端只有一个，如图 6-2-4 所示。由图可知：

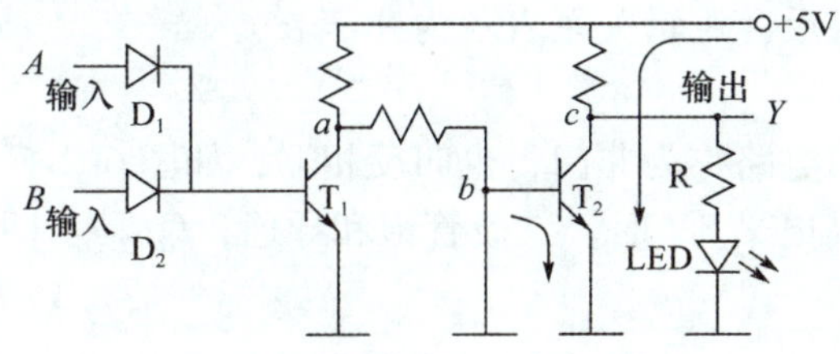

图 6-2-4　或门电路

（1）当输入 A、B 中有一个为高电平“1”时，由于二极管的钳位作用，使晶体管 T_1 输入为高电平“1”，输出为低电平“0”，从而使晶体管 T_2 输入为低电平“0”，输出 Y 为低电平“1”；

（2）当输入 A、B 全为低电平“0”时，使晶体管 T_1 输出均为高电平“1”，进而使晶体管 T_3 输入为高电平“1”，输出 Y 为低电平“0”。

3）或门逻辑表达式

$Y=A+B$，称作 Y 等于 A 或 B、Y 等于 A 加 B。其对应关系如表 6-2-2 所示。

或 门 真 值 表　　表 6-2-2

输入		输出	输入		输出
A	B	Y	A	B	Y
0	0	0	0	1	1
1	0	1	1	1	1

对于多个收入端的与逻辑可用下式表示：$Y=A+B+C+D+\cdots$

4）或门逻辑关系

有“1”出“1”，全“0”出“0”。

5）或门符号

或门符号如图6-2-5所示。常见的或门电路有四2输入或门CD4071。引脚如图6-2-6所示。其中CD4071包括4个2输入的或门。芯片中的电源线和“地”线均为公用。

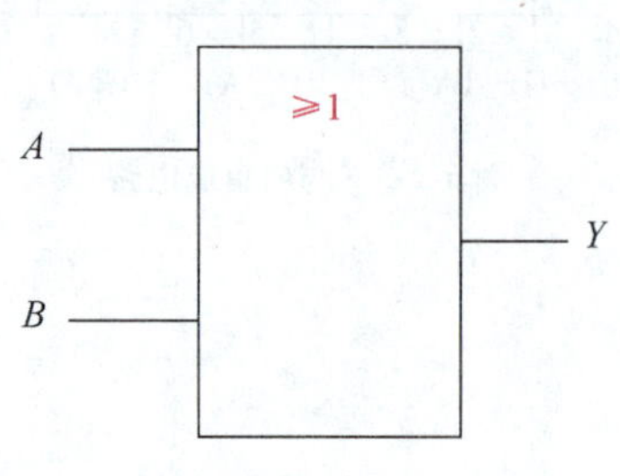

图6-2-5　或门符号

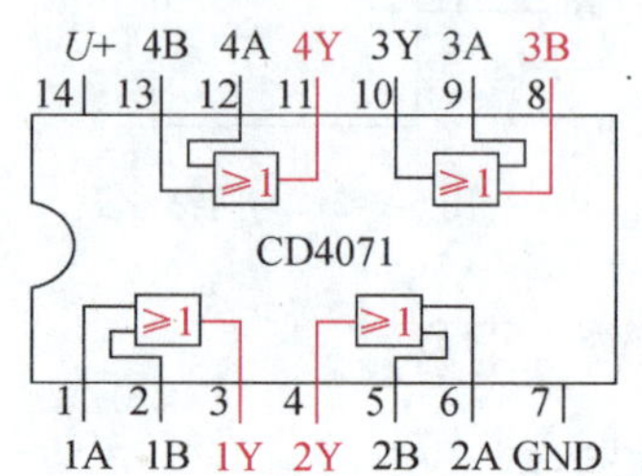

图6-2-6　或门集成电路

2.4　非门电路

1）非逻辑关系

只要条件具备，结果便不会发生；而条件不具备时，结果一定发生。这种逻辑关系叫做逻辑非，也叫做逻辑求反。逻辑关系表示为$A=\overline{A}$。

2）非门电路

实现逻辑非关系的门电路称为非门，也叫反相器，如图6-2-7所示。由图可知：

（1）输入变量A为高电平3V时，三极管饱和导通，$I_C R_C \approx +U_{CC}$，因此输出Y为低电平0.3V（“0”）；

（2）当输入变量A为低电平0V时，三极管截止，输出$Y \approx +U_{CC}$，显然为高电平$+U_{CC}$（“1”）；

（3）由图可看出，一个“非”门的输入端只有一个，输出端也只有一个。

3）非门逻辑表达式

$Y=\overline{A}$，称作Y等于A的非。其对应关系如表6-2-3所示。

非门真值表　　表6-2-3

输入	输出
A	Y
0	1
1	0

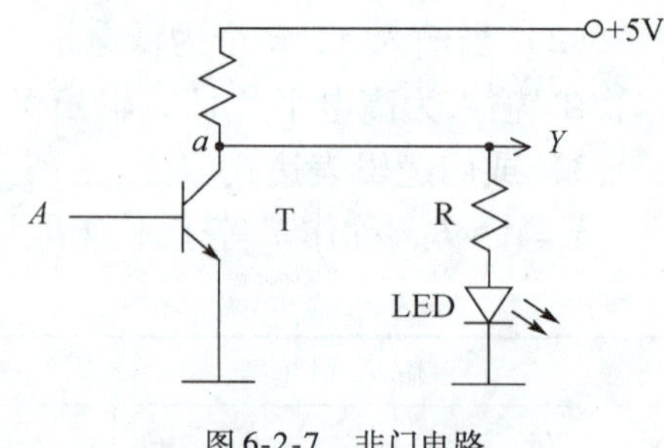

图6-2-7　非门电路

4）非门逻辑关系

有“1”出“0”，有“0”出“1”。

5）非门符号

非门符号如图6-2-8所示。

6）非门集成电路

常见的非门电路有六 1 输入非门 CD4069 也叫六反相器。引脚如图 6-2-9 所示，CD4069 包括 6 个单输入的非门。芯片中的电源线和“地”线均为公用。

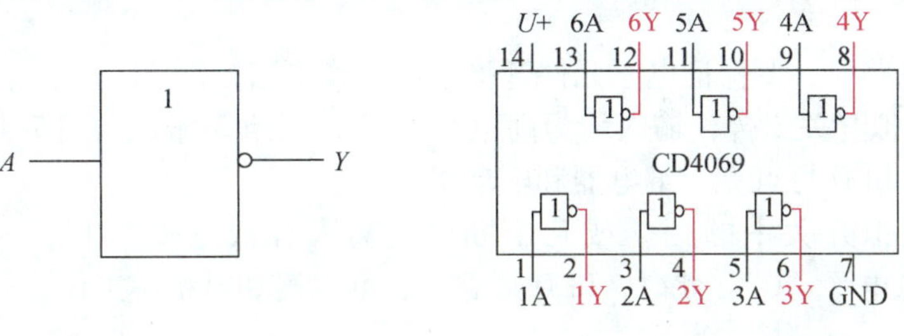

图 6-2-8　非门符号　　　图 6-2-9　非门集成电路

3. 任务实施

3.1　准备工作

使用的仪器设备及元件包括：330Ω 电阻 1 个、560Ω 电阻 3 个，74LS11 三组 3 输入与门 1 个，LED 灯 1 个、开关 3 个，万用表、5V 稳压电源、12V 可调电源，继电器 1 个、12V 直流电机 1 个。

3.2　操作流程

配备自动变速器汽车发动机启动时，必须满足自动变速器在驻车挡（P 挡）或空挡（N 挡），踩下制动踏板（制动开关 K 接通电源），点火钥匙打到启动挡（S 接通电源），才能接通起动机启动发动机。也就是 74LS32 输出高电平 1 时，继电器 J 才能工作，接通起动机 M，启动发动机。54/74LS11 为三组 3 输入与门集成电路。

（1）连接如图 6-2-10 所示的控制电路；

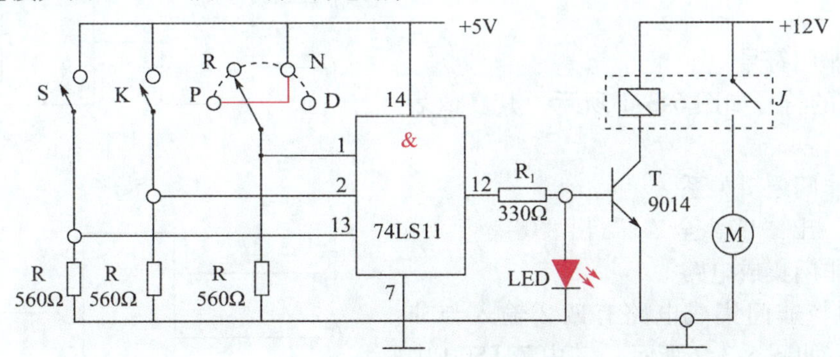

图 6-2-10　自动变速器启动控制电路

（2）接通全部模拟开关（S、K、P 或 N），观察 LED 灯点亮情况及继电器和电机是否工作，并说明控制过程；

（3）断开某一开关（S、K、P 或 N），观察 LED 灯点亮情况及继电器和电机是否工作，并说明控制过程。

3.3　操作提示

（1）连接电路时，要保证电子元件管脚连接正确牢固；

（2）3 个模拟开关闭合，输入均为高电平“1”，三组 3 输入与门 74LS11 输出为高电平“1”。此时，LED 灯点亮，继电器和电动机工作。

（3）3 个模拟开关中的一个或几个断开，输入有低电平“0”，三组 3 输入与门 74LS11 输出为低电平“0”。此时，LED 灯熄灭，继电器和电机不工作。

任务 3　电控系统多路故障报警电路分析

1. 任务引入

在电子控制系统中，都设计有系统故障报警电路，一旦系统出现故障会自动报警。通过故障电路的检测分析确定故障部位。因此，应了解多路故障报警电路的分析。

2. 相关理论知识

2.1　与非门

1）与非门表示逻辑关系

$Y=\overline{AB}$，相当于在与门的基础上加了一个非门。

2）与非门符号

与非门的符号如图 6-3-1 所示，其真值表见表 6-3-1。

3）与非门逻辑关系

有“0”出“1”，全“1”出“0”。

4）与非门集成电路

常用的与非门集成电路有四 2 输入与非门 74LS00，如图 6-3-2 所示。其中 74LS00 中包含 4 个 2 输入的与非门；74LS20 包括两个 4 输入的与非门。芯片中的电源线和搭铁线均为公用。

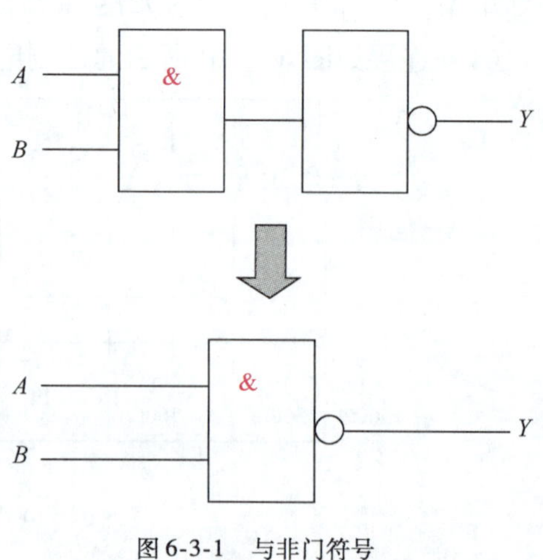

图 6-3-1　与非门符号

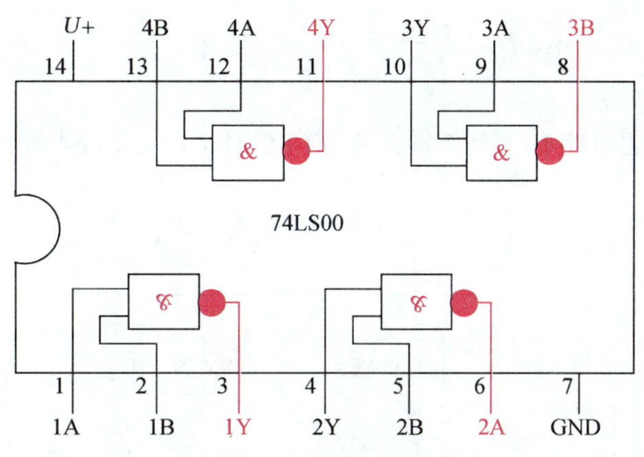

图 6-3-2　与非门集成电路

2.2　或非门

1）或非门表示逻辑关系

$Y=\overline{A+B}$，相当于在或门的基础上加了一个非门，其真值表见表 6-3-2 所示。

与 非 门 真 值 表　表 6-3-1

输入		输出
A	*B*	*Y*
0	0	1
0	1	1
1	0	1
1	1	0

或 非 门 真 值 表　表 6-3-2

输入		输出
A	*B*	*Y*
0	0	1
0	1	0
1	0	0
1	1	0

2）或非门符号

或非门的符号如图 6-3-3 所示。

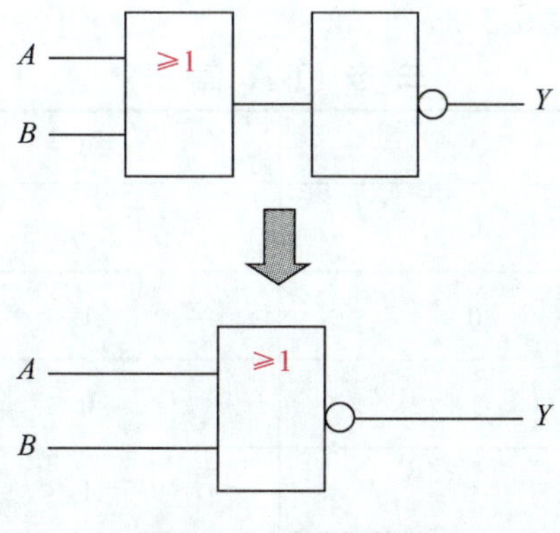

图 6-3-3　或非门符号

3）或非门逻辑关系

有“1”出“0”，全“0”出“1”。

4）或非门集成电路

常用的或非门集成电路有4个2输入或非门CD4001以及双4输入或非门CD4002，其管脚如图6-3-4所示。

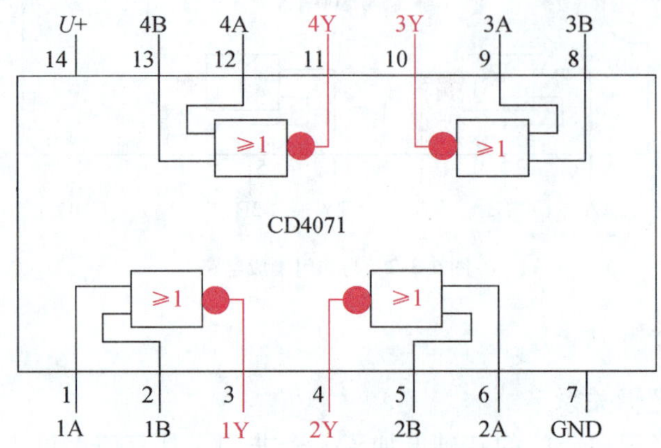

图6-3-4　或非门集成电路

2.3　三态门

☞ 2.3.1　三态门电路分析

如图6-3-5所示，三态门与普通TTL与非门相比，只是多出了一个电阻和两个二极管。

三态门控制端$EN=1$时，二极管D_2截止，相当于控制端放弃控制权，此时三态门相当于一个普通与非门，输出由输入端A、B决定。

三态门控制端$EN=0$（有效态）时，控制端行使控制权，此时T_1饱和，其基极电位约为1V，使T_2、T_5截止，同时D_2导通使T_3、T_4也截止。这时从外往输入端看进去，电路呈现高阻态。其真值表见表6-3-3。

三态门真值表　　　　表6-3-3

EN	A	B	F
1	0	0	1
1	0	1	1
1	1	0	1
1	1	1	0
0	×	×	高阻态

由于电路在 $EN=1$ 时输出有高、低电平两种状态；在 $EN=0$ 时输出为高阻态，共呈三种状态，因此称为三态门。三态门符号如图 6-3-6 所示。

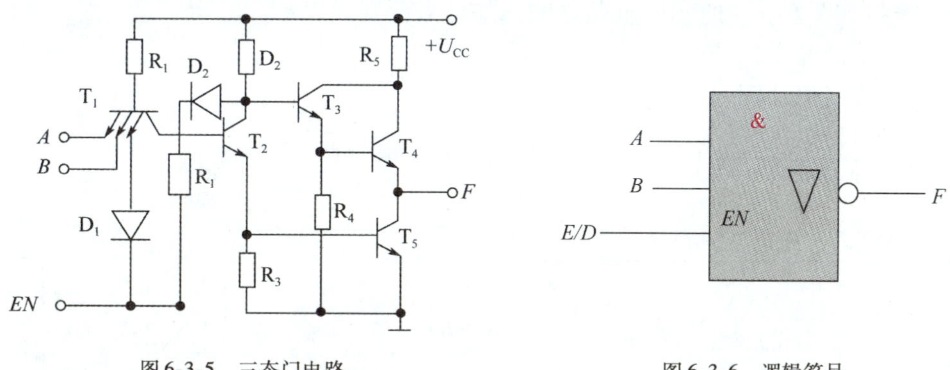

图 6-3-5　三态门电路　　　　图 6-3-6　逻辑符号

☞ 2.3.2　三态门的总线结构

利用三态门可以实现总线结构，图 6-3-7 所示为三态门总线结构图。用一根总线轮流传送几个不同的数据或控制信号（实现串行输入）时，让连接在总线上的所有三态门控制端轮流处于高电平，任何时间只能有一个三态门处工作状态，其余三态门均为高阻状态。这样，总线将轮流接受来自各个三态门的输出信号。这种利用总线来传送数据或信号的方法广泛应用于计算机技术中。

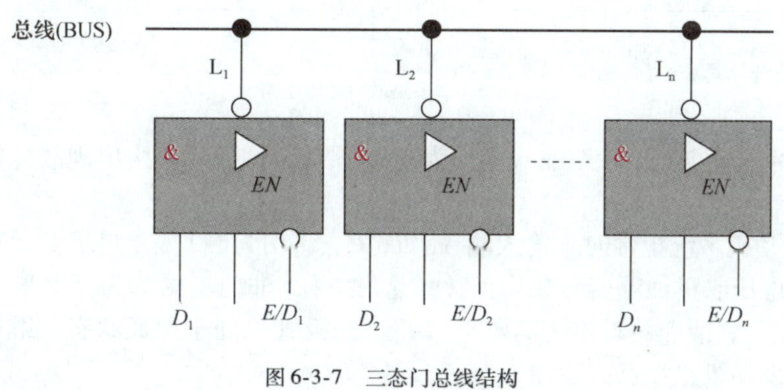

图 6-3-7　三态门总线结构

3. 任务实施

3.1　准备工作

使用的仪器设备及元件包括：4 输入非门 CD4002 和双 4 输入或非门 CD4069 芯片、1kΩ 电阻 1 个、560Ω 电阻和 LED 灯 5 个，开关 4 个（A \ B \ C \ D）、晶体管 9014、万用表、5V 稳压电源、12V 电源、继电器。

3.2 操作流程

（1）连接如图 6-3-8 所示的电路。输入端信号分别代表：

A——发动机温度；

B——发动机机油压力；

C——发电机电压；

D——机油温度。

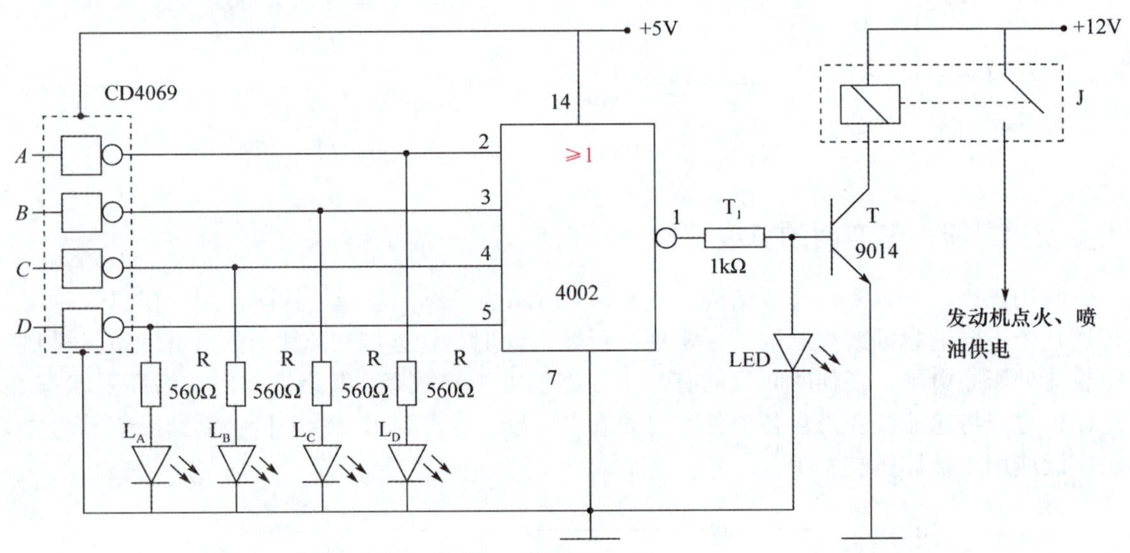

图 6-3-8 多路故障报警电路

当发动机系统正常时，4 个输入端均为高电平“1”；当某一路出现故障时，其输入变为低电平“0”。

（2）当发动机系统正常时，输入端 *A*、*B*、*C*、*D* 均为“1”（表示发动机温度、机油压力、发电机电压、机油温度参数均正常）这时，4 个非门输出均为低电平“0”，各路指示灯 $L_A \sim L_D$ 全灭；或非门输出为高电平“0”，三极管 T 处于导通状态，继电器接通点火和喷油电路，发动机正常点火喷油工作。

（3）若发动机系统中某一路出现故障，例如 *C* 路出现故障（发电机输出电压过低）输入为低电平“0”，则 C 的输出状态由“0”变为“1”，这时 L_C 就会点亮，表示 *C* 路出现故障；或非门输出为低电平“0”，三极管 T 截止，切断发动机点火和供油电路，发动机停机。

3.3 操作提示

（1）连接电路时，要保证电子元件管脚连接正确牢固；

（2）电路连接好后，用万用表检查绝缘情况、供电电压和搭铁情况。

任务4 电控系统故障自诊断控制电路分析

1. 任务引入

电控系统都有自诊断功能，当某一控制部分出现故障时，会自动存储故障信息并报警。因此，需分析故障自诊断电路。

2. 相关理论知识

2.1　逻辑代数

逻辑代数（又称布尔代数），它是分析设计逻辑电路的数学工具。虽然它和普通代数一样也用字母表示变量，但变量的取值只有“0”和“1”，分别称为逻辑“0”和逻辑“1”。这里“0”和“1”并不表示数量的大小，而是表示两种相互对立的逻辑状态。逻辑代数所表示的是逻辑关系，而不是数量关系。这是它与普通代数的本质区别。

2.1.1　基本运算法则

（1）自等律：$A+0=A$

$A\cdot 1=1=A$

（2）0－1律：$A+1=1$

$A\cdot 0=0$

（3）重叠律：$A+A=A$

$A\cdot A=A$

（4）还原律：$\overline{\overline{A}}=A$

（5）反演律：$A+\overline{A}=A$

$A\cdot\overline{A}=A$

2.1.2　基本定律

（1）交换律：$AB=BA$

$A+B=B+A$

（2）结合律：$ABC=A(BC)=(AB)C$　　$A+B+C=A+(B+C)=(A+B)+C$

（3）分配律：$A(B+C)=AB+AC$　　$A+BC=(A+B)(A+C)$

（4）反演律：$\overline{A\cdot B}=\overline{A}+\overline{B}$

$\overline{A+B}=\overline{A}\cdot\overline{B}$

(5) 吸收律: $A\ (A+B)\ =A$

$A+AB=A$

$A+\ (\overline{A}+B)\ =AB$

$A+\overline{A}B=A+B$

2.2 组合逻辑电路的分析

(1) 组合逻辑电路

任何时刻电路的输出状态只取决于该时刻的输入状态,而与该时刻以前的电路状态无关。这样的逻辑电路被称为组合逻辑电路。

(2) 组合逻辑电路分析

已知逻辑电路,确定逻辑功能。

(3) 组合逻辑电路分析步骤:

已知逻辑图→写出逻辑表达式→运用逻辑代数化简或变换→列出逻辑真值表→分析逻辑功能。

2.3 实例

(1) 试分析如图 6-4-1 所示逻辑电路的功能:

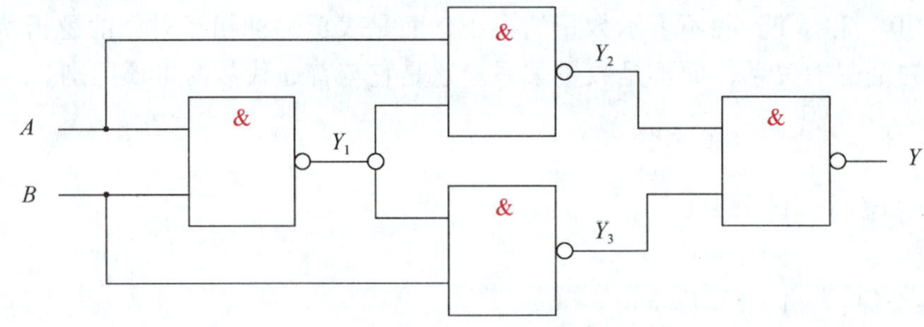

图 6-4-1 “异或”门逻辑电路

①由逻辑图写出输出端的逻辑表达式:

$$Y_1=\overline{AB}$$

$$Y_2=\overline{A\cdot\overline{AB}}$$

$$Y_3=\overline{B\cdot\overline{AB}}$$

$$Y=\overline{Y_2Y_3}=\overline{\overline{A\cdot\overline{AB}}\cdot\overline{B\cdot\overline{AB}}}$$

②运用逻辑代数化简或变换(利用反演律进行化简):

$$Y=\overline{Y_2Y_3}=\overline{\overline{A\cdot\overline{AB}}\cdot\overline{B\cdot\overline{AB}}}=\overline{\overline{A\cdot\overline{AB}}}+\overline{\overline{B\cdot\overline{AB}}}$$

$$=A\cdot\overline{AB}+B\cdot\overline{AB}=A\cdot\ (\overline{A}+\overline{B})\ +B\cdot\ (\overline{A}+\overline{B})$$

$$=A\overline{B}+\overline{A}B$$

③列逻辑真值表:

逻辑真值如表 6-4-1 所示。

“异或”逻辑真值表　　表6-4-1

A	B	Y	A	B	Y
0	0	0	1	0	1
0	1	1	1	1	0

④分析逻辑功能：

输入相同输出为“0”，输入相异输出为“1”，称为“异或”逻辑关系。这种电路称为“异或”门，表达式为：$Y=A\oplus B$，符号如图6-4-2所示。

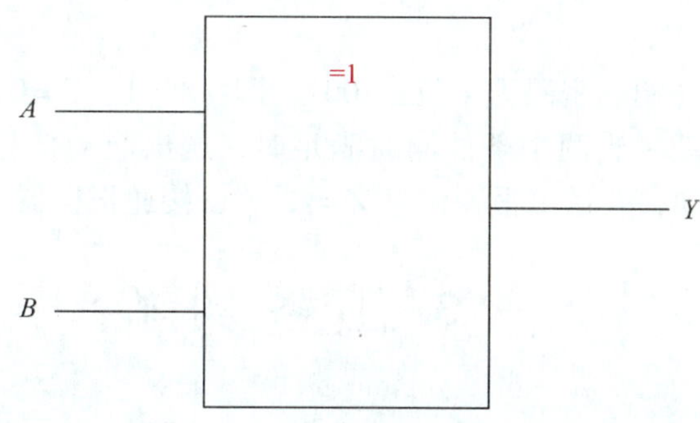

图6-4-2　“异或”门符号

（2）如图6-4-3所示，分析汽车防盗系统逻辑电路的功能。

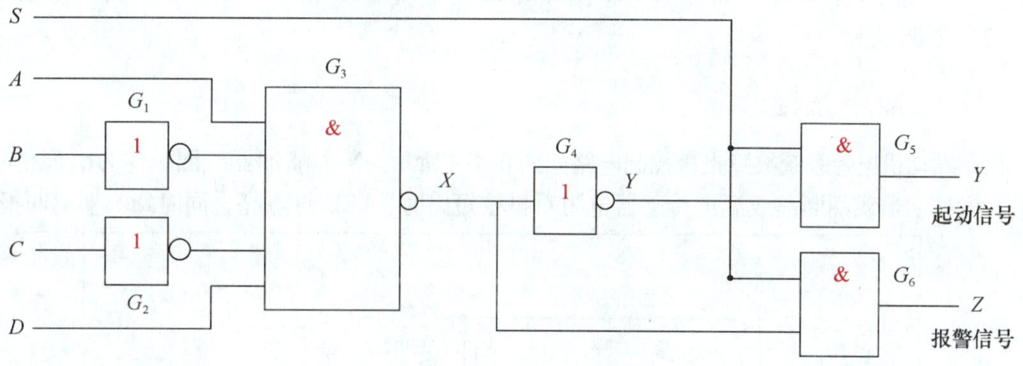

图6-4-3　组合逻辑电路

①由逻辑图写出输出端的逻辑表达式：

$$F=Y\cdot S=\overline{X}\cdot S=\overline{\overline{A\cdot\overline{B}\cdot\overline{C}}}\cdot D\cdot S$$

$$Z=\overline{A\cdot\overline{B}\cdot\overline{C}}\cdot D\cdot S$$

②运用逻辑代数化简或变换：

$$F=YS=\overline{X}S=\overline{\overline{A\cdot\overline{B}\cdot\overline{C}}}\cdot D\cdot S=\quad A\cdot\overline{B}\cdot\overline{C}\cdot D\cdot S$$

$$Z=\overline{A\cdot\overline{B}\cdot\overline{C}}\cdot D\cdot S$$

③列逻辑真值表：

逻辑真值表如表6-4-2所示。

组合逻辑真值表　　表 6-4-2

A	B	C	D	S	F	Z
1	0	0	1	1	1	0
1	1	1	1	1	0	1
·	·	·	·	·	·	·
·	·	·	·	·	·	·
·	·	·	·	·	·	·
0	0	0	0	0	0	0

④分析逻辑功能：

点火钥匙密码正确（钥匙密码为 4 位：1001，即：$A=1$、$B=0$、$C=0$、$D=1$），并用钥匙将电源开关接通起动。当两个条件同时满足时，送出起动信号 $F=$ “1”，发动机起动；否则发动机不能起动，并送出报警信号 $Z=$ “1”，接通报警器。

3. 任 务 实 施

3.1　准备工作

使用的仪器设备及文件包括 10Ω、560Ω、330Ω 电阻、10kΩ 可调电阻，LED 灯，开关 E_1、E_2，晶体管 9013、晶体管 9014，CD4069、74LS02，蜂鸣器，万用表、5V 稳压电源、12V 可调电源。

3.2　操作流程

汽车发动机电控系统故障报警控制电路如图 6-4-4 所示。N 为喷油器线圈，G 为温度传感器电阻。当喷油器线圈断路或温度传感器电阻对搭铁短路时，LED 灯点亮，同时蜂鸣器鸣叫报警。

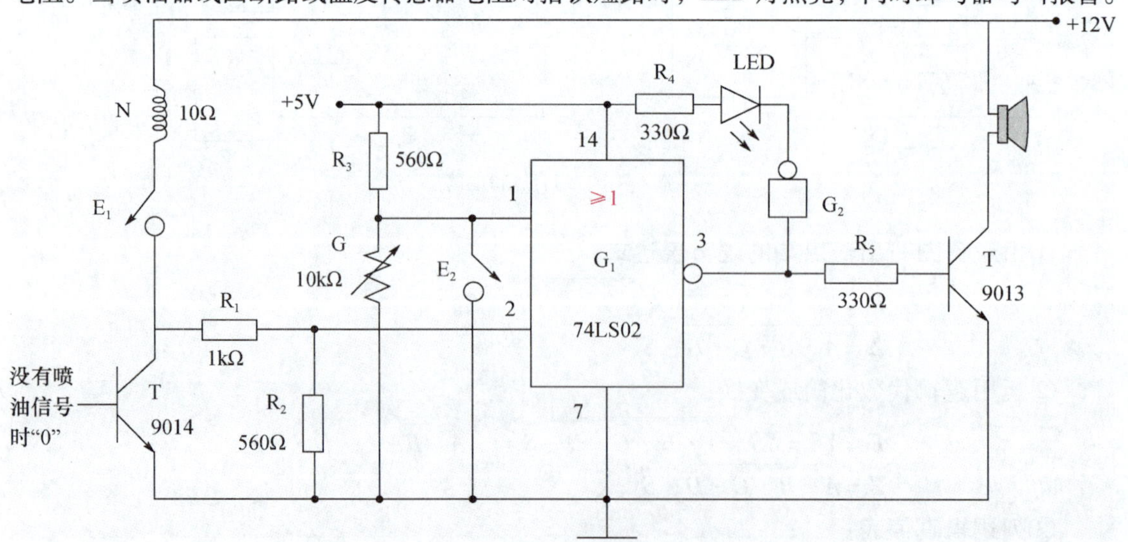

图 6-4-4　电控系统故障报警电路

（1）分析 E_1 闭合和 E_2 断开时，LED 灯和蜂鸣器情况，并说明电路控制原理；
（2）分析 E_1 和 E_2 都断开时，LED 灯和蜂鸣器情况，并说明电路控制原理；
（3）分析 E_1 和 E_2 都闭合时，LED 灯和蜂鸣器情况，并说明电路控制原理；
（4）分析 E_1 断开、E_2 闭合时，LED 灯和蜂鸣器情况，并说明电路控制原理。

3.3　操作提示

（1）连接电路时，要保证电子元件管脚连接正确牢固；
（2）电路连接好后，用万用表检查绝缘情况、供电电压和搭铁情况。

4. 拓展知识

4.1　时钟电路

如图 6-4-5 所示，当 V_2 发生一个负跳变为低电平，G_2 反相器输出 V_4 为高电平，给电容器充电，V_6 为低电平，输出 V_0 为高电平；V_6 低电平反过来又使 V_2 跳变为高电平，V_4 跳变为低电平，电容器放电，V_6 跳变为高电平，输出 V_0 跳变为低电平。如此反复跳变，使输出成为不断跳变成方波。输出方波的跳变频率取决于电容与电阻组成的 RC 振荡电路，改变电阻值就可改变振荡频率。

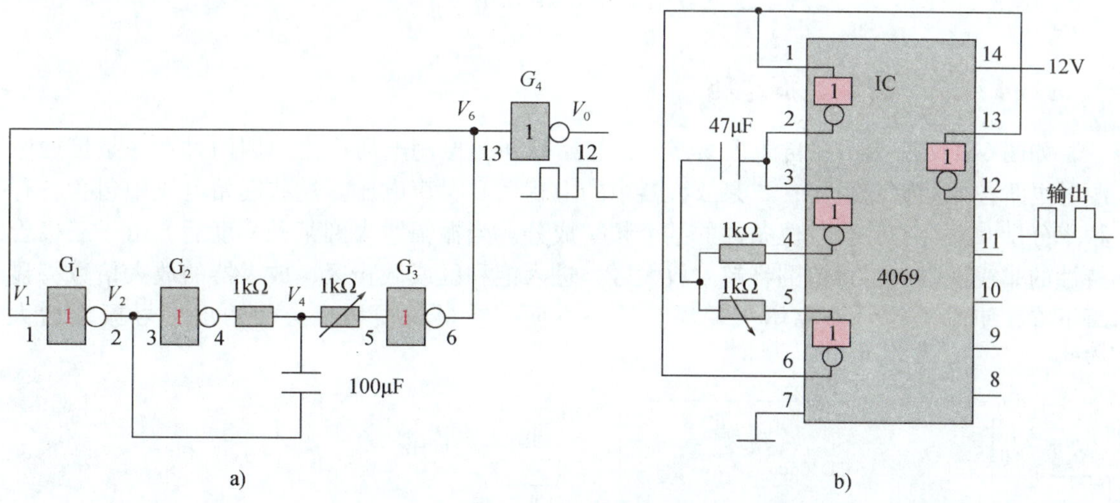

图 6-4-5　时钟振荡电路与时钟振荡器
a）时钟振荡电路；b）时钟振荡器

4.2　石英晶体与晶振方波发生器

☞ 4.2.1　石英晶体

石英晶体（图 6-4-6）在外加电压的作用下，它会产生一个压电效应，石英晶体产生机械振动，当外加电压的频率与晶体固有振荡频率相同时，晶体的机械振幅最大，产生的交变电场也就最大，形成压电谐振。

振荡器（Oscillator）是一种能量转换装置，它不需要外加信号的控制，就能自动地将直流能量转换为一定频率、一定幅度和一定波形的交流能量输出。振荡器电路应包括放大电路、反馈网络和选频电路三部分。放大电路和反馈网络用于产生和维持振荡信号，选频电路用于指定振荡信号的频率范围。

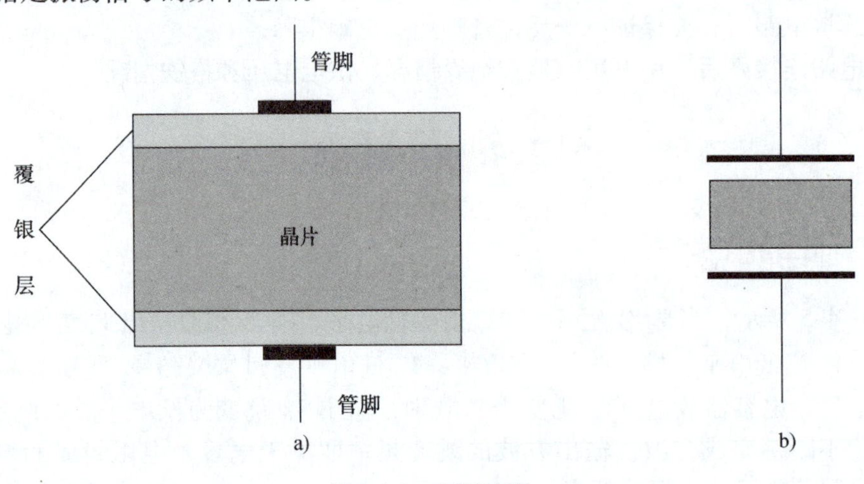

图 6-4-6　石英晶振体

a）石英晶体结构；b）晶振符号

☞ 4.2.2　时钟晶振电路

如图 6-4-7 所示，在自激振荡器中，起始瞬间的振荡电压产生原因两种：一是接通电源时电路各处的瞬变电压；二是放大器中的电扰动和噪声电压。这些起始电压中包含各种频率分量，总会有符合相位条件的某个频率成分。当振幅增大到某种程度后，由于三极管特性的非线性，其工作范围将超出放大区，进入饱和区或截止区，放大器的放大倍数将显著下降，使输出信号振幅增大变缓。另一方面，能量的损耗也会使输出信号振幅增大变缓。

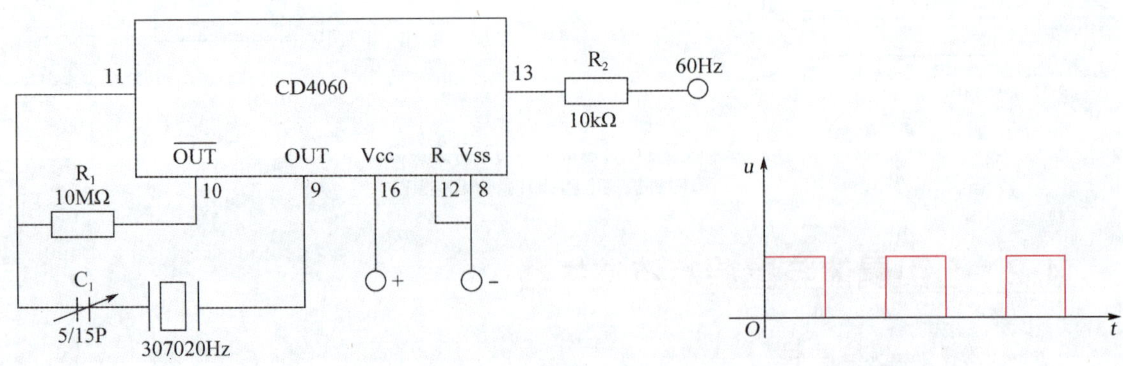

图 6-4-7　晶振方波发生器及波形

连接晶体内部的芯片电路，从原理上讲就是一个非门电路，非门在微观电路上可以看成一个增益很大的放大器。晶体对于特定频率的正弦波阻抗最小，只允许方波信号中的特定频率正弦波通过。反相器再将正弦波转变为方波。接一个电阻，可以看做是反馈电阻，它的作用是使反相器的静态工作点总处于电压传输特性的转折区，保证对小信号的放大作用。对于 CMOS 电路，R_1 值通常取 1 ~ 10MΩ，C_1 还可微调振荡频率。

任务5 温度传感器输出模拟电压信号的编码

1. 任务引入

数字系统只能识别“0”和“1”，怎样才能表示更多的数码、符号、字母呢？用编码就可以解决此问题。因此，需了解如何对温度传感器输出模拟电压进行编码。

2. 相关理论知识

2.1 数制

表示数时，仅用一位数码往往不够用，必须用进位计数的方法组成多位数码。多位数码每一位的构成以及从低位到高位的进位规则称为进位计数制，简称计数制。日常生活中，人们常用的计数制是十进制，而在数字电路中通常采用的是二进制，有时也采用八进制和十六进制。

(1) 进位基数

各种计数进位制中数码的集合称为基，计数制中用到的数码个数称为基数。二进制有 0 和 1 两个数码，因此二进制的基数是 2；十进制有 0 ~ 9 十个数码，所以十进制的基数是 10；八进制有 0 ~ 7 八个数码，八进制的基数是 8；十六进制有 0 ~ 15 十六个数码，所以十六进制的基数是 16。

(2) 数位的位权

任一计数制中的每一位数，其大小都对应该位上的数码乘上一个固定的数，这个固定的数称作各位的权，简称位权。位权是各种计数制中基数的幂。

(3) 加权系数

数码与权的乘积称为加权系数。就是某个数位上的数码 a_i 所表示的数值。

☞ 2.1.1 十进制

(1) 进位基数

在十进制中，每个数位规定使用的数码为 0，1，2，…，9，共 10 个数码和一个小数点组成，故其进位基数为10。其计数规则是“逢十进一、借一当十”。各位的权值为10^i，i是各数位的序号。十进制数用下标“10”表示。例如：

$$(6213.71)_{10}=6\times10^3+2\times10^2+1\times10^1+3\times10^0+7\times10^{-1}+1\times10^{-2}$$

（2）权

上式中，10^3、10^2、10^1、10^0 分别为整数部分千位、百位、十位和个位的权，而后$10^{-1}=0.1$、$10^{-2}=0.01$分别为小数部分十位和百位上的权，它们都是基数10的幂。

（3）加权系数

十进制数6213.7各位的加权系数分别为6×10^3、2×10^2、1×10^1、3×10^0、7×10^{-1}。十进制的数值就是各位加权系数的和。

十进制数人们最熟悉，但机器实现起来困难，因为十进制有十个数码，要想严格的区分开必须有十个不同的电路状态与之相对应，这在技术上实现起来比较困难。因此在实际的数字电路中一般是不直接采用十进制，而是采用二进制。

☞ 2.1.2　二进制

在二进制中，每个数位规定使用的数码为0，1，共2个数码和一个小数点组成，故其进位基数为2。其计数规则是“逢二进一、借一当二”。各位的权值为$2i$，i是各数位的序号。二进制数用下标“B”表示。例如：

$$(101.01)_2=1\times2^2+0\times2^1+1\times2^0+0\times2^{-1}+1\times2^{-2}=(5.25)_{10}$$

其中2^2、2^1、2^0、2^{-1}、2^{-2}为权，它们都是基数2的幂。加权系数分别为1×2^2、0×2^1、1×2^0、0×2^{-1}、1×2^{-2}。二进制数的各位加权系数之和就是其对应的十进制数。尽管一个数用二进制表示要比用十进制表示位数多很多，但因二进制数只需0、1两个状态，机器实现容易，因而二进制是数字系统唯一认识的代码。（例如用二极管的开和关表示0和1、用三极管的截止和饱和表示0和1），电路实现起来比较容易。

2.2　数制转换

☞ 2.2.1　十进制转换为二进制

十进制转换为二进制分为整数部分转换和小数部分转换，转换后再合并。

例如：将十进制数$(47)_{10}$转换成二进制数。

采用基数连除法可以把十进制整数N转换成二进制数，其步骤如下：

（1）将N除以2，记下所得的商和余数。

（2）将上一步所得的商再除以2，记下所得商和余数。

（3）重复做第二步，直到商为0。

（4）将各个余数转换成二进制的数码，并按照和运算过程相反的顺序把各个余数排列起来，即为二进制的数。例如，将十进制整数47转换为二进制整数可表示如下：

	余数	
2 | 47		
2 | 23	1	低位
2 | 11	1	
2 | 5	1	
2 | 2	1	
2 | 1	0	
0	1	高位

则：$(47)_{10}=(101111)_2$

☞ 2.2.2　二进制转换为十进制

二进制转换为十进制时只要写出二进制的按权展开式，然后将各项数值按十进制相加，就可得到等值的十进制数。

例如，将二进制数 $(1011.01)_2$ 转换为十进制数。

$$
\begin{aligned}
(1011.01)_2 &= 1\times 2^3+0\times 2^2+1\times 2^1+1\times 2^0+0\times 2^{-1}+1\times 2^{-2}\\
&=8+2+1+0.25\\
&=(11.25)_{10}
\end{aligned}
$$

2.3　码制—代码

用以表示十进制数码、字母、符号等信息的一定位数的二进制数称为代码。数字系统只能识别 0 和 1 两种不同的状态，而实际传递和处理的信息相对复杂，除数据外还包括文字、符号和各种对象、信号等。因此为了能使二进制数码表示更多、更复杂的信息，人们把 0、1 按一定的规律排列在一起表示某种特定信息，称为代码。这种用二进制代码表示信息为码制。它不是二进制数。如邮政编码、身份证号码和电话号码以及运动员号码，这些号码不表示数值的大小，只表示不同的地区、不同的人和不同的电话以及不同的运动员，这就是编码。

☞ 2.3.1　二—十进制代码（BCD 码）

用 4 位二进制数 $b_3b_2b_1b_0$ 来表示十进制数中的 0 ~ 9 十个数码，简称 BCD 码。用 4 位自然二进制数码中的前 10 个数码来表示十进制数码，让各位的权值依次为 8、4、2、1，称为 8421 BCD 码。

8421BCD 码是有权码，各位的权值分别为 $2^3=8$，$2^2=4$，$2^1=2$，$2^0=1$。因此，称为 8421BCD 码。虽然 8421BCD 码的权值与 4 位自然二进制码的权值相同，但二者是两种不同的代码。

例如：$(18)_{10}=(00011000)_{8421}=(10010)_2$

8421BCD 码只是取用了 4 位自然二进制代码的前 10 种组合。用一组（4 位）二—十进制码表示一位十进制数。其中 8421 码每组（4 位）内 8421 码符合二进制规则，而组与组之间是十进制。二—十进制码与自然二进制数形式相似，但本质不同。二进制数是按二进制的规则表示数值的大小，而二—十进制码是用二进制数表示十进制数码，它们的值并不一定相等。如表 6-5-1 所示，十进制数 0 ~ 9 是按二进制的规则表示数值：

例如：9＝8＋1＝1000＋1＝（1001）$_{8421}$；

9 以后的数就不是：

例如：10＝1 和 0＝0001（1）＋0000（0）＝（00010000）$_{8421}$；

11＝1 和 1＝0001（1）＋0001（1）＝（00010001）$_{8421}$。

8421BCD 码代码表　　表 6-5-1

十进制	二进制	8421BCD 码	十进制	二进制	8421BCD 码
0	0000	0000	6	0110	0110
1	0001	0001	7	0111	0111
2	0010	0010	8	1000	1000
3	0011	0011	9	1001	1001
4	0100	0100	10	1010	00010000
5	0101	0101	11	1011	00010001

☞ 2.3.2 字符代码

对各个字母和符号编制的代码叫字符代码。字符代码的种类繁多，目前在计算机和数字通信系统中被广泛采用的是 ASCII 码（American Standard Code for Information Interchange，美国信息交换标准代码），ASCII 码采用 8 位二进制数编码，可以表示 2^8＝256 个字符。其编码表如表 6-5-2 所示。

ASCII 编 码 表　　表 6-5-2

<table>
<tr><td>B8B7B6B5
B4B3B2B1</td><td>0
0
0
0</td><td>0
0
0
1</td><td>0
0
1
0</td><td>0
0
1
1</td><td>0
1
0
0</td><td>0
1
0
1</td><td>0
1
1
0</td><td>0
1
1
1</td></tr>
<tr><td>0000</td><td>NUL（空字符）</td><td>DLE（数据链路转义）</td><td>sp（空格）</td><td>0</td><td>@</td><td>p</td><td>·</td><td>p</td></tr>
<tr><td>0001</td><td>SOH（标题开始）</td><td>DC1（设备控制 1）</td><td>!</td><td>1</td><td>A</td><td>Q</td><td>a</td><td>q</td></tr>
<tr><td>0010</td><td>STX（正文开始）</td><td>DC2（设备控制 2）</td><td>″</td><td>2</td><td>B</td><td>R</td><td>b</td><td>r</td></tr>
<tr><td>0011</td><td>ETX（正文结束）</td><td>DC3（设备控制 3）</td><td>#</td><td>3</td><td>C</td><td>S</td><td>c</td><td>s</td></tr>
<tr><td>0100</td><td>EOT（传输结束）</td><td>DC4（设备控制 4）</td><td>/</td><td>4</td><td>D</td><td>T</td><td>d</td><td>t</td></tr>
<tr><td>0101</td><td>ENQ（请求）</td><td>NAK（拒绝接收）</td><td>%</td><td>5</td><td>E</td><td>U</td><td>e</td><td>u</td></tr>
<tr><td>0110</td><td>ACK（受到通知）</td><td>SYN（同步空闲）</td><td>$</td><td>6</td><td>F</td><td>V</td><td>P</td><td>v</td></tr>
<tr><td>0111</td><td>BEL（响铃）</td><td>ETB（传输块结束）</td><td>、</td><td>7</td><td>G</td><td>W</td><td>g</td><td>w</td></tr>
<tr><td>1000</td><td>BS（退格）</td><td>CAN（取消）</td><td>(</td><td>8</td><td>H</td><td>X</td><td>h</td><td>x</td></tr>
<tr><td>1001</td><td>HT（水平制表符）</td><td>EM（介质中断）</td><td>)</td><td>9</td><td>I</td><td>Y</td><td>i</td><td>y</td></tr>
<tr><td>1010</td><td>LF（换行键）</td><td>SUB（替补）</td><td>*</td><td>:</td><td>J</td><td>Z</td><td>j</td><td>z</td></tr>
<tr><td>1011</td><td>VT（垂直制表符）</td><td>ESC（溢出）</td><td>+</td><td>;</td><td>K</td><td>[</td><td>l</td><td>{</td></tr>
<tr><td>1100</td><td>FF（换页键）</td><td>FS（文件分割符）</td><td>,</td><td><</td><td>L</td><td>\</td><td>m</td><td>|</td></tr>
<tr><td>1101</td><td>CR（回车键）</td><td>GS（分组符）</td><td>–</td><td>=</td><td>M</td><td>]</td><td>n</td><td>}</td></tr>
<tr><td>1110</td><td>SO（不用切换）</td><td>RS（记录分离符）</td><td>。</td><td>></td><td>N</td><td>^</td><td>k</td><td>~</td></tr>
<tr><td>1111</td><td>SI（启用切换）</td><td>US（单元分隔符）</td><td>&</td><td>?</td><td>O</td><td>–</td><td>o</td><td>□</td></tr>
</table>

读码时，先读列码 $B_8B_7B_6B_5$，再读行码 $B_4B_3B_2B_1$，则 $B_8B_7B_6B_5B_4B_3B_2B_1$ 即为某字符的八位 ASCII 码。例如字母 K 的列码是 0100，行码是 1011，所以 K 的 8 位 ASCII 码是 01001011。

2.3.3　其他代码

在数字系统中，任何信息包括各种特定的对象、信号等都要转化为二进制代码来代理。如：现代汽车上都配备自诊断系统，汽车的电子控制单元（ECU）能够自动检测汽车本身的故障，而各种故障在 ECU 中是以代码形式存储、处理的，这些代码称故障码。

3. 任 务 实 施

3.1　准备工作

本任务仅使用温度传感器输出曲线，如图 6-5-1 所示。

3.2　操作流程

数字式信号不是高电平就是低电平。因此，可以对数字式信号赋值。例如，低电平数字信号可规定为 0，而高电平数字信号则规定为 1。对数字信号赋值称作二进制编码。“二进制”这个词表示两个数，而且在二进制编码系统中，这两个数分别是 0 和 1。状态、数量及文字等都可以用一系列的 0 和 1 表示。

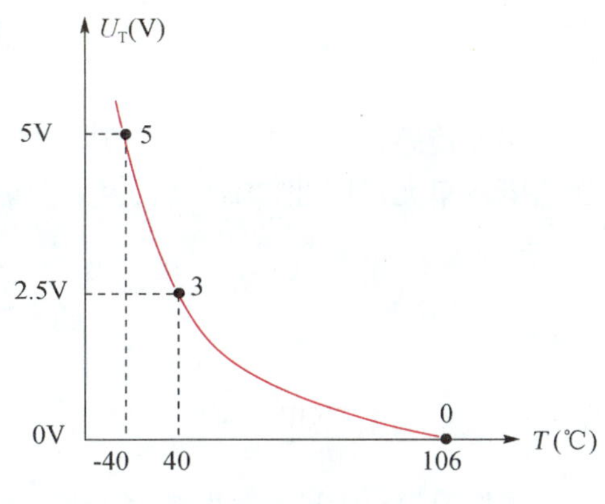

图 6-5-1　温度传感器输出曲线

在汽车电控系统中，以二进制代码传输信息。很多传感器输出电压在 0 ~ 5V 范围内工作。如图 6-5-1 所示，发动机温度传感器（NTC）所能输出的电压为：

发动机温度为 106℃时，输出电压为 0V；

发动机温度为 40℃时，输出电压为 2.5V；

发动机温度为　40℃时，输出电压为 5V。

（1）将温度传感器输出 0 ~ 5V 电压平均分成 5 份，0 ~ 1V、1 ~ 2V、2 ~ 3V、3 ~ 4V、4 ~ 5V。这一过程是由采样保持电路来实现的。

（2）对每一个电压区间赋予规定十进制数值 0、1、2、3、4；然后将每个十进制数转换成进行二进制数值。这是由量化电路实现的。

（3）对每个二进制数值进行二进制编码（见表 6-5-3）。这是由编码电路实现的。

温度传感器输出电压二进制编码表　　表 6-5-3

温度传感器电压	十进制数值	二进制数值	ASCII 编码
4 ~ 5V	4	101	00110100
3 ~ 4V	3	100	00110011
2 ~ 3V	2	011	00110010
1 ~ 2V	1	001	00110011
0 ~ 1V	0	000	00110000

3.3 操作提示

编码过程。首先由采样电路采集信号电压区间点并进行量化（转化为“0”或“1”），然后由编码器编译成二进制代码（ASCII 码）。

注：二进制代码是对数字式信号的数值贴合。

任务 6 温度传感器输出电压编码电路

1. 任务引入

温度传感器输出电压为 0 ~5V 的模拟电压信号，必须赋值编码变成二进制代码才能输送给电控单元。因此，需了解传感器输出模拟电压的编码电路。

2. 相关理论知识

2.1 编码器

人们习惯用十进制，而数字电路只识别二进制，故需要相互转换。用一定位数的二进制数来表示十进制数码、字母、符号等信息称为编码。具有编码功能的逻辑电路称为编码器。

在汽车电脑中一般用八位二进制代码（2^8种组合），表示 256 个信息。要想表示更多信息就用更多位二进制代码。

2.2 二进制编码器

二进制编码器是将输入信号转换成二进制代码的电路。编码转换过程如图 6-6-1 所示。

图 6-6-1 编码器逻辑功能框图

例：设计一个编码器，满足以下要求：

（1）将 I_0、$I_1 \cdots I_7$，8 个信号转换编成二进制代码。

（2）编码器每次只能对一个信号进行编码，不允许两个或两个以上的信号同时有效。

（3）设输入信号高电平有效。

①按分析要求列编码表：

输入有8个信号，即$N=8$，根据$2^n \geqslant N$的关系，即$n=3$，即输出为三位二进制代码。编码表如表6-6-1所示。

三位二进制编码表　　表6-6-1

输　入	输　出		
I	Y_0	Y_1	Y_2
I_0	0	0	0
I_1	0	0	1
I_2	0	1	0
I_3	0	1	1
I_4	1	0	0
I_5	1	0	1
I_6	1	1	0
I_7	1	1	1

②写出逻辑式并转换成“与非”式：

$$Y_2 = I_4 + I_5 + I_6 + I_7 = \overline{\overline{I_4 + I_5 + I_6 + I_7}} = \overline{\overline{I_4} \cdot \overline{I_5} \cdot \overline{I_6} \cdot \overline{I_7}}$$

$$Y_1 = I_2 + I_3 + I_6 + I_7 = \overline{\overline{I_2 + I_3 + I_6 + I_7}} = \overline{\overline{I_2} \cdot \overline{I_3} \cdot \overline{I_6} \cdot \overline{I_7}}$$

$$Y_0 = I_1 + I_3 + I_5 + I_7 = \overline{\overline{I_1 + I_3 + I_5 + I_7}} = \overline{\overline{I_1} \cdot \overline{I_3} \cdot \overline{I_5} \cdot \overline{I_7}}$$

③画出逻辑电路，如图6-6-2所示。

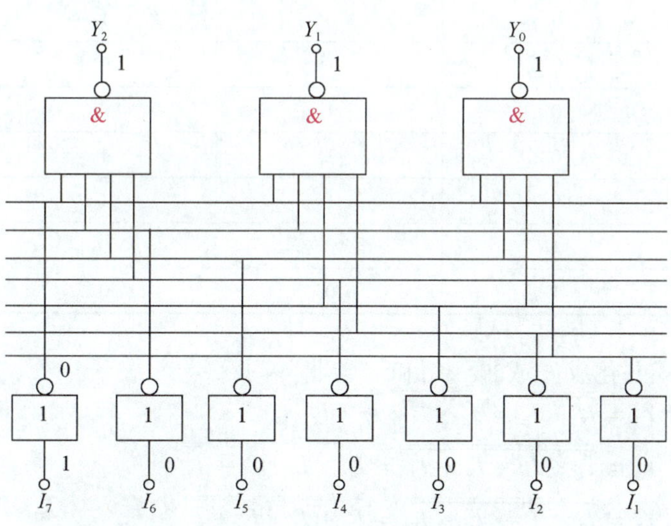

图6-6-2　逻辑电路

编码器在任何时刻只能对一个输入信号进行编码，不允许有两个或两个以上的输入信号同时请求编码，否则输出编码会发生混乱。这就是说，I_0、$I_1 \cdots I_7$这8个编码信号是相互排斥的。在$I_1 \sim I_7$为0时，输出就是I_0的编码，故I_0未画。输入信号为高电平有效（表示有编码请求)，输出代码编为原码(对应自然二进制数)。

2.3 二—十进制编码器

用高低电平表示十进制数，将十进制数 0 ~ 9 编成二进制代码的电路成为二—十进制编码器。其逻辑功能如图 6-6-3 所示。

图 6-6-3 二十进制编码器逻辑功能框图

1) 逻辑编码表

4 位二进制代码可以表示 16 种不同的状态(见表 6-6-2)，其中任何 10 种状态都可以表示 0 ~ 9 十个数码，最常用的是前 10 种 8421 码。

4 位二进制编码表 表 6-6-2

输　入	输　出			
I	Y_3	Y_2	Y_1	Y_0
I_0	0	0	0	0
I_1	0	0	0	1
I_2	0	0	1	0
I_3	0	0	1	1
I_4	0	1	0	0
I_5	0	1	0	1
I_6	0	1	1	0
I_7	0	1	1	1
I_8	1	0	0	0
I_9	1	0	0	1

2) 写出逻辑式并化成"或非"门和"与非"门

$$Y_3 = \overline{\overline{I_8 + I_9}} = \overline{\overline{I_4} \cdot \overline{I_5} \cdot \overline{I_6} \cdot \overline{I_7}}$$

$$Y_2 = \overline{\overline{I_4 + I_5 + I_6 + I_7}} = \overline{\overline{I_4 + I_6} \cdot \overline{I_5 + I_7}}$$

$$Y_1 = \overline{\overline{I_2 + I_3 + I_6 + I_7}} = \overline{\overline{I_2 + I_6} \cdot \overline{I_3 + I_7}}$$

$$Y_0 = \overline{\overline{I_1 + I_3 + I_5 + I_7 + I_9}} = \overline{\overline{I_1 + I_9} \cdot \overline{I_3 + I_7} \cdot \overline{I_5 + I_7}}$$

3) 逻辑电路

逻辑电路，如图 6-6-4 所示。需要编码的 10 个输入信号：I_0 ~ I_9；输出 4 位二进制代码：Y_3、Y_2、Y_1、Y_0。

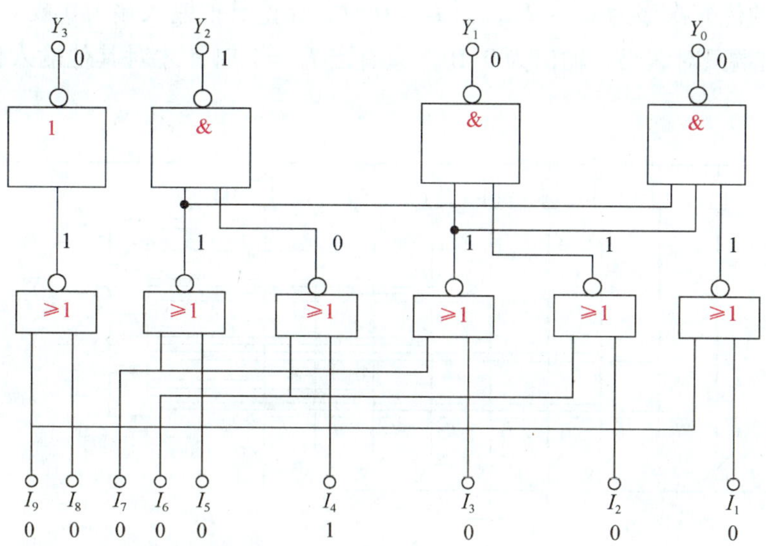

图 6-6-4　二—十进制编码器逻辑电路

2.4　优先编码器

上述编码器每次只允许一个输入端上有信号，否则会引起混乱。而实际上还常常出现多个输入端上同时有信号的情况。这就要求主机能自动识别这些请求信号的优先级别，按次序进行编码。这里就需要优先编码器。CT74LS147 型 10/4 线优先编码器是常用的，由表 6-6-3 可见，有 9 个输入变量 $\overline{I_1} \sim \overline{I_9}$，4 个输出变量 $\overline{Y_0} \sim \overline{Y_3}$，它们都是反变量。输入的反变量对低电平有效，即有信号时，输入为 0。输出的反变量组成反码，对应于 0 ~ 9 十个十进制数码。

四位二进制优先编码表　　表 6-6-3

输入（低电平有效）									输出（8421 反码）			
$\overline{I_9}$	$\overline{I_8}$	$\overline{I_7}$	$\overline{I_6}$	$\overline{I_5}$	$\overline{I_4}$	$\overline{I_3}$	$\overline{I_2}$	$\overline{I_1}$	$\overline{I_0}$	$\overline{I_1}$	$\overline{I_2}$	$\overline{I_3}$
1	1	1	1	1	1	1	1	1	1	1	1	1
0	×	×	×	×	×	×	×	×	0	1	1	0
1	0	×	×	×	×	×	×	×	0	1	1	1
1	1	0	×	×	×	×	×	×	1	0	0	0
1	1	1	0	×	×	×	×	×	1	0	0	0
1	1	1	1	0	×	×	×	×	1	0	0	1
1	1	1	1	1	0	×	×	×	1	0	1	0
1	1	1	1	1	1	0	×	×	1	0	1	1
1	1	1	1	1	1	1	0	×	1	1	0	0
1	1	1	1	1	1	1	1	0	1	1	0	1

输入信号的优先次序为 $\overline{I_9}$ ~ $\overline{I_1}$，当 $\overline{I_9}$ =0 时，无论其他输入端为0或1（标重×表示任意态），输出端只对编码，输出为0110。只有当 $\overline{I_9}$ =1 时，才对其他输入依次编码，如图6-6-5所示。

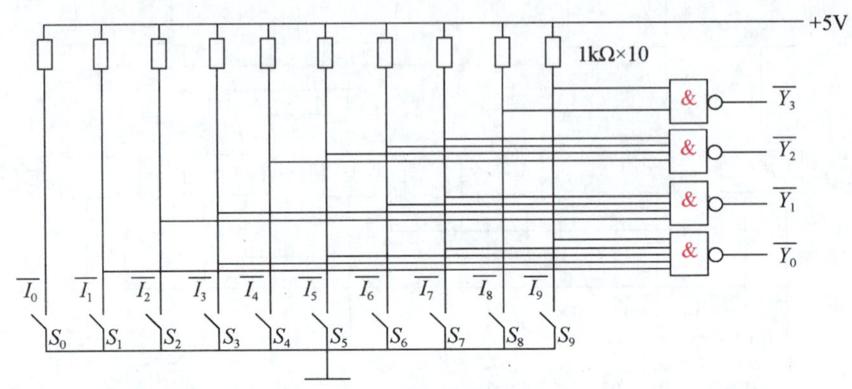

图6-6-5　优先编码器逻辑电路

3. 任务实施

3.1　准备工作

使用的仪器设备及文件包括：1kΩ 电阻10个，直流稳压电源，LED4个，74LS147一个，微动开关9个。

用CT74LS147集成优先编码器（10线—4线），对水温传感器输出0～5V电压进行编码。CT74LS147将9条数据线（I_1～I_9）进行4线BCD编码，即对最高位数据线进行译码。当 I_1～I_9 均为高电平时，编码输出（$Y_0Y_1Y_2Y_3$）为十进制零。故不需单设 I_0 输入端。

3.2　操作流程

（1）按图6-6-6所示，连接电路。

（2）将温度传感器0～5V电压分成10段，并分别赋值：

0.0～0.5V→0，0.5～1.0V→1，1.0～1.5V→2，1.5～2.0V→3，2.0～2.5V→4，2.5～3.0V→5，3.0～3.5V→6，3.5～4.0V→7，4.0～4.5V→8，4.5～5.0V→9。

（3）将输入管脚 $I_0\cdots I_9$ 分别搭铁，观察LED发光情况。并据此写出二进制编码。

3.3　操作提示

输入变量和输出变量都是反变量。输入的反变量对低电平有效，即有信号时，输入为0。输出的反变量组成反码，也是低电平有效。

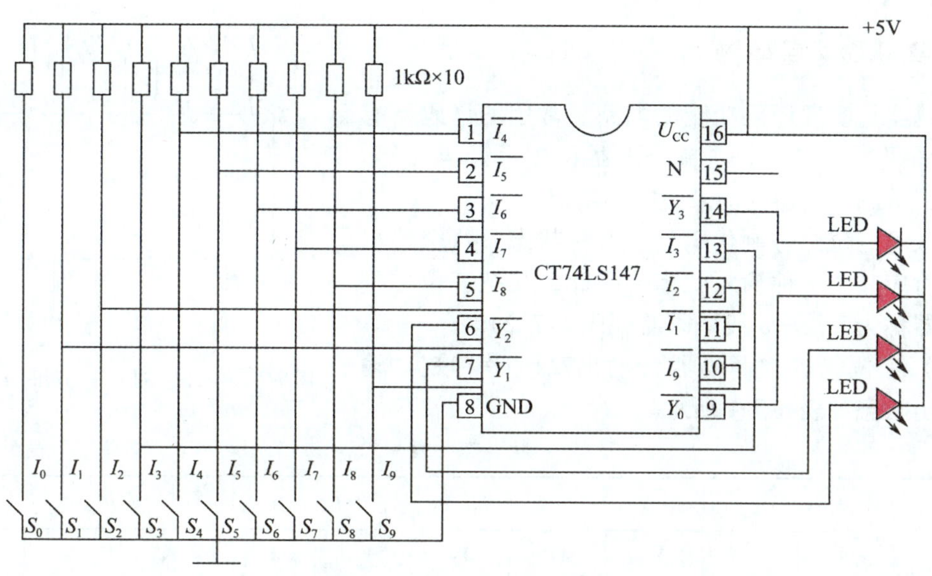

图 6-6-6　温度传感器输出电压编码电路

任务 7
数码显示器功能演示

1. 任务引入

现代汽车都是通过数字仪表来显示汽车运行信息（如汽车行驶速度、行驶里程、平均油耗、燃油量等），因此，需了解数码显示器功能。

2. 相关理论知识

2.1　译码器

2.1.1　译码

译码是编码的逆过程，它是将代码的组合译成一个特定的输出信号，也就是将编码时赋予代码的特定含义“翻译”出来。三位二进制译码器功能框图如图 6-7-1 所示。

图 6-7-1　三位二进制译码器功能框图

☞ 2.1.2 译码器

译码器是实现译码功能的电路。常用的译码器有二进制译码器、二—十进制译码器和显示译码器等。下面以二进制译码器为例来说明其功能。

输入时三位二进制代码、有八种状态，八个输出端分别对应其中一种输入状态。因此，又把三位二进制译码器称为3线—8线译码器（图6-7-2）。

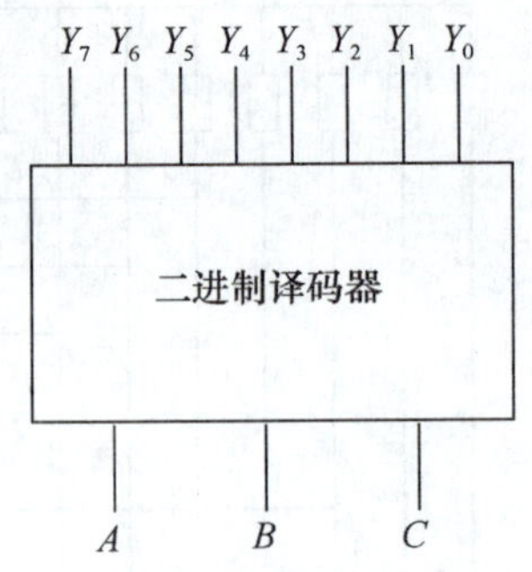

图6-7-2　三位二进制译码器的方框图

（1）三位二进制译码器（输出高电平有效）输入、输出状态如表6-7-1所示。

状 态 表

表6-7-1

输 入			输 出							
A	B	C	Y_0	Y_1	Y_2	Y_3	Y_4	Y_5	Y_6	Y_7
0	0	0	1	0	0	0	0	0	0	0
0	0	1	0	1	0	0	0	0	0	0
0	1	0	0	0	1	0	0	0	0	0
0	1	1	0	0	0	1	0	0	0	0
1	0	0	0	0	0	0	1	0	0	0
1	0	1	0	0	0	0	0	1	0	0
1	1	0	0	0	0	0	0	0	1	0
1	1	1	0	0	0	0	0	0	0	1

（2）写出逻辑表达式：

$$Y_0 = \overline{A} \cdot \overline{B} \cdot \overline{C} \qquad Y_1 = \overline{A} \cdot \overline{B} \cdot C$$

$$Y_2 = \overline{A} \cdot B \cdot \overline{C} \qquad Y_3 = \overline{A} \cdot B \cdot C$$

$$Y_4 = A \cdot \overline{B \cdot C} \qquad Y_5 = A \cdot \overline{B} \cdot C$$

$$Y_6 = AB \cdot \overline{C} \qquad Y_6 = A \cdot B \cdot C$$

（3）逻辑图如6-7-3所示。

当输入A、B、C为000时，$Y_0=1$，$Y_1=Y_2=Y_3=Y_4=Y_5=Y_6=Y_7=0$；

当输入A、B、C为111时，$Y_0=Y_1=Y_2=Y_3=Y_4=Y_5=Y_6=0$、$Y_7=1$。

☞ 2.1.3 二—十进制显示译码器

二—十进制译码器的逻辑功能是将输入的BCD码译成十个输出信号。在数字电路中，常常需要把运算结果用十进制数显示出来，这就要用显示译码器。在数字测量仪表和各种数字系统中，也都需要将数字量直观地显示出来，一方面供人们直接读取测量和运算的结

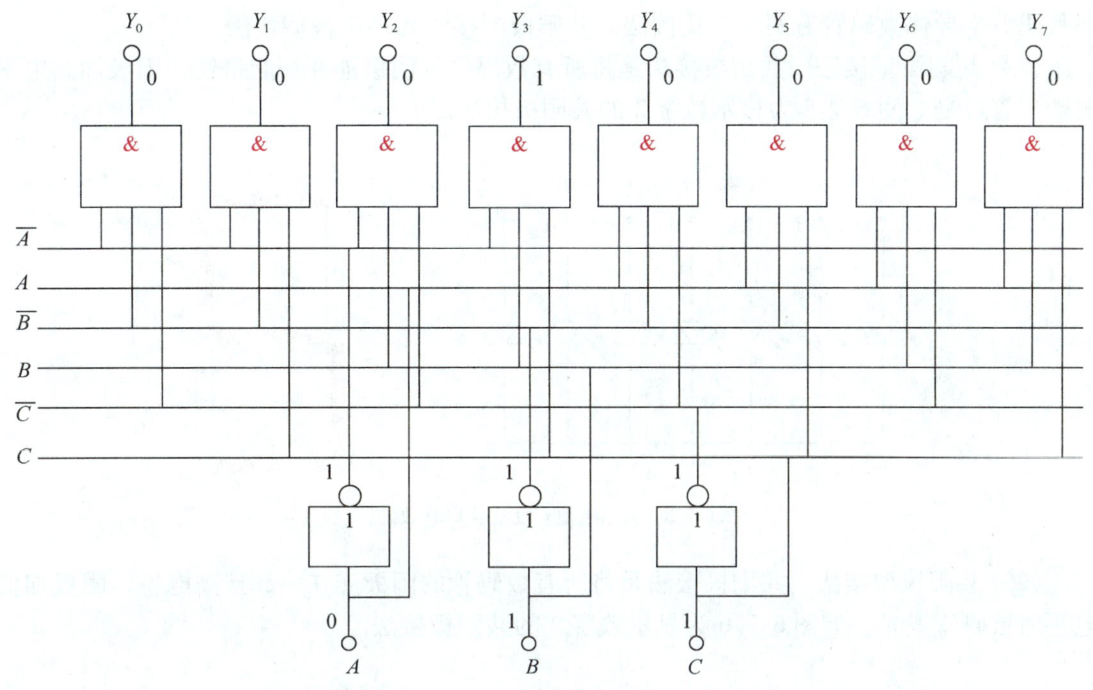

图 6-7-3 三位二进制译码器（输出高电平有效）

果，另一方面用于监视数字系统的工作情况。

数字显示电路是数字设备不可缺少的部分。数字显示电路通常由显示译码器、驱动器和显示器等部分组成，如图 6-7-4 所示。

图 6-7-4 数字显示电路的组成方框图

2.2 数字显示器件

数字显示器件是用来显示数字、文字或者符号的器件，常见的有辉光数码管、荧光数码管、液晶显示器、发光二极管数码管、场致发光数字板、等离子体显示板等等。下面主要讨论发光二极管数码管。

1）发光二极管（LED）及其驱动方式

LED 具有许多优点，它不仅有工作电压低（1.5～3V）、体积小、寿命长、可靠性高等优点，而且响应速度快（≤100ns）、亮度比较高。一般 LED 的工作电流选在 5～10mA，但不允许超过最大值（通常为 50mA）。LED 可以直接由门电路驱动。

2）LED 数码管

LED 数码管又称为半导体数码管，它是由多个 LED 按分段式封装制成的。半导体数码管通常采用七段字形显示方式来表示 0 ~9 十个数字。用 a、b、c、d、e、f、g 来代表七段代码。半导体数码管有两种形式接法，共阳极型接法和共阴极型接法。

（1）共阴极型接法。共阴极接法是将所有数码管的阴极连在一起搭铁，阳极加高电平时数码管发光。图 6-7-5 为显示数字 2 的共阴极接法。

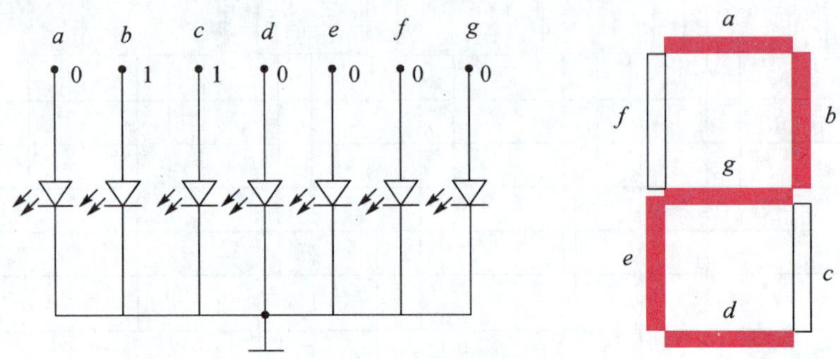

图 6-7-5　共阳极型七段显示 LED 数码管

（2）共阳极型接法。共阳极接法是将所有数码管的阳极连在一起接高电平，阴极加低电平时数码管发光。如图 6-7-6 为显示数字 2 的共阳极接法。

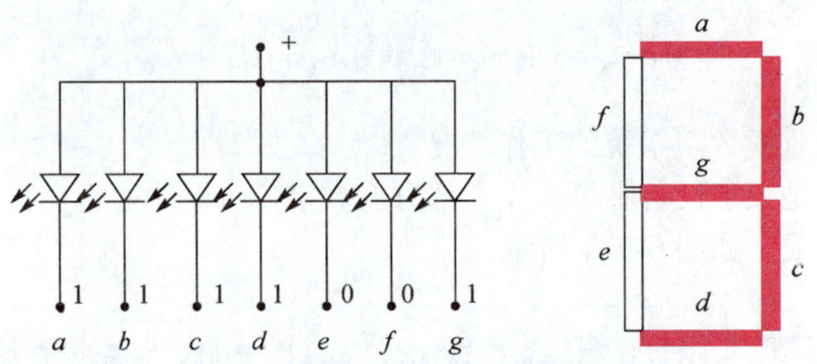

图 6-7-6　共阴极型七段显示 LED 数码管

3）七段译码显示器（共阴极）

译码输入端：*D*、*C*、*B*、*A*，为 8421BCD 码，七段显示器译码器把输入的 8421BCD 码（*A* ~ *D*），翻译成驱动七段 LED 数码管各对应段所需的电平，如图 6-7-7 所示。其状态表见表 6-7-2。

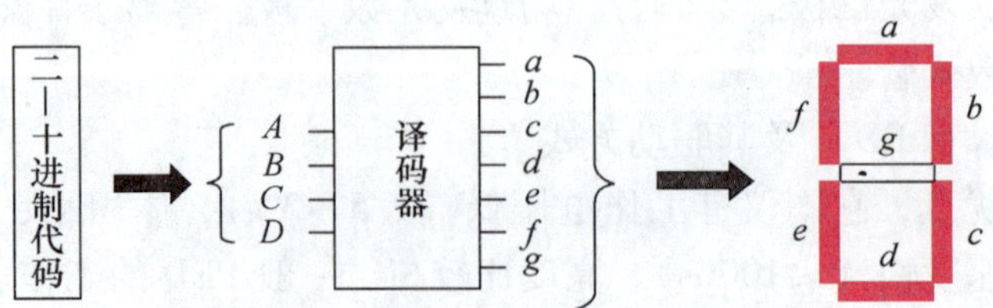

图 6-7-7　七段显示译码器框图

七段显示译码器状态表　　表 6-7-2

输　入				输　出							显示字形
D	*C*	*B*	*A*	*a*	*b*	*c*	*d*	*e*	*f*	*g*	
0	0	0	0	1	1	1	1	1	1	0	0
0	0	0	1	0	1	1	0	0	0	0	1
0	0	1	0	1	1	0	1	1	0	1	2
0	0	1	1	1	1	1	1	0	0	1	3
0	1	0	0	0	1	1	0	0	1	1	4
0	1	0	1	1	0	1	1	0	1	1	5
0	1	1	0	0	0	1	1	1	1	1	6
0	1	1	1	1	1	1	0	0	0	0	7
1	0	0	0	1	1	1	1	1	1	1	8
1	0	0	1	1	1	1	0	0	1	1	9

3. 任务实施

3.1　准备工作

使用的仪器设备及元件包括：5V 稳压电源，510Ω 电阻 7 个、微动开关 4 个、CD4511 芯片 1 个、数码管 1 个、万用表 1 个、面包板 1 块。

3.2　操作流程

（1）连接如图 6-7-8 所示的电路；

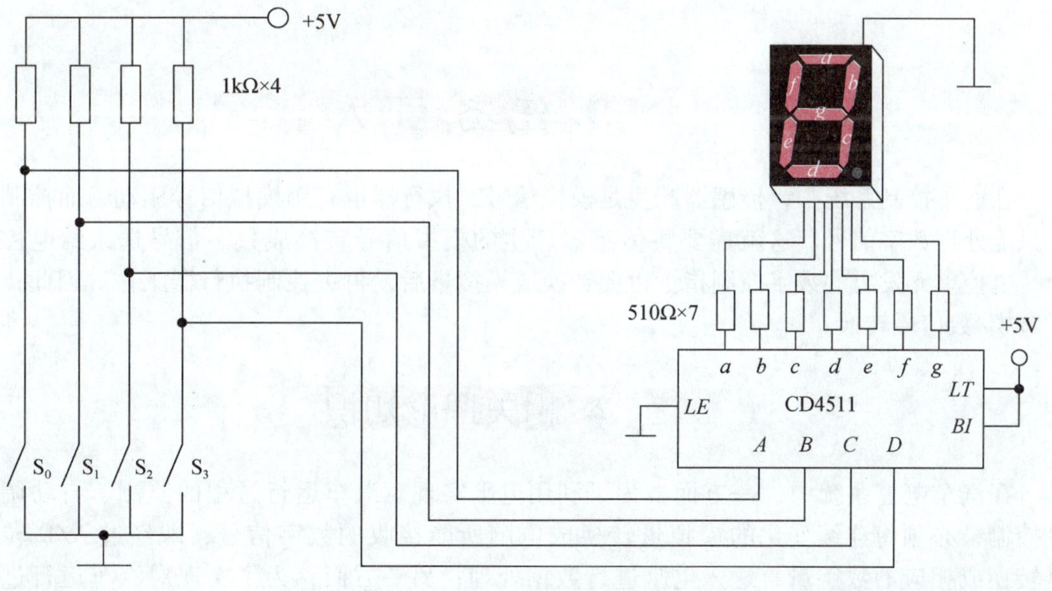

图 6-7-8　七段译码器和数码管的连接图

（2）用微动开关代替计数器，改变微动开关输入端不同电平组合（0000、0001、0010、0011、0100、0101、0110、0111、1000），观察七段译码显示器显示数字。

3.3 操作提示

（1）CD4511 型译码器的外引线排列如图 6-7-9，其功能介绍如下：

①$\overline{BI}$：4 脚是消隐输入控制端，当 $\overline{BI}=0$ 时，不管其他输入端状态如何，七段数码管均处于熄灭（消隐）状态，不显示数字。

②$\overline{LT}$：3 脚是测试输入端，当 $\overline{BI}=1$，$\overline{LT}=0$ 时，译码输出全为 1，不管输入 DCBA 状态如何，七段均发亮，显示“8”。它主要用来检测数码管是否损坏。

③LE：锁定控制端，当 $LE=0$ 时，允许译码输出。$LE=1$ 时译码器是锁定保持状态，译码器输出被保持在 $LE=0$ 时的数值。

引脚	左侧		右侧	引脚
7	A		V_{DD}	16
1	B		a	13
2	C		b	12
6	D	CD4511	c	11
3	$\overline{LT}$		d	10
4	$\overline{BI}$		e	9
5	LE		f	15
8	V_{SS}		g	14

图 6-7-9　CD4511 管脚

④A、B、C、D 为 8421BCD 码输入端。

⑤a、b、c、d、e、f、g：为译码输出端，输出为高电平 1 有效。

⑥CD4511 的内部有上拉电阻，在输入端与数码管笔段端接上限流电阻就可工作。

（2）开关断开时，输入通过限流电阻接到电源上为高电平“1”；开关闭合时，输入搭铁上为低电平“0”。

任务 8
温度传感器输出模拟电压信号转换成数字信号

1. 任务引入

在电子控制系统中，传感器产生是模拟信号，执行器也有用模拟信号驱动，而控制单元只能处理数字信号。这就需要将传感器产生的模拟信号转换成数字信号送入给电控单元，电控单元发出的数字控制指令也要转换成模拟量后，再去控制执行器工作。因此，需了解模/数信号转换。

2. 相关理论知识

在汽车电控系统中，一方面，为了利用电脑实现对汽车运行过程的监测、自动调节及控制，必须将连续变化的模拟量转换成电脑所能接收的数字信号，即经过 A/D 转换器转换成相应的数字量，送入电脑进行数据处理；另一方面，为了实现对汽车运行过程的控制，有时需要输出模拟信号，即经过 D/A 转换，将数字量变成相应的模拟量，再经功率放大，去驱动模拟调节执行机构，这就需要通过模拟量输出接口完成此任务。

数/模与模/数是计算机与外部设备的重要接口，也是数字测量和数字控制系统的重要部件。数/模转换器中的文字D代表数字量，A代表模拟量，转换器用C表示。能将数字量转换成模拟量的装置称为数/模转换器，简称DAC（D/A）转换器；能将模拟量转换为数字量的装置称为模/数转换器，简称ADC（A/D）转换器，转换过程如图6-8-1所示。

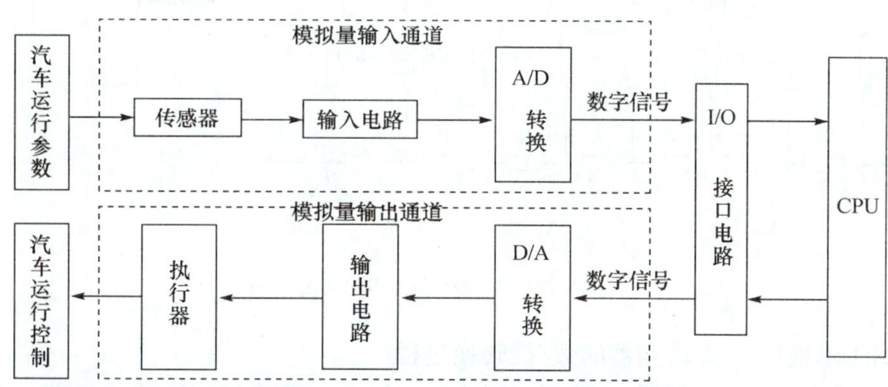

图6-8-1　ADC（A/D）转换过程

2.1　数/模转换器(D/A)转换思路

D/A转换器的功能就是把数字量转化成相应的模拟量。构成数字代码的每一位都具有一定的“权”。为了将数字量转换成模拟量，应将每一位都转换成相应的模拟量，即把所有数字量中位“1”的位转换成相应的权，然后求和，即得到与数字量成正比的模拟量。这就是构成D/A变换器的基本思想。DAC电路的作用是将输入的数字量转换成与输入数字量成正比输出模拟量。在转换过程中，将输入的二进制数字信号转换成模拟信号，以电压或电流的形式输出。

每个数字量都是数字代码的按位组合，每一位数字代码都有一定的权，对应一定大小的模拟量。例如一个8位8421BCD码表示的数字信号X时，当各位均为“1”对应的模拟电压为U_R时，其从高位到最低位的权依次为2^7、2^6、2^5、2^4、2^3、2^2、2^1、2^0，其大小可表示为：

$$X = X_7 2^7 + X_6 2^6 + X_5 2^5 + X_4 2^4 + X_3 2^3 + X_2 2^2 + X_1 2^1 + X_0 2^0 = \sum_{i=0}^{7} X_i \cdot 2^i$$

DAC电路的输出模拟电压u_o（或模拟电流i_o）为：

$$u_o = R_u X = U_R \sum_{i=0}^{7} X_i \cdot 2^i$$

式中：R_u——电压转换系数；

X——数字量。

1）倒T形网络D/A转换器的组成

目前在集成化的D/A转换器中经常使用的是倒T形网络D/A转换器。如图6-8-2所示，8位倒T形电阻网络D/A转换器的原理。由图中可以看出，解码网络电阻只有两种：

即 R 和 2R，且构呈倒 T 形，故又称为倒 T 形电阻网络 DAC。其中 $S_0 \sim S_7$ 为模拟电子开关，R 和 2R 构成电阻解码网络，运算放大器为求和电路。

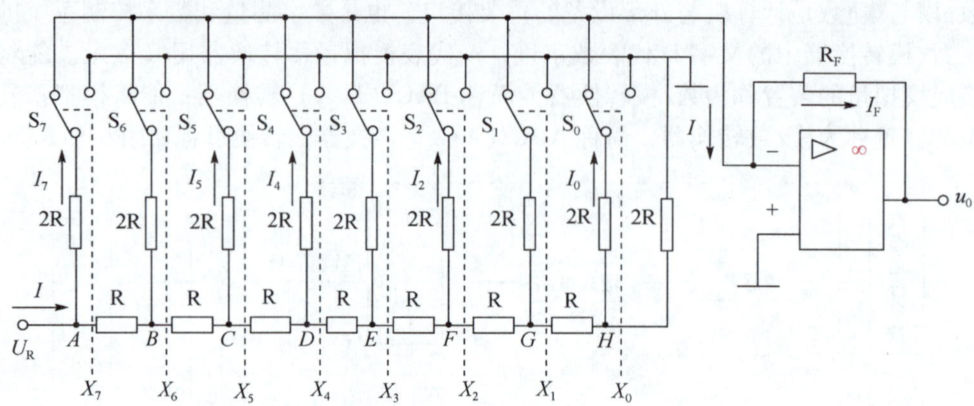

图 6-8-2 数/模转换器 D/A 电路

2）倒 T 形网络 D/A 转换器的数/摸转换过程

模拟开关 S_i，由输入数码 X_i 控制。当 $X_i = 1$ 时，S_i 接运算放大器反相端，电流 I_i 流入求和电路；当 $X_i = 0$ 时，S_i 则将电阻 2R 搭铁，流入求和电路的电流为 $I_i = 0$。根据运算放大器线性运用的“虚地”的概念可知，无论模拟开关 S_i 处于何种位置，与 S_i 相连的 2R 电阻均将搭铁。余此类推，这样，流经 2R 电阻的电流与开关位置无关，为确定值。分析 R—2R 电阻网络可以发现，从每个节点看进去的二端网络等效电阻均为 R，流入每个 2R 电阻的电流从高位到低位按 2 的整数倍递减。设基准电压源电压为 U_R，则总电流为 $I = U_R/R$，流过各开关支路的电流分别为：

$$\frac{1}{2^1}I,\ \frac{1}{2^2}I,\ \frac{1}{2^3}I,\ \frac{1}{2^4}I,\ \frac{1}{2^5}I,\ \frac{1}{2^6}I,\ \frac{1}{2^7}I,\ \frac{1}{2^1}I。$$

于是可得到各支路的总电流：

$$I_{\Sigma} = \frac{U_R}{R}\left(\frac{X_0}{2^7} + \frac{X_1}{2^6} + \frac{X_2}{2^5} + \frac{X_3}{2^4} + \frac{X_4}{2^3} + \frac{X_5}{2^2} + \frac{X_6}{2^1} + \frac{X_7}{2^0}\right) = \frac{U_R}{2^7 R}\sum_{i=0}^{7} X_i \cdot 2^i$$

如果输入信号全为“1”，则输入求和电路的电流就为总电流 $I = U_R/R$，否则将小于总电流 $I = U_R/R$。原因是有部分电流搭铁。

根据集成运放虚短得 $U_- = U_+ = 0$，根据虚断得 $I = I_F$，则输出电压为：

$$u_O = -I_{\Sigma} R_F = -\frac{R_F}{R} \cdot \frac{U_R}{2^4}\sum_{i=0}^{3}(X_i \cdot 2^i)$$

上式表明，对于在电路中输入的每一个二进制数，均能在其输出端得到与之成正比的模拟电压。

以 8 位倒 T 形电阻网络 D/A 转换器为例进行说明。设网络电阻 $R = 80\text{k}\Omega$，放大器反馈电阻 $R_F = 80\text{k}\Omega$，参考电压 $U_R = 5\text{V}$，输入的数字信号 X 为 8 位二进制代码 10110100。

电子模拟开关的动作受此二进制数控制，相应为“1”的开关接到 U_R 上；将基准电

压 U_R 经电阻引起的电流通入运放的反相输入端，即流入求和电路；相应数字量为"0"的权电阻由开关 S 直接到"地"。于是可得到各支路的总电流：

$$I_{\Sigma} = \frac{U_R}{R}(\frac{X_0}{2^7} + \frac{X_1}{2^6} + \frac{X_2}{2^5} + \frac{X_3}{2^4} + \frac{X_4}{2^3} + \frac{X_5}{2^2} + \frac{X_6}{2^1} + \frac{X_7}{2^0})$$

$$= \frac{U_R}{R}(\frac{1}{128} + \frac{0}{2^6} + \frac{1}{32} + \frac{0}{2^4} + \frac{1}{8} + \frac{1}{4} + \frac{0}{2^1} + \frac{0}{1}) = \frac{U_R}{R} \times \frac{53}{128}$$

则输出电压为：

$$u_O = -I_{\Sigma}R_F = -\frac{U_F}{R} \cdot R_F \times \frac{53}{128} = \frac{5}{50} \times 80 \times \frac{53}{128} = 3.3125\ (\text{V})$$

2.2　模/数转换器 ADC

模/数转换器的作用就是将输入的模拟电压数字化。转换过程一般通过采样、保持、量化和编码 4 个步骤完成模数转换。在实际电路中，这些过程有的通常是合并进行的，例如，取样和保持，量化和编码往往都是在转换过程中同时实现的。如图 6-8-3 所示，为温度传感器输出模拟电压信号转换为数字信号过程框图。

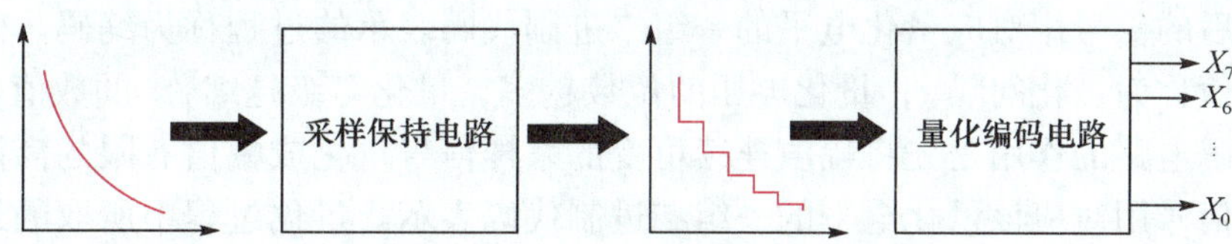

图 6-8-3　A/D 转换过程框图

☞ 2.2.1　采样保持电路

采样保持电路的作用是将时间上、幅值上都连续的模拟信号，通过采样脉冲的作用，转换成时间上离散、但幅值上仍连续的离散模拟信号。

在模拟量转换为数字量的过程中，由于输入的模拟量在时间和幅值上是连续的，而输出的数字量是离散的，所以进行转换时只能在一系列选定的瞬间对输入的模拟量采样后再转换为输出的数字量。采样保持电路，多用于模—数转换电路（A/D）之前。由于 A/D 转换需要一定的时间，所以在进行 A/D 转换前必须对模拟量进行瞬间采样，并把采样值保存一段时间，以满足 A/D 转换电路的需要，如图 6-8-4 所示。

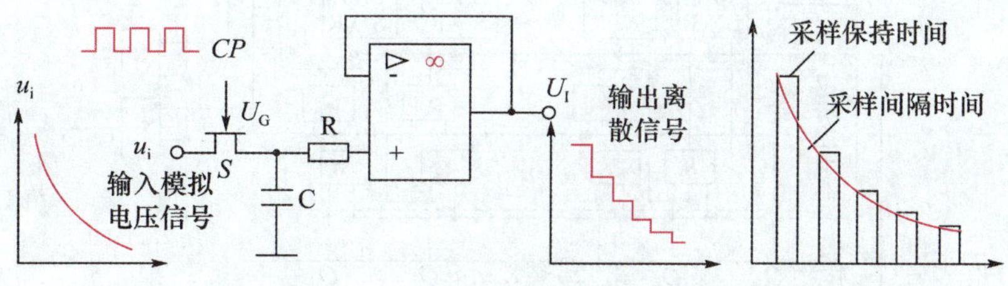

图 6-8-4　采样保持电路

1）采样阶段

$CP=1$ 时，u_G 为高电平，场效应管导通，u_C 对存储电容 C 充电，u_i 信号被采样，并送到电容 C 中暂存，由于运放此时为跟随器。既有：$u_i=u_C=U_I$

2）保持阶段

$CP=0$ 时，u_G 为低电平，场效应管截止，前面采样得到的电压信号在电容 C 上保持，输出保持该阶段开始瞬间的值不变，直到下一个 $CP=1$ 信号到来，再对新的电压信号进行采样。采样速度越高，越接近模拟信号的变化情况。

☞ 2.2.2 量化编码电路

1）量化

采样是把模拟信号变成了时间上离散的脉冲信号，但脉冲的幅度仍然是模拟的，还必须进行离散化处理，才能最终用数码来表示。这就要对幅值进行取整的处理，这个过程称为量化。量化方式在取整时有舍有入，即 0～0.5V 间的输入电压都输出 0V，0.5～1.5V 间的输出电压都输出 1V 等等。

2）编码

将量化后的信号用对应量化电平的一组二进制代码表示的过程称为编码。两个量化电压之间的差值称为量化间隔 s，量化电压的位数越多，量化等级越细，s 的数值就越小。显然，量化编码电路的作用是先将幅值连续可变的采样信号量化成幅值有限的离散信号，再将量化后的信号用对应该量化电平的一组二进制代码表示。量化过程中所取的最小数量单位称为量化当量 ε。ε 是数字量最低位为 1 时所对应的模拟量，即 U_{LSB}。

☞ 2.2.3 逐次逼近型 A/D 转换器

首先给八位 D/A 转换器一个八位数字量，将其转换为模拟量 U_X，然后将采样保持输出的信号电压 U_I 与 U_X 输入比较器进行比较。若 $U_I>U_X$，则增大数字量输入；若 $U_I<U_X$，则将输入数字量减小；直至 $U_I=U_X$，此时的数字量就是 U_I 的转换结果。转换逻辑电路如图 6-8-5 所示。

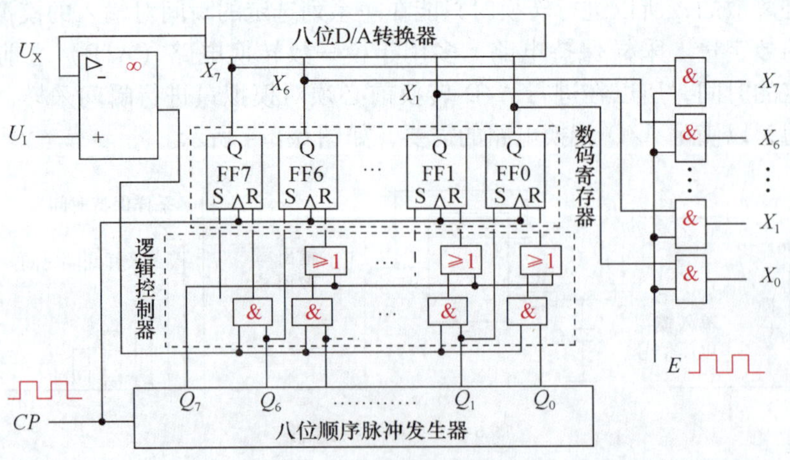

图 6-8-5 ADC 转换逻辑电路

当 $U_i \geq U_X$ 时，比较器输出 0，控制器控制寄存器保留最高位的 1，次高位置“1”；

当 $U_I \leq U_X$ 时，比较器输出“1”，控制器控制寄存器最高位置“0”，次高位置“1”。寄存器内数据经 DAC 电路后输出反馈信号到比较器，进行第二次比较，并将比较结果送入逻辑控制器，送入“0”时保留寄存器中高两位的值，并将第三位置“1”，若送入 1 保留最高位，次高位置“0”，第三位置“1”，寄存器内数据经 DAC 电路后输出反馈信号到比较器……经过逐次比较，直至得到寄存器中最低位的比较结果。比较完毕，寄存器中的状态（即产生的数码）就是所要求的 ADC 输出的数字量。

逐次比较型 ADC 是集成 ADC 芯片中使用较多的一种，它通过对输入量的多次比较，最终得到输入模拟电压量化编码的输出。

3. 任务实施

3.1 准备工作

使用的仪器设备及元件包括：万用表、ADC0809 芯片、可调稳压电源、信号发生器、LED 灯、时钟信号。

3.2 操作流程

（1）连接如图 6-8-6 所示的电路。

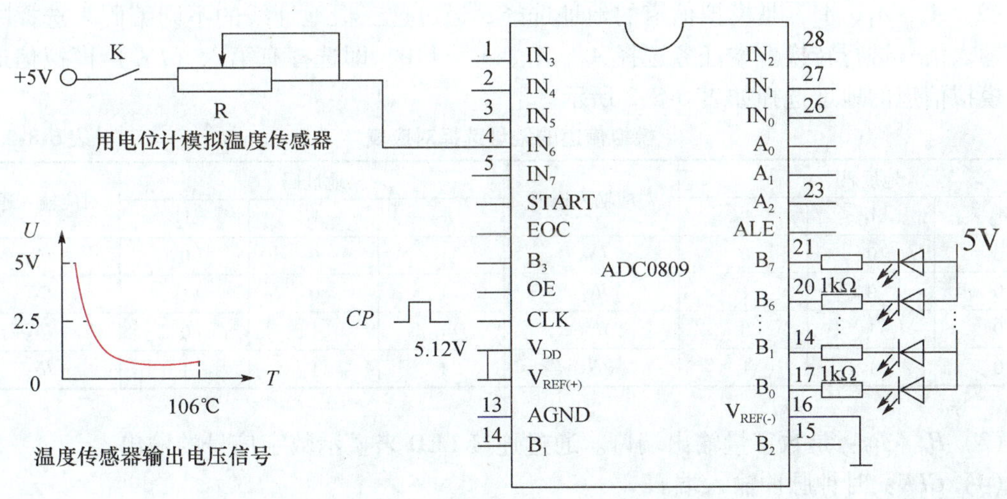

图 6-8-6 温度传感器电压信号 A/D 转换电路

（2）用电位计代替温度传感器输出模拟信号。

①将开关 K 断开相当于温度传感器输出电压为 0V，经过 A/D 转换输出为“00000000”（见表 6-8-1）。此时，发光管应全部点亮。

温度信号 A/D 转换过程表

表 6-8-1

传感器模拟电压（IN_6）	十进制数赋值	数字量输出							
		D_0	D_1	D_2	D_3	D_4	D_5	D_6	D_7
5.0V	256	1	1	1	1	1	1	1	1
·	·				·				
·	·				·				
2.5V	128	1	0	0	0	0	0	0	0
·	·				·				
·	·				·				
0V	0	0	0	0	0	0	0	0	0

②调节电位计使输入电压为2.5V，经过 A/D 转换输出为“10000000”（见表 6-8-1）。此时，只有 B_0 发光管熄灭，其他应全部点亮。

③调节电位计使输入电压为5V，经过 A/D 转换输出为“11111111”（见表 6-8-1）。此时，发光管应全部熄灭。

3.3 操作提示

图 6-8-7 是 ADC0809 集成芯片的引脚图。它是一个 28 脚的芯片，采用 CMOS 工艺制成的 8 位 ADC，内部采用逐次比较结构形式。各引脚的作用如下：

（1）$IN_0 \sim IN_7$：8 个模拟信号输入端，可以同时输入 8 个模拟信号。

（2）A_0、A_1、A_2：是模拟信道的地址选择，通过这三根地址线的不同编码来选择哪个模拟输入信号进行转换。本任务选择 A_0、A_1、A_2 =110，即选择有第六（IN_6）模拟信道输入。模拟信道的地址选择如表 6-8-2 所示。

模拟信道的地址选择对应表

表 6-8-2

地址码			对应输入通道	地址码			对应输入通道
A_0	A_1	A_2		A_0	A_1	A_2	
0	0	0	IN_0	1	0	0	IN_4
0	0	1	IN_1	1	0	1	IN_5
0	1	0	IN_2	1	1	0	IN_6
0	1	1	IN_3	1	1	1	IN_7

（3）$B_0 \sim B_7$：是数字量输出端口。通过连接 LED 来显示数字信号的输出。

（4）*CLK*：时钟脉冲输入端。

（5）*ALE*：模拟量输入通道地址锁存信号控制端，高电平时可进行模拟信道的地址选择；

（6）*START*：是启动信号控制端。上升沿将寄存器清零，下降沿开始进行 A/D 转换；

（7）*EOC*：模数转换结束标志端，当转换结束时输出一个正脉冲；

（8）*OE*：输出允许信号控制端，*OE* =0（低电平），三态锁存器输出呈高阻态，*OE* =1，打开三态锁存器，将转换结果数字量输出到数据总线上；

（9）U_{REF}（+）：正参考电压输出，U_{REF}（-）：负参考电压输出。

项目7　数据存储

电控单元内部数据的存储和控制是时序逻辑电路的应用。时序逻辑电路在组合逻辑电路的基础上，加入了时钟信号，它的输出结果会随着输入时钟信号的变化而变化，所以它是以时序变化为主的电路，通常就称这样的组合逻辑电路为时序逻辑电路，数字电子电路应用最多的也是时序逻辑电路。在电控系统中，有大量的程序数据需要永久储存，同时参与运算的数据和运算结果也需要暂时存放，这就需要不同存储形式和容量的存储器。因此，需了解电控系统数据是如何进行存储的。

任务1
钟控R—S触发器功能及波形分析

1. 任务引入

钟控R—S触发器是时序逻辑电路的基础线路，也是汽车电控系统计数器、存储器及膜/数转换器的基础电路。因此，需熟悉钟控R—S触发器功能及其分析方法。

2. 相关理论知识

时序逻辑电路与组合逻辑电路并驾齐驱，是数字电路两大重要分支之一。时序逻辑电路的显著特点是：电路任何一个时刻的输出状态不仅取决于当时的输入信号，还与电路原来的状态有关。因此，时序电路必须具有记忆功能的存储器件。

门电路是组合逻辑电路的基本单元，时序逻辑电路的基本单元则是本章要重点介绍的触发器。触发器具有记忆功能，可用来保存二进制信息。

由于触发器是时序逻辑电路的基本单元，因此它在时序逻辑电路中必不可少，有些类型的时序逻辑电路除了触发器，还含有一些组合逻辑门。本章介绍的计数器、寄存器与移位寄存器是时序逻辑电路的具体应用。

触发器是可以记忆1位二值信号的逻辑电路部件。根据逻辑功能的不同，触发器可以分为R—S触发器、J—K触发器、D触发器、T和T′触发器。

2.1　基本R—S触发器

基本R—S触发器是任何结构复杂的触发器必须包含的一个最基础的组成单元，由两个与非门交叉连接构成。如图7-1-1所示，正常情况下，两个输出端子应保持互非状态。触发器的两个稳定状态：

（1）输出端 $Q=1$ 时，触发器为1态；

(2) 输出端 $Q=0$ 时，触发器处 0 态；

(3) 输入端字母上面横杠表示低电平有效。

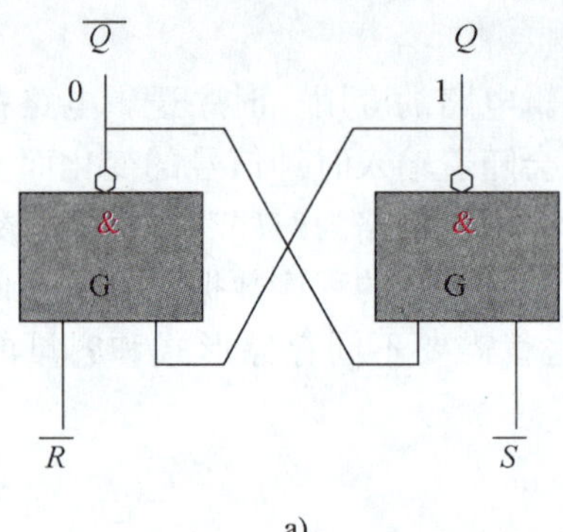

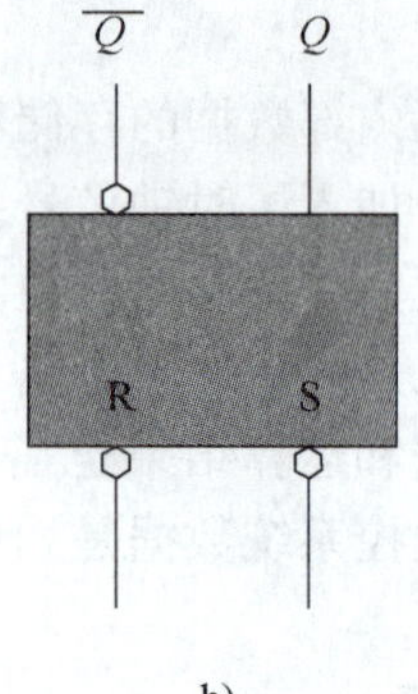

图 7-1-1　基本 R—S 触发器

a) 逻辑电路；b) 逻辑符号

☞ 2.1.1　基本 R—S 触发器的工作原理

1) 置零功能

如图 7-1-2 所示，只要两个输入端状态不同且输入端 $R=0$，则 $S=1$。

(1) 若触发器现态 $Q^n=1$，$\overline{Q^n}=0$

根据与非门“有 0 出 1，全 1 出 0”，则次态（下一状态）$Q^{n+1}=0$，$\overline{Q^{n+1}}=1$，触发器状态由“1”变为“0”，置“0”功能。

(2) 若触发器现态 $Q^n=0$

根据与非门“有 0 出 1，全 1 出 0”，则次态（下一状态）$Q^{n+1}=0$，$\overline{Q^{n+1}}=1$ 触发器状态不变，仍为置 0 功能。

因此，基本的 R—S 触发器的两个与非门通过反馈线交叉组合在一起。只要两个输入端状态不同且输入端 $R=0$，无论输出现态如何，次态总是为 0，因此通常把 R 称作清零端。

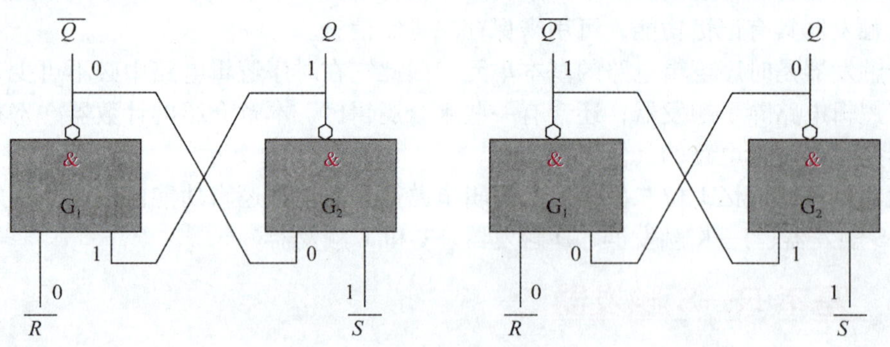

图 7-1-2　置零功能逻辑电路

2) 置 1 功能

如图 7-1-3 所示，只要两个输入端状态不同且输入端 $\overline{S}=0$，$\overline{R}=1$：

（1）若触发器现态 $Q^n=0$，$\overline{Q^n}=1$

根据与非门“有0出1，全1出0”，则次态（下一状态）$Q^{n+1}=1$，$\overline{Q^{n+1}}=0$。触发器状态由“0”变为“1”，置“1”功能。

（2）若触发器现态 $Q^n=1$，$\overline{Q^n}=0$

根据与非门“有0出1，全1出0”，则次态（下一状态）$Q^{n+1}=1$，$\overline{Q^{n+1}}=0$。触发器状态不变，仍为置“1”功能。

因此，只要基本R—S触发器的两个输入端状态不同且输入端 $S=0$ 处低电平有效态，无论输出现态如何，次态总是为“1”，因此通常把 S 称作置“1”端。

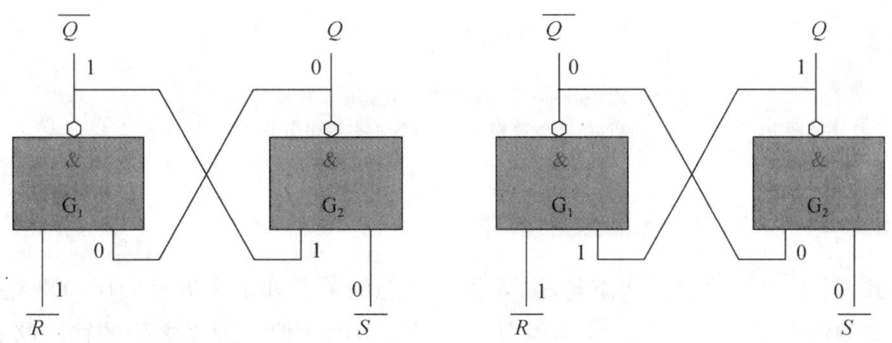

图7-1-3 置1功能逻辑电路

3）保持功能

如图7-1-4a）所示，当基本R—S触发器的两输入端状态相同均为1时，$\overline{S}=1$，$\overline{R}=1$。

（1）若触发器现态 $Q^n=0$

根据与非门“有0出1，全1出0”，则次态（下一状态）$Q^{n+1}=0$，$\overline{Q^{n+1}}=1$。触发器状态不变，保持功能。

（2）若触发器现态 $Q^n=1$

根据与非门“有0出1，全1出0”，则次态（下一状态）$Q^{n+1}=1$，$\overline{Q^{n+1}}=0$。触发器状态不变，保持功能。

因此，当基本R—S触发器的两输入端状态相同均为1时，都处无效状态。输出不会发生改变，继续保持原来的状态。因此在两个输入端同时为高电平时触发器起保持功能。

4）禁止态

如图7-1-4b）所示，当基本R—S触发器的两输入端状态相同均为0时，$\overline{S}=0$，$\overline{R}=0$。

若触发器现态 $Q^n=0$，根据与非门“有0出1，全1出0”，则次态（下一状态）$Q^{n+1}=1$，$\overline{Q^{n+1}}=1$。触发器的两个互非输出端出现相同的逻辑混乱情况，显然这是触发器正常工作条件下不允许发生的，必须加以防范。

因此，当基本R—S触发器的两输入状态相同均为0时，都处有效状态，此时互非输出无法正确选择指令而发生逻辑混乱。我们把两输入同时为0的状态称为禁止态，电路正常工作时不允许此情况发生。

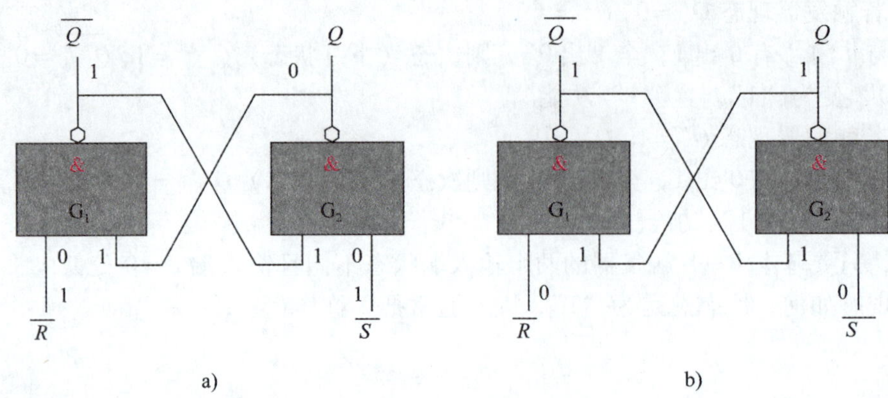

图 7-1-4　保持功能和禁止态逻辑电路

a）保持功能逻辑电路；b）禁止态逻辑电路

☞ 2.1.2　基本 R—S 触发器真值表

基本 R—S 触发器的输出状态与 S、R 输入状态的关系列于表 7-1-1 中，Q^n表示输入信号到来之前的触发器输出状态，称为现态。Q^{n+1}表示出入信号到来之后的输出状态，称为次态。

基本 R—S 触发器真值表　　表 7-1-1

$\overline{R_D}$	$\overline{S_D}$	Q^n	Q^{n+1}	说明
0	0	0	X	触发器状态不确定
0	0	1	X	
0	1	0	0	触发器置 0
0	1	1	0	
1	0	0	1	触发器置 1
1	0	1	1	
1	1	0	0	触发器保持原状态
1	1	1	1	

☞ 2.1.3　基本 R—S 触发器的功能

由表 7-1-1 中可以看出，在保证两个输出端不同时为 0 的情况下，只要置 0 端 $R_D=0$，不论触发器原来处于何种状态，输出均为 0；只要置 1 端 $S_D=0$，不论触发器原来处于何种状态，输出均为 1；若两个输出端同时为“1”，输出就保持原来状态。

基本 R—S 触发器有可以直接置“0”、置“1”并具有存储和记忆功能。在直接置位端加低电平（$S_D=0$）即可置“1”，在直接复位端加低电平（$R_D=0$）即可置“0”，低电平除去后，直接置位端和复位端都处于高电平（平时固定接高电平），此时触发器保持相应低电平去掉前的状态，实现存储和记忆功能。但要注意低电平不可同时加在直接置位端和直接复位端。

在图 7-1-5b）基本 R—S 触发器符号中，输入端引线上端小圆圈是表示触发器用低电平（0 电平）来置位或复位，即低电平有效。

2.2 钟控 R—S 触发器

☞ 2.2.1 钟控 R—S 触发器的组成

上面介绍的 R—S 基本触发器是各种双稳态触发器的共同部分。除此之外，一般触发器还有控制电路，通常由它把输入信号引导到基本触发器。

钟控 R—S 触发器是由基本触发器和触发引导电路组成，与非门 G_1 和 G_2 构成基本触发器，与非门 G_3 和 G_4 构成引导触发器电路；$\overline{S_D}$ 为直接置“0”端，$\overline{R_D}$ 为直接置“1”端；R 为置“0”输入端（高电平有效），S 为置“1”输入端（高电平有效）；具有时钟脉冲控制端的 R—S 触发器称为钟控 RS 触发器，也称同步 R—S 触发器。钟控 R—S 触发器的状态变化不仅取决于输入信号的变化，还受时钟脉冲 CP 的控制。

在脉冲数字电路中所使用的触发器往往用一种正脉冲来控制触发器的翻转时刻，这种正脉冲就称为时钟脉冲，它也是一种控制命令。通过导引电路来实现对输入端 R 和 S 的控制，故又称可控 R—S 触发器。

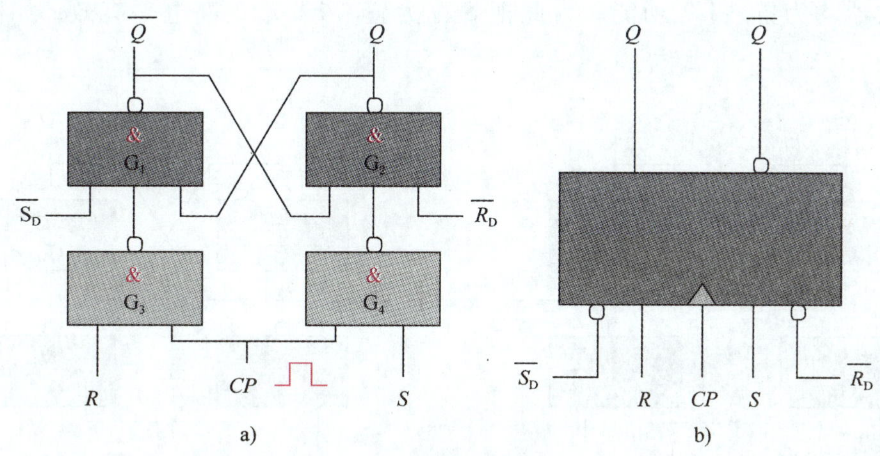

图 7-1-5 钟控 R—S 触发器

a）逻辑电路；b）逻辑符号

☞ 2.2.2 钟控 R—S 触发器的功能

1）保持功能

当时钟脉冲到来之前，即 $CP=0$ 时的情况：

正常情况下，直接置“0”端 $\overline{S_D}$ 和直接置“1”端 $\overline{R_D}$ 悬空为“1”。

设触发器现态 $Q^n=0$，$\overline{Q^n}=1$；

触发器次态 $Q^{n+1}=0$，$\overline{Q^{n+1}}=1$。

因此，$CP=0$ 时，引导门关闭。不论输入端 R 和 S 的电平如何变化，基本触发器输出信号均为 1，基本触发器保持原状态不变。当钟控 R—S 触发器的时钟脉冲控制端状态为低电平“0”时，无论两输入状态或输出现态如何，触发器均保持原来的状态不变！换句话说，在 $CP=0$ 期间钟控 R—S 触发器不能被触发，因此状态无法改变，为保持功能，如图 7-1-6 所示。

2）触发功能

当时钟脉冲到来之后，即 $CP=1$ 时，引导门打开。触发器才按输入端 R 和 S 状态来决定其输出状态。直接置“0”端 $\overline{S_D}$ 和直接置“1”端 $\overline{R_D}$ 仍然悬空为“1”。

（1）当输入 $R=0$，$S=1$ 时：

设触发器现态 $Q^n=0$，$\overline{Q^n}=1$；

触发器次态 $Q^{n+1}=1$，$\overline{Q^{n+1}}=0$。

触发器状态由“0”翻转为“1”，置“1”功能。

设触发器现态 $Q^n=1$，$\overline{Q^n}=0$；

触发器次态 $Q^{n+1}=1$，$\overline{Q^{n+1}}=0$。

触发器状态不变，置 1 功能!

因此，当时钟脉冲控制端状态为高电平“1”时，电路被触发，输出次态随着两输入状态及输出现态发生改变。此时只要输入 $R=0$、$S=1$，无论输出现态如何，钟控 R—S 触发器均为置“1”功能。为此把 S 称为置“1”端，高电平有效，如图 7-1-7 所示。

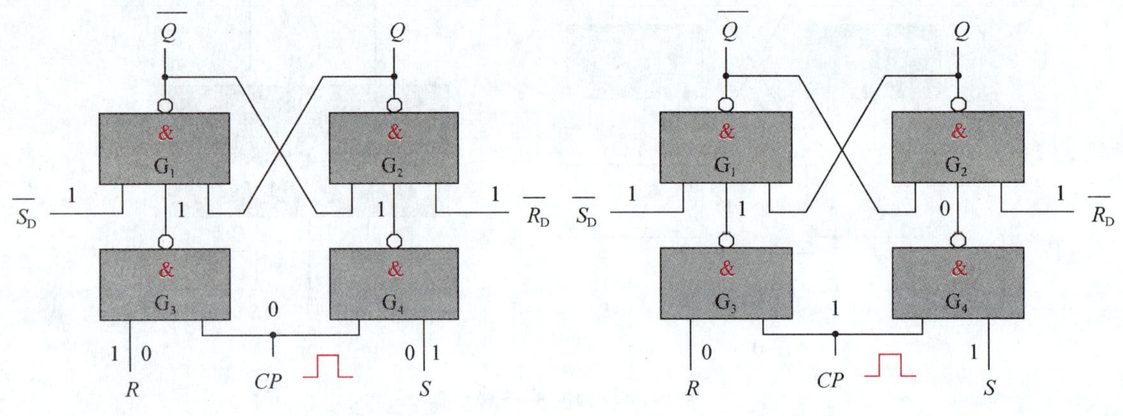

图 7-1-6　保持功能　　　　图 7-1-7　置“1”功能

（2）当输入 $R=1$，$S=0$ 时：

设触发器现态 $Q^n=1$，$\overline{Q^n}=0$；

触发器次态 $Q^{n+1}=0$，$\overline{Q^{n+1}}=1$；

触发器状态由 1 改变为 0，置 0 功能；

设触发器现态 $Q^n=0$，$\overline{Q^n}=1$；

触发器次态 $Q^{n+1}=0$，$\overline{Q^{n+1}}=1$；

触发器状态不变，仍为置“0”功能。

因此，当时钟脉冲控制端状态为高电平“1”时，电路被触发，输出次态随着两输入状态及输出现态发生改变。此时只要输入 $R=1$、$S=0$，无论输出现态如何，钟控 R—S 触发器均为置 0 功能。为此把 R 称为置“0”端，高电平有效，如图 7-1-8

所示。

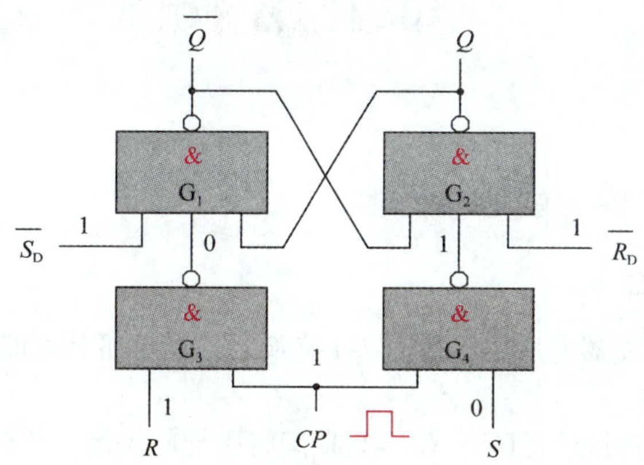

图 7-1-8 置“0”功能

（3）当输入 $R=1$，$S=1$ 时：

设触发器现态 $Q^n=1$，$\overline{Q^n}=0$；

触发器次态 $Q^{n+1}=1$，$\overline{Q^{n+1}}=1$。

本该互非的两个输出端状态相同，出现了逻辑混乱，这显然在正常工作中视为禁止态。

因此钟控 R—S 触发器输入状态均为 1 时，都处有效状态，此时互非输出无法正确选择指令而发生逻辑混乱。我们把两输入同时为 1 的状态称为禁止态。

☞ 2.2.3 钟控 R—S 触发器真值表

钟控 R—S 触发器的输出状态与 R、S 输入状态的关系列于表 7-1-2 中，Q^n表示时钟到来之前的触发器输出状态，称为现态。Q^{n+1}表示时钟到来之后的输出状态，称为次态。

从表中可以看出，如果时钟脉冲为高电平 $R=S=1$ 时，输出就没有固定的状态，这种不正常的情况应该避免。另外，钟控 R—S 触发器的逻辑功能比基本触发器多一些，它不但可以实现记忆和存储，还具有计数功能，将在计数器中讨论。

钟控 R—S 触发器真值表　　表 7-1-2

R	S	Q^n	Q^{n+1}	说 明
0	0	0	0	触发器保持原状态不变（保持）
0	0	1	1	
0	1	0	1	触发器状态与 S 相同（置 1）
0	1	1	1	
1	0	0	0	触发器状态与 S 相同（置 0）
1	0	1	0	
1	1	0	X	触发器状态不变
1	1	1	X	

3. 任 务 实 施

3.1 准备工作

本任务仅使用钟控 R—S 触发器波形图。

3.2 操作流程

（1）钟控 R—S 触发器时序波形如图 7-1-9 所示，试分析其功能；

（2）设 $Q^n=0$；

（3）$CP=1$ 期间将引导门打开；$CP=0$ 期间将引导门关闭。

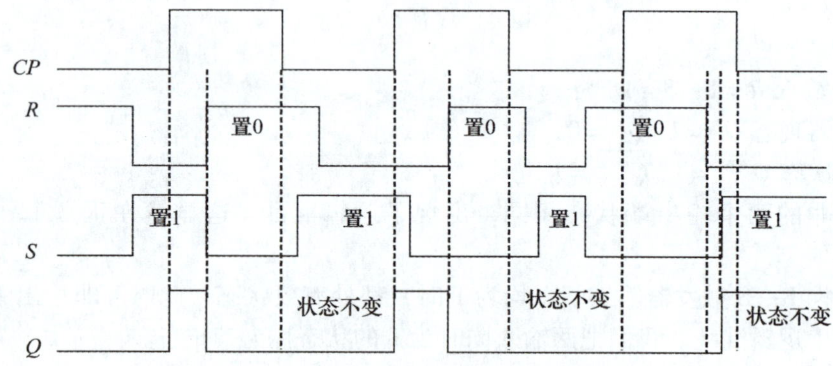

图 7-1-9　钟控 R—S 触发器时序波形图

3.3 操作提示

（1）在时钟脉冲 $CP=1$ 期间，其中输出随输入发生多次翻转的现象称为空翻。空翻易造成触发器的可靠性降低，甚至无法判定触发器工作状态。

（2）钟控的 R—S 触发器只有在时钟脉冲 $CP=1$ 期间才能触发而使状态发生改变，因此，钟控 R—S 触发器属于电位触发方式。

任务 2 数字式转速表功能分析

1. 任 务 引 入

现代轿车的发动机转速表和车速表多为数字式仪表，因此，需了解汽车数字转速表的显示过程。

2. 相关理论知识

2.1　钟控 J—K 触发器

采用电位触发方式的钟控 R—S 触发器存在“空翻”现象。为确保数字系统的可靠工作，要求触发器在一个 *CP* 脉冲期间至多翻转一次，即不允许空翻现象的出现。为此，人们研制出了边沿触发方式的主从型 J—K 触发器和维持阻塞型的 D 触发器等。这些触发器由于只在时钟脉冲边沿到来时发生翻转，从而有效地抑制了空翻现象。

边沿触发的主从型 J—K 触发器是目前功能最完善、使用较灵活和通用性较强的一种触发器。

☞ 2.1.1　钟控 J—K 触发器电路组成

边沿触发的主从型 J—K 触发器是目前功能最完善、使用较灵活和通用性较强的一种触发器。

图 7-2-1 为主从型 J—K 触发器逻辑电路结构图和逻辑符号。它由两个钟控 R—S 触发器组成，其中 $G_1 \sim G_4$ 构成主触发器，输入通过一个非门和 *CP* 控制端相连。$G_5 \sim G_8$ 构成从触发器，从触发器直接与 *CP* 控制端相连。主触发器 *Q* 端与 G_7 的一个输入相连，$\overline{Q}$ 端和 G_8 的一个输入端相连，构成两条反馈线。

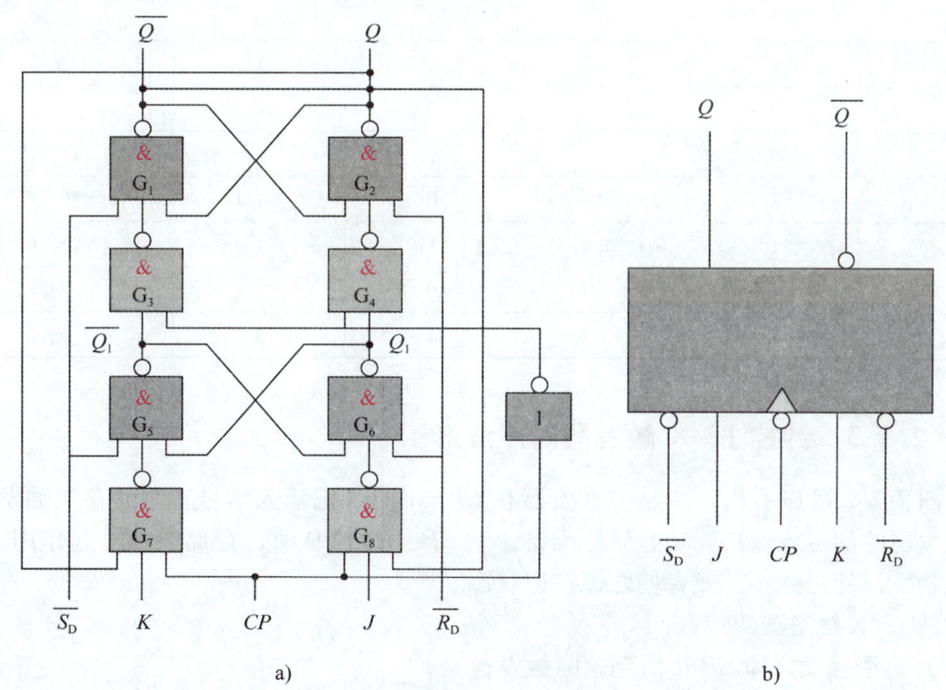

图 7-2-1　钟控 J—K 触发器逻辑电路
a）逻辑电路；b）逻辑符号

这种触发器不会出现“空翻”现象，因为 $CP=1$ 期间，从触发器的状态不会改变；而等到 CP 下跳为0时，从触发器或翻转或保持原态不变，但主触发器的状态又不会改变，所以不会出现“空翻”的情况。

☞ 2.1.2 钟控 J—K 触发器的功能

从表7-2-1可以看出，边沿触发的主从型 J—K 触发器有效地抑制了“空翻”现象。在时钟脉冲 CP 下降沿到来时，其输出、输入端子之间的对应关系为：

（1）触发器在 $J=K=1$ 时，来一个时钟脉冲，触发器就翻转一次，这表明在这种情况下，触发器具有计数功能；

（2）触发器在 $J=0$、$K=0$ 时，不管触发器的初始状态为“0”态还是“1”态，触发器都保持原状态不变；

（3）触发器在 $J=1$、$K=0$ 时，不管触发器的初始状态为“0”态还是“1”态，触发器的下一个状态一定是“1”态；

（4）触发器在 $J=0$、$K=1$ 时，不管触发器原来处于什么状态，触发器的下一个状态一定是“0”态。

因此，JK 不同时，输出次态总是随着 J 的变化而变化；JK 均为“0”时，输出保持不变；JK 均为“1”时，输出发生翻转。

钟控 J—K 触发器真值表 表7-2-1

CP	J	K	Q^n	Q^{n+1}	功能
↓	0	0	0	0	保持
↓	0	0	1	1	保持
↓	0	1	0	0	置“0”
↓	0	1	1	0	置“1”
↓	1	0	0	1	置“1”
↓	1	0	1	1	置“1”
↓	1	1	0	1	翻转
↓	1	1	1	0	翻转

☞ 2.1.3 钟控 J—K 触发器时序波形图

从图7-2-2可以看出，主从型触发器在 $CP=1$ 时，把输入信号暂时储存在触发器中，为从触发器的翻转或保持原状态做好准备；到 CP 下跳位0时，存储的信号起作用，或者触发从触发器使之翻转，或者使之保持原状态。

归纳 J—K 触发器的特点：

（1）边沿触发，即 CP 边沿到来时触发；

（2）具有置“0”、置“1”、保持、翻转四种功能，能够有效地抑制空翻现象；

（3）使用方便灵活，抗干扰能力极强，工作速度很高。

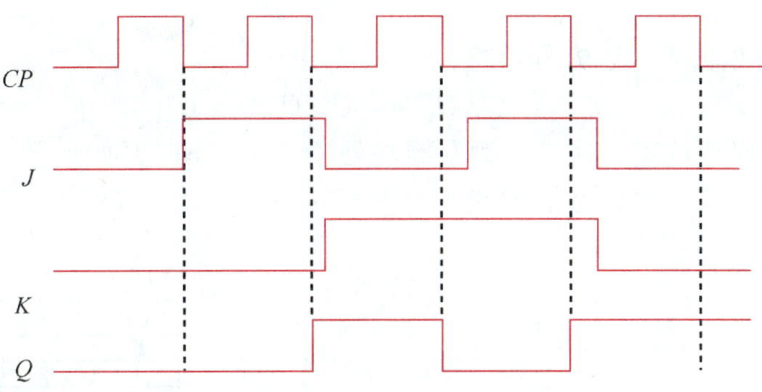

图 7-2-2 J—K 触发器时序波形图

2.2 计数器

计数器是时用来累计并寄存输入脉冲 *CP* 个数的电路。计数器的基本组成单元是各类触发器。计数器的种类很多。下面主要通过二进制计数器和集成二—五—十计数器来说明其工作特点。

☞ 2.2.1 二进制计数器

常用的二进制计数器由若干个 J—K 触发器组成。图 7-2-3 是由 3 个主从 J—K 触发器构成的 4 位异步二进制加法计数器。因为二进制只有 0 和 1 两个数码。所谓二进制加法，就是“逢二进一”，即 0+1=1，1+1=10。也就是每当低位是“1”，再加“1”时，低位就变为 0，而向高位进一位的二进制数。

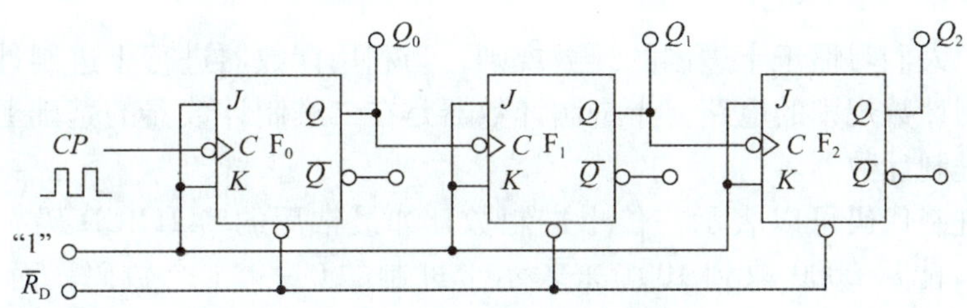

图 7-2-3 二进制计数器逻辑电路

三个 J—K 触发器可构成一个“模 8”二进制计数器。触发器 F_0 用时钟脉冲 *CP* 触发，F_1 用 Q_0 触发，F_2 用 Q_1 触发；三位 J—K 触发器均接成 T′触发器——让输入端恒为高电平“1”；计数器计数状态下清零端应悬空为“1”。

二进制计数器逻辑电路相应方程式：时钟方程、驱动方程和次态方程。

（1）驱动方程：

$$J_1 = K_1 = 1 \quad J_2 = K_2 = 1 \quad J_3 = K_3 = 1$$

（2）次态方程：

$$Q_1^{n+1} = J_1\,\overline{Q_1^n} + \overline{K}_1 Q_1^n Q_2^{n+1} = J_2\,\overline{Q_2^n} + \overline{K}_2 Q_2^n \quad Q_0^{n+1} = J_0\,\overline{Q_0^n} + \overline{K}_0 Q_0^n$$

（3）时钟方程：

$$CP_0 = CP, CP_1 = Q_0^n, CP_2 = Q_1^n$$

（4）把驱动方程代入次态方程可得：

$$Q_0^{n+1} = \overline{Q_0^n}, Q_1^{n+1} = \overline{Q_1^n}, Q_2^{n+1} = \overline{Q_2^n}$$

计数器计数前都要清零，让三位触发器均处于“0”态时开始计数。由所得次态方程可知，各位触发器每来一次计数脉冲状态都要翻转一次，其工作情况可用图 7-2-4 所示时序波形图来描述：

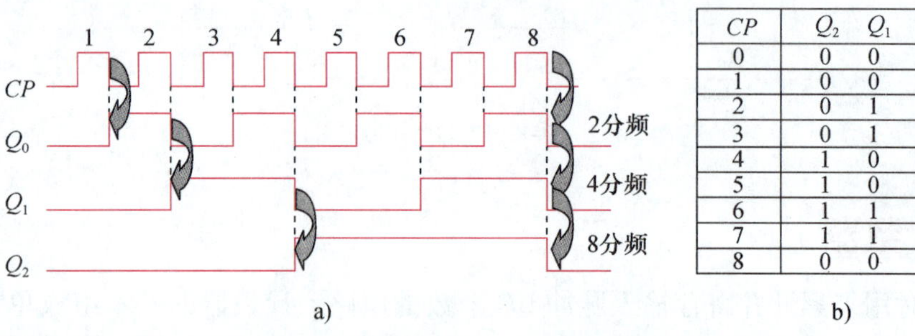

CP	Q_2	Q_1	Q_0
0	0	0	0
1	0	0	1
2	0	1	0
3	0	1	1
4	1	0	0
5	1	0	1
6	1	1	0
7	1	1	1
8	0	0	0

b)

图 7-2-4　二进制计数器波形图与真值表

a）波形图；b）真值表

无论是时序波形图还是状态转换真值表，都反映了该计数器是从状态 000 开始计数，每来一个计数脉冲，二进制数值便加 1，输入第 8 个计数脉冲时计满归零。作为整体，该电路可称为模 8 加计数，或八进制加计数器。异步计数器总是用低位输出推动相邻高位触发器，因此 3 个触发器的状态只能依次翻转，不能同步。

☞ 2.2.2　十进制计数器

日常生活中人们习惯于十进制的计数规则，当利用计数器进行十进制计数时，就必须构成满足十进制计数规则的电路。十进制计数器是在二进制计数器的基础上得到的，因此也称为二—十进制计数器。

用四位二进制代码可以表示一位十进制数，如最常用的 8421BCD 码。8421BCD 码对应十进制数时只能从 0000 取到 1001 来表示十进制的 0 ~ 9 十个数码，而后面的 1010 ~ 1111 六个 8421BCD 代码则在对应的十进制数中不存在，称它们为无效码。因此，采用 8421BCD 码计数时，计至第 10 个时钟脉冲时，十进制计数器的输出应从“1001”跳变到“0000”，完成一次十进制数的有效码循环。下面以十进制同步加计数器为例，说明这类逻辑电路的工作原理。

如图 7-2-5 所示，同步十进制计数器由 4 位 J—K 触发器及 4 个与门所构成。首先由电路结构写出各位触发器的驱动方程和次态方程如下：

（1）驱动方程：

$$J_0 = K_0 = 1$$

$$J_1 = \overline{Q_3}Q_0, K_1 = Q_0$$

$$J_2 = K_2 = Q_1Q_0$$

$$J_3 = Q_2Q_1Q_0, K_2 = Q_0$$

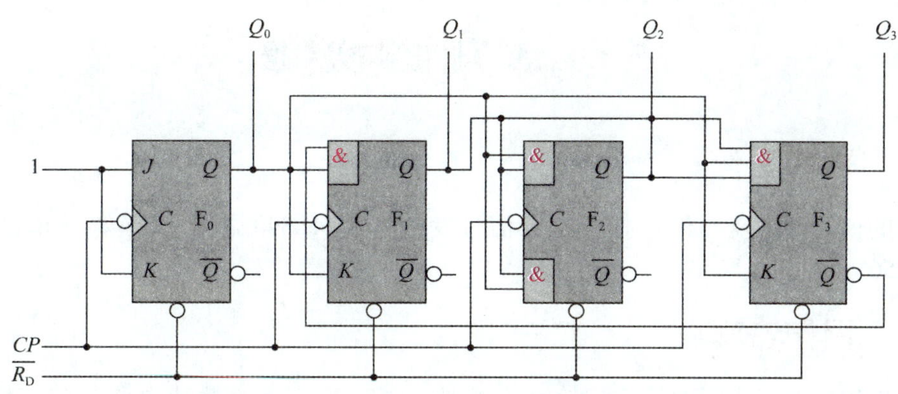

图 7-2-5 同步十进制计数器

（2）次态方程：

$$Q_0^{n+1}=\overline{Q_0}$$
$$Q_1^{n+1}=Q_0\,\overline{Q_3Q_1}+\overline{Q_0}Q_1$$
$$Q_2^{n+1}=Q_0Q_1\,\overline{Q_2}+\overline{Q_0Q_1}Q_2$$
$$Q_3^{n+1}=Q_0Q_1Q_2\,\overline{Q_3}+\overline{Q_0}Q_3$$

（3）由次态方程可写出同步十进制计数器的状态转换真值表，见表 7-2-2。

真 值 表　　表 7-2-2

GP	Q_3	Q_3	Q_1	Q_0	Q_3^{n+1}	Q_2^{n+1}	Q_1^{n+1}	Q_0^{n+1}
1↓	0	0	0	0	0	0	0	1
2↓	0	0	0	1	0	0	1	0
3↓	0	0	1	0	0	0	1	1
4↓	0	0	1	1	0	1	0	0
5↓	0	1	0	0	0	1	0	1
6↓	0	1	0	1	0	1	1	0
7↓	0	1	1	0	0	1	1	1
8↓	0	1	1	1	1	1	0	0
9↓	1	0	0	0	1	0	0	1
10↓	1	0	0	1	回零进位			

☞ 2.2.3 集成二—十进制集成计数器

计数器在控制、分频、测量等电路中应用非常广泛，所以具有计数功能的集成电路种类较多。常用的集成芯片有 74LS161、74LS90、74LS197、74LS160、74LS92 等。以下将以 74LS90 为例，介绍集成计数器芯片电路的功能及正确的使用方法。

3. 任务实施

3.1 准备工作

使用的仪器设备及元件包括：时钟信号发生器、74LS90 芯片、5V 稳压电源、LED、万用表、560Ω 电阻。

3.2 操作流程

汽车里程表的工作原理是霍尔轮速传感器（CS3120 开关型集成电路）将车轮转速信号转变成脉冲电信号。此信号幅值较小，经过比较器使其变成幅值较大的脉冲信号。该脉冲信号由施密特触发器整形后送给计数器计数。计数器输出的 8421BCD 码经译码器译码后驱动 LED 数码管显示器显示出车速计量结果。

（1）连接如图 7-2-6 所示的电路；

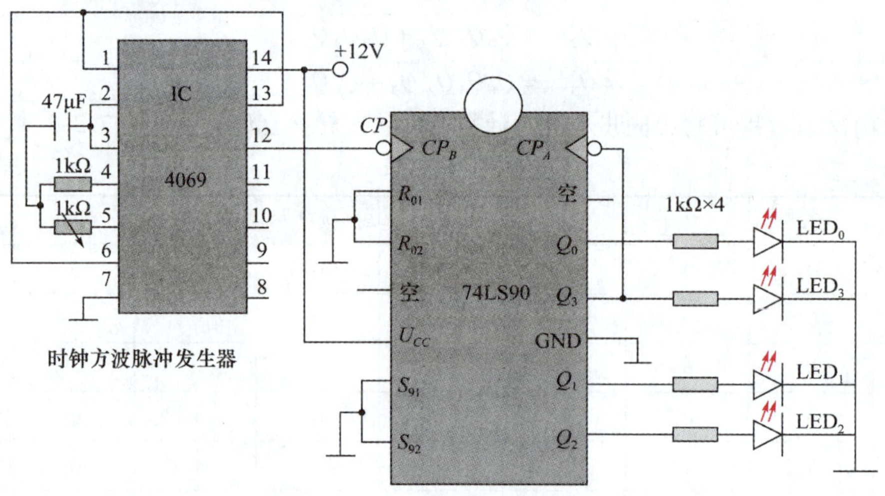

图 7-2-6　汽车里程表电路

（2）将方波脉冲信号发生器产生的时钟脉冲信号加入 74LS90 计数芯片的 CP_A 脚；

（3）观察四个 $LED_3 \sim LED_0$ 灯的点亮情况，写出四位二进制代码。

3.3 操作提示

如图 7-2-7 所示，集成计数器 74LS290 共有 14 个管脚。管脚 14 作为 CP 输入端时，输出端由高到低的排列顺序为（10、8、9、11 脚）$Q_3 \sim Q_0$，构成一个 8421BCD 码二—十进制计数器；管脚 2 和管脚 3 是直接清零端（搭铁）；管脚 6 和管脚 7 是直接置 1 端（搭铁）；管脚 4 和管脚 13 是空脚（不接）；管脚 5 是电源端；管脚 10 是“地”端。

（1）管脚14作为 CP 时钟脉冲输入端，管脚 $12Q_A$ 作为输出端，可构成一个一位二进制计数器；

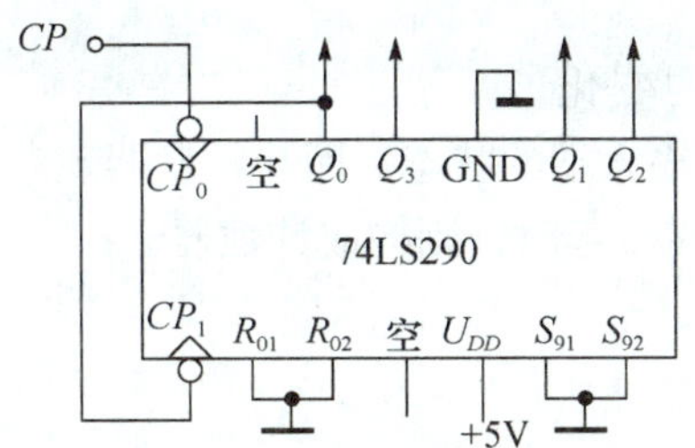

输入			输出				功能
$R_{0A}\cdot R_{0B}$	$S_{9A}\cdot S_{9B}$	CP	Q_3	Q_2	Q_1	Q_0	
1	0	×	0	0	0	0	置0
0	1	×	1	0	0	1	置1
0	0	↓	计数				

图7-2-7 集成二—五—十进制集成计数器

（2）管脚1作为 CP 时钟脉冲输入端，Q_D、Q_C、Q_B 作为输出端，有效状态为000、001、010、011、100，可构成一个五进制计数器；

（3）管脚14作为 CP 输入端时，输出端由高到低的排列顺序为 $Q_D \sim Q_A$，构成一个8421BCD码二—十进制计数器。

4. 拓展知识

4.1 钟控D触发器

☞ 4.1.1 钟控D触发器的逻辑符号和真值表

J—K触发器转换为维持阻塞型D触发器的逻辑电路如图7-2-8a）所示，它的输出与输入之间关系见真值表见图7-2-8b）。D 是输入信号端。直接置0端 $\overline{S_D}$ 和置1端 $\overline{R_D}$ 正常工作时保持高电平。

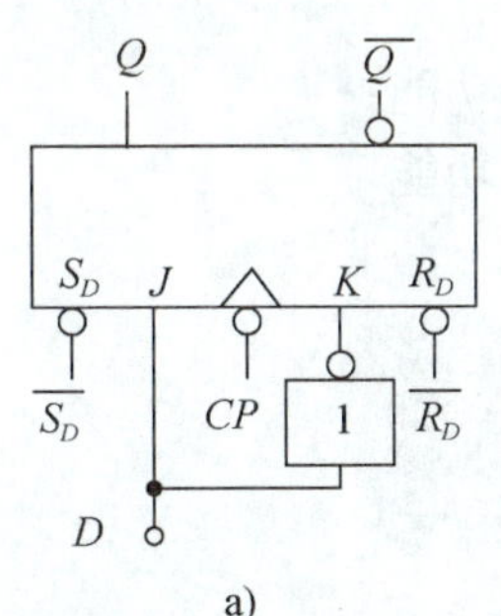

a)

D	Q^{n+1}	功能
0	0	置0
1	1	置1

b)

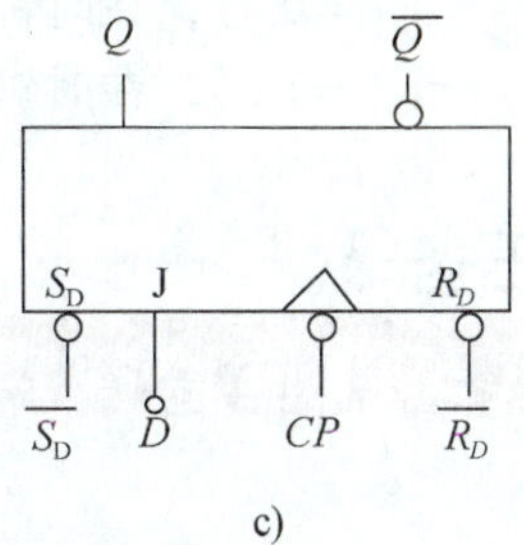

c)

图7-2-8 钟控D触发器

a）J—K转换D触发器；b）真值表；c）逻辑符号

☞ 4.1.2 钟控D触发器的逻辑功能

（1）当 $D=0$ 时，在时钟脉冲 CP 下降沿到来后，输出端的状态将变成 $Q^{n+1}=0$；

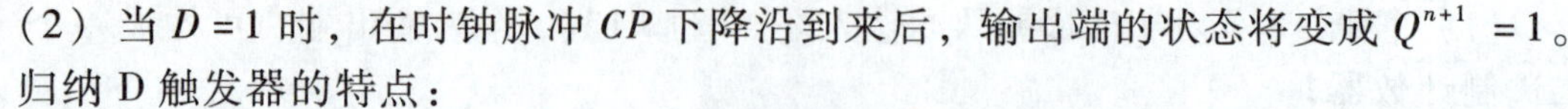

（2）当 $D=1$ 时，在时钟脉冲 CP 下降沿到来后，输出端的状态将变成 $Q^{n+1}=1$。

归纳 D 触发器的特点：

①CP 上升沿到来时触发，可有效地抑制空翻。

②具有置 0、置 1 两种功能，且输出跟随输入的变化。

③D 型触发器的输出端状态仅决定于 CP 到达前 D 输入端的状态，而与触发器现态无关，即 $Q^{n+1}=D$。当把 D 触发器的 D 输入端与输出端 $\overline{Q}$ 连在一起时，则构成计数器。

4.2 钟控 T 触发器

☞ 4.2.1 钟控 T 触发器的组成

在钟控 J—K 触发器的基础上，将 J 和 K 连在一起，改作 T，作为输入信号，构成钟控 T 触发器。其逻辑符号如图 7-2-9a）所示，T 触发器在时钟脉冲 CP 作用下，具有保持和翻转功能。其逻辑功能如表 7-2-9b）所示。

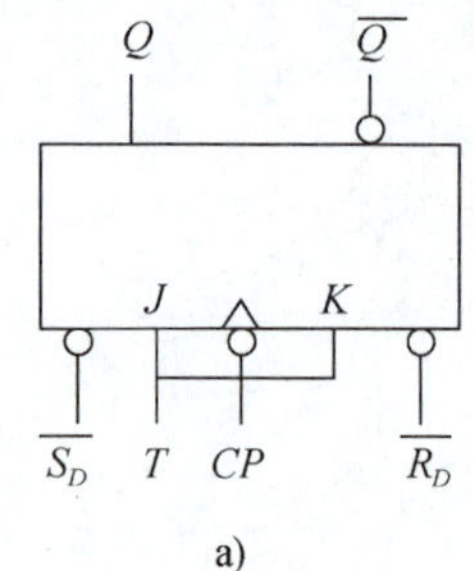

a)

CP	T	Q_{n+1}	功能
↑	0	Q_n	保持功能
↑	1	$\overline{Q_n}$	计数功能

b)

图 7-2-9 T 触发器

a）逻辑符号表；b）真值表

☞ 4.2.2 钟控 T 触发器的功能

（1）当 $T=0$ 时，在时钟脉冲的作用下，T 触发器具有保持功能；

（2）当 $T=1$ 时，在时钟脉冲的作用下，T 触发器具有翻转功能。

任务 3 汽车液位监控电路分析

1. 任务引入

汽车在运行过程中，当发动机冷却液、制动液、转向助力液、风窗洗涤液等缺失时，监控系统会发出警报，提醒驾驶人。在监控系统故障诊断时，应检查控制电路。因此，需了解汽车液位监控电路的分析。

2. 相关理论知识

2.1 寄存器

数字电路中用来存放二进制数代码的电路称为寄存器。寄存器是用来暂时存放参与运算的数据和运算结果，是计算机的重要部件，通常由具有存储功能的多位触发器组合起来构成。单独一位触发器可存储 1 个二进制代码，要想存多个二进制代码时，就得用多个触发器。常用的有四位、八位、10 位、32 位等寄存器。

☞ 2.1.1 电控系统数据的传输方式

1）并行传输方式

并行传输方式就是数码各位从各位对应的输入、输出端同时输入到寄存器中或取出。

2）串行传输方式

串行传输方式就是数码从一个输入、输出端逐位输出到寄存器中或取出。

☞ 2.1.2 寄存器的类型

按照功能的不同，可将寄存器分为数码寄存器和移位寄存器两大类。数码寄存器只能并行送入数据，需要时也只能并行输出。移位寄存器中的数据可以在移位脉冲作用下依次逐位右移或左移，数据既可以并行输入、并行输出，也可以串行输入、串行输出，还可并行输入、串行输出，串行输入、并行输出，应用十分灵活，用途也很广。

☞ 2.1.3 数码寄存器

如图 7-3-1 所示，异步复位端为高电平时，无 *CP* 脉冲到来寄存器保持原态，*CP* 上升沿到来后存入数码。异步复位端为低电平时，寄存器清零。也就是无论寄存器中原来的内容是什么，只要送数控制时钟脉冲 *CP* 上升沿到来，加在并行数据输入端的数据 $D_3 \sim D_0$ 将立即被送入进寄存器中，有：

$$Q_3^{n+1} \quad Q_2^{n+1} \quad Q_1^{n+1} \quad Q_0^{n+1} = D_3D_2D_1D_0$$

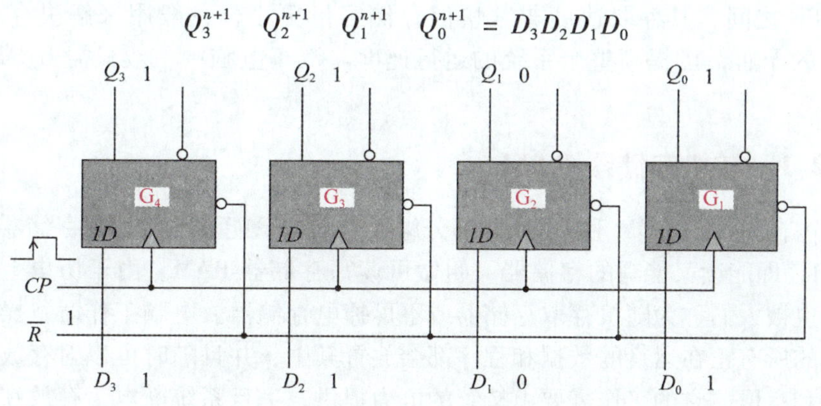

图 7-3-1 D 触发器构成的四位寄存器

☞ 2.1.4 移位寄存器

如图7-3-2所示，在存数操作流程之前，先将各个触发器清零。当出现第1个移位脉冲 CP 时，待存数码的最高位和4个触发器的数码同时右移1位，即待存数码的最低位存入 Q_0，而寄存器原来所存数码的最高位从 Q_3 输出；出现第2个移位脉冲时，待存数码的次低位和寄存器中的4位数码又同时右移1位。依此类推，在4个移位脉冲作用下，寄存器中的4位数码同时右移4次，待存的4位数码便可存入寄存器。

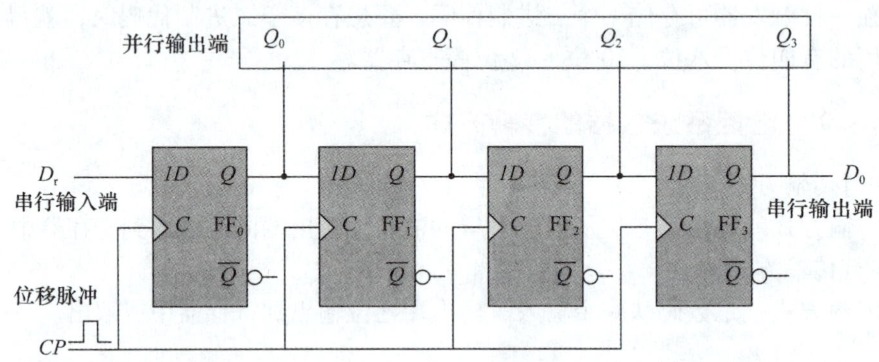

图7-3-2 移位寄存器

2.2 存储器

存储器是一种具有记忆功能的接收、保存和取出信息的设备，是计算机的重要组成部分，是CPU最重要的系统资源之一。

存储器按在微机中的位置可分为主存储器（内存）、辅助存储器（外存）和缓冲存储器（缓存）三大类。内存即内部存储器，一般由半导体存储器构成，通常装在计算机主板上，存取速度快，但容量有限，它分为随即存储器RAM和固定存储器ROM。外存即外部存储器，是为了弥补内存容量的不足而配置的，如硬盘、软盘等，外存容量大、成本低，所存信息既可修改也可长期保存，但存取速度慢；缓存即缓冲存储器，位于内存与CPU之间，其存取速度非常快但存储容量更小，一般用来解决存取速度与存储容量之间的矛盾，可提高整个系统的运行速度。汽车电脑中一般只需RAM和ROM存储器。

☞ 2.2.1 随机存储器 RAM

电脑的内存储器由ROM和RAM两部分组成。其中只能读不能写的存储器，称为只读存储器ROM；即能读又能写的存储器，叫做可读写存储器RAM。由于历史上的原因，可读写存储器也被人们称为随机存取存储器或不可掉电存储器。电脑工作时，操作流程系统和应用程序的所有正在运行的数据和程序都会放置其中，并且随时可以对存放在里面的数据进行修改和存取。它的工作需要由持续的电力提供，一旦系统断电，存放在里面的所有数据和程序都会自动清空掉，并且再也无法恢复。图7-3-3为其结构示意图，主要结构分为：

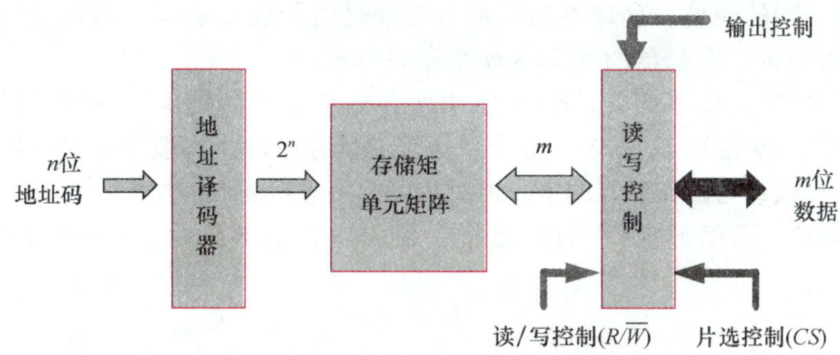

图7-3-3 RAM结构示意图

1）地址译码器

RAM中的每个寄存器都有一个编号，称为地址。每次读/写信息时，只能和某一个指定地址的寄存器之间进行取出或是存入，此过程称为访问存储器。访问地址的是机器识别的二进制数，送给地址译码器译码后，由相应输出线给出信号，控制被选中的寄存器与存储器的I/O端子，使其进行读/写操作流程。

2）读/写控制器

读/写控制线可对RAM的读出和写入进行控制。如 $R/\overline{W}=0$ 时，执行写操作流程，$R/\overline{W}=1$ 时，执行读操作流程；由地址输入端输入的 n 位地址码经地址译码器译码后选中一组（信息长度 m 位）存储单元，m 位的二进制代码经I/O接口被写入或被读出。

3）I/O控制器

为了节省器件引脚的数目，数据的输入和输出共用相同的I/O引脚。读出时它们是输出端，写入时它们又是输入端，即一线二用，由读/写控制线控制。I/O端子数决定于一个地址中寄存器的位数。通常RAM中寄存器有5种输入信号和一种输出信号：地址输入信号、读/写控制输入信号、*OE*输出控制信号、*CS*片选控制输入信号、数据输入信号和数据输出信号。

4）片选控制

由于集成度的限制，通常要把许多片RAM组装在一起构成一台计算机的存储器。当CPU访问存储器时，存储器中只允许一片RAM中的一个地址与CPU交换信息，其他片RAM不能与CPU发生联系，所谓片选就是实现这种控制。通常一片RAM有1根或几根片选线，当某一片的片选线为有效电平时，则该片被选中，地址译码器的输出信号控制该片某个地址与CPU接通；片选线为无效电平时，与CPU之间呈断开状态。例如片选信号 CS = “1”时，RAM禁止读写，处于保持状态，I/O口的三态门处于高阻抗状态；CS = “0”时，RAM可在读/写控制输入 R/W 的作用下作读出或写入操作流程。

5）存储矩阵

存储矩阵是存储器的主体，含有大量的基本存储单元。通常数据和指令是用一定位数的二进制数来表示的，这个二进制数称为字，字的位数称为字长。存储器以字为单位进行存储，为了存入和取出的方便，必须给每个字单元以确定的标号，这个标号称为地址，不同的字单元具有不同的地址。存储器的容量由地址码的位数 m 决定，当地址码的位数为 n，字长的位数为 m 时，存储器内含 $2n\times m$ 个存储单元。

存储单元是 RAM 的核心部分，RAM 字中所含的位数是由具体的 RAM 器件决定的，可以是 4 位、8 位、16 位和 32 位等。每个字是按地址存取的。一般操作流程顺序是：先按地址选中要进行读或写操作流程的字，再对找到的字进行读或写操作流程。

当切断电源时，原存于 RAM 的信息将会丢失，合上电源后，其中的内容也不会回复。

☞ 2.2.2 只读存储器 ROM

只读存储器在工作时只能进行读出操作，其方框图与 RAM 相似，如图 7-3-4 所示。只读存储器也称程序存储器、固定存储器或可掉电存储器，存储内容一般是装入整机前事先写好的，只读存储器在工作时只能进行读出操作，而不像随机存储器那样能快速地、方便地加以改写。ROM 断电后所存数据也不会丢失，因而常用于存储各种固定程序和数据。

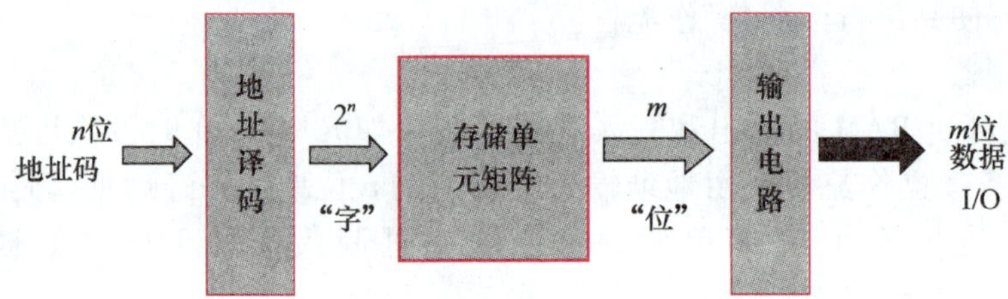

图 7-3-4 只读存储器 ROM 方框图

只读存储器 ROM 存入数据的过程称为“编程”。根据编程方式的不同，可分为内容固定的 ROM，一次性编程的 PROM、可多次编程的 EPROM 和电改写的 E^2PROM。早期制造的 PROM 可编程逻辑器件的存储单元利用其内部熔丝是否被烧断来写入数据的，因此只能写入一次，使其应用受到很大限制。目前使用的 PROM 可多次写入，成为可编程只读存储器。

当用户需要改写存储单元中的内容时，要用紫外线或 X 射线照射擦除，EPROM 可恢复原来未写入时的状态，因此又可重新写入新信息。

可编程逻辑器件按编程方式可分为掩膜编程和现场编程。掩膜编程是由生产厂家采用掩模工艺专门为用户制作；现场编程则是由用户在工作现场进行编程，以实现所需要的逻辑功能。

☞ 2.2.3 可编程只读存储器的分类

1）光擦写可编程只读存储器（EPROM）

EPROM 可以根据要求写入信息，进而长期适用，也可将其内容全部擦去，重新写入新的内容，实现多次编程。通常利用紫外线照射的方法，将 EPROM 的内容全部擦去，用专用的编程器将数据再写入。

2）电擦写可编程只读存储器（E^2PROM）

利用光照抹掉写入内容需要大约30min。为了缩短抹去时间，人们研制出了电擦除方式。电擦除的速度一般为ms数量级，其擦除的过程就是改写的过程，改写是以字为单位进行的。电擦除的E^2PROM既可以在掉电时不丢失数据，又可以随时改写写入的数据，重复擦除和改写的次数可达1万次。

3）Flash存储器

这是一种可以直接在主机板上修改内容的内存，当电源关掉后储存在里面的数据并不会流失掉，在写入资料时必须先将原本的资料清除掉，然后才能再写入新的资料，其存储特性相当于硬盘，这项特性正是闪存得以成为各类便携型数字设备的存储介质的基础。最大的优点在于容量可以做得很大，超过512MB容量，闪存的成本较低，有利于大规模普及，但闪存的缺点在于读速度较慢。

2.3 555定时电路

555定时器是一种功能强大的模拟数字集成混合电路。

☞ 2.3.1 555定时器电路组成及其功能

3个5kΩ电阻串起来构成分压器，555定时器名称也由此而得。两个集成运放构成的电压比较器C_1的反相端和C_2的同相端均与基准电压相接。T是N沟道放电开关管。

如图7-3-5所示，555定时器集成芯片共有8管脚。管脚1是搭铁端V_{SS}（或副电源端）；管脚2是低电平触发端$\overline{TR}$；管脚3是电路输出端OUT；管脚4是复位清零端R，正常工作时为“1”；管脚5CO是电压控制端，用来改变比较器的基准电压，不用时需经0.01μF电容搭铁；管脚6是高电平触发输入端TH；管脚7是放电端，外接电容器，当N沟道放电开关管T导通时，电容器放电；管脚8是正电源端V_{DD}（4～16V）。

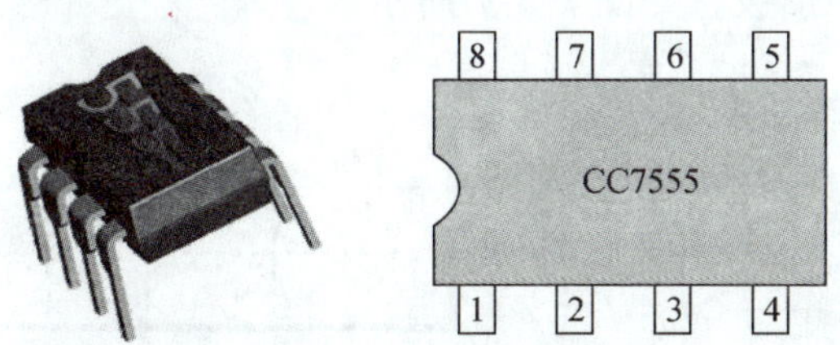

图7-3-5 CC555定时器芯片管脚

555定时器的输出端电流可以达到200mA，因此可以直接驱动与此电流数值相当的负载，如继电器、扬声器、发光二极管。

☞ 2.3.2 555定时器的工作原理

555定时器的工作状态取决于电压比较器C_1和C_2，如图7-3-6所示。

1）当高触发端输入电压变化时电路的情况

输入电压由小往大变化，当等于阈值电压 $2/3U_{DD}$ 时，C_1 比较器输出为 1，送给 R—S 触发器一个置 0 信号，输出 $Q=0$，在大于 $2/3U_{DD}$ 时保持“1”态；

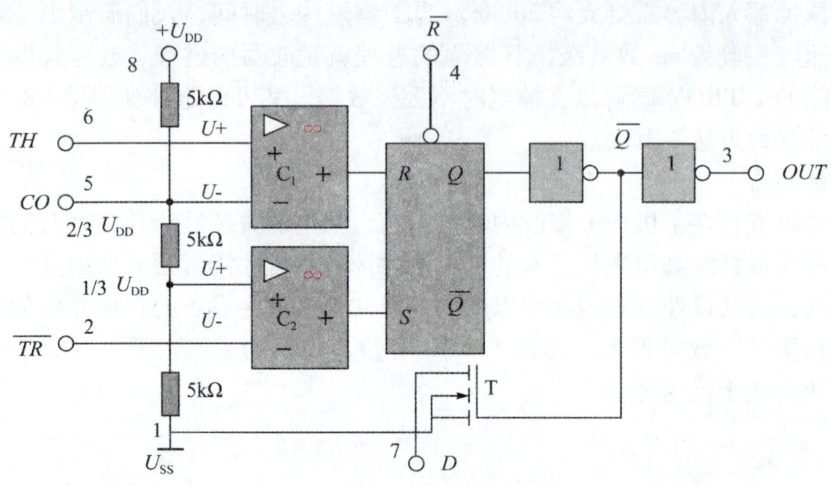

图 7-3-6　555 定时器的原理图

2）当低触发端输入电压变化时电路的情况

输入电压由大往小变化，当等于阈值电压 $1/3U_{DD}$ 时，C_2 比较器输出为 1，送给 R—S 触发器一个置 1 信号，输出 $Q=1$；在小于 $1/3U_{DD}$ 时保持这个“1”态。

3）当低触发端输入电压大于阈值电压及高触发端小于阈值电压时的情况

当高触发端输入电压低于阈值电压、低触发端输入电压大于阈值电压时，两个比较器输出均为 0，电路保持原态不变。

☞ 2.3.3　用 555 定时器构成施密特触发器

555 定时器可构成施密特触发器，施密特触发器属于波形变换电路，可将正弦波、三角波、锯齿波变换为脉冲矩形波，如图 7-3-7 所示。

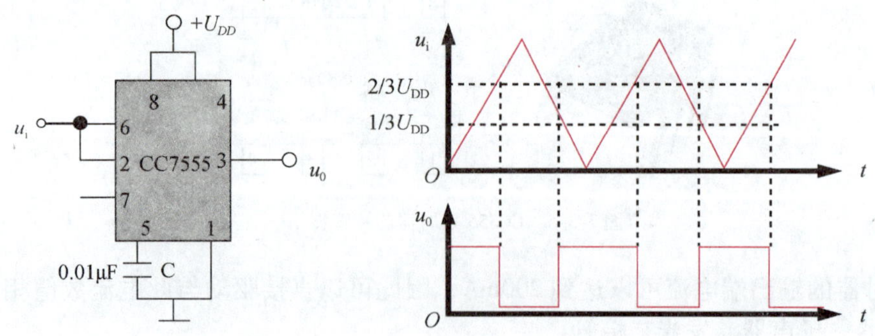

图 7-3-7　用 555 定时器构成施密特触发器及波形图

施密特触发器是双稳态电路。当输入电压大于或小于电路阈值时，输出均会维持在一个恒定电压值。施密特触发器可以把缓慢变化的输入波形变换成边沿陡峭的矩形波输出。

施密特触发器利用其输入信号达到某一特定的阈值时，输出电平会发生跃变的特点，可对电路中输入的电信号进行波形整形、幅度鉴别及波形变换等，如图 7-3-7 所示。

3. 任务实施

3.1 准备工作

使用的仪器设备及元件包括：555 定时器构成的液位监控报警电路。

3.2 操作流程

（1）连接如图 7-3-8 所示的电路；

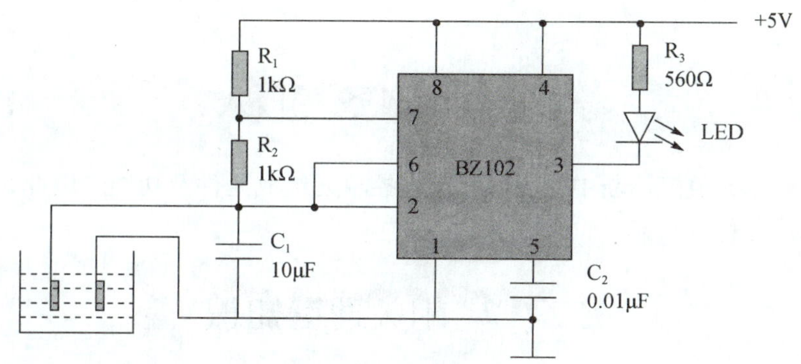

图 7-3-8 液位监控报警电路

（2）将两电极插入水中，观察 LED 点亮情况；

（3）将两电极从水中取出，观察 LED 灯点亮情况；

（4）分析上述情况出现的原因。

3.3 操作提示

水位正常情况下，电容 C 被短接，扬声器不能发音；水位下降到探测器以下时，555 定时器构成的多谐振荡器工作，驱动发光二极管发光。

项目 8　汽车电控单元与局域网

随着科技的发展和汽车控制要求的不断提高，汽车电脑正日趋普及。汽车电脑的增多使得汽车电脑的维修越来越显得迫切、急需。在电子控制系统故障诊断中，必须了解作为电子控制系统的核心部件电控单元（电脑）的内部组成及管脚功能。同时，随着汽车上采用的电子部件越来越多，使用的控制单元数目也在大量增加，网络技术自然就应用到汽车电控系统中来。因此，不仅要了解电控单元，也要了解汽车局域网。

任务 1 汽车发动机电控单元组成元件及功能识别

1. 任 务 引 入

在汽车电控单元故障诊断中，需要区别电控单元组成元件及功能。因此，需要了解汽车电控单元组成元件及功能。

2. 相关理论知识

汽车电脑也叫电控单元或微处理器。它分为硬件和软件两部分。硬件部分包括输入接口电路、微处理器和输出接口电路；软件部分是实现控制功能的指令和数据系统。

2.1　硬件部分

ECU 的硬件结构分为壳体、接口、电路板和电路等几部分。壳体可以用塑料或金属材料制成。电路板采用印刷工艺复杂的采用多层结构。电路由一些大规模集成电路组成，由于电路元件越来越多地采用表面安装技术，所以尽管 ECU 的控制功能越来越多但其体积却越来越小集成度也越来越高。ECU 的电路由输入接口电路、微处理器、输出接口电路等组成。其原理如图 8-1-1 所示。

☞ 2.1.1　输入接口电路

输入接口电路主要是完成外部传感器与微处理器之间的信息传递。主要功能是对传感器输入信号进行预处理使输入信号变成微处理器可以接收的信号。因为输入信号有两类：模拟信号和数字信号，所以分别由相应的输入电路对其进行处理。

1）模拟信号的处理

如果输入的模拟信号很弱，如氧传感器（产生一个低于 1V 的电压信号），则首先需要进行放大处理。被放大后的模拟信号需要转换成数字信号才能被微处理器接收，完成这个功能的器件是输入电路中的 A/D（模数转换器）。如果输入的模拟信号不是很弱，而且在 A/D 所设定的量程范围内可直接进行 A/D 转换。如节气门位置传感器的输出电压在 0～5V 之间变化，且没有超过 A/D 所设定的范围，就可以直接进行 A/D 转换。如果模拟信号的电压超过了 A/D 转换器的量程，则首先需要进行电平转换，使其不超过 A/D 的量程范围，然后再进行 A/D 转换。A/D 转换器以固定的时间间隔不断地对模拟信号进行扫描。例如若在某时刻 A/D 扫描到节气门位置传感器的电压信号是 5V，那么 A/D 转换器就对该电压赋以特定的数值，比如数值 3。然后再将该数值转换成二进制 11。A/D 转换器不断地对模拟信号进行采样，并不断地赋值，再将赋值转换成二进制，实时地传送给微处理器进行处理。

2）数字信号的输入

控制系统采集的数字信号，主要是来自转速传感器的转速信号和活塞上止点参考信号，它们都是脉冲信号。这两个信号经过处理之后经过 I/O 口直接送入微处理器。由于磁感应式转速传感器的输出信号随转速变化而变化。因此在发动机转速很低时，电压信号就会很弱，这就需要将信号放大，并且变成完整的矩形波。基于上述要求要设置放大电路和冲信号整形电路。

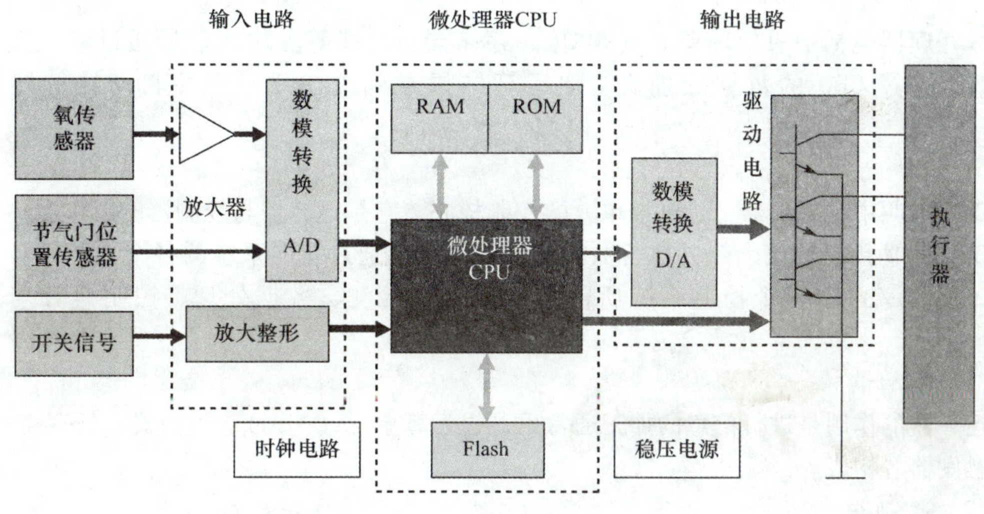

图 8-1-1　ECU 控制原理框图

☞ 2.1.2　输出接口电路

输出接口电路将 ECU 与执行元件联系起来。它将 ECU 作出的决策指令转变为控制信号来驱动执行元件进行工作，它起着控制信号的生成与放大等功能。常见的输出执行元件通常是一些继电器、电磁线圈和显示器等。图 8-1-2 所示为发动机喷油器的驱动电路，电路中设置有功放集成电路模块 LM324。该电路具有增强输出信号的驱动能量的功能，为大电流功放管提供足够的基极电流。同时又可在数字和模拟电路之间形成器件隔离，以抑制干扰。

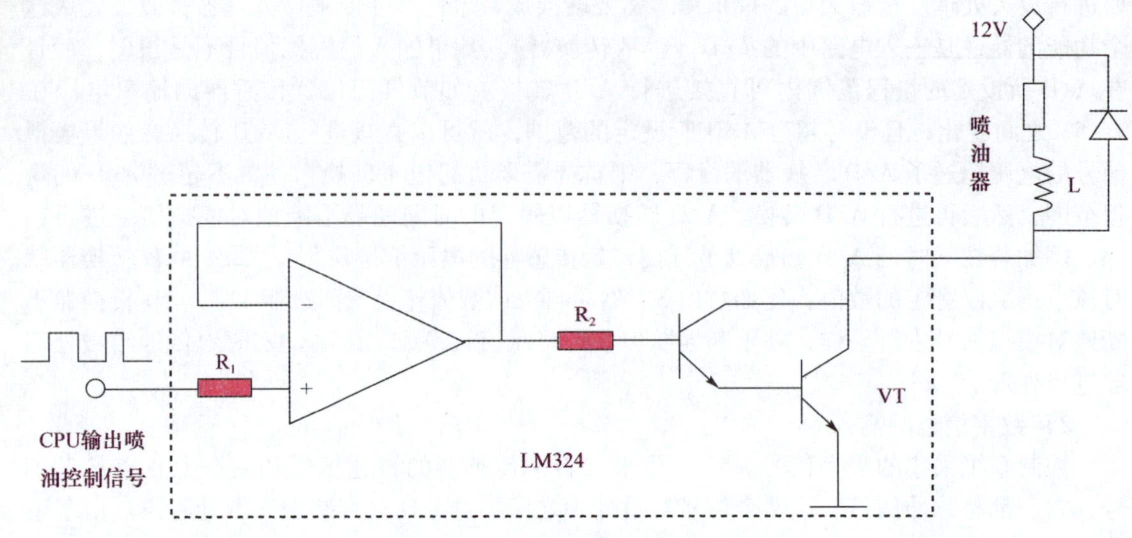

图 8-1-2 发动机喷油器的驱动电路

☞ 2.1.3 微处理器

微处理器包括中央处理单元（CPU）、存储器、总线等。输入信号通过输入接口进入 CPU，经过 CPU 的数据处理后，把运算结果送到输出端口，并驱动执行器进行工作。

1）CPU

CPU 也叫中央处理器，是电控单元的控制核心，它是运算器与控制器的总称。

CPU 的功用是读出命令并执行数据处理任务，即通过接向系统的各个受控部分发出指令，同时又可对整个控制系统所需的参数进行检测、数据处理、控制运算与逻辑判断。

（1）运算器。

运算器的作用是进行信息的加工通常由逻辑运算单元（ALU）、累加器、暂存寄存器、标志触发器等构成。

（2）控制器。

控制器是计算机的指挥中心，它的功能是按照人们预先设定的操作流程步骤，控制整机和部件步调一致地自动工作。其内部逻辑电路的作用是使整个系统按照一定时序进行协调一致的操作流程，它在算术逻辑运算单元、输入输出接口以及存储器之间发出同步信号，控制指令按一定顺序进行读取、译码、执行等操作流程，并通过本身发出的控制信号与外界进行通信。控制器从内存中按顺序读取各条指令，每读取一条指令，就进行分析，然后根据指令向各功能部件发出控制命令，控制它们执行这条指令所指定的任务。

当控制器得知一条指令执行完毕后，就会自动按顺序去读取下一条要执行的指令，重复上述工作过程，直到整个程序执行完毕。在控制器中有指令寄存器，用来存放新读取的指令寄存数据，而指令译码器能解读指令寄存器中某些指令编码，向执行该指令的电路输出执行指令。

（3）寄存器。

寄存器提供参与运算的操作流程数据，并保存运算结果。按照其作用可将其分为通用寄存器和专用寄存器两类。

2）存储器

存储器是记忆元件。CPU 要根据已编写的指令程序，对数据和信息自动快速地进行运算和处理，就必须把指令、数据和计算的中间结果存放在 CPU 的内部，存储器就是存储计算程序、原始数据及中间结果的设备。存储器的容量越大，则记忆的信息越多，功能越强。CPU 的操作流程主要是与存储器交换信息，因此，存储器的工作速度是影响运算速度的主要因素。车用计算机所用的半导体存储器按存储信息的功能可分为随机存取存储器 RAM 和只读存储器 ROM。随机存取存储器又称读写存储器。只读存储器按功能可分为掩模式 ROM、可编程只读存储器 PROM 和可改写的只读存储器 EPROM。存储器由许多存储单元组成，每个存储单元可以存放若干二进制代码。为区分不同的存储单元，通常把内存中全部存储单元进行统一编号，该号码称为存储单元的地址码。当 CPU 要把一个代码存入其存储单元中或从其存储单元取出时，首先要把该存储单元的地址码通知存储器，然后由存储器查找与该地址码对应的存储单元，查到后才能进行信息的存取。

3）总线

车用计算机与一般计算机系统相似，其中中央处理单元、存储器与输入/输出接口设备也通过总线相连，CPU 通过总线与存储器和输入/输出接口传送信息，而存储器及输入/输出接口也可以通过总线直接进行信息交换。总线结构如图 8-1-3 所示，各种总线可以从不同的层次和角度进行分类。

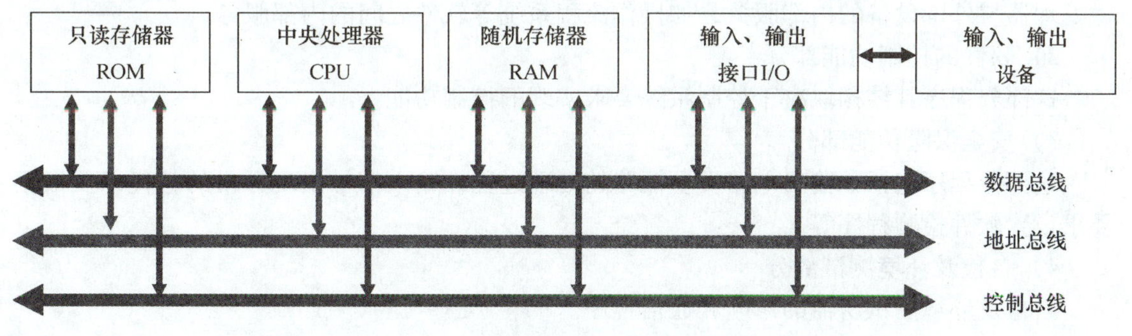

图 8-1-3 电控单元总线结构框图

（1）按总线的功能分类：

①地址总线：用来传送地址信息。

②数据总线：用来传送数据信息。

③控制总线：用来传送各种控制信号。

（2）按总线的通信方式分类：

①并行总线：并行总线通信速度快，实时性好，但由于占用的口线多，不适合小型化产品。

②串行总线：串行总线通信速率虽低，但在数据通信量不是很大的微处理器电路中，显得更加简易、方便、灵活。

☞ 2.1.4　电源

电源为电脑提供正常工作所需的12V或5V稳压电源。

☞ 2.1.5　时钟电路

每个单片机系统里都装有晶振，其全称为晶体振荡器，在单片机系统里晶振的作用是产生单片机所必需的时钟频率。晶振的产生的时钟频率越高，单片机的运行速度也就越快。

2.2　ECU的软件结构

ECU的软件结构可以分为程序和数据两部分。数据是通过大量试验获得的，是满足微机控制汽车的各种性能的最重要的保证。程序的结构取决于ECU的功能，数据与程序的特定部分相联系，并在控制系统自检时保持一定。

☞ 2.2.1　程序

汽车ECU的程序一般都是用汇编语言编写的，为了编程、调试、修改和使用方便。一般采用模块化结构。程序一般包括以下几个部分：

1）软件与ECU的匹配部分

这部分程序包括输入、输出调制和滤波、驱动功率放大、微处理器和ECU初始化、微处理器与外围设备的内部服务，如操作流程系统等软件之间的内部服务。

2）软件的控制功能部分

这部分程序其结构取决于控制系统要求实现的控制功能。

3）安全保险功能部分

这部分程序包括如输出电路发生短路的处理过程、输入信号出现异常的替代以及根据要求设置软件检测程序等。

4）自检及环境测试部分

自检及环境测试所需的诊断和通信程序。

☞ 2.2.2　数据

数据可分为系统固定特性相关的固定数据和与系统可变特性相关的校正数据两类。如控制系统中执行器的数量等即为固定数据，为了保证控制的实时性和准确性，在存储容量足够的前提下，ECU系统可以将被控系统的特性图以数据表的形式存储在ECU的存储器中，汽车发动机和变速器的各种特性即为校正数据。校正数据必须根据控制系统用于具体车型进行设定。

2.3　汽车电脑（电控单元）的工作过程

汽车电控单元的主要工作是按照特定的程序对输入信号进行处理，并形成相应的控制指令，向执行器输出驱动信号。电控单元的主要工作过程由微处理器进行，而微处理器是通过读取系统指令进行工作的。在存储器的特定区段中存储有指令和数据，存储器的这一区段称为寄存器。其中存放处理器下一指令所在地址的寄存器称为程序计数器，用于临时存放从存储器中读出指令的寄存器称为指令寄存器。

微处理器工作是根据程序计数器中的地址将指令读入指令寄存器中，然后对指令进行翻译，而程序计数器则存储下一条指令所在的地址。微处理器在获得执行该指令所必需的信息以后，将执行该指令所定义的过程，指令定义的过程主要包括对数据进行存储、运算、逻辑判断和函数转换等。

当一条指令执行结束以后，微处理器将重复进行确定指令存储器地址，读取指令、解译指令和执行指令这一过程，直到程序中的全部指令执行完毕。对于 8 位微处理器，运行一个指令读取和执行循环大约需要 3ms。

为了改善程序的结构，程序中往往会包含一些子程序，每个子程序用于实现一个特定的功能，当主程序需要调用子程序时，会有一条指令使程序计数器设置为子程序第一条子程序所在的地址，然后转而运行该子程序，当子程序运行结束时，子程序的最后一条指令又使微处理器返回到当初离开主程序的位置。微处理器的另一个重要工作是对来自输入、输出和反馈电路的优先信号作出反应，当这些优先信号送入微处理器时，微处理器会停止正在进行的作业，转向运行处理这些优先信号的子程序，这一过程称为中断服务，这些需要优先处理的信号称为中断信号。

中断服务功能可以使微处理器不必对控制系统进行连续监测，又可以在进行其他控制过程中按照需要对中断信号进行处理，使处理这些信号的时效性得到保证。例如，发动机点火过于提前导致爆震发生时，由爆震传感器反馈的爆震信号会使微处理器中断正在进行的作业，而转向运行延迟点火正时的子程序，使爆震燃烧得到抑制。

3. 任务实施

3.1　准备工作

使用的元件为汽车发动机电脑。

3.2　操作流程

☞ 3.2.1　汽车电脑内部芯片的识别

汽车电脑内部芯片的识别的器件，如图 8-1-4 所示。

1）电源芯片

（1）5V 稳压电源 1。

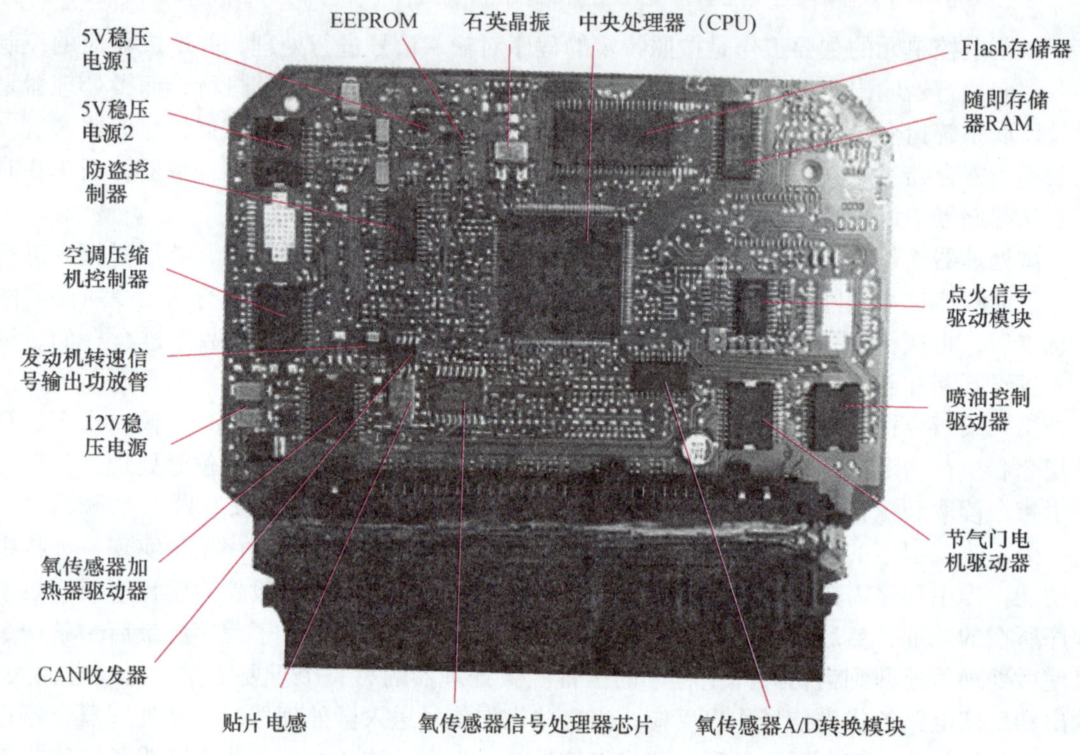

图 8-1-4　发动机电脑内部元件芯片图

其作用是：将汽车 12V 输入电源转换成 5V 电源，并为霍尔传感器提供参考电压。

（2）5V 稳压电源 2。

其作用是：将汽车点火开关的 15 号电源（12V）转换成供电脑内部使用的 5V 电源，并节气门位置传感器提供稳定参考电压。

（3）12V 稳压电源。

其作用是：给电脑内部提供稳定的 12V 电源。

2）时钟

石英晶振的功用是给单片机提供工作时钟信号脉冲。这个脉冲就是单片机的工作速度。比如 12M 晶振。单片机工作频率就是 12MHz。和电脑的 CPU 概念一样。当然，单片机的工作频率是有限制的。一般不会超过 24MHz。

3）传感器输入电路芯片

（1）氧传感器信号处理模块。

模块的一引脚通过电脑端子与氧传感器正极信号相连，模块的作用是将氧传感器产生的电压信号曲线转化成 CPU 易于识别的标准电压信号。

（2）爆燃信号处理模块。

该模块用于将爆震传感器检测到的爆燃信号转化成 ECU 能够识别的数字信号，即 A/

D 转换。如果该芯片损坏，则无法控制爆燃现象会导致发动机损坏。

4）存储器芯片

（1）程序存储器芯片。

它又称固定存储器或只读存储器（ROM），分为两种：一种是 E^2PROM，如电可擦写固定存储器，是用来存储 CPU 的控制程序的；一种是 Flash 存储器芯片，即闪速存储器（闪存），用来存储维持发动机运转的点火、喷油脉谱图及其他控制参数，以及发动机运转程序，是发动机电控单元的“标准数据”。其特点是：断电后，其中的信息不会丢失。

（2）数据存储器芯片。

它又称随机存储器（RAM），是用来存储电脑输入/输出数据和计算过程中产生的中间数据。在电脑中起暂时存储信息的作用。其特点是：断电后，其中的信息会很快丢失。

5）输出驱动输出电路芯片

（1）点火信号模块。

CPU 根据发动机运转工况计算准确点火时间，并将点火信息送入点火驱动模块，经该模块处理后，由两个管脚分别输出各缸点火信号到点火器，控制发动机的点火。

（2）喷油控制驱动器。

CPU 根据发动机负荷、转速两个基准信号及发动机温度、蓄电池电压等其他修正信息计算出喷油量的大小及喷油起始点。喷油控制器就是根据 CPU 这一指令在正确时刻驱动喷油器工作，控制喷油时间及喷油量。

（3）节气门电机驱动器。

其作用是：根据 CPU 的指令控制节气门定位电动机的转动，从而控制节气门开度。

（4）炭罐电磁阀及氧传感器加热驱动器。

该驱动器接受 CPU 指令，在适当的时刻开启活性炭罐电磁阀，使油箱内燃油蒸气得到利用，并在发动机启动后排气温度低时，对氧传感器加热器通电，使其尽快达到适宜的工作温度。

（5）空调压缩机驱动器。

空调开关开启时，空调系统向发动机 ECU 送出请求信号，当 ECU 分析出当前发动机状况适合开启空调时，CPU 向该驱动器发出指令，通过电脑管脚引线驱动空调压缩机工作。

（6）防盗控制器。

当防盗控制单元检测到有盗车行为时，将防盗信号经 ECM 传送到防盗控制器，经控制器处理后再发送给发动机 CPU，CPU 指令喷油和点火驱动器停止喷油和点火，使车辆无法起动或起动后短时间内熄火。

6）CAN 收发器

它具有接收和发送功能。它将 CAN 控制器送来的数据转化成为电信号并将其送入数据传输线；同样也为 CAN 控制器接收和转化数据。CAN 收发器用于将接收和发送功能分离开，从而使 CAN—BUS 既能接收又能发送信息。

贴片电感内有两个螺旋电感线圈，分别接与两根总线上，其作用是削弱 CAN 总线中的电磁噪声，减少信息传播时的电磁干扰。

☞ 3.2.2　汽车发动机电脑接线管脚排列

如图 8-1-5 所示，电脑管脚按功能分为 5 个区，并有序排列。管脚 1 ~ 管脚 5 为电脑供电输入区，管脚 6 ~ 管脚 81 为信号输入区，管脚 82 ~ 管脚 113 为电脑控制区，管脚 114 ~ 管脚 121 为输出供电控制区。

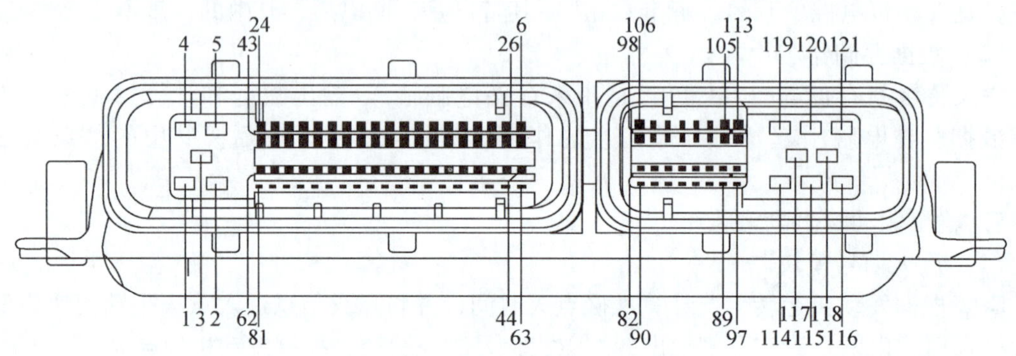

图 8-1-5　发动机电脑管脚排列图

4. 拓 展 知 识

4.1　汽车电子控制自诊断系统

汽车电子技术在汽车上的应用越来越广泛，使汽车在动力性、经济性、安全性、舒适性以及排污控制等方面都有了极大的提高和改善。然而，由于汽车控制的电子化，给汽车故障的诊断和维修工作带来了越来越多的困难，对汽车维修技术人员的要求也越来越高。因此，现代汽车在进行电子控制系统设计的同时，增设了系统故障自诊断功能。自诊断功能就是利用 ECU 监视电子控制系统各组成部分的工作情况，发现故障后自动启动故障运行程序，这不仅可以保证发动机在有故障的情况下继续行驶，而且还可向驾驶员和维修人员提供故障情况，便于使用和维修。

4.2　汽车电控自诊断系统组成与工作原理

汽车电控自诊断系统的组成与电控系统相仿，主要由故障自诊断电路（输入信号电路、输出信号控制电路等）、电控单元组成，其核心是电控单元。其中，输入信号按使用情况可分为：

☞ 4.2.1　描述各电控总成工况参数的信号

它包括如电控发动机的冷却水温度信号。这类信号的特点是各信号的数值都有正常的工作范围，因此确认此等输入信号值是否正常，即可判定此信号是否有故障。

☞ 4.2.2 描述汽车操作流程情况的信号

它包括凡可由驾驶员直觉判断是否有故障的，如点火开关信号、空调开关信号等。自诊断系统并不对其进行诊断。

☞ 4.2.3 诊断与处理的过程

下面以电控汽油喷射系统的故障诊断为例，说明该电控系统一旦发生故障，其诊断与处理的过程为：

1）传感器系统的故障诊断

在发动机运转时，如果传感器输出电路的信号电压超出了规定的范围，自诊断系统即断定此信号有故障。例如，冷却水温度传感器工作正常时，其输出电压在0.3～0.4V的范围内，否则被诊断为有故障，并记录其代码。自诊断系统只能诊断出该传感器有故障，或其电路发生短路或断路，但无法确认其性能好坏。对于偶然出现的异常信号，自诊断系统并不立即判定为有故障。为了使发动机不因水温传感器的故障而停止运转，在出现此故障信号的同时，自诊断系统的电控单元，会立即采用预先存储的正常水温数值（如80℃），对发动机进行控制，使其照样能维持一定水平的工作能力。

2）喷油等执行系统的故障诊断

在发动机运转时，电控系统按照发动机的工况，不断地向执行机构发出各种指令。若执行系统不能正常工作，则其故障由监控回路把信息输给电控单元，由电控单元进行故障显示，并及时采取相应的措施，以确保发动机安全运转。例如，当发动机点火系统的功率管工作有故障时，其点火监控回路就没有正常工作的确认信号输送回电控单元，这时电控单元就会发出报警信号，并向执行系统发出停止喷油的指令，以防未燃的混合气过多地进入排气系统的催化反应器中，从而造成该处理器的失效与损坏。

3）电控单元本身故障的诊断

电控单元内设有监控回路，用以监视电控单元是否按正常的控制程序工作。监控回路内还设有监视时钟，按时对电控单元进行复位。当电控单元发生故障时，程序不能正常执行，时钟就不能使电控单元复位，造成溢出，据此即判为故障，并予以显示。为了防止因电控单元出现故障时，汽车被迫停驶，在多数的电控单元内备有应急回路。当应急回路收到监控回路的异常信号后，即刻启动备用电路，以简单的控制程序，使发动机各种工况下的喷油量与点火定时均按原设定的程序进行控制，从而保证汽车仍能维持一定的运行能力。

4）诊断系统故障代码的读取

车外诊断系统即汽车电脑故障诊断仪（俗称解码器）。该仪器本身就是一个专门的小型电脑，能把汽车电控系统储存的各种信息提取出来，并进行整理、比较和翻译，以清晰的方式（文字、曲线或图表）传送显示出来，根据这些信息代码，维修人员可以查阅该车型的维修手册，准确快捷地判断故障的类型和发生的部位。该仪器还可以向汽车电控系统发出工作指令，对一些有疑问的信息加以质询或修正，进行静态或动态诊断。这是一种全新观念的诊断方法，可把被动的诊断方式，改变为主动的诊断方式。

任务 2 了解汽车 CAN 网关插座管脚排列

1. 任 务 引 入

在汽车 CAN 总线系统故障诊断中，应检测网关及总线是否正常。因此，需了解网关网关插座管脚排列。

2. 相关理论知识

2.1 汽车数据总线的应用

随着汽车技术的发展，对汽车功能的要求越来越多，对车的安全性和操纵舒适性要求也越来越高，排放法规及环保的要求也越来越严格。其结果就是车上采用的电子部件越来越多。1994 年第一代 Audi A8 车只用 15 个控制单元就可控制该车的所有功能。而 2003 年型的 Audi A8 车使用的控制单元数目就增长了 4 倍，如图 8-2-1 所示。

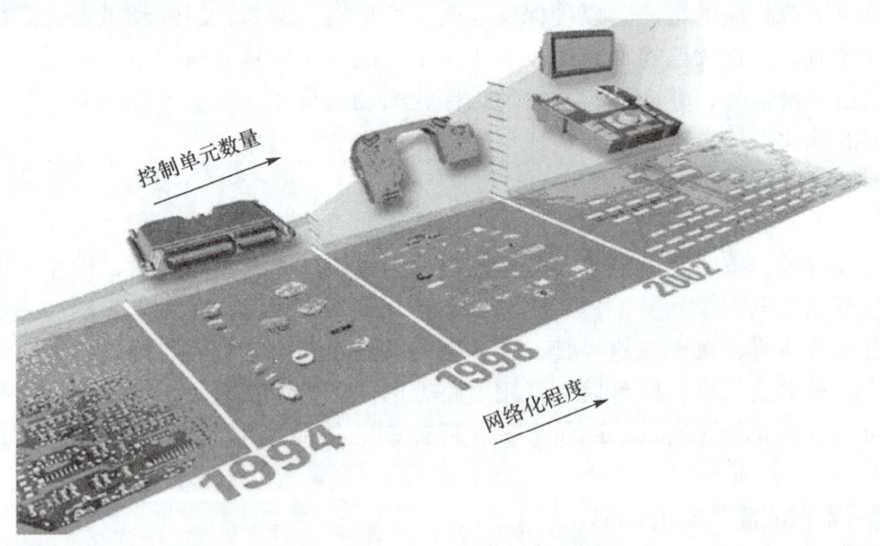

图 8-2-1　车上采用的电子部件发展过程

电器/电子部件间需要适时进行高速大量的信息交换，而且数据传输时需保证较高的安全性及可靠性，各个控制单元之间的数据传递就要求采用新的传送通道。此外，数据总线技术在车上的应用，可以降低车辆自重；减少线束数量，减轻重量，降低成本；减少连接插头尺寸，减小控制单元尺寸，增大安装空间。

☞ 2.1.1　汽车数据传输总线的类型

现代汽车总线是以 CAN 总线为主，以 LIN 和 MOST（光纤）传输数据总线三网合一的整体，如图 8-2-2 所示。

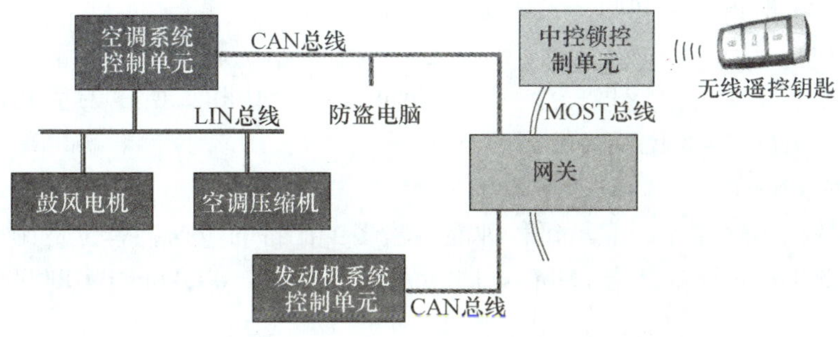

图 8-2-2　汽车总线及网关

1）CAN-BUS

该总线用于重要的电子控制单元，如发动机、ABS、安全气囊等。其特点是：成本较高且操作流程过程复杂，信息传输速率有限，为 100～500kb/s。

2）LIN-BUS

该总线用于次要的电子控制单元，如门窗、空调、座椅、车灯等。LIN 数据总线作为补充，其特点是：成本低，信息传输速率慢，为 10～20kb/s。

3）MOST-BUS

该总线用于音视频数据传输。如车载电话、电视、导航等。其特点是：成本高且工艺复杂、不易安装；与以前的铜缆相比具有减轻重量和减小电磁干扰的优势，信息传输速率快，最高数据速率为 24.8 Mb/s。

☞ 2.1.2　网关

如图 8-2-2 所示，网关是一种充当转换功能的计算机系统或设备。在使用不同的通信协议、数据格式、语言和传输速率，甚至体系结构完全不同的网络系统之间传输数据，网关是一个翻译器。网关对收到的信息要重新整理打包，以适应目的系统的需求。同时，网关也可以提供过滤和安全功能。网关的作用主要有：

1）使连接在不同的数据总线上的控制单元之间交换数据

汽车各控制系统（单元），将控制信息以不同速率和形式适时通过 CAN 总线传输给网关。网关在不改变数据的情况下，将驱动总线、舒适总线、信息娱乐总线以及仪表总线的诊断信息传递到自诊断接口；同时使连接在不同的数据总线上的控制单元之间交换数据。

2）传送诊断信息

在不改变数据的情况下，将驱动总线、舒适总线、信息娱乐总线以及仪表总线的诊断信息传递到自诊断接口。

2.2 技术数据

1）比特（位）

比特（bit）是数字信息的最小单位，也称“位”、它只有两个状态分别以 1 和 0 表示，每一个 0 或 1 所占的空间叫一个比特，也叫一位。

2）字节（B）

8 个连续的比特（位）叫做一个字节（byte）。8 个 0 和 1 所占的空间，称为一个字节。即 1 字节（byte）=8 比特（bit）

3）比特率（bps）

比特率即数据传输速率，表示每秒钟能传输多少比特的数据，单位是比特/秒(bit/s)，也叫带宽。因此 1M 的带宽是指 1Mbps = 1Mbit/s，1Mbps = 1000kbps = 1000000bps。

2.3 汽车数据传输总线

CAN 含义是控制单元局域网，是国际上应用最广泛的现场总线之一。最初，CAN 被设计作为汽车环境中的微控制器串行通信，在车载各电子控制装置 ECU 之间交换信息，形成汽车电子控制网络。也就是控制单元通过网络交换数据。比如：发动机管理系统、变速器控制器、仪表装备、电子主干系统中，均嵌入了 CAN 控制装置。一辆汽车不管有多少块电控单元，不管信息容量有多大，每块电控单元都只需引出两条线共同接在两个节点上，这两条导线就称作数据总线。

☞ 2.3.1 CAN 总线的分类

如图 8-2-3 所示，目前汽车上的网络连接方式主要采用 2 套 CAN 总线，一套是高速 CAN 总线，另一套是低速 CAN 总线。

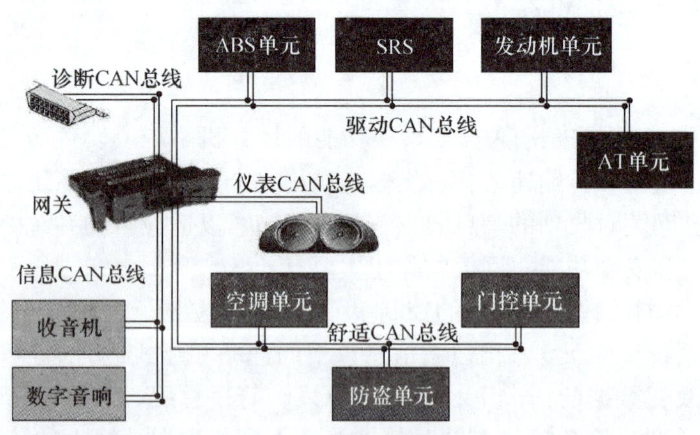

图 8-2-3 CAN 总线形式

☞ 2.3.2 高速 CAN 总线

高速 CAN 总线速率达到 500kb/s，它包括驱动系统 CAN 总线和诊断系统 CAN 总线。

总线采用终端电阻结构，且高低 CAN 总线为环状结构，即任何一根 CAN 总线断路，则 CAN 总线系统停止工作。

1）驱动系统 CAN 数据总线

驱动系统 CAN 总线主要连接对象是 ABS 控制单元、自动变速器控制单元、发动机控制单元、安全气囊等。它们的基本特征相同，都是控制与汽车行驶直接相关的系统。

2）诊断系统 CAN 数据总线

诊断系统 CAN 总线用于诊断仪器和相应控制单元之间的信息交换，它被用来代替原来的 K 线，称为虚拟 K 线。诊断系统 CAN 总线通过网关转接到相应的 CAN 总线上。

☞ 2.3.3　低速 CAN 总线

低速 CAN 总线速率是 100kb/s，它包括舒适系统 CAN 总线、信息系统 CAN 总线和仪表系统 CAN 总线。总线没有终端电阻，且高、低速 CAN 总线分离，即任何一根 CAN 总线断路，CAN 总线系统不受影响。

1）舒适系统 CAN 数据总线

舒适系统 CAN 数据总线的数据传递主要有六方面的功能。即：中央门锁、电动车窗、照明开关、自动空调、后视镜加热及记忆座椅功能等。

控制单元的各条传输线以星状汇聚到一点，这结构的好处是，如果一个控制单元发生故障，其他控制单元仍可发送各自的数据。

2）信息系统 CAN 数据总线

信息系统 CAN 总线信息系统主要包括音响系统、车载电话系统等。

3）仪表系统 CAN 数据总线

汽车仪表是汽车与驾驶员进行信息交流的窗口。仪表系统 CAN 数据总线具体包括转速表、温度表、燃油表、里程表、防盗灯、高温灯、燃油低位报警灯、机油压力灯、安全带灯、手制动灯等。

高速系统 CAN 和低速系统 CAN 这两条独立的总线之间设计有“网关”，以实现在各个 CAN 之间的资源共享，并将各个数据总线的信息反馈到仪表板上。驾车者只要看看仪表板，就可以知道各个电控装置是否正常工作了。

3. 任 务 实 施

3.1　准备工作

本任务仅使用 CAN 总线连接图。

3.2　操作流程

由于车控网络功能日益强大，需要大量的数据信息在不同的数据总线之进行有效的传递；网关可以将不同的总线连接在一起，同时使相互传递成为可能。网关一般都集成在组合仪表或汽车电气控制单元内部。CAN 网关插座管脚排列如图 8-2-4 所示。

（1）1、2 号管脚：蓄电池供电电源线线，常火；
（2）14 号管脚：由汽车点火开关控制的电源线，点火开关打开才有电；
（3）11、12 号管脚：搭铁线搭铁，用以形成供电回路；
（4）6、16 号管脚：驱动 CAN 总线；
（5）5、15 号管脚：舒适 CAN 总线；
（6）10、20 号管脚：信息 CAN 总线；
（7）8、18 号管脚：仪表 CAN 总线；
（8）9、19 号管脚：诊断 CAN 总线。

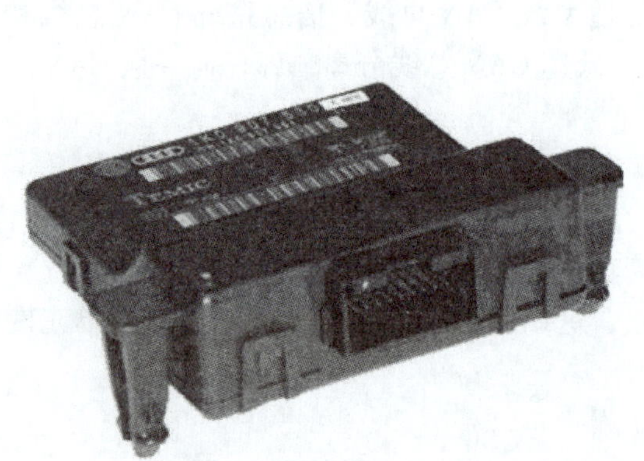

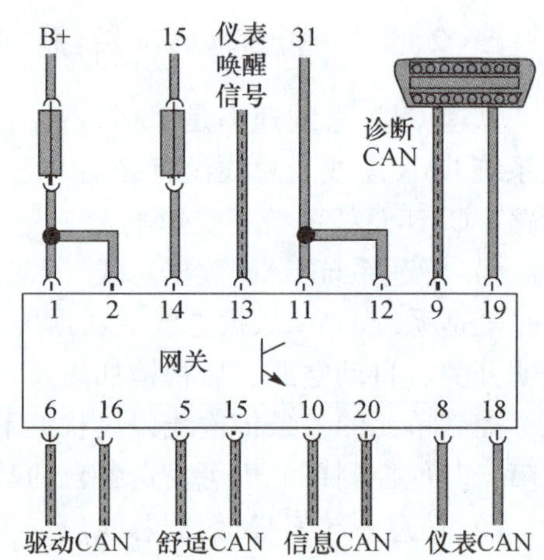

图 8-2-4　网关管脚排列

任务 3
汽车 CAN 总线检测方法

1. 任 务 引 入

在汽车总线系统故障诊断中，需检测 CAN 数据总线，因此，需要了解汽车总 CAN 线检测方法。

2. 相关理论知识

2.1　CAN 总线系统硬件组成及作用

如图 8-3-1 所示，CAN 数据传输系统中每块电脑的内部增加了一个 CAN 控制器和收发器，每块电脑外部连接了两条 CAN 数据总线。在系统中作为终端的两块电脑，其内部还装有一个数据传递终端。

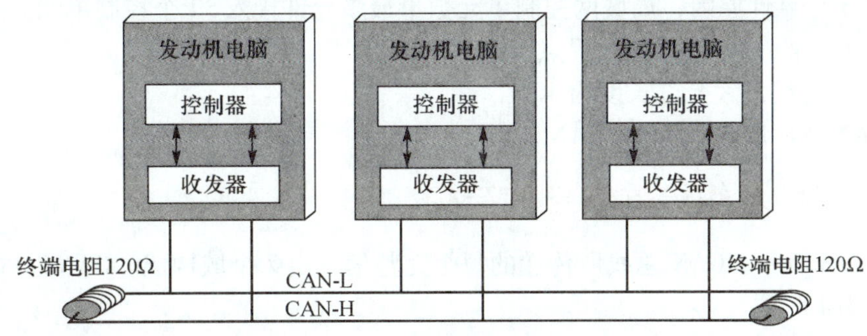

图 8-3-1　CAN 总线系统硬件组成

1）CAN 控制器

控制器接收控制单元中微处理器发出的数据，处理数据并传给 CAN 收发器。同时 CAN 控制器也接收收发器收到的数据，处理数据并传给微处理器。

2）CAN 收发器

收发器是一个发送器和接收器的组合，它将 CAN 控制器提供的数据转化成能够通过 CAN 总线传递的电信号并通过数据总线发送出去，同时，它也接收总线数据，并将数据传到 CAN 控制器。能双向传递。CAN 收发器向总线上传递数字信息，CAN 总线传递的每个信息都是通过连续的二进制编码来表示的。控制单元接受与本系统功能有关的数字信息并将其转化；忽略无关的信息。与总线相连的控制单元均可以接收到来自同一个控制单元发送的信息。

3）终端电阻

数据传递终端实际是一个电阻器，作用是避免数据传输终了反射回来，产生反射波而使数据遭到破坏。

4）CAN 数据总线

CAN 数据总线用以传输数据的双向数据线，分为 CAN 高位（CAN-H）和低位（CAN-L）数据线。数据设有指定接收器，数据通过数据总线发送给各控制单元，各控制单元接收后进行计算。为了防止外界电磁波干扰和向外辐射，CAN 总线采用两条线缠绕在一起，两线条上的电位是相反的，如果一条线的电压是 3.5V，另一条线就是 1.5V，两条线的电压和总等于常值。通过这种办法，CAN 总线得到保护而免受外界电磁场干扰，同时 CAN 总线向外辐射了保持中性，即无辐射，如图 8-3-2 所示。

图 8-3-2　CAN 数据总线

（1）CAN 数据总线最大安全传输速率为 1Mb/s；

（2）一个完整的信息传递平均周期：大约 1ms（根据信息长度）；

（3）出于可靠性原因，局域网控制单元数量最多允许接入 32 个控制单元；

（4）ISO 标准：高速/低速分界点 125kb/s；

（5）CAN 总线最大允许长度为 40m；

（6）CAN 程序版本：Bosch CAN 2.0。

2.2 CAN 总线传输信息的结构

如图 8-3-3 所示，CAN 总线所传递的每个完整信息由 7 个域构成。CAN 总线传递的信息最大长度为 108 位。

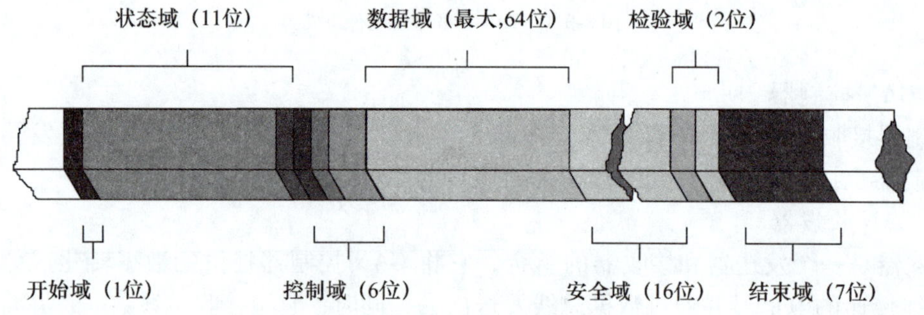

图 8-3-3　CAN 总线所传递的信息

1）开始域

该域内容为向 CAN 总线发送信息的标志。其长度为一位，状态为显性。

2）状态域

CAN 总线采用串行数据传递方式，如果有多个控制单元同时开始向 CAN 总线发射信息时，为了避免数据碰撞，在 11 位的状态域中预先定义数据的优先级，当有多个控制器试图发送信息时，各自的接收器为信息优先级进行仲裁，控制单元首先向总线上发送数据传输的请求，该请求同其他控制单元的数据传输请求进行优先级的比较，如果控制单元发送隐性位 1，接收到的是显性位 0，则该控制单元将从数据发送模式变为数据接收模式。在信息数据列中有 11 位的状态区，前 7 位既是发送信息的控制器标识符，同时又表示了它的优先级，前面零越多，优先级越高。而后 4 位则是这个控制器发送不同信息的编号，如发动机控制单元既要发送转速信号，又要发送水温等信号，则后 4 位就有所不同。

CAN 总线的优先级判定过程如图 8-3-4 所示。

3）控制域

该域内容为数据的大小，即字节长度。

4）数据域

该域内容为要传递的信息所对应的数据。如水温、机油温度、节气门位置、发动机转速等信息。

5）安全域

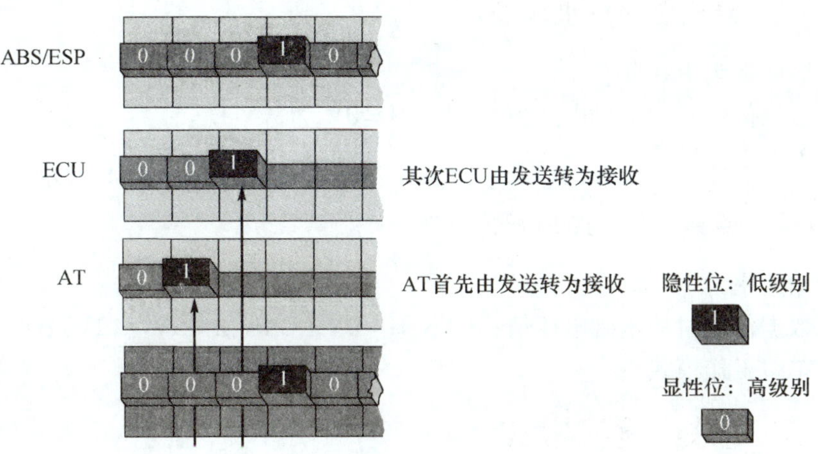

图 8-3-4　CAN 总线优先级判定

该域内容为发射数据和接收信息的控制数据，通过检查和比较传递信息所发生的变化来检测传递数据中的错误。

6）检验域

该域内容为用于确认已经正确接收信息数据。

7）结束域

该域通过 7 位隐性显示，表示该信息数据传递结束。

2.3　不同 CAN 总线特征

常见的三种 CAN 总线如图 8-3-5 所示。

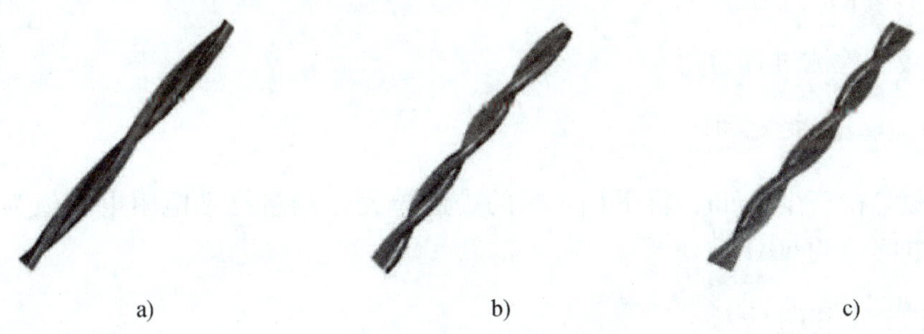

图 8-3-5　常见三种 CAN 总线

a）动力纵向；b）舒适总线；c）娱乐总线

☞ 2.3.1　动力总线主要特征

（1）传输速率为 500kb/s。

（2）无数据传输时的基础电压值约为 2.5V。

（3）无单线工作模式。

☞ 2.3.2 舒适总线主要特征

(1) 传输速率为 100 kb/s。
(2) 无数据传输时的基础电压值：CAN-H =0V，CAN-L =5V（或 12V）。
(3) 有单线工作模式。

☞ 2.3.3 信息总线主要特征

(1) 传输速率为 100 kb/s。
(2) 无数据传输时的基础电压值：CAN-H =0V，CAN-L =5V（12V）；
(3) 有单线工作模式。

2.4 CAN 总线睡眠模式

(1) 睡眠模式仅存在于舒适、信息总线。车辆落锁 35s 后或不锁车但没任何操作流程 10min 后进入睡眠模式。睡眠模式下高位线 0V；低位线 12V。
(2) 非睡眠模式电流 700mA；睡眠模式电流 6 ~8mA。
(3) 所有控制器一同睡眠或唤醒。

3. 任 务 实 施

3.1 准备工作

使用的仪器设备为万用表、配有 CAN 总线整车。

3.2 操作流程

CAN 总线的检测过程为：

☞ 3.2.1 电阻检测

断开电源等待至少 5min，拆下相对应的控制单元，测量终端电阻电阻值为 120Ω；动力总线总的电阻值约 60Ω。

☞ 3.2.2 电压检测

无信号传递（即 CAN 总线空闲时）发射隐性信号，新的信息以显性开始。

1）动力总线隐性电位

关闭点火开关一定时间（0.5 ~5s）系统停止工作。

CAN-high =2.5V，CAN-low =2.5V。

2）舒适和信息总线隐形电位

关闭点火开关系统休眠 12V。

CAN-high =0V，CAN-low =5V。

3）DSO 设置

0.5V、2ms：动力总线。

2V、10ms：舒适和信息总线。

任务4 汽车 LIN 总线检测方法

1. 任务引入

在对汽车总线系统进行故障诊断时，需要检测 LIN 数据总线，因此，要了解汽车 LIN 总线检测方法。

2. 相关理论知识

2.1　MOST 总线

2.1.1　光纤传输信息原理

MOST 总线在物理层上，传输介质本身是有塑料保护套、内芯为中 1mm 的聚甲基丙烯酸甲酯光纤。

光纤通信是利用光波在光导纤维中传输信息的通信方式。光纤通信中的光波主要是激光，所以又叫做激光—光纤通信。光纤传输数据最高速率为 24.8Mb/s。

光纤通信的原理如图 8-4-1 所示：在发送端将电信号调制到激光器发出的激光束上，使光的强度随电信号的幅度（频率）变化而变化，并通过光纤发送出去；在接收端，检测器收到光信号后把它变换成电信号，经解调后恢复原信息。

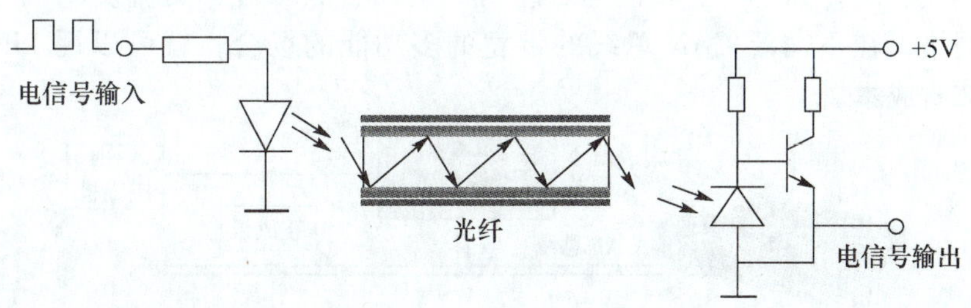

图 8-4-1　光纤通信的原理图

2.1.2　MOST 总线形式

如图 8-4-2 所示，大多数汽车装置都采用环形布局。一个 MOST 网络中最多可以有 64

个节点。一旦汽车接通电源，网络中的所有 MOST 节点就全部激活，这对低功耗、停电模式设计是一大重点，包括系统处在该种状态下的功耗量以及如何进入状态。MOST 结点在通电时的默认状态是直通，即进入的数据从接收器直接传送至发射器，以保持环路的畅通。

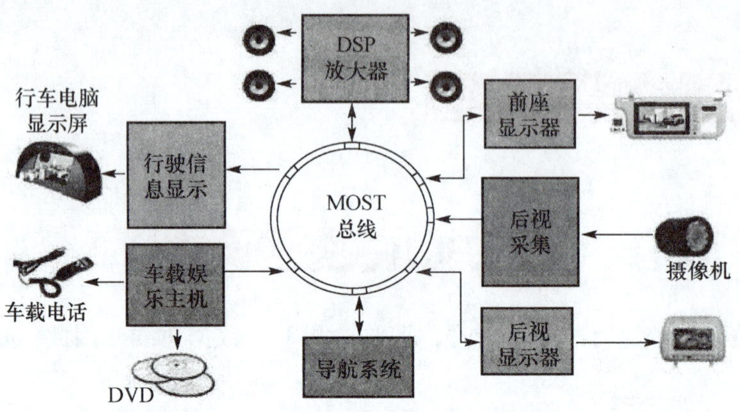

图 8-4-2　MOST 总线形式

2.2　LIN 总线

☞ 2.2.1　LIN 总线的形式

LIN 是英文 Local Interconnect Network 的缩写，中文意思是局域互联网络。它是一个低速（20kb/s）的串行通信协议，是低成本网络中的汽车通信协议标准，用于汽车中的分布式舒适电子系统控制。LIN 的使用范围是带单主机节点和一组从机节点的 A 类多点总线，它为简单的控制连接定义了一种比 CAN、MOST 或总线协议成本更低的网络互联。该技术原来是专为汽车应用而设计的，用于规模有限的网络连接，特别适合短距离、简单、对传输速度要求不高的场合。

如图 8-4-3 所示，LIN 总线为单主节点/多从节点模式。典型的 LIN 总线应用是汽车中的联合装配单元控制，如车门、转向盘、座椅、空调、照明灯、交流发电机等。LIN 总线是一种辅助网络，在不需要 CAN 总线的带宽的多功能的场合，就可以用 LIN 总线代替，从而可大大节省成本。

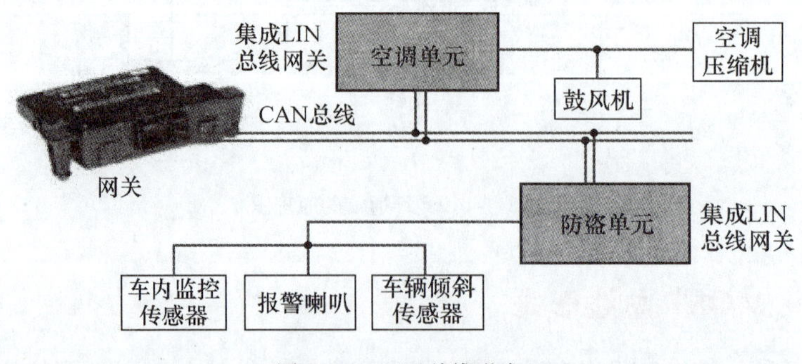

图 8-4-3　LIN 总线形式

通过主机节点（网关），可将LIN与上层网络（如CAN）相连接，实现LIN的子总线辅助通信功能，可优化网络结构，提高网络效率及可靠性。

☞ 2.2.2 LIN总线睡眠模式/唤醒

为了减少系统的功耗，LIN节点可以进入没有任何内部活动和被动总线驱动器的睡眠模式。睡眠模式时，总线呈隐性。任何总线活动或任何总线节点的内部条件都将结束（唤醒）睡眠模式。一旦节点被内部唤醒，基于唤醒信号的过程将给主机通报这一消息，唤醒帧是一个不变的显性位序列。唤醒后内部的活动将重新启动，MAC子层将等待系统振荡器稳定。

3. 任务实施

3.1 准备工作

使用的仪器设备包括：配有LIN总线整车、汽车专用诊断仪、万用表。

3.2 操作流程

（1）测终端电阻：主机节点的总线端电阻典型值是1kΩ，从机节点是30kΩ。

（2）通过汽车专用诊断仪读取总线故障码和读取系统数据流进行总线检测。

参 考 文 献

[1] 王鼎. 电工电子学 [M]. 长春：吉林科学技术出版社，1997.
[2] 沈裕钟. 工业电子学 [M]. 北京：高等教育出版社，1983.
[3] 华成英. 电子技术视频教程 [CD]. 北京：中央广播电视大学出版社，2009.